"十四五"高职院校创新创业教育规划教材

大学生创新创业基础教程

主　审　　程智开

主　编　　谢梅成　陈美中　谷利民

副主编　　成　忠　彭丰香　刘　蓓

编　委　　郑银芳　王志堂　胡清华

　　　　　刘　佳　周忠夏　吴翠云

中南大学出版社
www.csupress.com.cn
·长沙·

图书在版编目(CIP)数据

大学生创新创业基础教程／谢梅成，陈美中，谷利民
主编. —长沙：中南大学出版社，2022.1(2022.8 重印)
ISBN 978-7-5487-4470-2

Ⅰ.①大… Ⅱ.①谢… ②陈… ③谷… Ⅲ.①大学生
－创业－高等学校－教材 Ⅳ.①G647.38

中国版本图书馆 CIP 数据核字(2021)第 106579 号

大学生创新创业基础教程

DAXUESHENG CHUANGXIN CHUANGYE JICHU JIAOCHENG

主编 谢梅成 陈美中 谷利民

□责任编辑	汪采知	
□封面设计	于 扬	
□责任印制	唐 曦	
□出版发行	中南大学出版社	
	社址：长沙市麓山南路	邮编：410083
	发行科电话：0731-88876770	传真：0731-88710482
□印　　装	湖南省众鑫印务有限公司	

□开　　本	787 mm×1092 mm 1/16	□印张 19.5	□字数 437 千字	
□版　　次	2022 年 1 月第 1 版	□印次 2022 年 8 月第 2 次印刷		
□书　　号	ISBN 978-7-5487-4470-2			
□定　　价	49.00 元			

前言
Foreword

2017 年 8 月 15 日，习近平总书记在给参加第三届中国"互联网+"大学生创新创业大赛"青年红色筑梦之旅"的大学生的回信中写道："希望你们扎根中国大地了解国情民情，在创新创业中增长智慧才干，在艰苦奋斗中锤炼意志品质，在亿万人民为实现中国梦而进行的伟大奋斗中实现人生价值，用青春书写无愧于时代、无愧于历史的华彩篇章。"

创新创业是国家发展之根、民族振兴之魂。创新是以新思维、新发明和新描述为特征的一种概念化过程。创新是石，擦出星星之火；创新是火，点燃希望之灯；创新是灯，照亮前进之路。

创业则是自我创造事业的过程，是创业者通过发现和识别商业机会，利用各种资源，通过产品与服务创造价值的过程。创业在实现人生价值、创造社会财富、推动历史进步等诸多方面发挥着不可替代的作用。

大学生是创新创业的中坚力量，他们创新创业的广度和深度，直接关系到社会经济的发展与民生的改善。目前，国家出台了诸多政策和文件支持与扶持大学生创新创业。在 2015 年国务院办公厅下发的《关于高等学校创新创业教育改革的实施意见》中更是全面、深入、细致地就推进高校创新创业教育改革的指导思想、基本原则、任务目标、具体措施，以及对高校为什么要进行创新创业教育，推进创新创业教育改革该怎么做、达到什么样的任务目标等，进行了明确规定，并提出了严格要求。那么，高校究竟如何积极推动大学生创新创业教育工作，如何培养大学生创新创业能力就是值得我们深入思考、探究的课题。基于此，我们组织拥有丰富教学经验、从事创新创业教育工作的一线老师和相关企业的创业导师编写本教材，旨在让大学生通过本书的学习，了解和掌握创新创业的基本概念、基础知识和基本原理，学会如何去创新、如何去创业、如何去根据自身的实际创办企业及如何去进行企业的管理与运营。

本书分两大部分，共十四章。第一部分为第一至三章，简要介绍了创新基础知识、创新思维与创新方法的内容；第二部分为第四至十四章，着重阐述了创业价值与团队、创新意识及心理品质培养、创业机会、创业环境、创业项目、创业计划书、创业融资、创业风险、新创企业的筹建与设立、新创企业的管理与运营，以及大学生创新创业实践平台等内容。

　　本书具有基础性、实用性、新颖性、案例化等鲜明特点，并通过思考题、讨论题、实训项目与练习、拓展视频与阅读，通过理论联系实际，全面把握创新创业应知应会的要点。本书适应于本、专科高等院校及各种职业教育与培训机构的师生作为教材使用，也可以作为创业者的参考用书。本书由湖南科技学院程智开担任主审；湖南益阳职业技术学院谢梅成、湖南民族职业技术学院陈美中、湖南科技学院谷利民担任主编；湖南智创未来教育科技有限公司成忠、湖南科技学院彭丰香、湖南华崛教育咨询有限公司刘蓓担任副主编；湖南科技学院郑银芳、刘佳、王志堂、胡清华、周忠夏、吴翠云等参与编写，彭丰香做了大量的材料收集与整理工作。

　　为尽可能编好本书，编者们在教学实践活动中不断摸索、潜心研究，在编写过程中，请教了很多专家、学者与同行，得到了他们的精心指导与帮助，也参考了大量的文献资料与经典案例，同时，出版社的同志们为本书的出版付出了辛勤劳动，在此一并表示衷心感谢！由于编者水平有限，难免会出现错漏，敬请师生谅解，并欢迎批评与指正。

编　者
2021 年 7 月

目录
Contents

第一章　创新概论 1

第一节　关于创新 3

第二节　创新、创造与创意 8

第三节　创新意识 10

第四节　创新能力 13

第五节　创新型人才 17

第六节　创新者的基本素养 20

本章小结 22

第二章　创新思维 25

第一节　创新思维及其特征 27

第二节　创新思维训练 30

本章小结 35

第三章　创新方法 37

第一节　创新方法的概念 39

第二节　常见的创新方法 40

本章小结 52

第四章　创业概述 55

第一节　创业理解 57

第二节 创业的价值与意义 63

第三节 创业者与创业团队 68

第四节 影响成功创业的因素 84

本章小结 86

第五章 创业意识及心理品质的培养 89

第一节 创业意识的培养 91

第二节 创业心理品质的培养 94

本章小结 97

第六章 创业机会 101

第一节 认识创业机会 102

第二节 发现创业机会 106

第三节 评估创业机会 108

第四节 大学生创业时机的把握 111

本章小结 114

第七章 创业环境 117

第一节 创业环境分析 119

第二节 中国创业环境现状分析 124

第三节 当前我国大学生的创业环境 128

第四节 大学生创新创业相关法律法规 134

本章小结 139

第八章 创业项目 141

第一节 创业项目概述 143

第二节 创业项目的选择 146

第三节 创业项目可行性评估 149

本章小结 153

第九章　创业计划书　　　　　　　　　　　　　　155

第一节　创业计划书概述　　　　　　　　　　　157
第二节　创业计划书的主要内容及要求　　　　159
第三节　创业计划书的撰写原则与技巧　　　　167
本章小结　　　　　　　　　　　　　　　　　176

第十章　创业融资　　　　　　　　　　　　　　179

第一节　创业融资概述　　　　　　　　　　　180
第二节　创业融资的渠道与方式　　　　　　　182
第三节　寻找创业资金　　　　　　　　　　　187
本章小结　　　　　　　　　　　　　　　　　198

第十一章　创业风险　　　　　　　　　　　　　201

第一节　创业风险概述　　　　　　　　　　　202
第二节　创业风险的分类及识别　　　　　　　205
第三节　创业风险的防控　　　　　　　　　　212
本章小结　　　　　　　　　　　　　　　　　216

第十二章　新创企业的筹建与设立　　　　　　219

第一节　新创企业的选址与命名　　　　　　　220
第二节　新创企业的组建与设立　　　　　　　231
本章小结　　　　　　　　　　　　　　　　　240

第十三章　新创企业的管理与运营　　　　　　243

第一节　新创企业的管理特点、策略及模式　　246
第二节　新创企业的人力资源管理　　　　　　256
第三节　新创企业的营销管理　　　　　　　　264
第四节　新创企业的财务管理　　　　　　　　269
本章小结　　　　　　　　　　　　　　　　　275

第十四章　大学生创新创业实践平台　　　277

第一节　创新创业赛事　　　279
第二节　创业类培训　　　299
第三节　创业模拟实训　　　301
本章小结　　　302

附录　创新创业政策汇集　　　304

创新概论

本章知识结构图

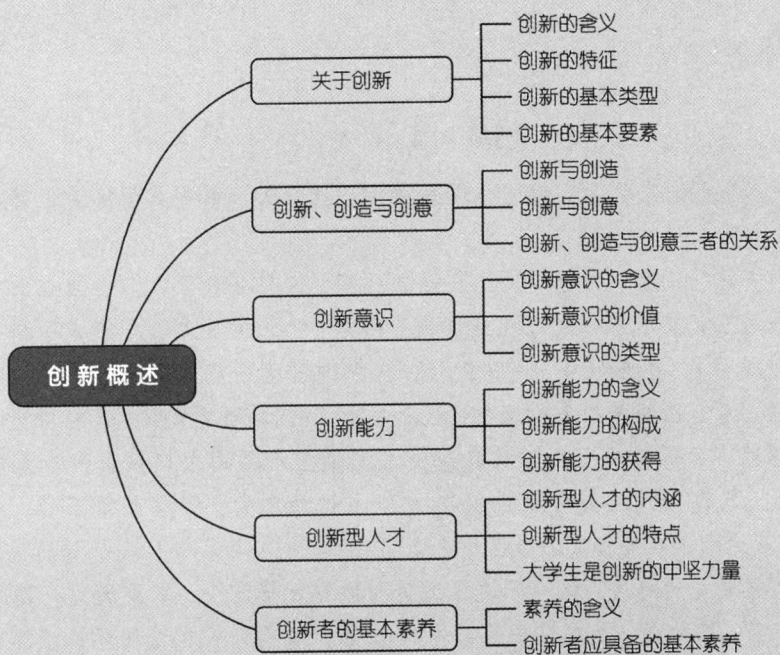

创新概述
- 关于创新
  - 创新的含义
  - 创新的特征
  - 创新的基本类型
  - 创新的基本要素
- 创新、创造与创意
  - 创新与创造
  - 创新与创意
  - 创新、创造与创意三者的关系
- 创新意识
  - 创新意识的含义
  - 创新意识的价值
  - 创新意识的类型
- 创新能力
  - 创新能力的含义
  - 创新能力的构成
  - 创新能力的获得
- 创新型人才
  - 创新型人才的内涵
  - 创新型人才的特点
  - 大学生是创新的中坚力量
- 创新者的基本素养
  - 素养的含义
  - 创新者应具备的基本素养

创新是引领发展的第一动力。

——习近平

知 识 目 标 ▶▶

1. 认识创新的含义、特征、类型和基本要素。
2. 认识创新能力的含义、构成及获得方法。
3. 了解创新、创造、创意三者的关系。

能 力 目 标 ▶▶

1. 掌握创新型人才的内涵和特点。
2. 掌握培养自身创新能力的方法。

案 例 导 入 ▶▶

创新之国

历史经验表明,一个国家创新实力的强弱是决定该国兴衰、影响其国际地位高低的重要因素。

一个一无矿产资源、二无地理优势、三被强敌环伺,仅有 850 万人口,国土面积只有我国海南省四分之三且其中三分之一还是沙漠、高原、山地的国家,居然成了科技创新"大国"——它就是号称"中东硅谷"的以色列。当今的以色列从古老的港口特拉维夫到"美丽海岸"海法一带,已经是世界知名的"创新走廊"。其科研经费、教育经费投入占GDP 比重均为全球第一,高科技产品以及其他技术密集型产品的出口额占出口总额的75%,在纳斯达克上市的高科技公司数量仅次于美国和加拿大,居世界第三位,早在2015 年人均 GDP 就达到 3.6 万美元,居世界第 23 位。

以色列的创新发展是对恶劣、危险环境的适应与改造。资源少,就发展对资源依赖性较小的高科技产业;宿敌多,就发展高科技军事力量。以色列人在遗传学、计算机科学、化学等领域精耕细作,在医药、机械、农技、化工等方面成绩斐然,在 CT 扫描仪、核医学摄像仪、外科激光等方面居世界领先地位。谷歌(Google)、三星(Samsung)、英特尔(Intel)等公司纷纷对这片被沙漠烤得发烫的热土进行投资,"中东硅谷"于是诞生。此外,由以色列研制生产的无人机、预警机、航空电子设备、防卫电子系统、军用机器人等装备的性能已经在某些方面超过了欧美发达国家,军工产品出口成了以色列重要的国家经济支柱之一。军工产业的技术和产品,大部分又被用来反哺民用,进一步推动了高科技产业的进步。

一旦创新精神成了全民族的共识,一个国家成为创新之国也就不足为奇了。

中华民族也是一个善于创新的民族。在 5000 多年的文明发展进程中,中华民族创造了高度先进的文明。我们的先人们发明了造纸术、火药、印刷术、指南针,在天文学、数学、医学、农学等多个领域创造了累累硕果，为世界贡献了无数科技创新成果，对世界文明进步影响深远、贡献巨大，也使我国长期居于世界强国之列。马克思指出，正是中国人发明的火药、指南针、印刷术等"预告了资产阶级社会的到来"。

　　然而，明代以后，由于封建统治者闭关锁国、夜郎自大、抱陈守旧、鲜有创新，中国同世界科技发展潮流渐行渐远，屡次错失富民强国的历史机遇。鸦片战争之后，中国更是一次次被人口规模、领土幅员、经济总量远远不如自己的国家打败。

　　新中国的成立点燃了中华民族创新报国、科技复兴的希望。当今中国，与改革形影相随的一个关键词就是"创新"。《中共中央关于制定国民经济和社会发展第十三个五年规划的建议》指出："必须把创新摆在国家发展全局的核心位置……让创新贯穿党和国家一切工作，让创新在全社会蔚然成风。"

　　近代以来，我国创新成绩斐然。"两弹一星"、多复变函数论、陆相成油理论、人工合成牛胰岛素等成就，高温超导、中微子物理、量子反常霍尔效应、纳米科技、干细胞研究、人类基因组测序等基础科学突破，超级杂交水稻、汉字激光照排、高性能计算机、三峡工程、载人航天、探月工程、量子通信、北斗导航、载人深潜、高速铁路、航空母舰等工程技术成果，无一不为我国经济社会发展提供了坚强的支撑，为国防安全作出了历史性贡献，也为我国成为一个有世界影响的大国奠定了重要基础。

第一节　关于创新

一、创新的含义

　　创新是指以打破现有的思维模式而提出的有别于常规或常人思路的见解为导向，利用现有的知识和物质，在特定的环境中，本着理想化需要或为满足社会需求而改进或创造新的事物、方法、元素、路径、环境，并能获得一定有益效果的行为。

　　在当今世界，创新是一个高频词，被认为是人类才能的体现、社会发展和世界进步的动力。英文中的创新（innovation）一词源于拉丁语，原意有三层：一是指更新；二是指创造新的东西；三是指改变。20 世纪初，美籍奥地利人、经济学家约瑟夫·阿罗斯·熊彼特（Joseph Alois Schumpeter）最早在 1912 年出版的德文版《经济发展理论》一书中提出"创新"一词，之后又加以应用和发展。熊彼特认为"创新"就是"建立一种新的生产函数"，也就是把一种从来没有过的生产要素和生产条件的"新组合"引入生产。自 20 世纪 60 年代起，管理学家们开始将创新引入管理领域，彼得·费迪南德·德鲁克（Peter Ferdinand Drucker）在《动荡年代的管理》一书中认为创新的含义是有系统地抛弃昨天、有系统地寻求创新机会，在市场薄弱的地方寻找机会，在新知识萌芽时期寻找机会，在市场的需求和短缺中寻找机会。任何使现有资源的财富创造潜力并发生改变的行为都可以称之为创新。

　　创新是人类特有的认识能力和实践能力，是人类主观能动性的最高表现。创新概念包含的范围很广，可以说能提高资源配置效率的各种活动都是创新，其中，既有涉及技术性变化的创新，如技术创新、产品创新、过程创新，也有涉及非技术性变化的创新，如制度创新、政策创新、组织创新、管理创新、市场创新、观念创新等。

视野拓展

二、创新的特征

创新具有目的性、新颖性、先进性、变革性、价值性、发展性、层次性和再创造等特征。

（一）目的性

创新是有目的的，其目的就是不断地满足人类自身生存发展的需要。具体来讲，创新是围绕着解决一定的问题而进行的，它总是与完成某项任务相联系的。所以，创新是一种有目的地认识世界和改造世界的实践活动。

（二）新颖性

从创新的定义来看，创新是把新的或重新组合和再次发现的知识引入所研究对象系统的过程，是引入新概念、新东西和革新的过程。因而，其成果必然是新颖的，与过去相比具有新的因素或成分。唯有"新"，才能具有优势，才能超越旧事物。原有事物的内容和形式正是由于增加了新的因素而得以更新、发展和突破。可以说，"求新"是创新的灵魂，没有"求新"的变革，是称不上创新的。

（三）先进性

先进性就是创新得到的新事物与旧事物相比所具有的相对优势。创新在多大程度上优于已有的事物，是人们是否愿意采纳创新成果的关键。例如，一个创新产品的先进性主要体现在结构更合理、功能更齐全、效率进一步提高等方面；一个创新的管理方法的相对优势表现在提高了经济利润、降低了成本、调动了人的积极性、提高了管理效率等方面。如果不具有先进性，新事物就不可能替代旧事物，创新也就失去了意义。另外，创新的先进性还体现在创新过程代表了事物的发展规律和趋势。

（四）变革性

就实质来看，创新的都是变革旧事物，使其更新，成为新的东西。"穷则变，变则通，通则久。"当遇到难以解决的问题时，就应该采用"变"的方式，如改变思考角度、方式、方法、结构和功能等；变了，问题就解决了，即"通"了。这个由"变"到"通"的过程，就是创新的过程。可以说，故步自封、安于现状、不想变革、不敢革新就没有创新。

（五）价值性

从创新成果的效果来看，创新具有明显的、具体的价值，也就是具有一定的社会和经济效益。创新是各种社会事物进步与发展的共同因素，它能够满足人们的某种需要，促使企业获得成功，国家经济实力得到增强，社会取得进步。显然，如果没有价值，创新也就失去了意义。具体而言，创新成果的价值可以分为社会价值、经济价值和学术价值。

（六）发展性

创新是一个不断发展的过程。创新发展是创造新知识、应用新知识并不断发展新知识的过程。知识是创新之源，通过知识创新推动科技创新、文化创新、管理创新以及其他各方面的创新。创新是对知识"创造—应用—再创造—再应用"这一形式的循环往复，而每次循环创造和应用的内容，都进入了更高一级的层次。这是人类创新永无止境、无限发展的客观规律。

（七）层次性

根据人们解决问题的新颖程度不同，可以将创新划分为以下三个层次：

第一层次为高级创新，是指经过长期的研究、艰巨的探索所产生的科学发现，它是一项从无到有、填补空白的创新活动，因此，有可能为国家、社会和人类作出巨大贡献，甚至在某一领域产生划时代的影响，如爱因斯坦的"相对论"。

第二层次为中级创新，主要是指经过改革或发明，在原有知识和经验的基础上重组材料，研制出有一定社会价值的产品的技术革新。这一层次创新已成为社会文化、科学和生产力发展的巨大力量。

第三层次为初级创新，主要是指在别人率先创新的基础上，通过引进技术和购买专利等方式消化、吸收他人创新成果后而进行的一种创新。这是以跟踪当前国际先进水平并加以模仿为主的创新思路。以跟踪和模仿为主的创新是实现跨越式发展和获得后发优势，尽快步入自主创新的必由之路。

（八）再创造

再创造就是对原有事物、现有知识和已有创新成果的再次发现和重新组合，它既包括使知识达到新的深度和广度，又包括修正错误和更新知识；既包括从研究新情况、新问题中获得新知识和新成果，又包括从研究老情况、老问题中获得新知识和新成果。

三、创新的基本类型

从经济角度分析，创新是生产要素的重新组合，其目的是获取潜在的利润。熊彼特认为，创新是一个经济范畴，可以把已发明的科学技术引入企业之中，形成一种新的生产能力。具体来说，包括以下五种情况：

一是引入一种新产品，即消费者还不熟悉的产品。

二是采用一种新的生产方法，就是在有关制造部门中未曾采用过的方法。这种新方法并不需要建立在新的科学发现基础之上，可以是以新的商业方式来处理某种产品。

三是开辟一个新的市场，就是使产品进入以前不曾进入的市场，不管这个市场以前是否存在过。

四是获得一种原料或半成品的新的供给来源，不管这种来源是已经存在的还是第一次出现的。

五是实行一种新的企业组织形式，例如建立一种垄断地位或打破一种垄断。

国外的德布林（Doblin）咨询公司在研究了近2000个最佳创新案例后，发现历史上所有伟大的创新都是由几种基本创新类型组成的某种组合，并由此开发出"创新的十种类型"框架，如下文所示：

1. 赢利模式创新

赢利模式创新指的是公司寻找全新的方式将产品和其他有价值的资源转变为收入并获得利润。这种创新常常会挑战一个行业关于生产什么产品、确定怎样的价格、如何实现收入等问题的传统观念。溢价和竞拍是赢利模式创新的典型例子。

2. 互联网创新

在互联网快速发展的今天，没有哪家公司能够独自完成所有事情。互联网创新让该公司可以充分利用其他公司的流程、技术、产品、渠道和品牌。众筹或者直播等开放式创新方式是互联网创新的典型例子。

3. 结构创新

结构创新是通过采用独特的方式组织公司的资产（包括硬件、人力或无形资产）来创造价值。它可能涉及人才管理系统、重型固定设备配置等多个方面。结构创新的例子包括建立激励机制，以鼓励员工向某个特定目标努力，实现资产标准化从而降低运营成本和复杂性，甚至创建企业大学以提供持续的高端培训等。

4. 流程创新

流程创新涉及公司主要产品或服务的各项生产活动和运营。这类创新需要彻底改变以往的业务经营方式，使得公司具备独特的能力，高效运转，迅速适应新环境，并获得领先市场的利润率。流程创新常常是一个企业的核心竞争力。

5. 产品性能创新

产品性能创新指的是公司在产品或服务的价值、特性和质量方面进行的创新。这类创新既涉及全新的产品，又包括能带来巨大增值的产品的升级和产品线延伸。产品性能创新常常是最容易被竞争对手效仿的一类创新。

6. 产品系统创新

产品系统创新是将单个产品和服务联系或捆绑起来创造出一个可扩展的强大系统。产品系统创新可以帮助企业建立一个能够吸引并取悦顾客的生态环境，并且抵御竞争者的侵袭。

7. 服务创新

服务创新保证并提高了产品的功用、性能和价值。它能使一个产品更容易被试用和享用；它为顾客展现了他们可能会忽视的产品特性和功用；它能够解决顾客遇到的问题并补偿产品体验中的不愉快。

8. 渠道创新

渠道创新包含了将产品与顾客和用户联系在一起的所有手段。虽然电子商务在近年来成了主导力量，但诸如实体店等传统渠道仍很重要——特别是在创造身临其境的体验感方面。这方面的创新高手常常能发掘出多种互补方式将他们的产品和服务呈现给顾客。

9. 品牌创新

品牌创新有助于顾客和用户识别、记住你的产品，并在面对你的产品、竞争对手的产品及替代品时选择你的产品。好的品牌创新能够提炼一种"承诺"，吸引买主并传递一种与众不同的身份感。

10. 顾客契合创新

顾客契合创新是理解顾客和用户的深层愿望，并利用这些信息来发展顾客与公司之间富有意义的联系。顾客契合创新开辟了广阔的探索空间，帮助人们找到合适的方式把自己生活的一部分变得富有成效、更加难忘并充满喜悦。

视野拓展

当前，简单创新不足以获得持久的竞争力，尤其是单纯的产品性能创新，很容易被模仿和被超越。因此，创业者有时需要综合应用上述多种创新类型，才能形成可持续的竞争优势。

四、创新的基本要素

创新的基本要素包括目的、主体、客体、核心、根本和结果，这六个基本要素决定了一项创新是否成立。

创新是有目的的，就是解决矛盾、满足需求、促进发展。目的包括三个层面，一是个人的衣食住行、学娱作息、生老病死等方面的需求；二是团体的技术改造、产品升级、成本下降等方面的需求；三是国家的富强、文明、和谐等方面的需求。创新就是要为这些需求服务。

创新的主体是人，即便是企业创新或是国家创新，其行为主体依然是人。自然界的基因突变、物种的进化演变不是创新，无机体的运动变化（地震、洪水等）也不是创新。

创新的客体或对象是客观世界，包括自然界、人类社会及人类自身的思维。人类自身也是一种客观存在，创新不能把自身置于域外。

创新的核心是创新思维，即人类大脑不断动态化地思考改变的过程，而这个改变必须是朝着有益于人类自身发展和人类环境方向的发展。可以说，一个没有创新思维的人绝不会有创新行为。这里要强调的是，一切反人类、反科学的行为，即使亘古未有、"跌破眼镜"，都不是创新。

创新的根本是要有突破，可以是量的突破，也可以是质的突破。这里所说的量是基于质的，是质的体现，而不是量的简单增加。例如水稻之父袁隆平的超级稻在 2018 年实现平均亩产 1203.36 公斤，相对于普通水稻 600 多公斤的平均亩产量来说，表现为量的突破，而本质上还是因为品种得到改良，即质的突破。

视野拓展

创新必须有结果。创新的结果就是出现新的物体、新的组织、新的服务或新的思想和观念。那些还停留在头脑中、口头上或文字里的想法，再奇妙、再有创意，也都只是概念而不是真正意义上的创新。

第二节　创新、创造与创意

现在，让我们将"创新"与其相近概念"创造""创意"进行比较，并分析"创新""创造""创意"三者的关系，以求进一步把握创新的内涵。

一、创新与创造

什么是创造呢？"创新"与"创造"是否可以相提并论呢？两者之间又有着怎样的关系呢？

（一）创造的含义

在《辞海》中，"创造"被定义为"做出前所未有的事物"；在《现代汉语词典》里，"创造"被解释为"想出新方法、建立新理论、做出新的成绩或东西"。因此，从语言学角度，创造是指人们在破坏或突破旧事物的前提下，重新构建并产生新事物的一种活动。

目前，人们关于创造的定义达成了这样的共识：狭义的创造是一种"从无到有"的过程，也称为首创或原创；广义的创造不仅指"从无到有"的首创、原创，也包括对原有事物"从有到好"的改进和"从有到用"的延伸。

（二）创新与创造的关系

创新与创造并不是一对非此即彼的概念，两者之间的关系非常紧密。

两者的相同之处在于：一是它们所涉及的领域相同；二是它们的主体相同，虽然有人说"企业是创新的主体"，但企业的创新本质上却是企业家和员工也就是人的作为，是人在从事创新；三是它们所依循的原理和使用的方法相同。

两者的区别在于：创造强调的是开天辟地的"前所未有"，而创新则更侧重于循序渐进的改造或是另辟蹊径的完善与突破。比较起来，两者的区别还是明显的。例如，如果说 2007 年面世的 iPhone 是创造的话，那么 2010 年华为推出的天翼千元 3G、2011 年三星集团推出的 Galaxy Note 等智能手机则是渐进式的完善创新；如果说 2004 年上线的 Facebook 是创造的话，那么腾讯打造的微信平台则是社交应用的渐进式创新。

二、创新与创意

创意必须是具有新意的，那它是否就等同于创新呢？或者说，创意和创新是否存在包含与被包含的关系？

（一）创意的内涵

从汉语原义来看，"创意"主要指文学作品中呈现出的新意或意境。对创业者而言，创意指对创业的一种新启示或新意向，并据此所做的进步设想或方案。创意是创业设计诞生的开始，因此，创业设计者应从各个方面广泛收集各种创意，努力抓住任何一个可能存在的商机。

综合古今中外及各领域中创意意义的演变，我们可以梳理出其最基本的内涵：一是大脑闪现出来的主意、念头、想法；二是有创造性，包含新颖性、超前性和奇异性，有时还可能有点幽默性、荒谬性。它是一种从无到有产生新意念的思维过程，它的本质是建立新的连接，可以是对传统的突破，可以是对未知的拓展，也可以是深度情感与理性思考的结合。

（二）创新与创意的关系

创新和创意都是极富创造性的活动，都是对现状的突破和对未来的设计。两者不同之处在于：创意更倾向于想法、理念层面，而创新则是实际的行为、有价值的实践；创意更多的是设想、是想法、是点子，创新则是想法和点子在物质层面的实践和表现。简言之，创意是动脑，创新必须动手。

创意虽然不是创新或发明创造，但它是创新的基础，是创新的起点，是创新的火种。创新是创意的第二步。从创意到创新中间有一段总体策划、深入细化、操作实施、严格检验、反复修正的路要走，这是一段艰苦的、曲折的、备受质疑的且随时可能失败的路。我们进行创新，必须而且只能从创意上开始。

三、创新、创造与创意三者的关系

创新、创造、创意三者既相互独立，又相互关联。创意首先是源头，是创造和创新过程中的初始阶段，也是策划、谋划、务虚的阶段。但创意又不仅仅是源头，在创造和创新的过程中，新的创意会不断地参与进来，就像支流。创造和创新是创意的实践或检验，是将创意物质化、现实化，是出成果的阶段，是主流。创新和创造都是对创意的实践，二者的区别在于是"有上加好"还是"从无到有"，也就是对既有现实突破力度的大小不同。人们往往将创造与创新混淆在一起，分得不是很清楚，就是因为创造里面有创新，创新里面也有创造。

创新、创造、创意有着共同的内核——创造性劳动。但在具体语境中，三者的外延各有侧重。不同于创新，创意应理解为在社会文化领域的新观念、新思想、新设计，与人类的精神活动、文化活动相联系。尽管在很多情况下，创意也会借助于某种物质载体表达出来，例如新颖的服装设计、独特的产品造型、意外的影视剧情、奇异的组织方式等，但其较

视野拓展

多满足的仍然是人类的精神文化需求，提供的仍是一种文化体验。创造常常与发明联系在一起，指人们在自然科学和工程技术领域"首创前所未有的事物"，虽然创造一词也常被引用到其他领域，但其核心含义，仍是指在科学技术上取得新成果。

第三节　创新意识

创新意识是创新型人才所必须具备的条件之一。创新意识的培养和开发是塑造创新型人才的起点。

一、创新意识的含义

创新意识是指人们根据社会和个体生活发展的需要,产生创造新事物的观念和动机,并在创造活动中表现出的意向、愿望和设想。它是人类意识活动中的一种积极的、富有成果性的表现形式,是人们进行创造活动的出发点和内在动力,是创造性思维和创造力的前提。

创新意识包括创造动机、创造兴趣、创造情感和创造意志。具体来说,创造动机是创造活动的动力因素,能推动和激励人们发动和维持创造性活动;创造兴趣能促进创造活动的成功,是促使人们积极探求新奇事物的一种心理倾向;创造情感是引起、推进乃至完成创造的心理因素,只有具备正确的创造情感才能使创造成功;创造意志是在创造过程中克服困难、冲破阻碍的心理因素,创造意志具有目的性、顽强性和自制性。

二、创新意识的价值

创新意识的价值集中体现在以下三个方面。

(一)创新意识是决定一个国家、民族创新能力最直接的精神力量

创新意识推动社会生产力的发展。科学的本质就是创新,科学技术的每一次进步都是通过创新来实现的。科学技术的迅猛发展对人类社会各个方面都产生了深刻而广泛的影响。创新更新了人们的生产工具和生产技术,提高了劳动者的素质,增加了更多的劳动对象,推动了社会生产力的发展。

(二)创新意识促成社会多种因素的变化,推动社会的全面进步

创新意识根源于社会生产方式,它的形成和发展必然进一步推动社会生产方式的进步,从而带动经济的飞速发展,促进上层建筑的进步。创新意识进一步推动人的思想解放,有利于人们形成开拓意识、领先意识等先进观念;创新意识会促进社会政治向更加民主、宽容的方向发展,这是创新发展需要的基本社会条件。这些条件反过来又促进创新意识的开发,更有利于创新活动的进行。

(三)创新意识促成人才素质结构的变化,提升人的本质力量

创新实质上确定了一种新的人才标准,代表着人才素质变化的性质和方向,它输出一种重要的信息:社会需要充满生机和活力的人、有开拓精神的人、有道德素质和现代科学文化素质的人。客观上,创新意识引导人们朝这个目标提高自己的素质,使人的本质力量在更高的层次上得以确证。它激发人的主体性、能动性、创造性的进一步发挥,从而使人自身的内涵获得极大丰富和扩展。

三、创新意识的类型

创新意识通常包括以下六种类型。

（一）综合创新意识

综合是指将研究对象的各个方面、各个部分和各种因素联系起来加以考虑，从整体上把握事物的本质和规律。综合创新，是运用综合法则的创新功能去寻求新的创造。

综合不是将对象的各个构成要素简单相加，而是按其内在联系合理地组合起来，使综合后的整体作用引导创造性的新发现。例如，牛顿综合开普勒的天体运行定理和伽利略运动定律，创建了经典力学体系；门捷列夫综合已知元素的原子属性与原子量、原子价之间关系的事实和特点，发现了元素周期律。信息科学、生物科学、材料科学和能源科学等都属于综合性学科。在机械创新设计实践中，随处可发现综合创新的实例。

综合创新一般有两个主要途径：非切割式综合与切割式综合。非切割式综合即直接将两种或两种以上的事物保持各自完整进行综合的创新模式；切割式综合即截取两种或两种以上事物的某些要素，再将其有机组合成新事物的综合创新模式。双万向联轴器就是将两个单万向联轴器进行非切割式综合，使其传动性能大大改善的产物。而集火箭技术、宇航技术和飞机技术于一体的航天飞机的问世，则是切割式综合创新的一个典范。

（二）逆向创新意识

所谓"逆"可以是空间、时间上的"逆"，也可以是形状、特征功能上的"逆"，还可以是思路、方法上的"逆"。逆向创新是将思考问题的思路反转过来，从构成要素中对立的另一面来思考，以寻找解决问题的新途径、新方法。逆向创新法亦称为反向探求法。逆向创新法一般有三个主要途径：功能性反求、结构性反求和因果关系反求。

比如，18世纪初，人们发现了通电导体可使磁针转动的磁效应。法拉第运用逆向思维反向探求，提出"能不能用磁产生电"这样一个问题。于是，法拉第终于在经过9年的探索之后，于1831年成功发现了电磁感应现象，制造出了世界上第一台感应发电机。再比如，一般认为"精确"是数学的一个特点，对客观规律的数学描述不能模棱两可，需要严格的精确性。但美国数学家查德却专门研究与精确性相反的模糊性，创立了一门新的学科——模糊数学。在精确方法无能为力的领域，模糊数学大显神通。

（三）还原创新意识

还原法即回到根本、回到事物起点的方法。简单地说，就是暂时放下所研究的问题，回到驱使人们创新的基本出发点。

比如，打火机的发明应用了还原创新原理，它突破现有火柴的局限，把最本质的功能——生火功能抽提出来，把用木材摩擦生火改变为用气体或液体材料作燃料的打火机。再比如，无扇叶电风扇的设计是基于电风扇使空气快速流动的原理创造出来的。人们设计出用压电陶瓷夹持金属板，通电后金属板振荡，导致空气加速流动的新型电扇。与传统的旋转叶片式电风扇相比，无扇叶电风扇具有体积小、重量轻、耗电少、噪声低等优点。

(四)移植创新意识

移植创新指吸收、借用其他学科领域的技术成果来开发新产品。

在机械创新设计方面,应用移植创新原理取得成功的例子有很多。如人们在设计汽车发动机的化油器时,移植了香水喷雾器的原理;组合机床移植了积木玩具的结构方式。又如,将磁学原理移植到带传动中,人们发明了磁性带传动,大大增加了带传动的传动能力。再如,用陶瓷对发动机进行材料移植,以高温陶瓷材料代替金属材料制成燃气涡轮的叶片、燃烧室等部件,或以陶瓷部件取代传统发动机中的汽缸内衬、活塞帽、预燃室、增压器等。陶瓷发动机具有耐腐蚀、耐高温性能,这样就可以采用廉价燃料,可以省去传统的水冷系统,减轻了发动机的自重,因而大幅度地节省能耗,降低成本,增大功效,是动力机械和汽车工业的重大突破。

(五)分离创新意识

分离创新是指把某创造对象分解或离散成多个要素,然后抓住关键要素进行设计创新。分离创新的基本途径一般有两条:一是结构分离,对已有产品结构进行分解,并寻找创新的一种模式;二是市场细分,按消费者的需求、动机及购买行为的多元性和差异性,将整体市场划分为若干子市场,即将消费者分为若干类型的消费群。机械创新设计的目的是为市场提供某种机械类商品。因此,也可以根据市场细分理论进行创新思考。通常以职业、年龄、性别、地域、环境、经济条件等市场变量作为细分标准,然后按照形成差异的原则进行创新设计。例如,保险柜历来是单位收藏现金、机密文件等贵重物品的办公设备,家用保险柜的设计,体现了发明者对保险柜市场进行细分的思路。

(六)价值优化创新意识

第二次世界大战以后,美国开始关于价值分析(value analysis,VA)和价值工程(value engineering,VE)的研究。在设计、研制产品(或采用某种技术方案)时,设计研制所需成本为 C,取得的功能(即使用价值)为 F,则产品的价值 V 为:

$$V = F/C$$

显然,产品的价值与其功能成正比,而与其成本成反比。

价值工程揭示了产品(或技术方案)的价值、成本、功能之间的内在联系。它以提高产品的价值为目的,提高技术经济效果。它研究的不是产品(或技术方案)而是产品(或技术方案)的功能,研究功能与成本的内在联系。设计创造具有高价值的产品,是人们追求的重要目标。价值优化或提高价值的指导思想,也是创新活动应遵循的理念。

优化设计的途径如下:

(1)保持产品功能不变,通过降低成本,达到提高价值的目的。

(2)在不增加成本的前提下,改善产品的功能或提高产品质量,以实现价值的提高。

(3)虽成本有所增加,但却使功能大幅度提高,使价值提高。

(4)虽功能有所降低,但成本却能大幅度下降,使价值提高。

(5)不但使功能增加,同时也使成本下降,从而使价值大幅度提高。这是最理想的途径,也是价值优化的最高目标。

例如，英国的设计人员曾开发出一种新型百叶窗，这种产品既能防止雨水进入，又可使室内空气流通。设计者通过价值分析，改变了用料多、造价高的传统设计，而采用了让水透过百叶窗，再在窗叶后用凹槽收集，然后通过细管将雨水排出室外的新设计。新设计的百叶窗，不仅降低了成本，而且便于操作并延长了寿命。商品化后的产品在市场上很有竞争力。

第四节　创新能力

一、创新能力的含义

创新能力是指个人或群体在一定条件的支持下，运用已有的知识和已知的信息，发现新问题，寻求问题答案，并产生出某种新颖而独特、对个人或社会有价值的物质产品或精神产品的能力。我们在本章第一节说到了创新的六个基本要素，即目的是解决矛盾、主体是人、客体是客观世界、核心是创新思维、根本是要有突破、结果就是出现新的物体或新的思想，掌控这六个基本要素的能力就是创新能力。这也可以通俗地解释为掌握新知识、发现新问题、提出新设想、创造新事物的能力。

创新能力是人类特有的一种将思维与行为综合的本领。创造新概念、新理论，更新技术，发明新产品、新方法，创作新作品，都是创新能力的表现。创新能力是由知识、智力、能力及优良的个性品质等重要因素综合优化构成的，创新能力的强弱是区分优秀人才和普通人才的重要标准之一。

二、创新能力的构成

创新能力作为一个系统的、综合的概念，是指各种基本能力的组合方式，这种组合方式是随不同领域的创新活动而不同的。创新能力通常包含以下几种基本能力：发现问题的能力、流畅的思维能力、变通的能力、独立创新的能力、制订方案的能力和评价的能力等。

(一)发现问题的能力

发现问题的能力，是一种发现那些让人难以觉察的、隐藏在习以为常的现象背后的问题的能力。表现为意识到存在于周围环境中的矛盾、冲突或需求，意识到某种现象隐蔽的未解之处，意识到寻常现象中的不寻常之处。例如，人们时常看到，两块从悬崖上落下的石头尽管大小悬殊，但却同时落到了深谷的底部。可是，没有人因此对亚里士多德关于物质下落的速度和它的重量成正比的理论提出疑问，只有伽利略能意识到这一问题。这一意识促使他进行了比萨斜塔上的实验，实验证明了铁球和铅弹的下落速度同它们的质量无关，从而否定了影响人们两千多年的定理。正是由于伽利略独具慧眼，发现了问题，他才能够对亚里士多德"自由落体定理"作出科学的修正与创新。就像时常有人坐在苹果树下，看到苹果从树上落下，但却没有人像牛顿那样发现并提出问题：为什么苹果从树上向下落，而不是飞上天？正是牛顿对这一问题的发现，从而激发了他的思考、探索，发现了"万有引力定律"。

发现问题的前提是具备好奇心和质疑精神。好奇心会提高人们对外界信息的敏感性，发现问题并追根溯源，提出一连串问题，质疑就是对权威的理论、既有的学说和传统的观念等不是简单地接受与信奉，而是持怀疑和批判的态度。

发现问题在创新活动中通常是由认知风格和工作风格来体现的。认知风格指个人所具有的先打破心理定式和理解复杂问题过程中表现出来的气度、能力和心理特点。工作风格是指能长时间集中努力和聚焦问题的工作态度和工作能力。

（二）流畅的思维能力

流畅的思维能力是指就某一问题情境能顺利产生多种不同的反应，给出多种解决办法和方案的能力。我们常用"思如泉涌""下笔如行云流水""口若悬河滔滔不绝"等来形容思维流畅的人。思维流畅对创新有重要意义。因为只要能形成大量设想，就有更大机会产生具有创新意义的想法。提出的设想不一定每一个都正确，有创见性的设想也不是一下子就能在头脑中形成的。但是，提出的设想越多，出现有创见性想法的机会也就越多。牛顿在他的《光学》的最后部分，提出了30多个设想。这些设想瑕瑜互见，既有熠熠闪光的真知灼见，又夹杂着一些今天看来显而易见的谬误。不过，正是因为牛顿能提出许多设想，才会迸发出思想的火花。

思维流畅是对人以丰富的知识和较强的记忆力为基础，并能够根据当前情况所得到的印象和所观察到的事物激活知识，调出大脑中储存的信息，并进行创造性思维，从而提出大量新观点的这一行为的形容。

（三）变通的能力

变通的能力，是指思维迅速地、灵活地从一类对象转移到另一类对象的能力。它能够从某种思想转换到另一种思想或是多角度地思考问题，能用不同方式研究问题。具有变通能力的人，一般都能根据客观情况的变化机智地解决问题，在思维中灵活应变，不囿于条条框框，敢于提出新观点，思想活跃。而缺乏变通能力的人，往往机械呆板，墨守成规，思想陈旧，观点保守，没有创新精神。

创新实践表明，凡是在创新上大有作为的人，大都思路开阔，妙思泉涌。因为创新需要找到不同的应用范畴或许多新的观念，越是能带来重大突破的创新，越是需要借助于其他领域的知识，吸取外来的思想。例如，19世纪的英国化学家道尔顿提出了"化学原子论"，恩格斯称誉他为"近代化学之父"。当时，他是一位气象学家，研究的是水吸收气体和大气吸收水等物理问题。正是由于道尔顿头脑里没有当时化学家用来解释混合物和化合物的区别的亲和力理论，而是从大气物理的角度来进行考察，他才从当时使化学家感到困惑不解的溶液均匀性问题中，揭示出关于元素化合物的倍比定律，进一步提出了"化学原子论"。

创新需要多向思维，思维不仅要有流畅性，还需要有变通性。因为流畅性强调产生设想的数量，如果只是在同一类型上做出众多反应，那么就会形成思维定式。比如说铅笔的用途，只能说出"写字、画画、写文章"之类的内容，显得僵化、呆板，不能变通。一般来说，在众多的反应中，反应的类型越多，变通性就越高。变通性不只是反映思维的广度，还反映思维的维度及其多样性。单一不能变通，多样才能灵活。变通的类型有性质变通、方向变通、时间变通、形状变通、功能变通、蕴含变通等。要使思维变得灵活，就必须克服思维定式，打破传统的思维习惯。变通的能力，必须以广博的学识为基础，有了广博的知识，才能得心应手。

（四）独立创新的能力

独立创新的能力是一种寻求不同寻常的思想和新奇的、独特的解决问题的能力。能想出别人想不出来的观念，看出别人看不到的问题，它是种求新求异的能力。具有独创能力的人往往与他人不同，独具卓识，能提出新的创见，做出新的发现，实现新的突破，具有开拓性。而缺乏独创能力的人，只会一味地模仿和一味地盲从，只知道遵从传统习惯，每天都进行重复性的活动，说千篇一律的话。如果只是依靠吸收、模仿、学习等重复的方法，而不进行变革、突破，就不可能创新。独创能力是创新能力最本质、最重要的核心要素，它反映了一个人创新能力的高低。同时，独创能力是人们在创新活动的各个阶段或各个领域都需要具备的最基本的能力要素，无论在技术产品开发上，还是在生产、管理和市场开拓上，甚至在日常学习和生活中，都需要运用独创能力。例如，失眠是一种疾病，人们都认为只有吃药才能治愈。可是瑞士一家公司与众不同，他们想到了吃药以外的一种更简单、更实用的方法。这家公司研发出一种能促使失眠者很快入睡的录音磁带，上面录的都是"废话"。人们都讨厌听废话，但多数人从未想到过利用它来为人服务，这是一个具有独创性的创新产品。

一般人的创新能力，大体是流畅性第一，变通性次之，独创性最低。独创能力是最重要也是最难获得的。它主要体现在两个方面：一是打破常规，追求与众不同；二是求新求异的有机结合。打破常规就要求思维具有批判性，对事件进行反复推敲，对计划、方法和方案等反复考察，不盲从、不迷信，不拘泥于现成结论，大胆推翻原有结论，拓展新思维。富于创新能力的人，常常用一种挑剔的眼光来看问题，并总是能提出与众不同的、非常规的想法。求新就是从新的角度看问题，以新的思路、新的方式提出新设想。求异就是要独特，提出的设想与常规的设想相比有很大的不同，是一般人不易想到的。

（五）制订方案的能力

创新的设想能否实现取决于方案的制订和实施。所谓制订方案的能力是指把一个创新的想法变成一个具体的实施方案的能力。方案是为了解决特定问题、达到预期目标所采用的方法和手段。制订方案时，首先，要明确创新目标是什么，方案是围绕着创新目标而制订的。其次，分析实现这个创新设想存在哪些问题和困难，了解其有利因素和不利因素。再次，针对需要解决的问题，选择采用的主要方法和途径，并确定需要解决的重点问题，这一过程中主要运用的创新方法包括类比、想象、直觉和灵感等多种思维形式。最后，还需制订方案的实施步骤。

从设想、构思、证明到具体的设计、修改、完善，需要做大量的创造性工作。创新是一项探索性工作，没有现成的方法和模式可以照搬，它不是对人类已有认识和实践的重复，而是在此基础上进行新的创造。因此，创新过程不可能是一帆风顺的，其中必然会遇到许多挫折和失败。为此，就需要拟定多套方案以备选择。解决同一问题可以用多种方法，这些方法之间并不是互相排斥的关系，而是互相补充、互相融合的关系。如果只找到一种方案，就难以相互比较好坏、区别优劣，就没有选择的余地。因此，应拟定多种方案，以备挑选，从挑选中比较，从挑选中择优。同时，由于每个备选方案都有其合理性和局限性，因此，在优选的基础上，还可以吸取其他方案的长处，补充所选方案，使之更加完善。

（六）评价的能力

评价的能力是指通过评审从许多方案中选择出最优方案的能力。在创新活动中，需要冲破束缚，解放思想，从而提出大量的设想、构思和方案。在多种方案中，除了个别的可能是"闪光"的设想之外，还不可避免地伴随着大量的、在技术或经济上暂不可行的设想。因而需要通过评价，选出在技术和经济上可行的、有希望获得成功的方案，如果不进行评价，往往会造成人力、物力和财力的浪费。评价还可以促进创新过程中方案的优化，没有正确的评价，没有正确的筛选，就无法保证得到最优或较优的创新方案。我们不仅在创新初期阶段要进行方案选择的评价，以寻求最佳方案，也要在创新完成时对创新结果进行评价，以确定创新的价值和水平，而且在创新过程中，也要多次对活动过程进行评价，这样可以帮助我们寻找最佳创新方法，指明创新前进的方向。这正如象棋高手在下棋时，每走一步都需要评价一样，评价对创新活动也同样具有极为重要的作用。

据统计，在所有的创新方案中，一般只有 10%～20% 最终可以成功，可见创新的风险很大。因此，选择方案不可能通过一次评价就确定下来。在创新的初期，无论是设想还是方案，都有许多不确定因素。在创新过程中常有这样的事发生，如某公司提出的创新方案，未被该公司采用，或该公司评价后认为不可行，后来却被其他公司采用了，并且获得了很大的成功。因此，对方案的评价和筛选是一件值得慎重考虑的事情。

对方案主要从科学性、逻辑性、美学、技术、经济和社会等方面进行综合评价。其中，科学性主要是看方案是否正确反映了事物的本质及规律。例如，伽利略用实验方法去评判亚里士多德的物理学理论，发现他的关于落体速度的学说与事实不符，是错误的。逻辑性主要是看方案是否存在矛盾，前后是不是具有一致性。例如，现代数学常常利用数理逻辑的"公理化形式系统"来判明一个数学理论的一致性。美学标准主要是"优美"和"简单性"。德国物理学家海森堡曾经给科学理论的"优美"做过这样的解释："'优美'是各部分相互之间以及整体之间真正的协调一致。"爱因斯坦指出："实际上，自然规律的'简单性'也是一种客观事实，而且正确的概念体系必须使这种'简单性'的主观方面和客观方面保持平衡。"他甚至说，科学理论的"进化是循着不断增加的'逻辑基础简单性'的方向前进的"。在评价新的立意、新的思想时，美学标准尤为重要。对应用研究方案主要从技术评价、经济评价、社会评价以及这三者的综合评价进行分析。其中，技术评价主要是围绕功能进行的；经济评价主要是围绕效益进行的；社会评价主要是围绕方案的实施可能给社会心理或其他方面带来的影响来进行的。

总之，创新能力是由上述基本能力组成的一个有机整体，只有在这几个基本能力协调一致时，创新能力才能得到充分发挥。具有创新能力的人，不仅要具备这些能力，而且还要懂得思考何时、以何种方式来有效地使用这些能力。创新就是这些能力都达到均衡和充分运用的过程。

三、创新能力的获得

创造学认为，创新能力是人人皆有的一种潜在的自然属性，即人人都有创造力，人人都具有可开发的创造潜能。在生产力水平低下的时代，创新是少数人的自发行为。到了高科技的今天，创新已是人们的一种基本素质，创新意识已是一种必需的心理品质，创新能力已是一种必备能力。

人们的创新能力可以通过教育和训练而不断被激发，转隐性为显性，转自发为自觉，转经验为理论，并不断得到提高、充实和完善。一些自认或被认为"无创新能力"的人，并不是真的没有创新能力，只是其创新能力没有得到良好的培养和科学的开发，只要给予培养和开发，加上自身努力，他们的创新能力是完全可以被激发的。对于我们来说，获得创新能力最有效的方法就是多观察、多学习、多思考和多动手。

第五节　创新型人才

目前世界上公认的创新型国家约有 20 个，包括美国、日本、德国、英国、法国、韩国、新加坡等。创新型国家具有下列四个重要特征：一是科技创新成为促进国家发展的主导战略，创新综合指数明显高于其他国家，科技进步贡献率一般在 70% 以上。二是创新资金投入达到了一定的水平，研究与发展投入占 GDP 的比重都在 2% 以上。三是有很强的自我创新能力，对引进技术的依存度均在 30% 以下。四是创新产出高，这约 20 个创新型国家拥有的发明专利总数占全世界的 99%。建设创新型国家需要创新型人才，因为人才是创新的根基，是创新的核心要素。当前，培养创新型人才意义重大，任务艰巨。

一、创新型人才的内涵

所谓创新型人才，就是具有创新意识、创新精神、创新思维、创新能力并能取得创新成果的人才。对于创新型人才可以从以下三点归结其内涵。

（一）创新型人才是全面发展的人

创新型人才应具有寻求"真、善、美"的宽广胸怀，并做到"德、智、体"协调发展。创新型人才的基础是人的全面发展。创新意识、创新精神、创新思维和创新能力并不是凭空产生的，也不是完全独立发展的，它们与人才的其他素质有密切的联系。

（二）创新型人才是个性自由、独立发展的人

创新型人才应成为一个有作为的人、真正自由的人、具有个体独立性的人，而不是成为作为工具的人、模式化的人、被套以各种条条框框的人。虽然不能说个性自由的人就有创造性，就一定能成为创新型人才，但没有个性的自由发展，创新型人才就不可能诞生。

（三）创新型人才是立足现实而又面向未来的人

创新型人才应该既博学又专精，具备充分知识准备、以创新能力为特征的高度发达的智力和能力、以创新精神和创新意识为中心的自由发展的个性和积极的人生价值取向和崇高的献身精神。

二、创新型人才的特点

具体而言，创新型人才具有以下六个特点。

（一）可贵的创新品质

当前，我国正处于发展的重要战略机遇期，大力培育创新型人才，为建设创新型国家、国家创新体系和全面建成小康社会提供有力的人才保证和智力保障，显得尤为迫切和重要。从一定意义上说，创新型人才正以前所未有的时代需求承载着推进国家自主创新、在激烈的国际竞争中占据主动以及实现中华民族伟大复兴的历史使命。因此说，创新型人才必须是有理想、有抱负的人，具备良好的进取意识和献身精神、强烈的事业心和历史责任感等可贵的创新品质。具备了这样一些品质，才能够有为求真知、求新知而敢闯、敢试、敢冒风险的大无畏勇气这一构成创新型人才的强大精神动力。

（二）坚韧的创新意志

创新是一个探索未知领域和对已知领域进行破旧立新的过程，充满各种阻力和风险，可能会遇到许多困难、挫折甚至失败。人类科学技术发展到一定程度，要取得进步相当困难。因此，创新型人才每前进一步都需要非凡的胆识和坚忍不拔的毅力，为了既定的目标必须始终坚持不懈地进行奋斗，锲而不舍，遭到阻挠和诽谤不气馁，遇到挫折和困难不退却，牺牲个人利益也在所不惜，不达目的誓不罢休，不自暴自弃，不轻言放弃。只有具备了这样的创新意志，才能不断战胜创新活动中的种种困难，最终实现理想的创新效果。

（三）敏锐的创新观察能力

不难发现，历史上的科学发现和技术突破，无一不是创新的结果。从这个意义上讲，创新就是发现，而且是突破性的发现。要实现突破性的发现，就要求创新型人才必须具有敏锐的观察能力、深刻的洞察能力、见微知著的直觉能力和一触即发的灵感和顿悟，不断地将观察到的事物与已掌握的知识联系起来，发现事物之间的必然联系，及时地发现别人没有发现的东西。创新型人才的观察力同时还应当是准确的，能够入木三分，发现事物的真谛，具有善于在平常中求不平常的创新观察能力。例如壶水滚沸使瓦特发明了蒸汽机、苹果落地使牛顿创立了"万有引力"学说、带细齿的野草划破了鲁班的手指从而使他发明了锯，这些事例无不证明了敏锐的创新观察能力在创新中的重要作用。

（四）超前的创新思维

创新思维是创新的基本前提，创新型人才的思维方式具有前瞻性、独创性、灵活性等良好的思维品质，能保证其在对事物进行分析、综合和判断时做到独辟蹊径。

（五）丰富的创新知识

创新是对已有知识的发展，要求创新型人才的知识结构既有广度，又有深度。因此，创新型人才须具有广博而精深的文化内涵，既要有深厚而扎实的基础知识，了解相邻学科及必要的横向学科知识，又要精通自己专业并能掌握所从事学科专业的最新科学成就和发展趋势，这是从事创新研究的必要条件。只有通过知识的不断积累才能用更为宽广的眼界进行创新实践。创新型人才拥有的信息量越大，文化素养越高，思路便越开阔。同时，完备的知识结构使他们具有科学综合化、一体化意识，有助于增强综合思维能力和创新能力。

（六）科学的创新实践能力

创新是遵循科学，依据事物的客观规律进行探索的过程，任何一种创新都不能有半点马虎和空想，也不能纸上谈兵。因此，创新型人才必须具有严谨而求实的工作作风，严格遵循事物的客观规律，从实际出发，以科学的态度进行创新实践。

总之，人才是创新的"第一资源""根基"和"核心要素"。创新型人才的数量多寡和质量高低，已成为判断创新型国家的核心因素。高等学校作为国家创新体系的重要组成部分，其核心任务之一就是培养创新型人才。

三、大学生是创新的中坚力量

被誉为"中国航天之父""中国导弹之父""中国自动化控制之父"和"火箭之父"的钱学森先生在他生命的最后阶段，曾提出过一个问题："现在中国没有完全发展起来，其中一个重要原因是没有一所大学能够按照培养科学技术发明人才的模式去办学，没有自己独特的创新东西，老是冒不出杰出人才，这是很大的问题。"钱老的问题表明，中国没有完全发展起来，主要原因是缺乏创新型人才。

大学生创造力的高低，从某种意义上讲，是决定我国能否从"中国制造"走向"中国创造"的重要因素。从产业链的构成来看，除了加工制造环节，还有六大环节：产品设计、原料采购、物流运输、订单处理、批发经营和终端零售。我国大学培养出的大学生创造力不足以支持以六大环节为主的产业结构，这就是大学生"就业难"这一问题的源头。因此，谁拥有创新型人才，谁就掌控了创新的主动权，谁就能站在全球化产业链的顶端。这也是解决我国大学生创业困难的出路。

在创新的世界里，探索的兴趣、创造的勇气、开拓的力量，几乎都是青年智慧的特色。纵观古今，青年们的创新行为一向令人叹为观止，他们影响着世界、改变着世界：300 年前青年瓦特以蒸汽机掀起了工业革命浪潮，世界从此开始了现代化进程；青年哥白尼以"日心说"使人类宇宙观发生大变革，从此自然科学便开始从神学中解放出来；青年哥伦布 71 天的历史性航程发现新大陆，使世界格局发生了重大变革。全球化、信息化和知识经济的到来，为人类的创新思维和创新事业提供了极为难得的机遇和无限广阔的空间。21 世纪是创意的世纪，可以说大学生创新正当时。

纵观世界科学发展，我们可以列出一长串创新型杰出人物的名字。许多创新型人才的重要创新发明，都是产生于风华正茂、思维敏捷的青年时期。

牛顿发现二项式定理、无穷级数展开、微积分、无穷小概念，还几近创造了极限概念时，刚满 22 岁。

1876 年，美国新泽西州蒙洛公园里搭起了一座两层盒式建筑。托马斯·阿尔瓦·爱迪生(Thomas Alva Edison)在这里完成了他 2000 多项发明的大部分，包括留声机、蓄电池、灯泡……他发明留声机时才 29 岁。

时年 21 岁的史蒂夫·乔布斯(Steve Jobs)和 26 岁的史蒂夫·沃兹尼克(Steve Wozniak)在乔布斯家的车库里创办了苹果电脑公司。他们开发的苹果 II 具有 4K 内存，用户使用电视机作为显示器，这就是第一台在市场上销售的个人电脑。

比尔·盖茨(Bill Gates)在哈佛大学读书时为第一台微型计算机开发了 BASIC 编程语言的一个版本。在大学三年级的时候，比尔·盖茨离开了哈佛，并把全部精力投入他与孩童时期的好友保罗·艾伦(Paul Allen)在 1975 年创建的微软公司中。在"计算机将成为每个家庭、每个办公室中最重要工具"的信念引导下，他们开始为个人计算机开发软件。比尔·盖茨的远见卓识以及他对个人计算机的先见之明成为微软在软件产业取得成功的关键。在比尔·盖茨的领导下，微软持续地改进软件技术，使软件更好用，更省钱，也更富有乐趣。

视野拓展

第六节　创新者的基本素养

一、素养的含义

素养，就是素质和修养，是一个人稳定的心智、性格趋向的表现。

从广义上讲，素养包括道德品质、外表形象、知识水平与能力等各个方面。当今，人的素养的含义大为扩展，它包括思想政治素养、文化素养、业务素养、身心素养等各个方面。

二、创新者应具备的基本素养

兴趣广泛、眼光敏锐、用心专一和行事探险是创新者应具备的基本素养。

(一)兴趣广泛，充满好奇心和求知欲

一个人对某种事物或现象的特别喜好、特别关切，就是兴趣。兴趣以精神需要为基础，往往是非功利的。兴趣的非功利性决定了它的非实用性，因为兴趣收获的是精神上的满足与愉悦。如果我们只强调一样东西要有用的话，那么最没用的就是兴趣。伟大的奥地利作曲家、有"歌曲之王"之称的弗朗茨·舒伯特(Franz Schubert)在15年里谱写了1000多件音乐作品。他一生困苦,生活靠朋友接济,在生前,他甚至没能听到过自己创作的交响曲的演出。他创作的如今已成为世界不朽名曲的《魔王》,在当年出版商勉强同意出版时,提出的条件是没有稿费。31岁时,他因病无钱医治而死于伤寒。伟大的荷兰画家、后印象派先驱凡·高(Van Gogh)的作品《加歇医生》现在价值1.52亿美元。然而这位美术巨匠在世时,作品被放在马路边卖不出去,他终其一生才好不容易以400法郎的价格卖掉了一幅《红色葡萄园》,其余的都被丢进了小阁楼,再无人过问。舒伯特、凡·高等之所以在如此艰难的境遇中依然能成为人类历史上顶级的艺术家,除了兴趣,我们实在找不到其他更有说服力的答案。

当然,兴趣不能直接换得价值,却是创新者的创意来源。有了兴趣,好奇心就油然而生;有了好奇心,就会激发质疑并进行探究,能够及时发现问题、洞察需求,创意因此迸发、裂变;有了创意,创新就有了起点、动机和驱动力,就有了创新所必需的坚强毅力和持久耐心的源泉。兴趣和好奇心能够驱动创新者尽可能多地学习,不断地寻求创新所需要的信息,不断结识善于创新的伙伴,最终成为一个成功的资源整合者与创新者。

(二)眼光敏锐,抓住机会,化普通为神奇

所谓机会,就是有利于某事的时间点。创新需要机会,机会是创新所根植的土壤。机会是混杂在惯见的平常现象中,以一种极其普通的样子存在,并不会直接显出身影。要发现它们,仅靠敏锐的眼光还不够,还要靠听觉、嗅觉等。虽然机会客观存在,对任何人都平等,对每个人都一视同仁,却不是人人都能发现。更多的人与机会擦肩而过,过后还默然无知,总抱怨机会与自己无缘。

人们已经尝到了抓住机会的喜悦,也饱经错过机会的遗憾,因此就有了关于机会的千百条格言。英国哲学家培根说,"机会先把前额的头发给你捉而你不捉之后,就要把秃头给你捉了""至少它先把瓶子的把儿给你拿,如果你不拿,它就要把瓶子滚圆的身子给你,而那是很难捉住的""在开端起始时善用时机,再没有比这种智慧更大的了"。美国成功学大师卡耐基说,"当机会呈现在眼前时,若能牢牢掌握,十之八九都可以获得成功,而能克服偶发事件,并且替自己找寻机会的人,更可以百分之百地获得胜利"。

(三)用心专一,坚持不懈,把精力集中在一件事情上

兴趣加上学习,使我们不断积累创新的原材料,不断向知识储备的数据库中添加新数据。但有一个事实必须承认,我们每个人能占有、掌握的资源是有限的。

在历史上,确实出现过全才。达·芬奇(Leonardo da Vinci)是画家、天文学家、发明家以及建筑师,他在雕刻、音乐、建筑方面都很有造诣,在数学、生理、物理、天文、地质等领域也有不少手稿。爱因斯坦认为,如果达·芬奇在当时就发表科研成果的话,世界科技发展将会少用30~50年达到当今水平。我们都知道本杰明·富兰克林(Benjamin Franklin)是美国发明家和物理学家,发明了对焦距眼镜、新式火炉、避雷针等,提出了电荷守恒定律,其实他还是著名的政治家,是美国独立战争时的重要领导人之一,还是杰出的外交家,曾出任美国驻法国大使,同时还是出版商、印刷商、记者、作家和慈善家。中国历史上也有全才。王阳明是思想家、文学家、哲学家和军事家。曾国藩是政治家、战略家、理学家，也是文学家。但是，这种现象在知识大爆炸的今天已经不复存在，因为每一领域都已奠定了厚实的基础，都已聚集了一大批勤奋的人才，都已获得了喜人的成就。

如果你想要创造下一个微软或者下一个百度，那迎接你的只会是倦怠和沮丧。相反，你需要从一个更加专注的角度尝试，并从中开始发展。而你已经掌握的所有资源，都可以为这个发展服务。对于创新，这种专注性、聚焦性越发显得重要。

（四）行事探险，敢于求异，不怕被当成"另类"

探险不是旅游，探险的路上没有导游，没有先期安排好的大巴和食宿，没有安全保险，没有地方去维权。探险也不是冒险，探险者是理智的，对于从起点到终点将会遇到什么，心中是大体有数的，并且已经做好了充分而必要的准备，他要做的是证明自己是正确的；而冒险者是感性的，他用激情代替逻辑，用概率代替谋划，他要做的是证明自己是幸运的。

创新者摆脱求同惯性，敢于打破常规、直面权威，在追求目标的过程中不受思考角度的影响，能够在人们司空见惯、习以为常的事物中觉察问题并提出问题，对人们认为理所当然的现象和权威论断敢于提出怀疑意见，并拿出自己的意见和作品，这当然充满风险。攀登珠峰，距离峰顶只剩最后几十米平路了，就因为这一段过不去，最后不得不遗憾折返的人不是一个两个。但是，攀登珠峰的活动并没有因为有人折返而停止。创新者所挑战的，就是这几十米。在探索未知领域时，可能遇到各种意外的风险和失败。而只有从错误中总结，从教训中学习，才能成功。因此创新者必须具有不怕风险、不惧失败，总结经验、重新再来的大无畏勇气。

在创新的过程中，肯定会有怀疑，甚至还会有嘲讽和讥笑，这些都很正常。甚至可以说，正是因为有了这些不同的声音，创新才成为创新。创新者不但要善于和不同的人一起合作，还要敢于接受"异见"，愿意多花些时间在那些见解与自己不同的人身上。"异见"往往是一种宝贵的提醒，是从另一个角度对你的帮助，至少说明提出"异见"的人对你是关注的。

视野拓展

本章小结

发展是第一要务，创新是第一动力，创新对于社会进步、企业发展和人生价值的实现都具有重要意义。本章论述了创新的含义、特征、基本类型和基本要素；创新、创造、创意三者的关系；创新能力的含义、构成及获得方法；创新型人才的内涵和特点以及创新者应具备的基本素养。这些都是创新所依赖的认识基础、创新所植根的思想土壤，以期为后续学习打下良好的基础。

视野拓展

思考题

1. 为什么要创新？简述创新的含义、特征和类型。
2. 简述创新能力的含义、构成及获得方法。
3. 创新型人才有何特点？

讨论题

1. 创新、创造和创意三者有何联系和区别？
2. 创新能力通常包括哪些基本能力？
3. 从创新型人才的内涵和特征出发，谈谈作为一名大学生，如何努力成为创新型人才。

实训项目与练习

1. 收集、讨论国内外关于创新的经典案例，进一步加深对"创新"的理解和认识。
2. 在校期间，主动参加各级各类大学生创新创业大赛。

◇ 参考文献

[1] 李家华. 创业基础[M]. 北京：北京师范大学出版社，2013.

[2] 姚本先. 大学生心理健康教育[M]. 2版. 合肥：安徽大学出版社，2015.

[3] 吕云翔，唐思渊. 大学生创新创业教程[M]. 北京：清华大学出版社，2018.

[4] 刘万镏. 大学生创新与创业教程[M]. 天津：南开大学出版社，2013.

[5] 陈永奎. 大学生创新创业基础教程[M]. 北京：经济管理出版社，2015.

[6] 范太华. 创新思维与创新方法[M]. 长沙：中南大学出版社，2018.

[7] 程智开，唐立，李家华. 大学生创新创业指导[M]. 成都：电子科技大学出版社，2017.

[8] 倪锋. 创新创业概论[M]. 2版. 北京：高等教育出版社，2016.

[9] 德鲁克. 动荡年代的管理[M]. 北京：中国工人出版社，1989.

[10] 德鲁克. 创新与企业精神[M]. 北京：机械工业出版社，2007.

[11] 胡鞍钢，张新. 中国特色创新发展道路：从1.0版到4.0版[J]. 国家行政学院学报，2016(05)：13-20，141.

创新思维

本章知识结构图

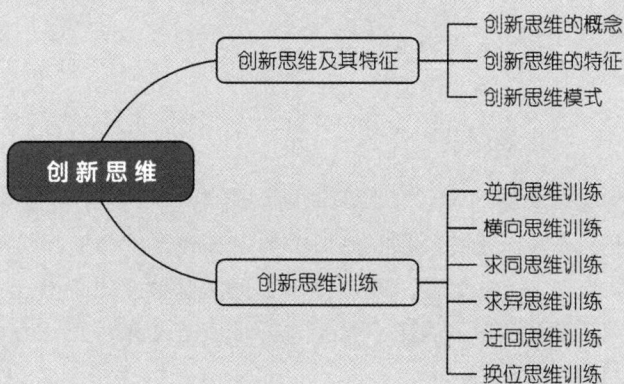

创新思维及其特征
- 创新思维的概念
- 创新思维的特征
- 创新思维模式

创新思维

创新思维训练
- 逆向思维训练
- 横向思维训练
- 求同思维训练
- 求异思维训练
- 迂回思维训练
- 换位思维训练

人之可贵在于能创造性地思维。

——华罗庚

知 识 目 标 ▶▶

1. 理解思维的含义和创新思维的概念。
2. 把握创新思维的特征。
3. 熟悉创新思维的模式。

能 力 目 标 ▶▶

1. 熟悉常用的创新思维方式。
2. 学会用创新思维解决实际问题。

案 例 导 入 ▶▶

米老鼠的诞生

美国人迪斯尼从事美术设计工作，他和妻子住在一间老鼠横行的公寓里。失业后，因付不起房租，夫妇俩被迫搬出了公寓。连遭不测，他们不知该去哪里。

一天，两人呆坐在公园的长椅上，正当他们一筹莫展时，突然从迪斯尼的行李包中钻出一只小老鼠。望着老鼠机灵滑稽的面孔，夫妻俩感到非常有趣，心情一下子就变得愉快了，忘记了烦恼和苦闷。

这时，迪斯尼的头脑中突然闪过一个念头。他对妻子惊喜地大声说道："好了！我想到好主意了！世界上有很多人像我们一样穷困潦倒，他们肯定都很苦闷。我要把小老鼠可爱的面孔画成漫画，让千千万万的人从小老鼠的形象中得到安慰和愉快。"风行世界数十年之久的"米老鼠"就这样诞生了。

在失业前，迪斯尼一直住在公寓里，每天从早到晚都同老鼠生活在一起，却并没有产生这样的设想。而在穷途末路、面临绝境的时候出现了这样的灵感，原因何在？其实，"米老鼠"就是灵感的产物。他说："米老鼠带给我的最大礼物，并非金钱和名誉，而是启示我陷入穷途末路时的构想是多么伟大！还有，它告诉我倒霉到极点时，正是捕捉灵感的绝好机会。"

发现灵感思考法是指在对问题已进行较长时间思考的执着探索过程中，需随时留心和警觉，在同某些相关与不相关的事物相接触时，有可能在头脑中突然闪现所思考问题的某种答案或启示。就像迪斯尼夫妇由小老鼠触发灵感一样，许多意想不到的东西都可以成为触发灵感的媒介物。

第一节　创新思维及其特征

创新思维是创新能力的基础和核心。创新人才的发展，主要是创新思维的发展。要培养创新意识，重要的是应当培养和树立创新思维方式。因为创新思维是实现创新的内在机制和深层动力。

一、创新思维的概念

思维是联系主观世界（主体）和客观世界（客体）的桥梁，是哲学最重要的研究对象之一。在唯物论哲学层面上，思维有狭义和广义两种定义。狭义的思维是指主体对客体事物的反映，就是物质、能量和信息在主体中的呈现。狭义的思维描述了主体对客体的照相机作用。广义的思维是指人们能动地、连续性地获取各种环境信息，并通过特定的组织或组织体系将这些信息和此前已有的运算结果信息进行一系列的再运算（包括转形、传递、提取、存储、删除、对比、排列、组合等多种操作），得出应对环境变化方案的思想活动。

在本书中，我们采用唯物论哲学上的广义定义，强调思维的主动性和客观性，即思维的主体对客体反映且对客体进行抽象分析的过程。只有通过这个定义，才能厘清创新的思想基础和思维过程。

创新思维是人们在创新活动过程中所具有的思维方式，它是以新颖独创的方法解决问题的思维过程，通过这种思维能突破常规思维的界限，以超常规甚至反常规的方法、视角去思考问题，提出与众不同的解决方案，从而产生独到的、有社会意义的新观念、新知识、新方法、新产品等创造性成果。

创新思维的本质在于用新的角度、新的思考方法来解决现有的问题。

二、创新思维的特征

创新思维主要有以下六个特征。

（一）开拓性

在这里，开拓有两层意思：一是批判，二是突破。批判就是基于事实对某事物进行分析判别，评论好坏。批判的前提是具有发现事物"欠缺、落后、错误"的能力。其实并非一切事物都是十全十美、无可挑剔的，任何一样东西都有可以精益求精的地方，而传统思想却让人认为它已经尽善尽美、绝对正确而拒绝怀疑。批判就是发现它的不全、不美以及不精之处并把这些方面进行补救，使事物达到此前未曾达到的更高的水平，这就是突破。

显然，没有批判就没有突破，两者是不可分割的。对于创新者而言，首要的是突破原有的思维框架和已有的思维定式。敢于质疑，才能发现问题；发现了问题，才有批判。

视野拓展

质疑是探索知识、发现问题的开始。质疑要求思维主体在认识对象时，不唯书、不唯上，只唯实。批判性思维具有推理性、反思性和技能性。要运用批判性思维，不仅要善于获得和运用知识，还要能以独特的方式来收集、分析和处理信息。

（二）独创性

显然，创新思维绝不能简单地重复、沿袭人们以往的思维过程，而是要以"新、独、特"的特点另辟蹊径。创新就是探索开拓别人未认识或未完全认识的新领域，以独到的视角提出问题、分析问题，用全新的方法，通过全新的途径解决问题。创新者的思维积极活跃，能从与众不同的独特角度提出问题，善于提出被一般人认为是奇特甚至荒谬的假说，想象出被一般人批评为不可能的形象，思维过程中能做到标新立异、革新首创和与众不同。

（三）综合性

综合指把对事物各个部分、侧面和属性的认识统一起来，进行概括、整理，使之成为一个整体，从而把握事物的本质和规律。新事物、旧事物要综合，一切可能相干的事物都要尽量纳入综合的范围，不要急于主观地下定论，不要带着成见或个人喜恶去取舍。创新思维的综合性是辩证的、有机的、协同的综合，不是随意堆砌，也不是机械相接。创新思维的综合性是非常重要的，它能在大脑中勾绘蓝图。大脑能力越强的人，思维的综合性就越全面。综合性还和发散性、收敛性有关。

（四）开放性

创新思维与传统的单一思想观念截然不同，它是全方位开放的，具有开放性或多向性。开放性指创新思维的知识结构、观念结构、方法结构都是呈立体开放状态的，在知识结构方面，创新思维从不认为哪些知识是无用的，人类的一切知识在文化大概念下都是相通的，各种貌似不相干的知识在最深层次一定存在着某种联系。在观念结构方面，创新思维本身既是开放的原因也是开放的结果，它的质疑对象必须包含自己。在方法结构方面，就更容易理解了，没有新的道路，就难有新的前途；没有新的方法，就难有新的结果。把问题放在这个全方位的立体坐标系中，前后、左右、上下都是可能的突破方向，任何一个方向都存在多个备选方案，选择面尤其宽广和开放。

（五）联想性

联想性指思维可以把表面看来互不相干的事物联系起来，从而达到创新的界域。联想有内容上的联想和方向上的联想两个途径。内容上的联想使思维可以利用已有的经验进行创新，由此及彼、举一反三、触类旁通，也可以利用别人的发明或创造进行再创新。方向上的联想又称联动性。联动性有纵向（看到一种现象，则向纵深思考，探究其产生原因）、横向（看到一种观象，则联想到与它相似或相关的事物）、逆向（发现一种现象，则想到它的反面或对立面）三种。如果说综合性是一张网，联想性就是织出这张网的一条条线。联想是创新者在创新思考时经常使用的方法，也比较容易收到成效。

（六）跨越性

跨越性指创新思维省略了理性思维步骤，摆脱事物"可见度"的限制，迅速完成虚实转换，大跨度直抵创新目标的性质。直觉、灵感、顿悟都是跨越性的典型。直觉无须逻辑推理就能直接认识真理，是一种单刀直入的对事物进行深入洞察和本质理解的思维活动。灵感是指当人们对某一问题百思不得其解时，由于某种偶然因素的诱导，思维变得极为活跃、注意力高度集中，从而对思考的问题有了结论。顿悟则是在无意识状态中，既无诱导又无启发地瞬间获得思维结果。跨越性是创新思维中一种非常难得的特征，它来自日常的知识积累和思维方法的训练。

三、创新思维模式

任何创新思维过程总是指向某一具体问题，问题是思维的起点。创新思维与问题解决有密不可分的联系，所有的创新思维无疑都包含问题解决。创新思维模式如图 2-1所示。

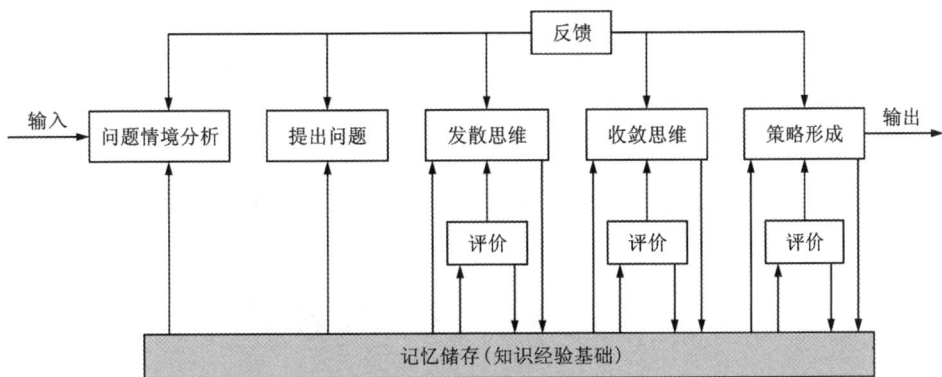

图 2-1　创新思维模式

(一)问题情境分析

问题情境是创新思维的起始因素，它唤起人的认识需求。问题情境意味着人在活动中遇到了某种未知的、令人烦忧和诧异的东西。它是在这样的情况下产生的，即当人处在解决问题(任务)的情境中时，无法用已有的知识解释新的事实，或者无法用以前熟悉的方法完成已知行动，而应找到新的行动方法。创新思维过程从对问题情境的分析开始。情境的各结构因素从思维的不同方面进行探究，以弄清它们之间的联系和关系。从问题情境的分析结果来看，可将情境的各结构因素划分为已知因素、未知因素和应求因素。

(二)提出问题

提出问题是创新思维的主要步骤。在问题情境的分析中，须确定情境中引起困难的因素是什么，被看作困难因素的就是问题。通过一系列不同层次的"为什么"的发问，从浅显到深入最终直达实质，继而用语言概述出问题来。在这个阶段不仅要确定问题的存在，还要定义这个问题到底是什么。

（三）发散思维

发散思维是指从多个角度进行思考，不受限于现有知识范围、不遵循传统的固定方法，从已知信息中产生大量的变化的、独特的新信息的思维方式。发散思维，表现为思维视野开阔，思维呈现出多维发散状。如"一题多解""一事多写""一物多用"等，都是发散思维的表现形式。不少心理学家认为，发散思维是创造性思维最主要的特点，是测定创造力的主要标志之一。

（四）收敛思维

收敛思维也叫作"聚合思维""求同思维""辐集思维"或"集中思维"，是指在解决问题的过程中，尽可能利用已有的知识和经验，把众多的信息和解题的可能性逐步引导到条理化的逻辑序列中去，最终得出一个合乎逻辑规范的结论。

收敛思维也是创新思维的一种形式，它与发散思维不同。发散思维是为了解决某个问题，从这一问题出发，想的办法、途径越多越好，总是追求还有没有更多的办法。而收敛思维也是为了解决某一问题，在众多的现象、线索、信息中，向着问题的一个方向思考，根据已有的经验、知识或发散思维中针对问题的最好办法去得出最好的结论和最好的解决办法。

（五）策略形成

策略形成是指分析组织内、外部环境后，选择一个适当的策略的过程。

第二节　创新思维训练

创新思维是多种思维方式的综合运用，既有逻辑思维也有非逻辑思维，既有抽象思维也有形象思维，既有发散思维也有收敛思维。其中发散思维和收敛思维对于创新思维而言十分重要。下面介绍几种常见的思维训练方式。

一、逆向思维训练

逆向思维也叫反向思维、反转思维，其特点是改变惯常思维方向，从相反方面来认识事物、思考问题。由于这种思维突破了人们考虑问题的思维定式，因而往往能够获得惯常思维所不能取得的成效。

例如，春秋战国时期，田忌与齐威王赛马，按照惯例思维应是良马对良马，中马对中马，次马对次马。田忌却运用逆向思维方法，以次马对齐威王的良马比赛，以良马对中马，以中马对次马。结果，田忌取得两胜一负的战绩。

训-练-题

(1) 洪长兴羊肉店是上海著名的羊肉店,为了保证肉的质量,该店有专门的供肉基地,整羊运来,店里的职工操刀拆卸、开料。因为店堂面积小,拆羊劳动强度大,每天供应量有限。到了冬天羊肉销售旺季,来买肉的人排成长队,供不应求,许多顾客失望而去。这不但满足不了顾客的需求,营业额也受到很大影响。店堂小,供肉量不足,成了该店发展的瓶颈。

请思考:你能用逆向思维为该店想出个办法,增加供肉量,满足顾客的需求吗?

(2) 在一次评选"香港小姐"的决赛中,主持人提出一个难题测试一个参赛小姐的思维能力:"假如你必须在肖邦和希特勒两个人中间选择一个作为终身伴侣,你会选择哪一个呢?"

请思考,这位参赛小姐该如何选择并对其选择做出解释?

参考思路:

(1) 方法是颠倒羊肉的加工程序。洪长兴羊肉店可派人到羊肉供应基地,指导基地的员工按肉店的要求将整羊拆卸,精选出肉块,再运到该店切片上市,或者将切肉机运到供应基地,按要求切成羊肉片,再运到洪长兴羊肉店来出售。这样就解决了肉店面积小、肉片供应量不足的问题。

(2) 该小姐选择了希特勒,她运用逆向思维解释道:"如果嫁给希特勒,我相信我能够感化他,那么第二次世界大战就不会发生了,不会有那么多人家破人亡。"

二、横向思维训练

横向思维也叫侧向思维,向思考的事物及问题的侧面伸展思维触角,以求获得新的思维成果。这是发散思维中最常使用的一种方法。

例如,中国传统的节日食品——粽子,从外形来看,大致有长方形和四角(六棱)形两种,是否能再变换几种形状?从米料来看,主要有糯米、黄米两种,是否可以改用别的米料?从馅料来看,常见有红枣、豆沙(甜馅)和肉(咸馅),能否增加馅料的品种?解决上述问题便离不开横向思维。

训-练-题

(1) 国家男子篮球队到某城市参加比赛,该市有一家皮鞋厂,产品质量不错,但由于广告费用昂贵,该厂一直未能通过新闻媒体宣传其产品。请思考,该厂能否趁国家男篮比赛之机,策划一次少花钱而能够借新闻媒体宣传其产品的活动?

(2) 某市郊区一个著名旅游景点的附近有几个"果树村"(以种植果树为主的山村),山坡上、山沟里有很多果林,有苹果树林、桃树林、杏树林、栗子树林。这几个"果树村"打算借旅游景点之利,开展一些能够吸引游客的活动,以增加收入。你能否运用横向思维为他们想些办法?

（3）我国首次参加洛杉矶奥运会那年，广州市场汗衫积压严重，一再削价都销售不动。经营汗衫的公司能否从我国首次参加奥运会这一信息中受到启发，想出销售汗衫的办法？

参考思路：

（1）一种办法是，事先了解男篮队员们鞋的尺码，抢制一批优质皮鞋，待男篮来比赛时，举行一次向男篮队员们赠鞋的活动，请新闻记者采访、报道这一活动。另一种办法是，选择男篮队员最大的两个脚码，制作两双优质特大号皮鞋，刊登启事开展"皮鞋擂台赛"，欢迎人们踊跃试穿，谁穿上合适，皮鞋归谁，并配送一只漂亮的手提包。其间通过一定渠道特邀男篮队员前来参加"擂台赛"（试穿鞋），当皮鞋被男篮队员穿走时，请记者追踪采访，了解他们对皮鞋质量、样式的评价，并进行报道。

（2）可以开展两项活动：一是采摘鲜果，游客交一定数额的活动费，按照规定到果林里采摘鲜果；二是把游客请进山村农家小院，游客一来可以休息，二来可以品尝农家饭菜，了解山村农民的习俗。如果有纯净泉水，可用泉水沏茶招待游客。

（3）广州海幢公司获得我国运动健儿将首次在奥运会亮相的信息之后，意识到一旦我们的运动员获得奖牌，将大大激发中国人民的爱国热情，如果将汗衫、背心等印上奥运会标志，投放市场，会大受欢迎。果然，当奥运会捷报频频传来之后，他们投放市场的"奥运衫"成为抢手货。

三、求同思维训练

"求同"是指在两个以上的事物中找到它们的共同之处，运用这种思维，有助于在不同事物之间找到结合点，使新结合的事物在性质、形态、功能等方面有所变化，以获得创新的效益。

例如，最初茶杯和暖水瓶各有其功用，是两种不同的用具。现在普遍使用的不锈钢保温杯，便是将两者结合的产物，既有暖水瓶的保温功用，又是携带方便可以喝水的杯子。在研制这些给人们工作、生活带来方便的用品的过程中，求同思维的作用不可低估。

训-练-题

（1）找出与自行车有结合点的其他事物，使自行车的构造和功用发生新的变化。

（2）某汽车轮胎厂生产一种名牌轮胎，出于公关需要，该厂准备制作一种精美、实用又能反映该厂特点的小礼品。请根据下面提供的要素，运用求同存异的思维方法，选出其中两种素材，设计出一个小礼品。素材：茶缸、烟灰缸、钢笔、工厂的厂牌、轮胎模型、厂办公楼模型、小相框。

参考思路：

（1）自行车与船结合（水上自行车），与健身器材结合（自行车健身器），自行车旁安装挎斗（挎斗自行车），自行车上安装货架（载货自行车），自行车装到索道上（登高自行车,用于娱乐或体育比赛),自行车与飞行器结合(飞行自行车),自行车与太阳能结合(太阳能助动自行车,尚无产品),自行车与风扇结合(自来风自行车,夏天用)。

(2)该厂制作的小礼品是用一个橡胶仿真小轮胎套在特制的小烟灰缸上。此外也可用橡胶仿真小轮胎当底座,插上特制钢笔,或者在两个并立的小胶轮中间插上一个小相框。

四、求异思维训练

"求异"指在相同或相似的两个以上的事物中找出不同之处,这是在科研、科技、产品研制、经营管理、广告宣传、文学创作等工作中能够获得新成效的一种思维方法。

例如,有些企业,为了使产品能够在竞争激烈的市场上占有一席之地,便采用"人无我有、人有我优、人优我特"的生产、经营策略。制定和实施这些策略,自然离不开同中求异的创新思维方法。

训-练-题

(1)近年社会上出现很多中介服务行业,如婚姻介绍服务、房屋租赁服务、国外留学服务、职业介绍服务、大型会议服务、旅馆介绍服务、人才交流服务、技术转让中介服务等。请思考:还可以根据社会需要成立哪些与上述服务内容不同的中介性质的公司?

(2)有家专门生产大小皮包的企业想扩大皮包的品种,请运用求异思维,从功能方面提出些设想。

参考思路:

(1)可以成立医药咨询服务机构。外地人到北京、上海等大城市求医购药的很多,由于人生地不熟会遇到很多麻烦,这种服务机构可以给他们解决许多困难;还可以成立办公用品中介服务公司,购买电脑、打印机、传真机、复印机、碎纸机等办公用品,如果不是内行,有可能花钱多还买不到优质、放心的产品。现在有城市已成立了这种中介服务公司,开展为客户介绍或代购大型办公用品的业务。

(2)育儿包(便于携带婴儿用品),钓鱼专用包,运动员包,医生急救包,集邮包(装邮票册),化妆包,旅行便携包,写生包(装外出写生的用具),海员急救包(防水,备有救生用品),自行车挂包(供骑自行车长途锻炼用),经理包(高档提包),中小学生书包(背包),公务包(公务员及大学生用的男士、女士挎包及提包,或挎提两用包),采访包(供摄影记者用),电脑包,文具包(装办公常用的笔、本子、刀、日历、计算器等)。

五、迂回思维训练

迂回思维是指在思考问题遇到障碍时，避开障碍，绕个弯子，间接求得问题解决的思维方法。

新活动有时带有一定的模糊性，一下子就能把问题看清楚的情况并不多见。这就要求我们一方面要保持对解决问题的毅力与耐力，另一方面必要时采取另辟蹊径、转而进取，甚至以退为进的方式，使难题迎刃而解。

训-练-题

有一所美容美发职业学校开办了益群理发店，由于店址偏僻，顾客较少。他们想扩大客源，又不愿花太多钱刊登广告，请运用迂回思维给该店想些办法。

参考思路：

办法之一，与该市劳动局、电视台合作，为下岗职工开办理发、美容电视讲座，由该校教师授课，并定期在益群理发店开展辅导、咨询活动。这样，该职业学校及益群理发店的影响力会迅速扩大。办法之二，征得市区有关职能部门同意，在步行街和居民区设立周末义务理发服务点。每到服务日，将书写着"美容美发职业学校益群理发店义务理发点"的招牌立起，组织理发师为行人、居民理发，同时分发介绍理发店服务项目的名片。这样坚持一段时间，该理发店的顾客量将大为增加。

六、换位思维训练

人们在考虑问题、处理事情时，常被所处地位、所持立场限制，想不出解决问题的办法。但如果交换下立场，转变一下地位，就可能想出有效的解决方法。换位思维就是指"设身处地"思考问题，有些矛盾和问题，只要当事人能够站在对方角度设身处地进行思考，便不难解决。

这种换位思考方法现在已被广泛使用。例如，商店从顾客需要出发，变换商品种类；厂家按照用户的要求进行产品改造。这种换位思维，有益于开阔思路，发现一些原先体悟不到、认识不清和理解不透的东西，产生新的思维成果。

训-练-题

（1）1999年6—7月份，时值高考复习紧张阶段，北京气温居高不下，给家庭住房紧张、环境不够安静的学生造成许多困扰。当时北京一些高档宾馆上客率不高，空房挺多。如果你是宾馆经理，站在高考学生角度进行思考（换位思维），在宾馆经营方面能不能想出新的办法。

（2）在北京有一路公交汽车的起点站，经常出现一种现象：车门开着，乘客坐上一辆汽车，到了开车的时间，突然司机过来高喊："这辆车不开，去后面那辆。"于是乘客急忙下车往后一辆车上挤。一些老年乘客动作迟缓，很难坐到座位。乘客对此很有意见。请运用换位思维，站在乘客角度想想，应该如何提高该路公交汽车的服务质量。

参考思路：

(1)北京有一家高档宾馆，为了解决高考学生的困难，专门辟出环境安静的客房，用较低价格出租给高考学生，并且安排了价廉可口的饭菜。还为家长陪读提供方便。该宾馆的这一举措，不仅获得经济效益，而且赢得了赞誉。

(2)制作一个发车的标志牌，立在即将开出的公共汽车旁边，让所有乘客一目了然。

视野拓展

本章小结

创新思维是人类思维的最高表现。坚持运用创新思维，有利于推动人类社会的进步和发展。创新思维使人们能突破思维定式思考问题，从新的思路去寻找解决问题的方法。本章阐述了创新思维的概念和特征，介绍了逆向思维、横向思维、求同思维、求异思维、迂回思维和换位思维这些创新思维训练方式，可以为创新思维的培养奠定良好的基础。显然，创新思维是可以培养且有径可循的，它可以通过训练、实践以及学习得到提高。青年大学生要夯实创新基础，培养创新思维，投身创新实践，以增强改革创新的能力，力争让创新思维成为一种习惯和本能。

思考题

1.什么是创新思维？

2.创新思维有何特征？

3.常见的创新思维训练方式有哪些？

讨论题

据说俄国大作家托尔斯泰设计了这样一道题：从前有个农夫，死后留下了一些牛，他在遗书中写道：妻子得全部牛的半数加半头；长子得剩下牛的半数加半头，正好是妻子所得的一半；次子得还剩下牛的半数加半头，正好是长子的一半；长女分得最后剩下牛的半数加半头，正好是次子所得牛的一半。结果一头牛也没杀，也没剩下。请用逆向思维分析农夫总共留下多少头牛。

实训项目与练习

1. 阅读《创新思维训练 500 题》(作者：王哲，中国言实出版社 2009 年出版)，完成书中的创新思维自我训练题。
2. 以班级为单位组织开展创新思维"金点子"大赛。

◇ 参考文献

[1]陈永奎. 大学生创新创业基础教程[M]. 北京：经济管理出版社，2015.

[2]范太华. 创新思维与创新方法[M]. 长沙：中南大学出版社，2018.

[3]吴维，同婉婷，韩晓洁. 创新思维[M]. 北京：高等教育出版社，2020.

[4]师建华，黄萧萧. 创新思维开发与训练[M]. 北京：清华大学出版社，2019.

[5]吴敏，李劲峰. 大学生创新创业基础教程[M]. 合肥：中国科学技术大学出版社，2018.

[6]张德琦. 创造性思维与创新方法[M]. 北京：化学工业出版社，2018.

创新方法

本章知识结构图

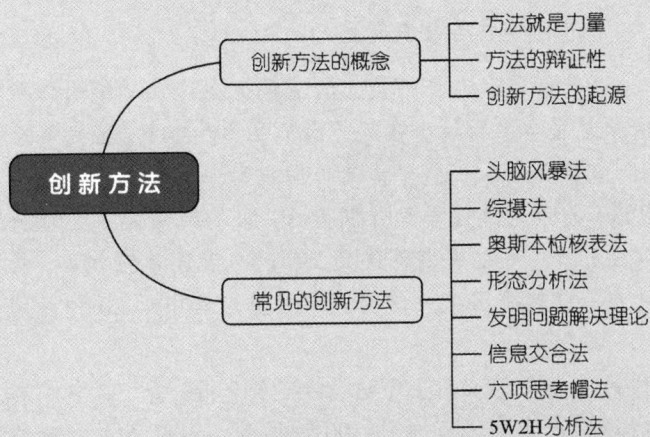

创新方法的概念
 - 方法就是力量
 - 方法的辩证性
 - 创新方法的起源

创新方法

常见的创新方法
 - 头脑风暴法
 - 综摄法
 - 奥斯本检核表法
 - 形态分析法
 - 发明问题解决理论
 - 信息交合法
 - 六顶思考帽法
 - 5W2H分析法

　　任何研究工作都应有所创新。创新的基础，一是新概念的指导，二是新方法的突破。

——王鸿祯

知 识 目 标 ▶▶

1. 认识常见的创新方法的含义、原理和特点。
2. 熟悉常见的创新方法的运用流程(实施步骤)。

能 力 目 标 ▶▶

1. 领会常见的创新方法的实施要点。
2. 熟悉常见的创新方法的具体运用。

案 例 导 入 ▶▶

思维魔王与点子大王

20世纪80年代,中国开始追赶世界经济与科技。创造学也在这个时候引入中国并开始起步。1983年,全国创造学首届学术研讨会在广西南宁召开。会上,应邀参会的日本专家村上幸雄举起一枚曲别针(回形针),说:"请诸位朋友动一动脑筋,打破思维定式,看谁能说出这曲别针的用途,看谁创造性思维开发得好,谁的想法又多又奇特。"于是会议代表列出了曲别针可以别相片、可以夹稿件讲义、可以临时代替纽扣等,最有创意的是可以磨尖后弯成鱼钩钓鱼,自然是引来一阵笑声。村上对其中近20种曲别针的特殊用途赞不绝口。

有人问:"村上先生,您能讲出多少种?"村上不语,伸出3个指头。"30种?"村上摇头。"300种?"村上点头,并在投影仪上展示了他的300种思考。人们不由啧啧称赞这位专家的思维聪慧敏捷。这时有人递上条子:"我能说出3万种。"第二天,这个人被请上讲台,讲演题目是"村上幸雄曲别针用途求解"。这个人名叫许国泰,全息思维魔球方法(后称信息交合法)的创始人。

许国泰讲演的主要意思是,村上想到的曲别针300种用途无非就是钩、挂、别、联之类,没能突破这个格局。他提出了信息标与信息反应场概念。这两个名词似乎很专业,其实用起来很简单。信息标就是物体总体信息的分界,"曲别针"的信息就有材料、重量、体积、长度、截面、弹性、形状、颜色等要素,"用途"的信息就有天文、地理、生物、数学、物理、化学、工业、农业、商业、教育、军事、艺术、管理、生活等众多要素。把两组信息分别用坐标直线串联,形成两条信息标,两条信息标组合成信息场。让两条信息标中的信息发生组切交合,就会有新思路、新成果。例如,把形状和艺术组合,曲别针可以用作抽象雕塑的材料、弹拨乐器的拨片;和轻工业组合,可用作时钟指针、微型销;材料和物理组合则可充当导线、指南针;和化学组合,可以与稀硫酸反应生成氢气,与稀硝酸反应生成水;与教育组合可以弯成各种字母、数字、几何形状做教具;形状和生活组合可以清洁筛网,可以捕蟑螂,可以制作"金蝉脱壳""蜻蜓环"等益智玩具……可见,曲别针的用途或许远不止3万种。

第一节　创新方法的概念

创新方法一直为世界各国所重视，在美国被称为"创造力工程"，在法国被称为"创造工程技术方法"，在日本被称为"发明技法"，在俄罗斯被称为"创造力技术"或"专家技术"。我国学者认为创新方法是科学思维、科学方法和科学工具的总称。其中，科学思维是一切科学研究和技术发展的起点，始终贯穿于科学研究和技术发展的全过程，是科学技术取得突破性、革命性进展的先决条件。科学方法是人们进行创新活动的创新思维、创新规律和创新机制，是实现科学技术跨越式发展和提高自主创新能力的重要基础。科学工具是开展科学研究和实现创新的必要手段和媒介，是最重要的科技资源。由此可见，创新方法既包含实现技术创新的方法，也包含实现管理创新的方法。

一、方法就是力量

格奥尔格·威廉·弗里德里希·黑格尔（Georg Wilhelm Friedrich Hegel）说过："方法是任何事物所不能抗拒的、最高的、无限的力量。"笛卡尔则认为："最有用的知识是关于方法的知识。"而我国民间也流传着"授人以鱼，不如授人以渔"等这类关于方法的表述，都从不同的角度揭示了"方法就是力量"的道理。其实，一个人拥有物质的多少，并不代表其"财富"的多少，而真正代表其"财富"的应该是获得这些"财富"的方法。

视野拓展

二、方法的辩证性

对于方法的学习应该注意辩证的观点，这就好比一个人学会了基本的乐理知识，知道了规律和技巧等作曲方法后，并不一定就能成为一个优秀的作曲家一样，只不过创造与创新技法可以更好地拓展我们的思路，开发我们的智力，启迪我们的智慧，实现创新的目的。

再好的方法也是相对的、辩证的。一方面，"法无定法"，就是说在创新过程中，生搬硬套某种技法并非良策。应视不同对象，根据自己的特点灵活选用并综合应用各种技法、手段，不拘一格地进行探索和创新。另一方面，任何方法给人们提供的都只是一些要遵循的基本原则，必要步骤，一些参考的途径与技巧，而绝非包治百病的灵丹妙药。

三、创新方法的起源

（一）创新方法的奠基人

创新方法也称之为创新技法，它起源于 1938 年身为纽约 BBDO 广告公司副经理的亚历克斯·奥斯本（Alex Osborn）制定并成功地应用于实践的"头脑风暴法"。当时，奥斯本为普及这一开发创造力的技法而撰写了一系列著作，如《思考方法》（1941 年）、《所谓创造能力》(1948 年)、《实用的想象》(1953 年)等，从而建立了系统的理论基础，并深入学院、社会团体和工厂企业，组织培训和推广工作，继而转向大学、产业界、联邦政府等开展普及工作，以至在美国形成了一个开发创造力的热潮。奥斯本也因此被誉为创造工程之父，成了创造工程的奠基人。

（二）创新方法的产生

客观世界中的任何事物都是有规律的。发明、创造、创新等同样有规律可循，有方法可用。创造学家在收集了大量成功的创新、创造先例并研究其获得成功的思路与过程后，进行分析、归纳、总结，得出了许多可供我们借鉴、学习和效仿的规律与方法。据称，到目前为止，国内创造学家已总结、归纳出了 300 多种创新方法，常用的就有 100 多种。

第二节　常见的创新方法

视野拓展

目前，据不完全统计，已提出的创新方法有 300 多种。本书主要介绍几种典型的创新方法，如头脑风暴法、综摄法、奥斯本检核表法、形态分析法、信息交合法、发明问题解决理论(TRIZ)、六顶思考帽法、5W2H 分析法。

一、头脑风暴法

头脑风暴法(brainstorming technique)又称智力激励法、自由思考法(畅谈法、畅谈会、集思法)，是由美国创造学家奥斯本于 1939 年首次提出、1953 年正式发表的一种激发性思维的方法。该方法主要由小组成员在正常融洽和不受任何限制的气氛中以会议形式进行讨论、座谈，打破常规、积极思考、畅所欲言，充分发表看法。目的是通过找到新的、几近于异想天开的方法来解决问题。

（一）头脑风暴法激发创新思维的原因

头脑风暴法何以能激发创新思维？根据奥斯本及其他研究者的看法，原因主要有以下几点：

(1)联想反应。联想是产生新观念的基本过程。个人在集体讨论问题的过程中，每提出一个新的观念，都能引发他人的联想。相继产生一连串的新观念，产生连锁反应，形成新观念堆，为创造性地解决问题提供了更多的可能性。

(2)热情感染。在不受任何限制的情况下，集体讨论问题能激发人的热情。人人自由发言、相互影响、相互感染，能形成热潮，突破固有观念的束缚，最大限度地发挥创造性的思维能力。

(3)竞争意识。在有竞争意识的情况下，人人争先恐后，竞相发言，不断地开动思维机器，力求有独到见解，新奇观念。心理学的原理告诉我们，人类有争强好胜的心理，在有竞争意识的情况下，人的心理活动效率可提高 50%甚至更多。

(4)个人欲望。在集体讨论解决问题过程中，个人的欲望自由，不受任何干扰和控制，是非常重要的。头脑风暴法有一条原则，不得批评仓促的发言，甚至不许有任何怀疑的表情、动作。这就能使每个人畅所欲言，提出大量的新观念。

（二）头脑风暴法应遵守的原则

（1）自由畅想原则。欢迎各抒己见，创造一种自由、活跃的气氛，激发参加者提出各种奇特而不同的想法，使与会者思想放松，这是智力激励法的关键。

（2）延迟评判原则。对各种意见、方案的评判必须放到最后阶段，此前不能对别人的意见提出批评和评价。认真对待任何一种设想，而不管其是否适当和可行。

（3）以量求质原则。追求数量，因为意见越多，产生好意见的可能性就越大，这是获得高质量创造性设想的条件。

（4）综合改善原则。探索取长补短和改进办法。除提出自己的意见外，参加者还被鼓励对他人已经提出的设想进行补充、改进和综合，强调相互启发、相互补充和相互完善，这是智力激励法能否成功的标准。

（5）标新立异原则。突出求异创新，这是头脑风暴法的宗旨。标新立异原则提倡一种创新的氛围，鼓励创新，大胆求异，畅想无极限。

（6）限时限人原则。固定会议时间、限定与会人数，以一个相对的时空范围给思维适当加压，提高头脑风暴的集中爆发力，以获得较高效率。

视野拓展

训-练-实-例

砸核桃案例

组长：我们的任务是砸核桃，要求多、快、好，大家有什么办法？

甲：平常在家里用牙磕，用手或榔头砸，用钳子夹，用门压。

组长：几个核桃用这种办法行，但核桃多了怎么办？

乙：应该把核桃按大小分类，各类核桃分别放在压力机上砸。

丙：可以把核桃沾上粉末一类的东西，使它们成为一样大的圆球，在压力机上砸，用不着分类。（发展了乙的观念）

丁：沾上粉末可能带磁性，在压力机上砸压后，或者在粉碎机上粉碎后，由于磁场作用，核桃壳可能脱掉，只剩下核桃仁。（发展了丙的观念，并应用了物理效应）

组长：很好！大家再想一想用什么样的力才能把核桃砸开，用什么办法才能得到这些力。

甲：应该加一个集中的挤压力。用某种东西冲击核桃，就能产生这种力，或者相反，用核桃冲击某种东西。

乙：可以用气枪往墙壁上射核桃，比如说，可以用射软木塞的儿童气枪射。

丙：当核桃落地时，可以利用地球引力产生力。

丁：核桃壳很硬，应该先用溶剂加工，使它软化、溶解……或者使它们变得很脆，经过冷冻就可以变脆。

组长：动物是怎么解决这一任务的，比如乌鸦？

甲：鸟儿用嘴啄，或者飞得高高的，把核桃扔在硬地上。我们应该把核桃装在容器里，从高处往硬的地方扔，比如说，在气球上、直升机上、楼顶上往水泥地板上扔，然后把摔碎的核桃拾起来。（类比）

乙：可以把核桃放在液体容器里，借助水力冲击把核桃破开。

组长：是否可用发现法（认同）反向解决问题呢？

丙：应该从里面把核桃破开，把核桃钻个小孔，往里面打气加压（反向）。

丁：可以把核桃放在空气室里，往里打气加压，然后使空气室里压力急增，内部压力就会使核桃破裂，因为内部压力不可能很快减少。（发展了丙的观念）或者可以急剧增加或减少空气室压力，这时核桃壳会承受交变负荷。

戊：我是核桃仁。从核桃壳内部，我用手脚对壳施加压力，外壳就会破裂（认同）。应该不让外壳长，只让核桃仁长，就会把外壳顶破（理想结果）。例如，可以照射外壳。

乙：我也是核桃。我用手抓住树枝，当成熟时就撒手掉在硬地上摔破。应该把核桃种在悬崖峭壁上，或种在陡坡上，它们掉下来就会破掉。

甲：应该掘口深井，井底放一块钢板，在核桃与深井之间开几道沟槽。核桃从树上掉下来，顺着沟槽滚到井里，摔在钢板上就会摔破。

结果，仅用10分钟就收集了40多个观念，经专家组评价，从中得出参考解决方案。

二、综摄法

"综摄"，是融合、集思广益的意思，在创新学中指将表面上相关的各种不同事物结合起来。

综摄法（synectics method）也称类比思考法、类比创新法、提喻法、比拟法、分合法、举隅法、集思法、群辨法等，是由美国麻省理工学院教授威廉·戈登（W. J. Gordon）于1944年提出的一种利用外部事物启发思考、开发创造潜力的方法。

（一）综摄法的基本原则

综摄法有两项基本原则。

（1）异质同化（陌生事物熟悉化）。在发明没有成功前或问题没有解决前，他们对我们来说都是陌生的，异质同化就是要求我们在碰到一个完全陌生的事物或问题时，要用所具有的全部经验、知识来分析、比较，并根据这些结果，做出很容易处理或很老练的态势来解决问题。

（2）同质异化（熟悉事物陌生化）。就是指对某些早已熟悉的事物，根据人们的需要,从新的角度或运用新知识进行观察和研究,以摆脱陈旧看法的桎梏,产生出新的创造构想,即把熟悉的事物化成陌生的事物看待。

(二)综摄法的实施步骤

(1)确定成员。综摄法在集体创造活动中,需要一个专业小组来实施,专业小组对成员素质要求较高。小组成员一般由5~7人组成。其中1名担任主持人,一名是与讨论问题有关的专家,其余为各种学科领域的非专业人员。如,戈登建立的以自己为首的"剑桥综摄法小组"的6名成员分别有物理学、力学、化学、地质学、生物学和市场学的专业背景。

(2)提出问题。一般由主持人将所要解决的问题向小组的成员宣读,这一问题往往是预先拟定的,而且小组成员事前并不知晓。

(3)异中求同。专家对该问题进行陈述和解释,目的是让小组成员了解有关问题的背景等信息,使非专业人员对该问题有一个大致的理解。经过这一步,小组成员要努力理解这个问题,变陌生为熟悉。

(4)联想类推。围绕这一"已熟悉"的问题,小组成员站在各自的专业立场上进行类比设想,为尽可能多地提出解决问题的方法,可使用强制联想。

(5)净化问题。专家从专业的领域,在小组成员联想中选择两三个比较有利于问题解决的设想,找到解决问题的关键环节,达到净化问题之目的。

(6)同中求异。确定了解决问题的关键环节后,主持人有意识地抛开原来的问题,让小组成员再次发挥类比设想,把问题从熟悉的领域转到远离问题的领域。

(7)联想类推。从所选择的设想中的某一部分开始分析,让小组成员从新的问题出发,再次展开类比联想,陈述观点。经过这一步,小组成员把已经理解的问题变得陌生。

(8)适应目标。远离问题不是根本目的,是为了到陌生的领域去寻找有利于问题解决的启示。把从类比中得到的启示,与在现实中能使用的设想结合起来,从而形成一种新颖独特的解决方法。

(9)确定方案。专家对方案要进行反复的论证,并对其中的缺陷进行改进,直到取得满意的结果。

(三)实施综摄法的注意事项

(1)组建小组时,对小组成员要精细挑选。主持人和专家必须由合适的人担任,其他成员要具有不同的知识背景,同时要具有一定的开拓经历、合作态度、探险精神,只有这样才能开展大胆的、创意丰富的类比设想。

(2)对所有要解决问题的陈述点到即可,不能太过于详细,避免小组成员的思维受到限制,影响问题的深入展开。

(3)在净化问题和确定解决问题的目标时,既要发扬民主,让小组成员充分讨论,尽可能多地提出设想;又要体现集中,由专家挑出2~3个设想,选出的创造性设想要新颖、独特。

(4)专家要发挥积极作用,要能及时发现有益的启示,也要能够及时地引导组员展开联想与想象。比如，在展开拟人类比时，专家要引导与会者抛弃"人与机器不一样"的观点，进行身份置入；在展开幻想类比时，提示"如果问题出现在童话、科幻世界中，会变成什么样呢"；在展开对称类比时，可以提问"要是左右反一反会怎么样"等，鼓励与会者大胆探索。

训-练-实-例

运用综摄法研究学校扩招问题

某学校拟扩大办学规模，用综摄法研究具体办法。

（1）确定成员——组织讨论小组，成员来自财务、基建、教务、后勤、学工等部门。

（2）提出问题——扩大招生规模。

（3）异中求同——说明扩招对于学校发展的意义、扩招的预期规模、主客观两方面的主要问题等，使所有成员初步理解此次扩招的要求和面临的困难。

（4）联想类推——各成员提出设想：可以延长教室和实验室的有效使用时间，12小时用于教学安排；退休教师返聘年龄可以放宽到65岁；新建一栋学生宿舍，可以购买土地新建校区；可以申请政府资助；可以以置换的形式换得面积较大的新校区……

（5）净化问题——专家认为建新校区可作为日后的计划，当前的关键问题是师资力量不足、教学场地不足、学生生活场地不足。

（6）同中求异——告诉各成员，讨论问题改为如何增加师资力量、增加教学场地、增加学生生活场地。

（7）联想类推——各成员提出解决关键问题的设想：双休日排课；寒暑假适当排课；教室和实验室16小时用于教学安排；部分体育课可到公共广场去上；开展网络教学；培养部分青年教师成为能开讲2~3门课程的教师；退休教师返聘年限可以放宽到75岁；收购旁边那个小工厂；可以把食堂改为教室，学生用餐则改为外包服务；可以把四层的学生宿舍拆掉，新修一座七层的学生宿舍；建蜂巢式的学生宿舍；可以到周边租用学生宿舍；以适当优惠的方式招收不住校学生；寻求校友捐资……

（8）适应目标——对上述诸多设想进行研究，选出若干可行的解决方案。

（9）确定方案——组织专家对几个方案从人、财、物等条件认真验证，改进其中的缺陷，直至得到最终方案。

通过这个案例我们可以看到，综摄法既严谨又自由，而且程序科学，引导性强。特别是异中求同、同中求异两次联想，实现了可控的发散，最大限度地发挥了类比法的特长。

三、奥斯本检核表法

（一）奥斯本检核表法简述

奥斯本检核表法是头脑风暴法的创始人奥斯本提出的一种设问型创新性方法。20世纪40年代，奥斯本在《发挥创造力》一书中介绍了许多创意技巧。后来，美国麻省理工学院创造工程研究所从这本书中选择了9个项目，编制出《新创意检核用表》，以此作为提示人们进行创造性设想的工具。

奥斯本检核表法主要是运用提问的方式对产品的研制与优化进行创新，主要围绕能否他用、能否借用、能否改变、能否扩大、能否缩小、能否替代、能否调整、能否颠倒、能否组合这9个方面、75个问题展开（如表3-1所示）。

表 3-1　奥斯本检核表

检核项目	含义
能否他用	现有事物有无其他用途，保持不变能否扩大用途，稍加改变有无其他用途
能否借用	能否引入其他的创造性设想，能否模仿别的东西，能否从其他领域、产品、方案中引入新的元素、材料、造型、原理、工艺、思路
能否改变	现有事物能否做些改变。如：颜色、声音、味道、式样、花色、音响、品种、意义、制造方法等，改变后效果如何
能否扩大	现有事物可否扩大适用范围，能否增加使用功能，能否添加零部件以延长它的使用寿命，增加长度、厚度、强度、频率、速度、数量、价值
能否缩小	现有事物能否体积变小、长度变短、重量变轻、厚度变薄以及拆分或省略某些部分（简单化）；能否浓缩化、省力化、方便化、短路化
能否替代	现有事物能否用其他材料、元件、结构、力、设备、方法、符号、声音等代替
能否调整	现有事物能否变换排列顺序、位置、时间、速度、计划、型号，内部元件可否交换
能否颠倒	现有事物能否从里外、上下、左右、前后、横竖、主次、正负、因果等相反的角度颠倒过来用
能否组合	能否进行原理组合、材料组合、部件组合、形状组合、功能组合、目的组合

奥斯本检核表法是一种产生创意的方法。在众多的创造技法中，这种方法效果比较理想。它由于突出的效果，被誉为创造之母。人们运用这种方法，产生了很多杰出的创意，以及大量的发明创造。下面，我们以德国奔驰公司的训练内容为例：

（1）增加产品——能否生产更多的产品？

（2）增加性能——能否使产品更加经久耐用？

（3）降低成本——能否除去不必要的部分？能否换用更便宜的材料？能否使零件更加标准化？能否减少手工操作而实现自动化？能否提高生产效率？

（4）提高经销的魅力——能否把包装设计得更引人注意？能否按用户、顾客要求卖得更便宜？

（二）使用奥斯本检核表法注意事项

奥斯本检核表法实用性非常强，不过，在运用过程中，我们不能够不假思索地盲目搬用、生搬硬套，而是要"为我所用"。

（1）批判的眼光。奥斯本检核表法是实用方法，但绝不是设问型创新方法的"终结者"，更不能将其9个方面75个提问变成束缚思维的条条框框。我们运用奥斯本检核表法是要减少思维的漏洞，而不是要限制我们的思考，更不是将思考简单地画上边框和界限，而是要以批判性眼光来看待思考角度和提问方式。对于一件具体的事物，我们可能不需要拿这75个问题逐个地去检查核对，但也可能要用另外的问题去检核。

（2）灵活的运用。要灵活掌握思维方式和设问、提问方式，根据现实情况选择合适的问题，或是改造、优化提问的方式。在遇到具体的事物时，我们不妨将既有事物进行分解，再开展针对性的思考。比如产品方面的创新，我们可以把产品分解为材料、结构、功能、工艺、推广、销售、服务等多个维度来思考；在进行人员调配时，不妨"全体卧倒"，再根据情况需要逐个"起立"。

（3）实际的检验。奥斯本检核表法重在思维的启发，而不是对规律的探索，它不甚重视对技术对象的客观规律性的认识。因此，当我们使用该方法时，能够获得好点子但不能止于好点子，后续如何推进、如何检验、如何让想法落地，还需要一步步扎实地实践，将想法进一步与技术方法结合，需要我们掌握更多的实践能力，这样才能创造有实际价值的发明。

四、形态分析法

第二次世界大战期间，美国情报部门探听到德国正在研制一种新型巡航导弹，但费尽心机也没能获得有关的技术情报。然而，加州理工学院教授、美籍瑞士科学家 F. 茨维基（F. Zwicky）却在自己的研究室里，不太费劲就提出许多种导弹发动机研制方案，德国正在研制并严加保密的巡航导弹发动机——脉冲发动机，就是他提出的方案之一。茨维基能做到这一步，并没有通过情报部门，也没有利用德军方面的信息，而是因为运用了他称之为"形态分析"的创新方法。

（一）形态分析法的含义

形态分析法（morphological analysis method）是茨维基于1942年提出的，是一种系统化构思和程式化解题的创新方法，通过将对象分解为若干相互独立的基本要素，找出实现每个功能要求的所有可能性的技术方式，然后加以排列组合，从中寻求创新性设想来进行创新。

形态分析法是根据形态学来分析事物的方法，是组合法中的经典方法，为组合创新提供了形式化的科学手段。其特点是把研究对象或问题，分为一些基本组成部分，然后对某一个基本组成部分单独进行处理。分别提供各种解决问题的办法或方案，最后形成解决整个问题的总方案。这时会有若干个总方案，因为通过不同的组合关系可得到多个不同的总方案。所有的总方案中的每一项是否可行,都必须采用形态学方法进行判断。

(二)形态分析法的通常步骤

(1)确定待分析的对象。明确用此技法所要解决的问题(发明、设计)。

(2)要素提取。将要解决的问题,按重要功能分解成基本组成部分,列出有关的独立因素。

(3)形态分析。按照发明对象对各独立要素所要求的功能,详细列出各要素全部可能的形态。

(4)编制形态表。将上述的分析结果编入形态表内,每个要素的具体形态只用符号表示。

(5)形态组合。按照对发明对象的总体功能要求,分别将各要素的不同形态方式进行组合而获得尽可能多的合理设想。

(6)优选最佳。即从组合方案中选优并具体化。

五、发明问题解决理论

TRIZ 意译为发明问题的解决理论,是由苏联发明家根里奇·阿利赫舒列尔(G. S. Altshuller)在 1946 年创立的。阿利赫舒列尔被尊称为 TRIZ 之父。翻译为"发明家式的解决任务理论",原文为俄语,用英语标音可读为 Teoriya Resheniya Izobreatatelskikh Zadatch,缩写为 TRIZ。英文说法为:Theory of Inventive Problem Solving,即 TIPS。实践证明,运用 TRIZ 理论,可大大加快人们创造发明的进程且能得到高质量的创新产品。

现代 TRIZ 理论的核心思想主要体现在三个方面:首先,无论是一个简单产品还是复杂的技术系统,其核心技术的发展都是遵循着客观规律的,即具有客观的进化规律和模式;其次,各种技术难题、冲突和矛盾的不断解决是推动这种进化过程的动力;最后,技术系统发展的理想状态是用尽量少的资源实现尽量多的功能。

现代 TRIZ 理论体系主要包括以下六个方面的内容。

(一)创新思维方法与问题分析方法

TRIZ 理论中提供了如何系统分析问题的科学方法,如多屏幕法等;而对于复杂问题的分析,则包含了科学的问题分析建模方法——"物—场"分析法,它可以帮助我们快速确认核心问题,发现根本矛盾所在。

(二)技术系统进化法则

针对技术系统进化演变规律,在大量专利分析的基础上,TRIZ 理论总结提炼出 8 个基本进化法则。利用这些进化法则,我们可以分析确认当前产品的技术状态,并预测未来发展趋势,开发富有竞争力的新产品。

(三)技术矛盾解决原理

不同的发明创造往往遵循共同的规律。TRIZ 理论将这些共同的规律归纳成 40 个创新原理,针对具体的技术矛盾,可以基于这些创新原理、结合工程实际寻求具体的解决方案。

（四）创新问题标准解法

针对具体问题的"物—场"模型的不同特征，分别对应标准的模型处理方法，包括模型的修整、转换、物质与场的添加等。

（五）发明问题解决算法

主要针对问题情境复杂、矛盾及其相关部件不明确的技术系统。它是一个对初始问题进行一系列变形及再定义等非计算性的逻辑过程，实现对问题的逐步深入分析，问题转化，直至问题的解决。

（六）基于物理、化学、几何学等工程学原理而构建的知识库

基于物理、化学、几何学等领域的数百万项发明专利的分析结果而构建的知识库可以为技术创新提供丰富的方案来源。

美国的一些世界级公司，如波音公司，利用 TRIZ 理论，解决了波音飞机空中加油的关键技术问题，为公司赢得了几亿美元的订单。德国几乎所有名列世界 500 强的大企业都运用了该理论，如西门子、奔驰、宝马等著名公司都有专门的机构及人员负责该理论的培训和应用。

六、信息交合法

在组合系列技法的探索中，最具影响的中国特色技法是信息交合法，又可以称为"要素标的发明法"或"信息反应场法"，由我国学者、华夏研究院思维技能研究所所长许国泰于 1983 年提出。

信息交合法是一种在信息交合中进行创新的思维技巧，即把物体的总体信息分解成若干个要素，然后把这种物体与人类各种实践活动相关的用途进行要素分解，把两种信息要素用坐标法连成信息标 X 轴与 Y 轴，两轴垂直相交，构成"信息反应场"，每个轴上各点的信息可以依次与另一轴上的信息交合，从而产生新的信息。其具体流程如图 3-1 所示。

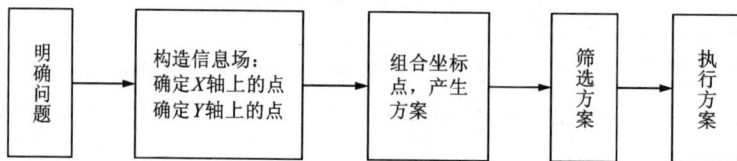

图 3-1　信息交合法运用流程

信息交合法，有自己的独特特点，主要表现在信息交合法不但能使人们的思维更富有发散性，应用范围也更广泛得多。而且，这种方法能够有助于人们在发明创造活动中，不断地强化理性的、逻辑的思维能力的培养，同时在创造思维、创造教育中，作为教学、培养、培训方法，显得更有系统性和实用性。

许国泰提出信息交合法应遵守如下原则：一是整体分解原则。先把对象及其相关条件加以分解，按序列得出要素。二是信息交合原则。各轴的每个要素逐一与另一轴的各

个标的相交合。三是结晶筛选原则。通过对方案的筛选，找出更好的方案。如果研究的是新产品开发问题，那么，在筛选时应注意新产品的实用性、经济性、易生产性、市场可接受性等。

七、六顶思考帽法

六顶思考帽法是由"创新思维学之父"爱德华·德·博诺（Edward de Bono）于1985年开发的一种思维训练模式，或者说是一个全面思考问题的模型。它提供了"平行思维"的工具，避免将时间浪费在互相争执上。

具体来说，六顶思考帽是指使用六种不同颜色的帽子代表六种不同的思维模式。任何人都有能力使用以下六种基本思维模式。白、绿、红、黑、黄、蓝六种颜色的帽子，将思考的过程分为与之相应的六个阶段：

（1）戴上白色的中立帽子，在这个阶段，人们从陈述问题的角度出发，将问题现有的信息尽可能详尽地列举出来，全面地描述问题的事实。

（2）戴上绿色的活力帽子，从积极的角度出发，充分发挥主观的创造性，尽可能多地提出解决问题的设想方案。

（3）戴上黄色的正面帽子，从乐观的角度出发，将目标事物的优点列举出来。

（4）戴上黑色的负面帽子，从批判的角度出发，将目标事物的缺点列举出来。

（5）戴上红色的评判帽子，从评价的角度出发，对所提出的设想进行判断和评价。

（6）戴上蓝色的指挥帽子，从整体的角度出发，对所提出的设想进行筛选，择定最适宜的方案。

六顶思考帽典型的应用步骤为：①陈述问题（白帽）；②提出解决问题的方案（绿帽）；③评估该方案的优点（黄帽）；④列举该方案的缺点（黑帽）；⑤对该方案进行判断（红帽）；⑥总结陈述，做出决策（蓝帽）。

作为思维工具，六顶思考帽法已被美、日、英、澳等国在学校教育领域内设为教学课程。同时也被世界许多著名商业组织采用作为发展组织合力和创造力的通用工具。这些组织包括微软、IBM、西门子、诺基亚、爱立信、松下以及麦当劳等。

视野拓展

○训-练-实-例○

六顶思考帽应用：某互联网家电企业的案例分析

一、案例背景

几年前，一家诞生没多久的互联网家电企业由于砍掉了传统渠道等中间环节，将一款款设计精良、性能优异的"爆品"通过线上渠道进行销售，在很短的时间内，领先同行夺得市场份额第一。但不久之后的一些市场问题突显出来了：销量下滑、投诉增加，甚至很多地方开始出现了仿冒品。

公司总结，这些问题产生的原因是缺乏线下体验和线下购买方式的多样化。这是公司目前最大的困扰。于是，战略决策部门组织公司骨干一起商量对策，开始了一场六顶思考帽的战略讨论。

二、会议过程

1. 蓝帽

设定讨论的议题：是否开设线下销售和线下体验服务来解决投诉问题？

2. 白帽

(1)一个月内，A产品在线销量下滑了40%。

(2)投诉量统计线上、线下投诉的占比分别是35%、65%。

(3)线下投诉中的70%是中老年人，绝大多数原因是功能使用不当。

(4)电话接到投诉最多的两个问题是线上"抢"不到产品、线下被骗而买到假货两类。

(5)多家自媒体在优酷、爱奇艺等视频网站用视频指责公司开展"饥饿营销"。

(6)广东省某一个用户在当地数码市场买到仿冒品，充电时短路造成重大损失。

3. 黄帽

(1)开设线下销售可以满足一部分不会网络购物的中老年用户的需求。

(2)开设线下销售可以向客户推荐配件或其他产品，提高单价和提升毛利。

(3)有了线下体验环节，线下顾问可以协助用户，指导客户使用产品，避免使用不当造成的客户投诉。

(4)线下终端和门店可以帮助客户进行免费验货，免费维护和保养，提升用户体验。

(5)开设线下销售以提高企业形象和影响力，提高口碑。

4. 黑帽

(1)开设线下商店的话，租金成本、运营成本将大大增加。

(2)人力资源储备不够，一下子招募不到足够的人手满足线下销售和体验支持。

(3)公司定位是"互联网公司"，大规模开设线下渠道销售可能与公司定位矛盾。

(4)线下渠道投资增加，最终成本转嫁到价格，用户利益将严重受损。和经管理念不符合。

(5)进一步开放线下销售，可能会使黄牛更加猖獗。

5. 绿帽

(1)储备一部分货源在原有的城市服务网店销售(不增加额外租金成本)。

(2)要求顾客实名制购买产品，一张身份证仅可购买一个产品(防黄牛)。

(3)每一个服务网点增设若干产品体验师，专门指导用户使用产品(提升用户体验)。

6. 红帽

会议发起者组织大家投票，90%的参会者同意执行开设线下销售服务。

7.蓝帽

经过六项思考帽的思考方式决定如下：

(1)在原有的数百家服务网点开通部分产品线下销售，满足部分客户需求。

(2)用户凭身份证限购，严格管理。同时，防止黄牛炒货。

(3)服务网点员工全员定期进行产品培训，以轮岗的形式服务客户进行体验。

三、案例结果

该公司通过线上销售、线下服务的O2O模式，满足了不同用户群体。在不增加运营成本的前提下，用已有的直营店与授权服务网点开放部分产品销售，增加客户体验师的投入和培养，大大提高了用户满意度，原来困扰公司的客户投诉问题也得到了部分解决。

八、5W2H 分析法

5W2H 分析法又叫七问分析法，由二战中美国陆军兵器修理部首创。它简单、方便，易于理解和使用，富有启发意义，广泛用于企业管理和技术活动，对于决策和执行性的活动措施也非常有帮助，也有助于弥补考虑问题的疏漏。

（一）5W2H 分析法概述

发明者用 5 个以 W 开头的英语单词和 2 个以 H 开头的英语单词或词组进行设问，发现解决问题的线索，寻找发明思路，进行设计构思，从而开创出新的发明项目，这就叫作5W2H 法。

(1)WHAT——是什么？目的是什么？做什么工作？

(2)WHY——为什么要做？可不可以不做？有没有替代方案？

(3)WHO——谁？由谁来做？

(4)WHEN——何时？什么时间做？什么时机最适宜？

(5)WHERE——何处？在哪里做？

(6)HOW——怎么做？如何提高效率？如何实施？方法是什么？

(7)HOW MUCH——多少？做到什么程度？数量如何？质量水平如何？费用产出如何？

（二）5W2H 法的优势

如果现行的做法或产品经过七个大问题的审核已无懈可击，便可认为这一做法或产品可取。如果七个问题中有一个答复不能令人满意，则表示这方面有改进余地。如果哪方面的答复有独创的优点，则可以扩大产品这方面的效用从而使新产品具备克服原产品的缺点，扩大原产品独特优点的效用。具体而言，其主要优势在于：

(1)可以准确界定、清晰表述问题，提高工作效率。

(2)有效掌控事件的本质，完全地抓住了事件的主骨架，从本质出发进行思考。

(3)简单、方便，易于理解和使用，富有启发意义。

(4)有助于思路的条理化，杜绝盲目性。有助于全面思考问题，从而避免在流程设计中遗漏项目。

5W2H 分析法是一种调查研究和思考问题的办法，可以让大家熟悉有系统的提问技巧，以协助发掘问题的真正根源所在，并可能创造改善途径。不过 5W2H 分析法并不像表面看起来那么简单，提问者不仅要问 7 个"为什么"，还需要准确把握问题的核心，提出正确的问题。此外，5W2H 分析法还需要提问者能准确把握对方的回答是不是真正的答案，否则很容易被对方的错误回答带入歧途。

视野拓展

本章小结

"创新"是永恒的话题，当然，创新一定有方法。创新方法包括智力激励型、列举型、设问型、类比型和组合型等。这些创新方法既有适用于集体的也有适用于个人的，它们联合作用、聚焦发力，帮助我们迈进创新的门槛。实际上，创新方法远不止本书中介绍的这些，在此基础上，大家还可以继续学习、研究、借鉴其他的创新方法，甚至可以自己创造出新的方法。当然，既然是方法，就必须付诸实践。创新绝不能纸上谈兵，所以只要有需要，我们就不妨好好尝试这些创新方法，并认真总结提高。

思考题

1.什么是创新方法？常见的创新方法有哪些？

2.头脑风暴法为什么能激发创新思维？

3.六顶思考帽法中六种不同颜色的帽子分别代表哪六种不同的思维模式？

讨论题

1.如何将创新方法融入大学生创新创业训练计划？

2.列举并讨论：世界上哪些知名企业运用了发明问题解决理论（TRIZ）并取得积极成效？

3.请用六顶思考帽方法讨论大学生创业的利与弊。

实训项目与练习

1.阅读《流程创新：100 种实用创新方法和案例分析》[作者：什洛莫·迈特尔（Shlomo Maital），2018 年机械工业出版社出版]，学会运用其中有创造性的方法来实施创新。

2.找出与自行车(或汽车)有结合点的相关事物,使自行车(或汽车)的构造和功能发生新的变化,并发现创业机会。

3.运用头脑风暴法开展一次班会活动。

◇ **参考文献**

[1]陈永奎.大学生创新创业基础教程[M].北京:经济管理出版社,2015.

[2]范太华.创新思维与创新方法[M].长沙:中南大学出版社,2018.

[3]吴敏,李劲峰.大学生创新创业基础教程[M].合肥:中国科学技术大学出版社,2018.

[4]周耀烈.思维创新与创造力开发[M].杭州:浙江大学出版社,2008.

[5]高常青.TRIZ——发明问题解决理论[M].北京:科学出版社,2011.

[6]张德琦.创造性思维与创新方法[M].北京:化学工业出版社,2018.

[7]罗玲玲,武青艳,代岩岩.创新思维与创新方法[M].北京:机械工业出版社,2019.

vvv

创业概述

本章知识结构图

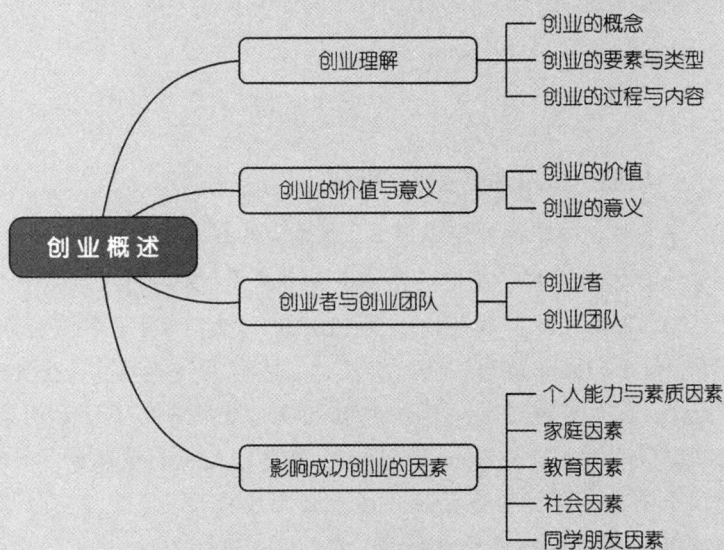

创业理解
- 创业的概念
- 创业的要素与类型
- 创业的过程与内容

创业的价值与意义
- 创业的价值
- 创业的意义

创业概述

创业者与创业团队
- 创业者
- 创业团队

影响成功创业的因素
- 个人能力与素质因素
- 家庭因素
- 教育因素
- 社会因素
- 同学朋友因素

我们正处在一场静悄悄的大变革中——它是全世界人类创造力和创业精神的胜利。我相信它对 21 世纪的影响将等同或超过 19 世纪和 20 世纪的工业革命。

——蒂蒙斯(Jeffry A. Timmons，美国创业教育之父，美国百森商学院创业学教授)

知 识 目 标 ▶▶

1. 创业的要素与类型。
2. 创业的价值与意义。
3. 创业者的特质。

能 力 目 标 ▶▶

1. 创业的过程与内容。
2. 对照创业者的素质与能力分析存在的不足。
3. 查找影响自己投身创业的因素。

案 例 导 入 ▶▶

马斯克在为人类去火星而创业①

作为当今全球科技创新、产业创新的领军企业家，埃隆·马斯克（Elon Musk）的创业行动每每引发产业震动与社会热议。其创业投资在许多人看来是"东一杆子西一棒槌"，他是 SpaceX 的 CEO 兼 CTO，Tesla（特斯拉）CEO，So-LarCity（太阳城）董事会主席，还投资 Starlink（星链）、The Boring Company 以及脑/机接口。一会儿造火箭，一会儿造电动汽车，一会儿搞太阳能，一会儿挖隧道……这些表面上看起来风马牛不相及的事业，他都做得风生水起，其中最耀眼的企业是 SpaceX、Tesla。这些创业也为他赚到了数以亿计的美金。在很多专业人士看来，其行为违反了很多市场与投资准则（譬如定位原则、聚焦原则、关联论等），甚至以现有科技视角看太过于颠覆性、科幻性。

但是，在马斯克的强力推动下，承担龙飞船发射任务的"猎鹰9号"可复用运载火箭被开发了出来，据说301不锈钢被大规模用在了这款可回收式火箭上，目的是为大规模向外星球移民做成本最低控制准备！造型科幻、未来感超强的纯电动汽车 Tesla 让他赚得盆满钵满的同时，也是登陆外星后不用石化燃料可在真空环境下工作的"月球车""火星车"的雏形产品，因为2018年 SpaceX 的"重型猎鹰"（Falcon Heavy）发射时，就向火星轨道发射了一辆 Tesla-Roadster 跑车。其领导的 Starlink，下阶段将对地面用户试运营，这从长远看将有助于马斯克建设天基星际通信系统，便于与火星进行信息交流。同时，马斯克的 Boring 公司，在地球上进行地下挖掘、研发超高速隧道高铁，而其解决并掌握的先进挖掘、隧道气密、高速运营、应急抢险等科技，也是为在火星挖掘地下城、建设地下隧道网摸索技术、积累经验。

①　资料来源：南方周末报。

马斯克所有的思路、投资、努力……逻辑清晰、环环相扣、一脉相承，不但不是胡打乱撞，反而是目标明确、深谋远虑。他不仅是要在地球上赚钱，可能也是真的想带领人类到火星上去创业。从他的创业行动以及他所说的"Open your eyes, look up to the skies"（睁大眼睛，仰望天空）这句话中，我们可以感知到人类创业梦想与实践的伟大。

创新创业，正在成为新时代中国最为闪亮的词语，最具活力的时代活动。"大众创业、万众创新"成为经济发展引擎和日益重要的推动力。20世纪90年代以来，美国经济能保持强劲增长和持续活力，关键在于其整个社会旺盛不衰的创业精神和千万家小型企业生生不息的创业活动，鼓励创业和创新已经成为近年来各国竞相采纳的国家战略。

创业不仅能促进技术发展，推动经济增长，也是扩大就业和增进民众福祉的重要途径。继"大众创业、万众创新"和创新驱动发展战略等国家重大战略部署实施以来，党的十九大又提出了"激发和保护企业家精神，鼓励更多社会主体投身创新创业""注重解决结构性就业矛盾，鼓励创业带动就业"的重大举措，各级党委、政府把促进大众创业特别是扶持青年大学生创业作为解决结构性就业矛盾的重要内容。我们已经看到，在中国共产党的坚强领导下，伴随人类命运共同体建设步伐的加快和中国经济的高速发展，中国正在成为全球的商业沃土和创业乐园。新时代的中国，创新创业政策体系基本建成，创业扶持机制健全完善，创新创业教育势头正劲，自主创业进入了前所未有的历史机遇期。

第一节　创业理解

一、创业的概念

"创业"一词在我国最早出现于《孟子·梁惠王下》中："君子创业垂统，为可继也。"诸葛亮在《出师表》中也说："先帝创业未半，而中途崩殂。"这两处创业均指创立功业和基业。《辞海》中对创业的解释是"创立基业"。"业"字内涵丰富，《现代汉语词典》解释为：行业、学业、职业、产业、财产等。"创"字主要强调开端和初创的艰辛和困难，突出过程的开创和创新意义，侧重于在前人的基础上有新的成就和贡献。可以这样说，创业是指开创基业或创办事业，是自主地开拓和创造业绩与成就。

创业在营利性和非营利性的环境中都可以发生。尽管人们倾向于假定创业活动是为营利而进行的，但是，创业也会发生在社会服务机构、民间艺术组织或其他类型的非营利性组织中。同时，创业可以发生在各种企业和其他组织的各个发展阶段，即创业可以出现在新老企业、大小企业、私人企业或非营利组织和公共部门，也可以出现在各个地区、各个国家的所有发展阶段。

对于创业我们可以从以下四个方面来理解。

1. 创业是创造

创业是创造的过程，要创造出有价值的新事物。这种新事物必须是有价值的，不仅是对创业者本身而言，而且对其开发的某些目标对象而言也是有价值的。

2. 创业需要付出

创业需要付出必要的时间和精力。只有投入大量时间和精力，创业者才能创造有价值的新事物。要完成整个创业过程，创造新的有价值的事物，就需要大量的时间，而要获得成功，没有极大的努力是不可能的。

3. 创业中机会与风险并存

创业面临更多的机会，同时必须承担可能存在的风险。风险是客观存在的，具有不确定性和巨大危害性，风险也是可以预测、规避和防范的。创业本身的新颖性进一步赋予了不确定性，创业者自行作出决策时面临机会，但也要承担风险。创业的风险可能有多种形式，但是通常的风险一般来说是资金上的、产品与服务上的、精神方面的、社会方面的及家庭方面的。

4. 创业满足社会需要，同时获得相应的回报

作为一个创业者，最重要的回报可能是由此获得的独立自主及随之而来的个人满足。对于追求利润的创业者而言，利润的回报无疑是最重要的，很多的创业者乃至旁观者，其实都把利润的回报视为成功与否的一种尺度。对一个真正的创业者而言，创业过程充满了激动、艰辛、忧郁、苦闷与徘徊，以及坚定、坚持不懈的努力，并由渐进的成功带来无穷的欢乐、分享不尽的幸福。

综上所述，创业有广义和狭义之分。广义的创业是指创新立业，包括为实现自己理想而创造实业、事业以及获得某方面发展的过程与行动。狭义的创业即创办新企业。

我们通常所说的创业就是狭义的创业，指创办新企业。对社会个体来说，我们常称之为自主创业，是指部分有理想、有胆识的个体或团队（特别是青年群体），不拘泥于当前资源条件的限制，追寻机会，利用自己的知识、才能和技术，以自筹资金、技术入股、寻求合作等方式创立新企业，进行价值创造的过程。

二、创业的要素与类型

1. 创业的要素

迄今为止，人们对创业要素的认知和分析模型中，最为典型和公认的为蒂蒙斯模型。该模型提炼出了创业的三大关键要素，即创业机会、创业者及其创业团队、创业资源。一般认为，这三个核心要素是创业活动中不可或缺的。如果没有机会，创业活动就是盲目的，难以创造真正的价值。应该说机会是普遍存在的，关键要看创业者及其创业团队能否有效识别和开发；如果没有创业者及其创业团队的主观努力，创业活动是不可能进行的；创业者及其创业团队把握住合适的机会后，还需要有相应的资金和设备等资源。如果没有必需的资源，机会也就难以被开发和利用。

蒂蒙斯模型具有动态性。它认为创业过程实际上是三个因素之间相互作用、由不平

衡向平衡方向发展的过程。随着创业过程的展开，其重点也相应发生变化，要将机会、创业者及其创业团队、资源三者作出动态的调整。该模型还要求三要素之间的匹配和平衡。因此，创业现象也被认为是创业者、机会和资源三者之间的有效链接。其中，创业者是创业的核心，是使机会识别利用与资源获取的组合得以实现的驱动者。

2. 创业的类型

创业活动涉及各行各业，创业者的创业动机千差万别，创业项目和领域多种多样，创业的类型也因此呈现多样化的特点，我们可以从不同角度做出分类。

(1)基于创业动机不同，依据创业者的创业动机可以将创业分成生存型创业与机会型创业。2001年，全球创业观察(GEM)报告最先提出了生存型创业和机会型创业的概念，并逐年对两个概念进行了完善。所谓生存型创业，是指创业者为了生计而相对被动进行的创业。其主要特征为：创业者受生活所迫，物质资源贫乏，在现有市场中捕捉机会，从事低成本、低门槛、低风险、低利润的创业。譬如，我国改革开放初期的创业者以及下岗职工的创业行为大都属于这种类型。所谓机会型创业，是指创业者为了追求商业机会，谋求更多发展而从事的创业活动。例如，李彦宏创办百度就是典型的机会型创业。他舍弃在美国的高薪岗位，毅然回国创业，其主要原因是他发现和把握了互联网搜索引擎存在的巨大商机，同时，他期望自己实现人生的更大发展。机会型创业与生存型创业的主要区别如下：

①创业者的个人特征。创业者个人特征是影响创业动机的主要因素，对机会型创业与生存型创业的区分起显著影响。相对而言，年轻和学历高的创业者更有可能进行机会型创业。

②创业投资回报预期。创业投资回报与创业风险相关，因此生存型创业者期望低一些的投资回报，也承担小一些的创业风险。机会型创业者往往期望较高的投资回报，也会承担更大的创业风险。

③创业壁垒。生存型创业者更多地受到创业资金、技术和人才等限制，会回避技术壁垒较高的行业。机会型创业者拥有一定资金、技术和人才优势，会更关注新的市场机会，选择有一定壁垒的行业。

④创业资金来源。生存型创业者的资金主要来源于个人和家庭自筹，而机会型创业者比生存型创业者有更多的贷款机会、政府政策及创业资金支持。

⑤拉动就业。相比生存型创业，机会型创业不仅能解决自己的就业问题，而且能解决更多人的就业问题。

⑥机会型创业由于更着眼于新的市场机会，拥有更高的技术含量，有可能创造更大的经济效益，从而改善经济结构。无论是出于缓解就业压力还是出于改善经济结构的考虑，政府和社会都应该更加关注机会型创业，大力倡导机会型创业。

(2)基于创业起点不同，可分为创建新企业和企业内创业。创建新企业是指创业者或团体从无到有地创建全新的企业组织。这个过程充满机遇，但风险和难度也很大。企业内创业是指在已有公司或企业内进行创新创业的过程。例如企业流程再造，正是通过二次、三次乃至连续不断地创新创业，企业的生命周期才能不断地在循环中成长。

（3）基于创业者数量不同，可分为独立创业和合伙创业。独立创业是指创业者独立创办自己的企业。其特点在于产权归创业者个人所有，企业由创业者自由掌控，决策迅速，创业者要独自承担风险，创业资源整合比较困难，并且受个人才能限制。合伙创业是指与他人共同创办企业，其优势和劣势正好与独立创业相反。

（4）基于创业项目性质不同，可分为传统技能型、高新技术型和知识服务型创业。传统技能型创业是指使用传统技术、工艺的创业项目。比如生产饮料、中药、工艺美术品、服装与食品加工等。这些独特的传统技能项目在市场上表现出经久不衰的竞争力。高新技术型创业是指知识密集度高，带有前沿性、研究开发性质的新技术、新产品创业项目。知识服务型创业是指为人们提供知识、信息的创业项目。当今社会，各类知识性咨询服务机构功能不断细化，数量不断增加，其中很多项目投资少、见效快，市场前景广阔。

（5）基于创业方向或风险不同，可分为依附型、尾随型、独创型和对抗型创业。依附型创业可以是依附于大企业或产业链而生存，在产业链中确定自己的角色，为大企业提供配套服务，也可以是特许经营权的使用。如利用某些品牌效应和成熟的经营管理模式进行创业。尾随型创业指模仿他人所开办的企业和经营项目。一般是行业内已经有许多同类企业，创业者尾随他人，学着别人做。独创型创业是指提供的产品和服务能够填补市场空白，大到产品完全独创，小到产品的某个技术独创。对抗型创业是指进入其他企业已形成垄断地位的某个市场，与之对抗较量。如针对 20 世纪 90 年代初外商在中国市场上大量销售合成饲料的局面，希望集团建立了西南最大的饲料研究所，定位于与外国饲料公司争市场，最终取得了成功。

（6）基于创新内容不同，可分为基于产品创新的创业、基于营销模式创新的创业和基于组织管理体系创新的创业。基于产品创新的创业是指基于技术创新或工艺创新的成果，产生了新的消费群体，从而导致创业行为的发生。基于营销模式创新的创业是指采取了一种有别于其他厂商的市场营销模式，因而可能给消费者带来更高的满足感。基于组织管理体系创新的创业是指采取一种有别于其他厂商的企业组织管理体系，因而能更有效地实现产品的商业化和产业化。

三、创业的过程与内容

国外学者 Olive（2001）从创业者个人的事业发展角度出发，将创业过程分为 8 个步骤，并主张创业管理的重点应该放在创建新企业，只要创业实现盈利，就算完成预期目标，见图 4-1。

虽然明确的创业流程有助于提升创业行动的效率，有利于创业企业获得成功，但是也有不少人认为创业没有准则，因为创业活动面临的环境是不断发展变化的，会遇到许多无法预知的情况，创业者必须经常顺时而变。根据国内的创业企业发展实际，我们将创业划分为四个阶段，即萌芽期、初创期、成长期、成熟期。在这四个阶段中，创业企业会表现出不同的特点,所需要的创业管理经验与技能也不相同。

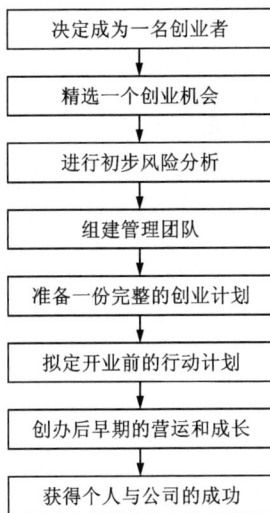

图 4-1 Olive 提出的创业流程

(一)萌芽期

萌芽期是创业行动前的时期,在这一时期,创业者可能仅仅有了一个创业的想法,正在寻求创业所需要的各种资源支撑。这一时期创业者的主要工作包括:

(1)充分的创业心理准备。

(2)评估创业机会。

(3)做好创业计划(规划)。

(4)获取相关资源,组织企业。

(5)开业准备。

在萌芽期,创业者最常犯的错误是对自己的创业事业充满憧憬,期望尽快得到投资回报,在进行创业计划(规划)时容易忽视风险的存在,对风险缺乏足够的认识,风险应对措施准备不足。

(二)初创期

经过充分酝酿,创业者注册企业并开始运营,直到企业能够拥有稳定的现金流,这些过程都属于这一阶段。这一阶段创业者面临的主要问题是如何使企业成功地生存下来,主要工作包括:

(1)进行产品的市场分析与定位。

(2)了解各类竞争对手,并确定主要的对手。

(3)了解与分析顾客需求,进行产品与服务市场定位。

(4)提高产品的质量与服务水平。

(5)确保企业获得稳定的现金流。

一般来说，创业企业都要经过 2~3 年甚至更长的时间才能度过生存的危险期，在这一阶段，创业者的主要任务就是谋求企业的生存，想方设法获得稳定的客户，并尽快找到自己的盈利模式，以获得市场的一席之地。

(三)成长期

成长期是创业企业在经历了生存的困难阶段之后进入的快速发展期，在这一时期，企业的产品已基本趋于成熟，有了稳定的客户与现金流，在市场上已经获得一定的声誉，创业者的主要任务是寻求企业的市场规模扩大与竞争优势加强，解决企业快速成长中的各种问题，主要工作包括：

(1)扩展产品的销传渠道与网络。

(2)提高产品的美誉度与知名度。

(3)着手打造产品的品牌。

(4)时刻关注竞争对手的发展动向。

(5)培养客户忠诚度，挖掘高价值客户。

在这一过程中，创业者可能会时时遇到成长的烦恼，成长的速度与问题数量增长的速度成正比。同时，创业者还将不停地面临抉择，诸如制度与感情、关系与效能、产能与市场、保持独立还是继续融资等一系列的问题。企业扩张的过程，是创业者痛并快乐着的过程。

(四)成熟期

在经历了快速增长之后，企业已经达到了一定的规模，具有了相当的盈利水平，创业者面临的问题是如何巩固创业成果。在这个时期，创业者需要确定企业未来的发展方向：上市、被并购或继续独立(以私有形式)发展。为了使风险投资价值化，获得高额回报，风险投资公司通常希望促成所投资企业走上市和被并购之路。如果被并购，企业可能被兼并和收购(并购可分吸收并购、新设并购和购售控股三种形式)。收购方也有可能采取杠杆收购的形式。在杠杆收购的情况下，企业可能被该企业的经理人员收购，也可能被其他收购方收购。因此，这一时期的主要工作包括：

(1)为企业选择更合适的职业经理人。

(2)谋求企业上市。

(3)企业再融资。

(4)寻求风险投资与投资银行的介入支持。

从整体上看，创业过程的特点有：

(1)创业活动的发生并没有一定的必然顺序。

(2)在不同的创业个案里，各个创业阶段所花的时间差异可能会极大。

(3)以长期的观点来看，所有的创业行为都会经历发展的四个阶段，区别只是各个阶段时间长短不一及企业是否继续存续。

第二节　创业的价值与意义

一、创业的价值

创业的价值理念是指创业者在自我实现过程中形成的对价值取向的态度和看法。它是人生观在社会实践活动中的一种表现。创业的价值理念影响着创业者的行为目的，制约着创业者人生价值的实现。创业的价值有着较为丰富的内涵，包括创业者所追求的目标，创业者的个人价值与社会价值的关系，创业者为实现自我所希望采取的方式、手段，创业者对自身价值的态度和看法等。其中，创业者所追求的目标处于核心地位，它决定和影响着价值理念其他方面的内容。

（一）价值理念的核心——追求的目标

价值理念是人们对个人在社会中具有的意义所持的态度和看法。而对这种态度和看法产生根本性影响的，是个人对人生价值的不同理解和由此形成的不同的人生追求目标。

1. 人的价值与人生价值

人的价值和人生价值是两个不同的概念。从人的自然属性看，人的价值等同于他的能动创造力。在生物界，人不仅以其自身所有的特质超越于任何有生命的东西，而且以自身创造性的活动——劳动超越于动物界。人通过有意识、有目的的创造性活动，改造自身和客观世界。从人的社会属性看，人生价值是指一个人一生对社会的意义和作用，即个人在一生中对人类社会的延续和发展作出哪些贡献，是人的能动创造力实现的结果。

人的价值与人生价值是相互联系的。就单个的人来看，由于每个人自身条件的不同，如身体素质、创造力等，因而每个人对社会所发挥的作用的大小是不相同的。它与个人的天赋和所掌握的知识技能有关。马克思主义从不否认个人在社会中的地位和作用，因为社会的发展与进步，是靠每一个人的劳动实现的。但个人价值又不能脱离人生价值而孤立存在。人生价值是个人在一生中对人类社会延续和发展作出的贡献，它是个人对社会所具有的意义。由此看出，人的价值只有通过人生价值才能得以体现。

2. 人的价值

人的价值，就其基本含义来看，就是个人所具有的素质。一般而言，个人能力越强，其价值就越大，因为其从事的活动的效果及成果明显，创造的物质或精神财富相对较多。但是，个人创造活动的效果及成果又不能完全体现其人生价值。每个人的价值理念不同，所追求的人生目标不同，其创造活动的社会意义也就不同。

创业作为一种社会实践活动，是在一定的目的、意识支配下进行的。同样是进行创业活动，有的创业者主要是为了展现并提高自己的才华和能力，有的则主要是为了积累物质财富，还有的主要是希望改变自然或社会面貌。不同的价值理念，体现了不同的人生目的，从而也体现了不同的人生价值。爱因斯坦曾经说过："现在这代人往往注意我们发明了什么，有哪些著作，实际上我们这些人的道德行为对世界的影响从某种意义上来讲更大。"他在评价居里夫人时说："第一流人物对于时代和历史的进程的意义，在其道德品质方面，也许比单纯的才智成就方面还要大。"所以，衡量一个人的人生价值，不仅要看他对社会物质方面的贡献，而且要注意他对社会精神和道德方面的贡献。

我们通常所说的"身价"，就是人的价值的一种表现，人们的"身价"可以从其容貌、身材、接受教育的程度、拥有的财富以及社会政治地位等方面来衡量。但"身价"高的人不等于人生价值也大。人的价值是人的自然价值，人生价值是人的社会价值。人的价值只具有个人意义，人生价值却具有社会意义。人的价值只有把它放进人生价值中来看待，才是正确的价值理念。

（二）自我价值与社会价值

自我价值是指人生的自我价值，与人的价值不同。人生的自我价值是个人的创造活动对个人所具有的意义。自我价值反映了个人在实现人生价值过程中所持的态度和看法。

1. 自我价值与自我设计、自我实现

自我设计，是根据社会条件以及自我特定的诸多因素，设计能发挥自我潜能的实现的理想方式，以使自我得到最充分、最理想、最自由的发挥。自我实现就是根据自我设计的道路，经过努力奋斗，把潜能充分发挥出来，实现自己的理想，使自己成为自己最想成为的人。

自我设计与自我实现的根本取向，在于能在更大范围和更高层次上进行发展。自我设计、自我实现的出发点和归宿主体都是人，但这并不是和社会、与他人相隔离的孤胆英雄式的独自作为。恰恰相反，真正的自我实现，只有在与社会、他人的和谐共处中才得以产生。

2. 人生自我价值的实现

每个人在进行创造活动时，都会按照一定的追求目标进行自我设计。个人的自然条件与社会条件不同，因此对自我价值实现的设计也就不同。这与个人对自我的认识程度和自我评价的标准有很大的关系。

从自我认识方面来看，个人的自我认识是否全面、正确，影响着自我价值的评价是否准确，从而也影响其人生价值能否实现。自我认识是对自我价值所持的态度和看法，在个体上表现出很大的差异。有的人对自己的存在给予积极的、肯定的认识，有的人则对自己的存在给予消极的、否定的认识。这主要是受个人的主客观条件限制。自我评价则是个人对自我价值的衡量，它是基于自我认识对自身创造活动的评判，通常存在过高或过低两种倾向。拿创业来说，每个创业者都会碰到要不要创业、为什么创业、为谁创业、怎样创业等问题。毋庸置疑，只有对自身存在给予积极、肯定的认识，时刻保持较为准确的自我评价，才可能迈出创业的脚步，才可能在创业过程中克服种种困难。

3. 自我价值与社会价值的关系

人是社会的人，人们都生活在一定的社会关系中，人的价值在个人同他人以及社会的关系中表现出来。作为关系范畴的人生价值，首先在于贡献。大诗人歌德的"你若要喜爱自己的价值，你就得给世界创造价值"，科学家爱因斯坦的"一个人的价值不在于他得到了多少，而在于他贡献了多少"等名言，都是科学的人生价值观的反映。人生价值既包括权利，也包括义务，这两个方面是辩证统一的。

在今天，个人创业致富，实现自我价值，是无可非议的，应该给予支持和鼓励。但更高的人生意义，是人的社会价值，就是对集体、社会、国家、人民有所贡献。贫穷和愚昧会使人没有追求；而富裕和享受同样会淹没人的追求和精神，使人成为没有信念、没有情感、没有道德，以自我为中心的趣味低级的人。因此，我们不应只提倡为个人致富而创业，还应提倡为振兴中华而创业，提倡为他人谋利的奉献精神，达到实现自我价值与实现社会价值的统一。事实上，也只有把自我价值与社会价值统一起来的创业者，才能抓住创业的机遇，获得成功，因为我们所创之业，不仅是个人和家庭的小业，也是国家和社会的大业。

(三) 积极实现创业者的人生价值

人们重视和研究人生价值，目的是实现人生价值，做一个有益于人民、有益于社会、得到社会和人民尊重的高尚的人。每一个人都应当在提高认识、在树立正确的人生价值观的基础上积极实现人生价值。由于人生价值首先是人所具有的能动的创造力，只有使其充分发挥出来，创造出物质财富和精神财富，才能转化为对他人和社会的贡献。所以，要实现人生价值必然有一个转化过程，要顺利完成这一转化，必须有一定的条件。

1. 实现人生价值的客观条件

实现人生价值的客观条件主要是指人存在和活动的社会历史条件与客观环境，包括宏观环境和微观环境。宏观环境是指个人生存和活动所处的总的社会历史环境，即一定的社会政治、经济制度和社会生产力发展的状况，以及科学文化、教育发展的水平等。微观环境主要指个人生活和工作的具体环境条件。社会政治、经济制度，以及国家所制定的路线、方针、政策等宏观环境，对于人生价值的实现有着重大的影响。而一个人处于较好的生活环境和工作条件，有领导的关心和支持，有周围同事的信任、帮助、鼓励等良好的微观环境，对实现人生价值有着十分重要的作用。

2. 实现人生价值的主观条件

实现人生价值，不仅需要一定的客观条件，而且还需要主观条件。在客观条件大体相同的情况下，人们之所以创造和贡献不同，实现的人生价值不同，一个很重要的原因就是主观条件不同。如果主观条件比较好，即使客观条件差一些，也能充分利用自己的优势，发挥主观能动性，积极创造有利条件，克服不利条件，作出较大的贡献。反之，如果主观条件差，即使客观条件再好，也不能充分发挥其作用。实现人生价值的主观条件包括多方面的内容，如道德品质、科学文化知识水平、身体素质以及主观努力和奋斗的程度等。为了有效地实现人生价值，必须充分利用主观条件，发挥人的能动性。

在实践过程中，尤其要注意以下几点：

(1)正确认识社会发展的客观必然性，明确时代赋予的历史使命，树立崇高的人生目标。

(2)正确认识和处理公与私，国家、集体和个人之间的利益关系。

(3)正确认识自身优势，选准奋斗目标，充分发挥个人的聪明才智，以坚韧不拔的毅力顽强拼搏，勇于面对挫折、克服困难，创造优异成绩，以实现人生价值。

(4)学会分析自己周围的环境，善于学习别人的长处，不断充实自己，增长才干。

3. 主客观条件的有机结合

要实现人生价值，必须把客观条件和主观条件密切结合起来，根据社会发展的要求，确定奋斗目标。历史唯物主义的基本常识告诉我们，个人不能离开社会而存在，不能离开社会而发展，不能摆脱和违背社会发展的客观规律。只有根据社会发展的客观要求和需要去自我设计和自我奋斗，使个人理想、奋斗目标和行为活动同社会的发展和需要统一起来，才能得到社会承认，以实现人生价值。

二、创业的意义

(一)知识经济与创业时代

纵观20世纪的发展历程，人类逐渐从工业经济社会步入知识经济社会。在以知识为基础的经济发展过程中，人们更加重视知识，人才和科学技术的价值得到充分的体现。生活在工业经济时代的人们，很难想象20世纪八九十年代会出现许多人在短短几年时间里创造的奇迹，当时的年轻人凭借开拓精神和创新能力，用自己的智慧闯出一片崭新的天地，靠计算机软件、因特网等积累起亿万财富，同时推动了文明进步。

这是一个创业时代，传统的事业发展模式逐渐被打破，创造和创新日益得到认同。美国硅谷的发展，早已成为知识界、科技界、企业界有口皆碑的楷模。从那里，人们明白了知识原来可以这样快速地转变为财富，科技原来具有如此大的威力，甚至可以引发产业革命。在追赶世界先进水平、振兴国家的过程中，一批批对未来充满希望和梦想的人，思索并实践自己的创业梦想。

伴随着风险投资、互联网和电子商务等在中国的发展，一批创业领袖和高科技企业接踵诞生。创业领袖们的个人魅力和奋斗经历正感染并激励着当代青年。而在科教兴国的时代背景下，高科技产业的振兴对于国民经济的发展来说至关重要，高科技创业公司是高科技产业振兴的重要生力军。在这样的环境中，创业并不仅仅是个人的选择，而是社会所认同的一种有价值的行为。

(二)时代需要创业

万事开头难，创业更是如此。创业需要宽容的环境，需要突破传统思维，需要具备开拓创新精神，创业者必须有发展的、长远的眼光。如果创业都是那么一帆风顺，其成功绝不值得骄傲，也肯定不会蕴含无限的价值。

1. 创业推动科技进步与社会生产力的发展

创业企业的产生，尤其是机会型创业往往伴随着新技术、新方法进入市场，特别是科技成果转化性质的创业，对全社会科技水平的提高更有着不可替代的重要作用。这些科技型创业企业的建立，往往伴随着一些技术或应用工艺的创新与发展，这对中国整体科技实力的提高起着非常重要的促进作用。创业企业的成功会为社会的发展注入新的活力，有利于促进社会生产力的发展。

2. 创业是增加社会就业机会的主要渠道

伴随中国改革开放的深入推进，市场经济不断完善与优化，产业、人才等结构性矛盾日益凸显，在此过程中必然出现社会就业问题，加之逆全球化趋势加剧，贸易保护主义抬头，产能严重过剩等问题的产生，我国就业压力将在较长一段时期保持高位运行。同时，国内企业经营竞争的加剧、要求投入产出比的提高等都给社会就业带来巨大压力。自主创业不仅能解决劳动者自身发展问题，而且将向社会释放成倍增长的就业岗位，带动大批人员就业，是增加社会就业机会的主要渠道。

3. 创业通过竞争使社会资源趋于更合理的配置

创业企业要想更好地生存与发展，就必须具有一定的竞争力，以及要有一定的科技实力或经营能力。从行业发展的角度来讲，创业企业的成功和壮大会或多或少地影响现有行业的经营格局，加剧行业经营的竞争状态，形成优胜劣汰的局面，竞争的加剧有利于资源向经营良好、效率较高的企业流入，也就有利于更合理地配置有限的社会资源，从而产生出相对较高的社会效益，增加社会福利，促进中国特色社会主义市场经济的快速发展。

4. 创业有利于知识向资本的转化

一个国家知识密集型企业所占比重的大小，往往可以反映这个国家科技实力与综合国力的强弱。知识密集型企业的产品有相对较高的附加值，同时创造较大的社会财富。在我国目前的经济形势下，高新技术创业企业往往都是由具有较高知识水平的创业者创办的。知识和管理已经成为重要的资本参与企业的分配，国家在这方面也给予了系列政策支持（如允许高科技创业企业中无形资产的比重最高可达到50%，远远高于普通企业20%的标准）。国家的政策支持有利于创业者积极性的发挥，有利于促进创业企业的成功。因此，创业的成功有利于知识向资本转化，资本借助知识的支持，又能发挥强大的作用，进而促进中国整体产业水平的发展。

5. 创业是实现人生理想和价值、获得自身全面发展的有效途径

创业的历程充满艰辛、挑战与快乐，是一个伟大的过程，是一个精彩的大舞台。创业起步可高可低，创业的发展空间无限。创业者将通过创业，摆脱"上班"带来的诸多束缚，能充分发挥自己的才干，激发最大潜能，获得社会财富，实现经济追求与人生价值。

创业者创造的企业一方面为社会提供了产品或服务，一方面为个人、社会创造了财富，促进国民经济的发展，增加社会就业，从多个环节为国家和社会作出了贡献，使创业者在自己感兴趣的事业中获得极高的社会成就感。同时，创业者在征服挑战、克服重重困难的创业过程中，体验到奋斗者的人生价值与人生乐趣，帮助自身实现全面发展。

6. 创业影响未来中国经济的发展

美国新经济的兴起与发展离不开20世纪80年代硅谷大批创业企业的创立，这些创业企业的成功为美国经济的发展作出了举足轻重的贡献。直到现在，硅谷也依旧是美国经济赖以保持活力与发展的重要支柱。当今的中国已经步入创业时代，一大批高新技术创业企业得以创立并逐步成长，一部分企业已经通过股市科创板上市，它们中的大部分充满了生机与活力，相信在党和政府重大战略部署与系列创业促进政策的鼓励下，终会发展成健康成长的企业。这些企业将影响未来中国经济的发展，尤其是那些具有高附加值的知识型企业的不断创立与发展壮大，更会对未来几年、十几年中国经济建设的发展速度产生重要的影响。

第三节　创业者与创业团队

一、创业者

（一）创业者的含义

创业者的英语单词"entrepreneur"源于17世纪的法语，意思是"间接购买者"或"中介人"。创业者的概念内涵经历了一个逐步演变的过程。

17世纪，著名经济学家理查德·坎蒂隆（Richard Cantillon）最早提出创业者是风险承担者这一概念。他将企业家概念引入经济学领域，认为企业家是承担风险、合法拥有其收益以及分配利润的人。

熊彼特（Schumpeter）进一步阐释了企业家概念，指出企业家是经济发展的带头人，所起作用在于创新，或"实现新的组合"。

哈耶克（Hayek）和柯兹纳（Kirzner）认为创业者是善于察觉市场机会、采取行动从中牟利，并且具有能够正确地判断下次牟利机会的人。

布鲁克豪斯（Brockhaus，1980）认为创业者是有远大理想、会利用机会、有强烈事业心的人，他们愿意担负起一项新事业，组织经营团队，筹措所需资金，并承受全部或大部分风险。

纳尔逊（Nelson，1986）认为创业者是愿意承担风险并拥有运气、时机、资金和毅力的人。

基于学者们的成果，我们认为，创业者是通过思考、推理和判断组织、运用服务、技术、资源等因素，创造价值、改变社会、收获利益的人。同时，创业者也是指在高度不确定性的环境与资源约束条件下，识别机会，并迅速做出决策与行动，利用开发机会，创造商业价值的人。

（二）创业者的六大特质

创业不仅需要新奇的创意，更重要的是有一个与众不同的创业者。美国百森商学院的杰弗里·蒂蒙斯教授从可取并可学到的态度和行为中归纳出成功创业者共同拥有的以下六大特质。

1. **责任承诺和决心**

责任承诺和决心有助于创业者成功。只有坚定必胜的信念，才能战胜别人认为不可逾越的困难，最终取得创业成功。

2. **领导力**

成功的创业者是富有耐心的领导者，能够勾勒出组织的愿景，根据长远目标进行管理。他们既能协调好企业内部员工之间的利益关系，又能处理好自己与合伙人、管理层、员工、客户、供应商、债权人等利益相关者的关系，共同分享财富和成功。

3. **把握商业机遇**

一个成功的创业者，往往重点关注商业机遇，而不是公司的资源、结构或战略。他们把商业机遇作为支点，通过对机遇的把握来规划企业的发展方向。在寻求商业机遇时目标明确，设定较高但可企及的目标，从而集中精力瞄准机遇，并制订计划方案，通过严格执行计划方案把握机会，实现企业的发展。

4. **容忍风险和不确定性**

风险和不确定性存在于创业的各个时期。刚刚起步的创业者常常会遭遇诸多风险和不确定性，这是不可避免的。但是，成功的创业者不会去赌博，他们不仅要防范不必要风险的发生，还应将事物的发展掌控在自己手中，通过积极应对风险与不确定性，使企业快速健康成长。

5. **忍受失败**

创业者懂得从失败中吸取教训。失败乃成功之母，要成为成功的创业者注定要经历许多挫折和失败。害怕失败的人常常会失去在挫折和失望中获得经验教训的学习机会。

6. **追求成功**

成功的创业者不会依靠盲目碰运气。创业者属于自我驱动型的高成就感者，他们有一股强大的欲望去竞争，不断超越自己设定的目标，去追求有挑战性的目标。他们倾向于承担适度的风险，善于研究各种变化的环境趋势，认真盘算成功的概率，然后才采取行动。

（三）创业者的素质要求

对成功创业者性格特征进行分析，我们发现创业者有着共同的基本素质，各国学者也曾对此进行过归纳与描述。例如，英国的科林·巴罗在《小型企业》一书中提出小企业创业者的六个特点：全身心投入、努力工作，接受不确定性，身体健康，自我约束，独创性和敢冒风险性，计划与组织能力。美国百森商学院管理学专家威廉·拜格雷夫将优秀创业者的基本素质归纳为十个以字母"D"为首的要素：理想（dream）、果断（decisiveness）、实干（doers）、决心（determination）、奉献（dedication）、热爱（devotion）、周详（details）、命运（destiny）、金钱（dollar）、分享（distribute）。美国国家创业指导基金会（NFTE）的创办者史蒂夫·马若堤在《青年创业指南》中指出创业者需具备十二种素质：适应能力、竞争性、自信、纪律、动力、诚实、组织、毅力、说服力、冒险、理解、视野。我国《科学投资》杂志在分析国内上千例创业者案例后提出，中国成功创业者的十大素质为：欲望、忍耐、眼界、明势、敏感、人脉、谋略、胆量、与他人共事的愿望、自我反省能力。

正是因为创业的道路充满不确定性，创业者的情况千差万别，各个国家的政治经济社会发展的情况也千差万别，所以，有关创业者素质的归纳与描述不尽相同，在本书中我们提出了创业者应具备的共同素质。

1. 坚韧果敢的意志品质

创业是一种异常艰苦的开拓性工作，创业的过程充满了困难与风险，只有具有坚强的意志和始终饱满的奋斗热情，善于调节自己的精神状态和行为的人，才能取得创业的成功。爱迪生经历将近一千次的失败最终成功发明电灯丝的事例告诉我们，成功是从一路失败中取得的。行走在创业之路上，肯定要面对失利、挫折甚至失败。在可能出现的各种打击面前，创业者必须依靠坚韧不拔的毅力去克服，凭借顽强的意志去承受，在认真总结经验教训的基础上，再奋勇崛起。

具有坚韧果敢意志品质的人，既能抗拒妨碍达到预定目的的形形色色的诱惑和干扰，又能持久地维持已开始的符合目的的行动，真正做到锲而不舍、有始有终。年轻人的创业热情很高，想象力丰富，目标远大而美好，对成功的期望值也很高，但是，往往对克服困难的心理准备不足，意志不够坚定，既有在创业活动中自始至终瞄准一个目标作出巨大努力的时候，也有轻率地改变初衷、半途而废的情况。特别是在创业热情与创业现实出现矛盾的时候，创业者如果没有坚韧果敢的意志品质去面对挫折和困难，就会意志消沉、摇摆不定，甚至折断自己创业的翅膀。

创业之路荆棘丛生，成功与失败相随，顺境和逆境并行，欢乐与忧愁同在。有了坚韧果敢的意志品质，创业者就能够克服常人不可想象的困难和障碍，甚至于可以弥补创业者身上的其他缺点，最后取得成功。

2. 敏锐的商机意识

商机意识是人们在经营实践中，在获取信息的基础上，把握市场趋向，寻找发现商机、捕捉商机和把握商机的思维方式和能力。敏锐的商机意识是创业者必备的素质之一，创业者要培养商机意识，善于发现商机，掌握捕捉商机的技巧，及时把握商机。尽管商机有持久性且会存在相当长的时间，但如果没有适宜特质的介入，这种机会也是稍纵即逝的。如索尼公司在创业之初，是一家生产通信器材的企业，在事业方面并没有什么惊世骇俗之举，真正使公司发生飞跃的是对半导体收音机专利的引进。1955年，美国人首先发明了半导体收音机，随后在日本国家电视台进行展示。众多的参观者虽然觉得新鲜好奇，但只是观望而已。而索尼公司却在其中发现了商机，购买该项技术的专利后进行批量生产。可以说，此次机会的把握是索尼公司"创业"的开始。

商机意识是创业者经营理念的组成部分。商机意识的内涵提示着创业者可以经过多方面努力培养商机意识的形成。创业者可以通过耳濡目染受到商机意识的熏陶，也可以通过书本知识的学习树立起商机意识，但更重要的是在经营实践中锻炼和培养。因为间接获得的知识仅仅为经营活动提供指导和参考，只有经营实践活动才能真正为创业者商机意识的形成和发展打下坚实的基础，并在创业经营实践活动中深化商机意识。

3. 科学的经济头脑

经济头脑是指人们根据经济运行趋势和经济活动的规律、特点，对自己所拥有的经济资源进行投入，以期获得更大收益，并对经济行为能否创造有益效果所作出的分析、判断和决策的一种抽象思维能力。科学的经济头脑是兴企之本，是创业者必备的重要素质之一。

创业者的经济头脑具体体现在实际经济活动中对经济知识的正确、灵活应用，表现为运用经济知识分析宏观微观、国际国内经济发展形势，社会发展方向，市场运行状况，消费变动特点和规律等。例如，要分析宏观经济形势，就需运用有关的宏观经济学知识；要找出本企业某一时期产品销售的变动特点和规律，就需应用对比的方法，且考察的目的不同，对比方法也可能不同；而面对全球贸易壁垒，以及重大公共安全事件(如新型冠状病毒肺炎疫情)等形势时，应变革经营理念，走数字化、网络化经济道路，等等。对经济知识的灵活应用指根据实际经济和市场的变化情况，打破常规，当机立断，及时调整经营策略，使不利的经济形势向有利的经济形势转变。

日本著名企业管理家、松下电器公司总裁松下幸之助就是这方面的典范。1964年，他毅然决定放弃了已投资十几亿元研制了五年的大型计算机生产系统，转而专心研发生活用家电，其原因在于他看到当时大型计算机市场竞争非常激烈，世界性的大公司有西门子、RCA，日本有富士通和日立等大企业。这样的当机立断，虽然是以巨额的人力、物力为代价，却使企业免于陷入困境，从而得到了更好的发展。

4. 善于学习

善于学习也是创业者的重要素质之一。心理学上将学习定义为：通过经验引发行为，或者行为潜能的相对持久的变化。创业需要面对多变的环境和激烈的竞争，这就要求创业者善于学习。企业在初创期所需要考虑的问题很多，如资金、技术、管理、与相关企业和政府部门的关系等，而企业又还没有充足的人员，这些条件上的制约只有通过学习和经验的积累加以解决，如果创业者和他的团队善于学习，就能掌握要领，节约时间和成本。因此，善于学习是创业者需要具备的素质之一。

5. 良好的身体素质和心理素质

良好的身体素质和心理素质是进行各种工作的基础，对于创业者来说这一点尤为重要。因为创业者在新创企业中，需要承担多种角色——企业法人、经营管理者、社交家，甚至包括会计师、工程师。而这些都需要耗费大量的时间和精力，更需要进行有效的时间管理，没有良好的身体素质和心理承受能力，很难完成创业。

(四)创业者的能力结构

创业能力是指在一定条件下，识别机会、追求机会、获取和整合资源并创造商业价值的能力。创业能力对行为个体是否选择创业具有显著的作用，是提高创业实践活动效率和创业成功的关键要素。创业能力主要涉及机会开发过程中，对资源的获取与整合能力。Man(2000)将创业能力分为六个观测维度，分别为机会能力、关系能力、概念性能力、组织能力、战略能力和承诺能力。在此基础上，有学者进一步提出创业能力还应包含机会识别与开发能力和运营管理能力。

本书认为创业者的能力由以下几点构成。

1. 机会识别与开发能力

机会识别能力是指洞察具有潜在商业价值的初始创意(Gaglio，1992)，并将识别出来的机会予以落实，做出与众不同的决策的能力。正是由于这种识别能力的差异，当创业机会一旦显现时，大部分人并不能够明显地感知(Hayek，1945)，仅有少数人能够敏锐地洞察(Krizner，1973)。同样，这种机会开发能力的差异，使得发现机会后，只有少数人能迅速行动，开展创业活动。因此，对一个真正的创业者而言，最为核心的能力是"识别、预见并利用机会的能力"(Chandler 和 Hanks，1993)。事实上，机会识别能力不仅是创业过程开始的基础，而且也是企业成长的必要条件。强大的机会识别与开发能力，有利于发现更多的创新机会，选择更有竞争优势和突破性的创新方式，进而抢占企业发展的先机。

2. 创新能力

创业与创新有着密不可分的联系。可以说，创新贯穿于创业的全过程。无论是发现机遇、研发产品、选择经营模式还是撰写创业计划，再到创业融资及至创业活动的管理与控制，都是一个创新的过程。因而，作为创业者，必须具有在技术和管理上的创新能力。创新能力包括敏锐的洞察力和超前的发现力、创新性思维力、激励诱导创造性活动的能力等。很难想象，一个没有创新能力的创业者如何带领他所创办的企业走向成功。

3. 人际沟通能力

新创企业的成功与否，关键在于创业者是否具备与其他人共同和谐工作的能力。在创建新企业的过程中，存在各种不确定的环境因素，要与众多合作伙伴和谐交往，创业者的人际沟通能力有着至关重要的作用。

4. 组织管理能力

组织管理能力是指为了有效地实现目标，灵活运用各种方法，把各种力量合理地组织和有效地协调起来的能力。组织管理能力包括战略决策能力、领导能力和人员安排的能力等。组织管理能力是一个人的知识、素质等基础条件的外在综合表现。

5. 社交能力

社交能力有助于创业者获得更为有效的信息，从而突破自身局限去拓宽市场。具有较强社交能力的创业者，通常在创建新企业的过程中能够妥善处理企业与公众(政府部门、新闻媒体、客户等)之间的关系，并尽可能争取到各方面的支持与理解，善于团结各利益相关者，求同存异，协调发展。创业者建立和拓展交易关系的目的在于获取资源和交换资源，因而，良好的社交能力是创业企业能够快速成长的关键，也是创业者取得成功的重要能力。作为社交家活跃在国际舞台的成功创业者不在少数。

二、创业团队

案-例

创业团队"勤奋蜂"

重庆"勤奋蜂"大学生创业团队很厉害，"团队应届毕业生平均起薪12万元""参加比赛获得许多国家级奖项""团队中有30%的同学拿过国家奖学金""有意向保研的同学全部获得了保研资格""刚毕业的同学都拿到了十多万的年薪"，而团队创始人刘智鹏则是直接拒绝了世界五百强企业的高薪工作，选择保研到重庆大学，边学习边自主创业。

"勤奋蜂"大学生创业团队是由重庆大学、重庆邮电大学等高校的学生组成的，团队地址位于重庆邮电大学创业孵化基地。这是由一群有朝气有梦想、敢拼搏想奋斗的年轻人组成的团队，他们新开发的产品——校园知识共享平台"校园说"即将上线。据刘智鹏介绍，开发这款产品花了他们团队同学近半年的时间，平台主要用于大学生直接请教校园内"大牛"以解决自己的诸多困惑，如就业问题、考研问题、学习问题等。目前，该产品已经进入内测阶段。前期，他们已与多家风投公司接触，希望依靠上线后的数据流量寻求融资，实现快速发展。

团队创始人刘智鹏坦言，自己刚进入大学的时候也很迷茫，一直找不到奋斗的方向。一路走来见过太多同学不知道该如何过好大学生活，太多应届毕业生不知道怎么去找个适合自己的好工作，太多同学有问题却没人帮忙解决。因此，他们也希望自己的产品能够真正地帮助到同学，让同学们的四年大学生活过得更充实。

如今，重庆"勤奋蜂"大学生创业团队及成员已获得了国家级竞赛奖项21项，省部级竞赛奖项42项。参加"互联网+"全国大学生创新创业大赛、全国移动互联创新大赛等竞赛均有获奖，并获得了重庆市年度"十佳创新创业项目"荣誉称号。

刘智鹏也坦言创业的路太艰苦："我们也知道前面还有许许多多的困难等着我们。但是我时常想，在我身边的是一个如此优秀的团队，我们有那么多优秀的同学，我们如此努力，我们还有什么理由不相信自己呢？"

创业者决定创业，选定了创业项目后，最重要的任务就是组建创业团队。创业需要有志同道合的伙伴互相支持，分工合作。比尔·盖茨曾说："我一向排斥企业家这个字眼，企业家一词对我是个抽象的概念。我自己是个软件工程师，而我决定要找一群人来一起工作，这群人经过一段时间的成长，创造出越来越多的产品。"

（一）创业组织

1. 什么是创业组织

组织是指人们在一定的社会环境条件下为实现特定目标而组成的相对稳定的群体，即人们在共同的目标指导下协同工作而形成的社会实体单位。成立创业组织是建立一定的机构，成为独立的法人，通过分工合作而协调人们的行为进而达成目标的活动过程。

2. 创业组织的基本要素

创业组织具有如下五个方面的基本要素：

（1）组织赖以生存和发展的外部环境。

（2）特定的使命、目标和发展战略。

（3）支撑组织运作的核心技术和独特文化。

（4）组织发展阶段及其所达到的规模。

（5）组织结构，即组织中各工作单元间的分工协作关系和协调运作关系。

3. 自发性组织学习

组织在初创时期表现出典型的自发性组织学习行为。这种组织学习是由一群具有"自我超越"精神和能力的人，在外部情景激发下"走"到一起，为了他们心中某个共同的志向或者理想而相互影响形成的。大部分公司在初创时期大致都处于这样一种自发性组织学习状态。

"自我超越"（personal mastery）就是个人生命中产生和延续的创造性张力，即一种不断追求其真正心之所向的能力，是组织生命力的源泉。但是在自发性组织学习的情况下，创业者们所具有的"自我超越"精神和能力还不是通过组织内部自觉的修炼得来的，而是通过作为个人的敏锐获得的。这些人要么是不安分守己的"激进分子"，要么是对某项事业具有特殊热情的"狂热分子"，要么是具有非凡技术和经验的"活跃分子"，总之，都具有"自我超越"精神和能力。

自发组织学习的启动不是由内部动力机制引发的，而是由外部"情景"变化而随机激发出来的，这种情景可能是市场上一种尚未被觉察的潜在需求，或者是由人口规模和结构变化引发的特殊机遇，还可能是某项技术发明或者政府政策调整带来的新情况，更有可能是自然灾害、经济危机甚至政变或者战争带来的意外困境。无论是什么情况，由于这些人大多具有"自我超越"的精神和能力，具有相近的"心智模式"，即认识、思考和解决问题的方式，往往会不约而同地捕捉到平常人发现不了的机遇。

（二）创业团队概念、特点与构成要素

1. 企业团队的含义

创业团队是一种特殊的群体，是指在创业初期，由两个或两个以上具有共同的创业理念、价值观和创业愿景，为了共同的创业目标团结合作、相互信任并共同承担创建新企业责任的人组建的工作团队。

一项调查显示，70%的创业成功的企业，都有多名创始人。其中企业创始人在2~3人的占44%，4人的占17%，5人以上的占9%。尤其是在高科技领域，团队创业比个体创业多得多。大量事实证明，选择合理的创业模式并组建卓有成效的创业团队，是创业成功的重要基础。创业工作的绩效评估显示，创业团队的工作绩效明显大于所有成员独立工作绩效之和。

2. 创业团队特点

（1）团队以目标为导向。

（2）团队以协作为基础。

（3）团队需要共同的规范和方法。

（4）团队成员在技术或技能上形成互补。

3. 创业团队构成要素

创业团队有几个重要的构成要素，总结为5P。

（1）目标（purpose）。团队应该有一个既定的目标，为团队成员导航，知道要向何处去，没有目标这个团队就没有存在的价值。

在团队失去目标后，团队成员就不知道往何处去，最后的结果可能是失败，这个团队存在的价值可能就要打折扣。团队的目标必须跟组织的目标一致，此外还可以把大目标分成小目标，具体分到各个团队成员身上，大家合力实现这个共同的目标。同时，目标还应该有效地向大众传播，让团队内外的成员都知道这些目标，有时甚至可以把目标贴在团队成员的办公桌上、会议室里，以此激励所有的人为这个目标而奋斗。

（2）人（people）。人是构成团队最核心的因素，两个以上的人就可以构成团队。目标是通过人员具体实现的，所以人员的选择是团队中非常重要的一个部分。在一个团队中可能需要有人出主意，有人定计划，有人实施，有人协调不同的人一起去工作，还有人去监督团队工作的进展、评价团队最终的贡献。不同的人通过分工来共同完成团队的目标，在人员选择方面要考虑人员的能力如何，技能是否互补，人员的经验如何。

（3）定位（place）。团队的定位包含两层意思：①团队的定位，团队在企业中处于什么位置，由谁选择和决定团队的成员，团队最终应对谁负责，团队采取什么方式激励成员。②个体的定位，作为成员在团队中扮演什么角色？是制订计划还是具体实施或评估。

（4）权力（power）。团队当中领导人的权力大小跟团队的发展阶段相关，一般来说，团队越成熟领导者所拥有的权力相应越小，在团队发展的初期阶段领导权力相对比较集中。团队权力关系有两个方面：①整个团队在组织中拥有什么样的决定权，比方说财务决定权、人事决定权、信息决定权。②组织的基本特征有哪些，比方说组织的规模多大、团队的数量是否足够多、组织对于团队的授权有多大、组织的业务是什么类型。

(5)计划(plan)。计划有两层含义：①目标最终的实现，需要一系列具体的行动方案。②提前按计划进行可以保证团队的进度顺利。只有按计划操作，团队才会一步一步地接近目标，从而最终实现目标。

因此，没有团队的创业也许并不一定会失败，但要创建一个没有团队而具有高成长性的企业却极其困难。

(三)创业团队的组建原则

创业团队的组建是一个相当复杂的过程，不同类型的创业项目所需的团队不一样，但组建原则大体一致，包括树立正确的团队理念，确立清晰的团队发展目标，建立责、权、利统一的团队管理机制等，以下是一些基础的组建原则。

1. 人数合理

创业团队的组成人数一般以3~5人为宜，以便领导与分工协调的有效开展，保证各项工作完成的速度和质量，提高办事效率。当然，高科技企业在初创期因技术研发的需要是可以不受人数原则局限的。

2. 技能互补

一个团队应包括的基本人才为管理型人员(负责团队的工作调配与应急事务处理)、财会人员(负责会计报表)、策划公关人员(创业计划书的起草与适时修正)、专业技术人员(技术或服务等创业核心的总体规划)。

3. 目标统一

目标在团队组建过程中具有特殊的价值，对于创业团队而言，成员较容易接受团队的共同意愿，但是团队成员加入团队的目的却不尽相同，这就需要团队的组织者尽量统一团队成员的目标。

4. 相互信任

创业团队在创业初期可能缺少资本，但比资本更缺少的是团队成员之间的信任。团队成员要做到相互欣赏、相互信任、相互了解和相互配合。

(四)创业团队管理

风险投资家们经常强调的一个重要投资原则就是考察创业团队的潜力有多大，那么一个高效稳定而有潜力的团队基石是什么？如何才能建立和管理好创业团队？

1. 做单一核心有魅力的领导者

在创业初期，领导者作用至关重要。而这种核心人物，并不是单单靠资金、技术、专利来决定的，亦不是谁的点子好谁当头，这种领导者往往具有强大的人格魅力，是具有远见、威望、魄力和决断力的人。

2. 团队成员性格互补、相互信任

在华尔街打破摩根家族一统天下的局面的花旗集团的构筑者桑迪·威尔和杰米·戴蒙二人最终决裂，就是因为两个人的领袖气质太过于相近，性格缺乏互补之处。如果创

业团队的成员性格不能互补,或者彼此间缺乏信任,那么这样的团队很容易内耗直至消亡。交朋友时我们强调"物以类聚,人以群分",但在创业团队中,不同的人在一起意味着更多的可能性。

3. 建立清晰的利益分配和制度文化

有些企业建立了超越人情的制度文化,这种文化更好地让创业团队成员或员工体会到企业的"人情味",在人生经历中刻下难以忘记的符号。我们认为除了"人情味"的制度文化之外,还应把最基本的权利界定清楚,尤其是股权、期权和分红权,此外还包括增资、扩股、融资、撤资、人事安排等与利益紧密相关的事宜,建立利益分配得当的制度文化。

4. 用好集体决策

集体决策既能够满足创业团队成员不同的参与要求,又能够集结众人的智慧,使决策更科学。尤其在多功能团队中,几乎每一名成员都来自不同的职能部门,专业和技能互为补充,在知识和信息如此分散情况下,集体决策变得更为重要。

5. 建立畅通的沟通渠道

持续不断地沟通能消除误会、化解矛盾、增强团队的凝聚力。要建立良好的沟通渠道,遇到问题时要沟通,解决问题时要沟通,有矛盾时更要沟通,沟通的时候要多考虑团队的远景目标和未来的远大理想,多想有利于团队发展的事情。

案-例

创业团队的最佳组合

腾讯创业团队堪称难得,其理性堪称标杆。马化腾与同学张志东"合资"注册了深圳腾讯计算机系统有限公司(简称腾讯),之后又吸纳了三位股东:曾李青、许晨晔、陈一丹。为避免彼此争夺权力,马化腾在创立腾讯之初就和四个伙伴约定清楚:各展所长、各管一摊。马化腾是CEO(首席执行官),张志东是CTO(首席技术官),曾李青是COO(首席运营官),许晨晔是CIO(首席信息官),陈一丹是CAO(首席行政官)。五人创始团队一直合作,不离不弃。直到今天,腾讯取得如此成就时,其中四人还在公司一线,只有COO曾李青挂着终身顾问的虚职而退休。都说一山不容二虎,尤其是在企业迅速壮大的过程中,要保持创始人团队的稳定合作尤其不容易。

从股份构成上来看,初创业的五个人一共凑了50万元,其中马化腾出了23.75万元,占47.5%的股份;张志东出了10万元,占20%的股份;曾李青出了6.25万元,占12.5%的股份;其他两人各出了5万元,各占10%的股份。虽然主要资金都由马化腾所出,他却自愿把所占的股份降低,他说:"要他们的总和比我多一点点,不要形成一种垄断、独裁的局面。"而同时,他自己又一定要出主要的资金,占大股。他说:"如果没有一个主心骨,股份大家平分,到时候也肯定会出问题,同样完蛋。"

保持稳定的另一个关键因素，就在于搭档之间的"合理组合"。据《中国互联网史》作者林军回忆说："马化腾非常聪明，但非常固执，注重用户体验，愿意从普通用户的角度去看产品。张志东是脑袋非常灵活，对技术很沉迷的一个人。马化腾的长处是能够把很多事情简单化，而张志东更多是把一个事情做得完美。"许晨晔和马化腾、张志东同为深圳大学计算机系的同学，他是一个非常随和、有自己的观点但不轻易表达的人，是有名的"好好先生"。而陈一丹是马化腾在深圳中学时的同学，后来也就读于深圳大学，他十分严谨，同时又非常张扬，能在不同的状态下激起大家的激情。曾李青则是腾讯五个创始人中最好玩、最开放、最具激情和感召力的一个，与温和的马化腾、爱好技术的张志东相比，是另一个类型，比马化腾更具备进攻性，更像拿主意的人。

(五)优秀创业团队的特征

组建创业团队是一种结合远景、理念、目标、文化、共同价值观的机制，使之成为一个利益共同体的过程。一个优秀的创业团队，成员之间应该彼此了解，相互信任，才华各异，但目标一致，且应该确立单一核心。归纳起来，应具备以下几个方面的特征。

1. 凝聚力

团队是一体的，成败是整体的而非个人的，成员能够同甘共苦，经营成果能够公开且合理地分享，团队就会形成凝聚力与一体感。每一位成员都应将团队利益置于个人利益之上，而且充分认识到个人利益是建立在团队利益基础上的，每一位成员的价值表现为其对团队整体价值的贡献。

2. 与企业同成长

团队成员应保持对企业长期经营的信心，对企业经营成功给予长期的承诺，每一位成员均应了解企业在成功之前将会面临的挑战，并承诺不会因为一时利益或困难而退出。

3. 企业价值发掘

团队成员全心致力于为企业创造新价值，认为创造新价值才是创业活动的主要目标，并认识到唯有企业不断增值，所有参与者才有可能分享到其中的利益。

4. 利益分配公平有弹性

创业之初的股权分配与以后创业过程中的贡献往往并不一致，之后可能会发生某些具有显著贡献的团队成员拥有股权数较低，贡献与报酬不一致的不公平现象。因此，好的创业团队需要有一套公平有弹性的利益分配机制来防止上述现象的发生。

5. 能力搭配完美

创业者寻找团队成员，应该主要基于弥补当前资源能力上的不足进行考虑，也就是说依据创业目标与当前能力的差距，来寻找所需要的配套成员。好的创业团队，成员间的能力通常都能形成良好的互补,而这种能力互补也会有助于强化团队成员间彼此的合作。

6. 彼此信任

猜疑会令企业瓦解。近年来,中关村每年的企业倒闭率在25%左右,其中很重要的一个原因,就是创业团队内部不团结。而建立和维护创业团队成员之间的信任,简单地说,一是要增强信任;二是要防止出现不信任,避免信任转变为不信任。信任是一种非常脆弱的心理状态,一旦产生裂痕就很难缝合,要消除不信任及其带来的影响往往要付出巨大的代价,所以防止不信任比增强信任更加重要。

7. 创业激情

组建团队时还需要特别注意一定要选择对项目有热情的人加入团队,并且要使所有人在企业初创期就做好可能每天长时间工作的准备。任何人,不管他的专业水平多么高,如果对事业的信心不足,将无法适应创业的需求,而这样一种消极的因素,对创业团队所有成员产生的负面影响可能是致命的。

(六)创业团队的凝聚力

一个初期的创业团队的成员多数是未来的核心成员,少则两人,多则十余人。从风险投资人及创业贷款的角度来看,如果一个团队中有技术、管理、财务及营销等专业人才,这会让投资人感觉到这是一个有希望的团队。如果团队中只有单一技术过硬的人才,也算是不错的,投资人看到了这是一个个有核心技术为根本的团队,投资人可以从旁协助引进适当的配套的人才资源。

翻开历史,综观古代的帝王将相,在成功的初期都拥有凝聚众人的"特殊魅力",他们不是只会用金钱的老套路,而是还会用魅力促使部下愿意跟随。这是组建创业团队最需要具备的能力之一,也是创业团队建设的基石。新创企业领导者需要明确地提出愿景与经营理念,而以此理念转化为团队及成员的共同信念,形成一种共同的理想目标及组织文化,使成员逐渐成为生命共同体与利益共同体的紧密组织。因此,新创企业领导者在组织团队与奠定团队基石方面承担着非常重要的作用。

1. 团队中常见的纷争与困扰

影响团队凝聚力建设主要表现在三个方面。

(1)领导者的威信丧失。

成熟的企业会有一套组织伦理与纪律,遇到部属、同僚有争执时能有公平的协调机制从中调和。然而,虽然创业初期的组织成员都以创业者为首脑,但团队需要有权威的主管,也需要强有力的领导人。那么,大家一起创业应该由谁来扮演协调者、主导者?最后决定由谁来拍板?若是产生严重的利害冲突或者成员间意见很难有共识,由谁来仲裁决定?

其实,合伙创业就好像一段家庭婚姻关系一样,彼此相互扶持,但也一定会有冲突、争执的时候。在创业过程中,常见成功的个案中,总是说团队成员相互勉励、彼此提携,分享共同的价值观，追求共同的目标，但是很少谈论如果有争执的时候，该如何去化解、是否有领导者来仲裁，因此，这是创业企业领导者要学习的第一课，也是团队最容易出现裂痕的地方。新创企业领导者应成为支撑创业团队的精神力量，形成共同的愿景、共同的价值观、共同的目标及共同的承诺，稳固自身的领导威信。

（2）团队成员间的彼此猜忌。

团队成员间的互信是形成绩效的基础，但互信除了需要通过长期合作形成外，更需要一套公正的奖惩制度来维护，让成员得以服从命令，做事尽心尽力。但在组织运作的实务上，成员间多数表现出的是自私自利，能义无反顾地将团体利益置于个人利益之上者，恐怕为少数。

团队中常见的情况是，团队成员过于执着自己的构想，极力强调自己的主张，结果自己的缺点在组织里凸显，导致成员们固执己见、争权夺利、逃避弱点等问题，使团队难以追求解决问题的最佳解决方案，尤其初期就参加创业的成员，很难接纳比自己更为优秀的新成员加入团队。

（3）共建共享机制缺失。

初始创业团队中有的成员难以建立分享机制，不愿意将股权出让给能够提升事业价值的新伙伴。有时创业者不愿意放弃对企业的所有权，不愿意用股权来获取更有优势的成员或是战略联盟伙伴，这是非常不明智的行为。应该要明白，创业的目的不是要掌控企业，因此，个人所拥有的股权比重高低并非关键，反而要懂得利用股权交易来增加企业的价值。拥有一家普通企业100%的股权和拥有一家有巨大成就企业20%的股权相比，或许后者更有价值。

另外，在企业创业初期如何适当地将股票分给创业初期的团队成员，关系到每位成员的获得感、归属感，因为成员对股权的分配是非常敏感的，但在创业初期这又是十分重要的议题，当几个人一起创业时，经常会采取平均分配股权的方式，但这种平均主义也会带来许多负面影响。事实上，成员因为能力与动机的差异，贡献程度必然不一，所以，贡献与收获不成正比时，平均分配股权会影响成员愿意真心投入的程度，团队的力量就难以发挥。

2. 提升团队凝聚力

（1）确保团队利益第一。

保障团队利益是每一位团队成员必须首先考虑且需要身体力行的。如果每位成员都是自私自利、个人主义、本位思考，则很难在有利益冲突的时候为团队作出牺牲和退让，团队就很难达成一致的经营共识。如果每位成员都将团队利益置于个人利益之上，而且能充分认识到个人利益是建立在团队利益的基础上的，那么创业团队的合作会更加顺利。团队中没有个人英雄主义，每一位成员的价值都表现在其对团队整体价值的贡献上。

（2）坚守创业理念及原则。

创业团队成员应坚守共同的创业理念，达成共同的创业理想与愿景，并持之以恒地追求与实践。新希望集团总裁刘永好所带领的团队坚持在畜牧等民生领域创业理念，期望"团队成员一手抓只鸡，一手捉只鸭，肩上还能扛头猪"。因而，集团发展目标清晰而明确，长期投入在粮食与畜牧产业，在发展的过程形成了一些先进的创业理念及原则，如"坚守消费者优先""质量至上""保障工作安全""增进员工福利""交易安全"等。坚持共同的理念与原则，可以促进团队成员同甘共苦的精神，对于提升团队成员之间的凝聚力有很大的作用。

（3）兑现对团队成员的长期承诺。

大部分创业团队在创业初期不会有足够的资金支持，很多初期创业团队成员以半薪、供餐、供住宿等条件留住伙伴。在创业企业进入成熟发展期之前，创业者与团队都将会面临一段很长时间的挑战，创业者应重视对留下来努力的成员的承诺，当有一些成就的时候，奖金、股权等必须如期地给予这些初期团队成员。

（4）识别成员的才能与潜力。

创业初期，在面临各种复杂问题与困难时，能否识别团队成员的才能，激发成员的潜力，将决定企业能否渡过难关，顺利成长。创业者应拥有识才、惜才、用才的能力，激发团队成员的潜力，使成员们形成优势互补。好的创业团队，成员的能力互补也会有助于强化团队的整体实力，弥补不足。

（七）团队精神的培养

古谚语"人心齐，泰山移"就是对团队精神最通俗易懂的解释。团队精神，简单来说就是大局意识、协作精神和服务精神的集中体现。团队精神的基础是尊重个人的兴趣和成就。其核心是协同合作，最高境界是全体成员有向心力和凝聚力，反映的是个体利益和整体利益的统一，并进而保证组织的高效率运转。所以，团队的成员为了团队的利益和目标而共同协作，团队精神是一种意愿和作风，是高绩效团队中的灵魂。

1. 团队精神的作用

有效率的团队组织具有如下作用。

（1）增强组织效率。

我们常说的"1加1大于2"就是组织效率的形象描述。团队可以产生合力，这种力量可以产生大于个体简单相加的力的几倍甚至于几十倍的效果，可以有效地提高企业的效率，减少企业的成本，通过团队组织企业可以达到改善产品质量、优化产品组合、提高客户服务质量等目标。

（2）增加组织之间的协作能力。

现代化的生产离不开团队成员的共同协作。团队的成员不可能脱离其他成员单独完成工作，团队需要每个成员都明确自己的工作职责并且和其他成员默契地配合，共同完成好工作。企业文化建设的核心就是共同价值体系的建设，即在共同沟通、共同理解的基础上和团队一起建立共同价值体系。领导者还要鼓励团队中的每个成员把自己的目标和集体的目标融为一体，通过建立共同的奋斗目标激发成员的工作积极性，促进团队成员间的友好互助和荣辱与共的精神。

（3）提高企业竞争优势。

团队组织可以比任何单个成员具有更丰富的知识和经验，能提供更完整的信息。团队组织是由具有不同性格特点，知识文化水平的个体组成，他们有各自的优势特点，企业可以通过培养成员能力，发掘这些不同的优势，取长补短，形成优势互补来增强企业的竞争优势。

2. 培养团队精神的原则

团队精神是一个企业，的精神支柱，是企业的灵魂，在一定程度上影响甚至决定企业的命运，有效培养团队精神可以防止各自为政的状况出现。理想的团队是既有效率又有效能的、是富有创造力的、不拘泥于以往的成功而勇于创新且善于沟通与合作的。培养团队精神应当遵循以下原则。

（1）塑造团队精神必须强调以人为本的原则。

团队由不同教育背景、不同性格、不同需求的人组成，他们在团队中的工作有着不同的分工。企业必须认真分析每个员工的需求，对于所遇到的不同问题要有不同的处理方法，不能对所有问题都"一刀切"，要做到具体问题具体分析，通过具体分析尽可能地满足其合理的需求。只有这样，员工才能感到自己是受到重视的，是被爱护的。企业要坚持以人为本，使每个人都感受到团队大家庭的温暖，尊重和爱护每个员工，关心他们的精神和物质生活，大大激发员工爱岗敬业的精神，增强员工对企业的信心与忠诚度。

（2）塑造团队精神必须强调个人与组织相结合的原则。

组织为个人能力的发挥提供了广阔的空间，所谓"海阔凭鱼跃，天高任鸟飞"，讲的就是这个道理。企业提倡团队精神不能只强调组织的力量而忽视了个人的能力，企业必须重视个人能力与组织力量相结合的原则。企业是个人能力发挥的依靠，个人能力的发挥需要依靠组织的力量为其提供良好的保障，而个人能力又为组织提供了动力，实际上这就是形成团队精神理念的过程。当然，企业也不能过分地强调个人能力，因为这样做的结果只能突显出"个人英雄主义"而削弱了组织力量的存在，因为每个人有效作用的充分发挥，都需要其他人的配合和组织的支持。个人与组织两者是相互依赖的，只有坚持个人和组织相结合的原则，企业才能健康地发展下去。

（3）塑造团队精神必须强调优势互补原则。

所谓优势互补原则就是把发挥人们各自的优势作为核心，以此为基础进行协作。每个人的能力是不同的，每个人都有自己优势擅长和弱势，这种差异就是人们所谓的比较优势，企业要充分考虑到这一点，对这些不同的优势进行组合，团队精神在这一方面起到了衔接的作用。没有团队精神作为基础，团队成员会对各自的比较优势产生疑惑，从而影响成员之间的关系，不利于团队的和谐与稳定。在企业制度设计中，要强调团队精神的塑造，充分发挥成员各自的比较优势，只有比较优势得到有效发挥，才能给企业带来综合效益的增长。而综合效益的增长是通过团队精神做指导基础的，缺少了团队精神的基础，任何优势都是不可能进行有效组合的。所以，对于企业提高有效竞争力而言，团队精神是不可缺少的。

3. 培育团队精神的途径

(1)培养优秀的团队领袖。

优秀的团队领袖会使团队具有凝聚力。团队精神的建设直接受团队领袖的影响。首先，团队领袖必须懂得如何管理，既应该知道如何和下属保持良好的沟通又能通过管理使员工顺利地完成工作。其次，团队领袖要具备良好的道德修养，懂得知人善任，关心下属，善于学习，与时俱进，对先进的管理科学和技术领域有所了解，懂得把握市场的方向和大局。最后，团队领袖要得到团队成员的支持，使成员相信，通过共同努力，企业的目标和自身的目标都会在不远的将来得以实现，企业的未来就是自己的未来。

(2)科学确立企业经营理念和团队事业目标。

经营理念应该具有科学性、先进性，合情合理，且符合法律规范，它还要与企业的目标一致，可以激发员工的使命感。制定企业的目标必须符合企业的实际情况，不能定得太高，也不应太低。团队目标要体现团队成员的利益，只有这样，成员才能对这个目标有认同感，才能自觉规范自身行为。企业经营理念不是一成不变的，它要随着企业内部环境和结构的变化而随之改变，否则就失去了其导向功能和驱动作用。

(3)建立有效的团队激励机制。

团队激励机制的建立应围绕以下几个方面着手进行：①建立科学的工资制度。②建立奖赏制度。奖惩制度是企业管理的有力手段。它可以是物质上的，如奖金、佣金或罚款；也可以是精神上的，如表扬、鼓励或者批评等。

(4)鼓励员工树立正确的挫折观。

一个人坐着或者躺着，当然不会跌倒，然而要做事，就要站起来，或走，或跑，这就有可能被石头绊倒，出现磕碰。尽管鼻青脸肿，但与那些坐着或躺着的人相比，至少有了前进的目标。跌倒不算失败，跌倒了站不起来，才是失败。在团队中，要鼓励成员敢于负责、敢于做事，引导成员正确对待所遇到的挫折，多激励，只有这样才能培养出不折不挠、勇于做事的团队精神。

21世纪是充满了机遇与挑战的时代，团队精神在企业也被提到了前所未有的高度，它是企业的"软实力"，企业要想在竞争中脱颖而出就必须加强团队精神的塑造。企业要有效地激发员工的集体意识，促进企业团队精神的发挥。这就要求企业与员工的共同努力，企业必须明白万夫一力，天下无敌的道理，员工必须懂得"不管一个人多么有才能，但是集体常常比他更聪明和更有力"的内涵。

第四节　影响成功创业的因素

当代中国正处在伟大的新时代，社会主义现代化强国建设召唤创业、呼吁创新，越来越多的青年投身创业洪流之中，创业的形式、创业的领域不断拓展，如互联网信息科技领域的创业方兴未艾，乡村创业如火如荼。创业对于充满激情、渴望成功的青年来说充满了吸引力。但是，并不是每一位向往创业的青年都能投身创业，或者实施创业后都能获得成功。探寻影响成功创业的因素，有利于推进"大众创业、万众创新"战略实施。

一、个人能力与素质因素

创业是一项非常具有挑战性的社会活动。由于其强烈的开创性特点，因此十分强调创业者本身的个人能力和素质。创业者要在激烈的社会竞争中站稳脚跟，靠的只能是实力。只有创业的美丽梦想，没有足够的创业实力，创业永远不可能成为现实。而当创业者的创业实力达到一定的程度时，他会排除其他因素的影响，坚定地走上创业之路。因此可以说，创业者本身的能力与素质在创业选择中起决定作用，其他因素都是外因。

创业，与个体的性格、气质、个性、爱好、特长等有着紧密的联系。性格、爱好、特长与创业项目的结合，会为创业的成功增加重要的筹码。比尔·盖茨、杨致远等所进行的创业项目，正是源于他们的爱好和特长，他们对其有着无比浓厚的兴趣，而且可以说，是兴趣引领他们开始了创业的脚步，他们在创业最初可能没有想到未来是如此地灿烂。

二、家庭因素

来自家庭的意见，是影响青年人特别是大学生创业选择的重要因素。一方面，父母的价值观对青年人的创业选择产生重要影响。父母若鼓励孩子不要担心失败、大胆尝试、勇于开拓，那么青年人在选择创业时就会持更积极、乐观的态度；父母若担心孩子吃苦受累，希望他们找一个安稳的工作，那么，青年人就会在选择创业之路时更为谨慎。另一方面，家庭的物质状况也会对青年人的创业选择产生影响。家庭的经济条件较好，父母有着较好、较稳定的收入，可以给他的创业提供某些支持，那么，青年人在选择创业时，就会更自主，敢于冒更大的风险；反之，如果家庭条件不太好，那么，他们就会更在乎创业的成败。听取父母、亲人的意见，考虑家庭的情况，这是大多数青年人选择走创业之路时必须要过的一关。

三、教育因素

伴随教育改革的深入推进，近年来，我国基础教育中以创新创造为主题的素质教育得到长足发展，数以百万计的中学生投身创造发明与创业活动之中，学生的创新能力与创业意识得到广泛发展。但是，有极大升学压力的教育形势依然严重束缚着大部分学生的想象力与创造力，很难让他们有时间、有条件"仰望星空"，更不用说培养创业意识。令人欣慰的是，中小学时代缺失的教育内容在大学阶段得到弥补。进入21世纪以来，在教育行政部门的高度重视与大力推进下，创新、创业、创造"三创"教育已成为大部分高校学生的必修学习内容。以"互联网+"大学生创新创业大赛为代表的全国一体化的赛事行动，分层次、分区域的教学训练要求，积极的支持政策，促使各地诸如大学生众创空间、科技创新创业园区与孵化基地的建设，都深刻地影响着大学生投身创业的选择。当然，也有部分高校存在认识不统一、执行创新创业教育政策不到位、推进措施不得力、营造的环境氛围不浓厚等情况，势必会影响到大学生创业意识的培养和创业行动的输出，甚至影响其未来创业的成功。所以，教育环境的影响相当大。

四、社会因素

影响创业选择的社会因素主要有两个方面：一是社会为创业者提供的创业硬软件环境；二是鼓励支持创业的社会舆论氛围。对创业者来说，"硬件社会环境"主要指金融机构、风险投资机构对创业行动、创业项目的关注和扶持；"软件社会环境"是指鼓励支持创业的相关政策环境。

目前，风险投资商已对青年特别是大学生创业给予了一定的关注，不少社会性质的创业基金都辟出专门的资金投资青年大学生创业项目以及资助相关的创业训练活动。在创业的政策、法律、商业环境等方面，根据青年创业的特点，一些阻滞与影响创业行动的政策也在逐渐得到修正。

而整个社会对创业的态度与看法，不但影响青年的择业选择，还影响其创业的成败。特别值得一提的是大学生创业的舆论环境。近年来，新闻媒体高度关注青年大学生的创业，人们也纷纷讨论大学生的创业。对大学生创业的宣传和评论，存在"严重偏离适度"的误区：一是初始时大肆炒作。对大学生创业，很多人看重的是"大学生"的身份，把它当作一个可以反映大学生素质教育成果的典型案例，于是在大学生创业最初阶段刻意炒作，而不顾创业的本质，媒体报道如此，风险投资公司与学生签约项目时也是如此，导致大家对大学生创业过分狂热。二是在许多大学生创业项目陆续失败之后，大泼冷水，着力批评大学生创业"不务正业"。大学生创业一定是时代发展、社会进步的需要，我们应科学对待大学生创业，正确对待和评价学生创业者，进而营造良好的社会舆论环境。大学生在创业过程中确实存在很多的问题和不足，比如实际工作能力较差、缺乏社会经验、看问题过于乐观和缺乏市场意识等，但是大学生创业最好地体现了把知识转变为财富，体现了创新精神和团队合作精神，它让一批批青年学子扎根祖国，用自己的创业行动为社会创造财富，社会应该给他们更多的关心、鼓励和富有成效的建议。

除此之外，我们还要认识到，良好的创业环境是与社会的进步紧密相连的。一个充满活力的集体和社会，应该让年轻人感受到处处充满着发展的机会，没有所谓的权威，没有论资排辈，有的是理解、尊重、自由、平等，大家朝着一个远大的目标，协同攻关、努力奋斗。

五、同学朋友因素

从众，是人正常的心理反应，在年轻人中表现更甚。青年大学生往往把周围同学、朋友的观念、选择作为自己行动的有力参照，加以实践和效仿。所以我们说，第一代大学生的创业路走得如何，对当前在校大学生的创业选择有着十分重要的影响。为此，在大学生创业的初始阶段，社会、教育主管部门、高校等各方都要尽早研究对策，对大学生创业加以有力地引导。有关专家建议，政府教育主管部门和高校应该成立一个非营利性的咨询机构，跟踪大学生创业公司，及时帮助他们解决有关创业的问题，使他们的公司健康地发展。这不但对大学生创业公司有帮助，而且对整个社会良好创业环境的建立也有很大的促进作用。

本章小结

我们所谓的创业一般是指狭义的创业，是指创业者不拘泥于当前资源条件的限制，追寻机会，综合利用各方面资源创立新企业，进行价值创造的过程。创业内容的构成要素目前公认的是蒂蒙斯模型所提出的三大关键要素，即创业机会、创业者及其创业团队和创业资源。一个全过程的创业活动大致可划分为萌芽期、初创期、成长期、成熟期四个阶段。

当前我们正处在伟大的创业时代，创业有着重要的意义与价值，它将有力推动科技进步与社会发展，缓解就业压力，合理配置资源，促进知识向资本转化，帮助创业者实现人生理想与价值，推进中国经济持续快速发展。

创业者是指在高度不确定性的环境与资源约束条件下，利用开发机会，创造商业价值的人。成功的创业者一定勤于学习，有着良好的身体与心理素质，并具备坚韧果敢的意志品质、敏锐的商机意识、科学的经济头脑等创业素质，也有机会识别与开发能力、创新能力、人际沟通能力、组织管理能力、社交能力等。创业团队是一种特殊的群体，其组建一般遵循人数合理、技能互补、目标统一、相互信任的原则。创业团队的管理应做到确立单一核心，互相信任，建立清晰的利益分配制度，使用集体决策，建立畅通的沟通渠道，始终保持奋斗意识与凝聚力。一个优秀的创业团队一般具有强大的凝聚力、成功的信心、共同的成长目标、利益分配公平有弹性、能力搭配完美、彼此信任、富有创业激情等特征。

影响成功创业的因素有很多，但我们主要需要从个人能力与素质因素、家庭因素、教育因素、社会因素和同学朋友因素等方面来理解分析。

思考题

1.如果你想创业,试分析你在创业素质与能力上还有哪些方面需要加强。

2.结合实际,谈谈大学生投身创业的特殊意义与价值。

3.除了通过本章的学习了解到的影响成功创业的因素,你认为还有哪些因素影响创业成功?

讨论题

1.以3~5名同学为一组,组内自主选设创业项目,讨论如何组建一支高效的创业团队。

2.创业一定要组成团队吗?团队创业的缺点是什么?

实训项目与练习

项目训练一

根据本章所学知识,请你用15分钟的时间,填写你认为自己可以创业和不能创业的理由,并尝试分析哪些影响因素是可以改变的,哪些是不能改变的。

我可以创业		我不能创业	
可以改变	不能改变	可以改变	不能改变

项目训练二

假设你要发起创办一家新公司,请模拟组建一个创业团队,所有步骤与内容均需以文案形式列出。提示:第一,列举你想要寻找的合作伙伴及他们的优势是什么。第二,拜访你准备邀请的合作伙伴,看是否能达成团队共识。第三,根据他们的条件与能力设置适合的岗位。第四,建立相关制度,特别是确定股权分配制度。第五,建设团队文化,发扬团队精神。

◇ 参考文献

[1]张玉利. 创业管理[M]. 2版. 北京：机械工业出版社，2011.

[2]唐靖，姜彦福. 创业能力概念的理论构建及实证检验[J]. 科学学与科学技术管理，2008(08)：52-57.

[3]程智开，唐立，李家华. 大学生创新创业指导[M]. 成都：电子科技大学出版社，2017.

[4]贺尊. 创业学概论[M]. 北京：中国人民大学出版社，2011.

[5]杨芳，刘月波. 大学生创新与创业教程[M]. 天津：南开大学出版社，2013.

[6]石建勋. 创业管理[M]. 北京：清华大学出版社，2012.

[7]杨梅英，熊飞. 创业管理概论[M]. 北京：机械工业出版社，2008.

创业意识及心理品质的培养

本章知识结构图

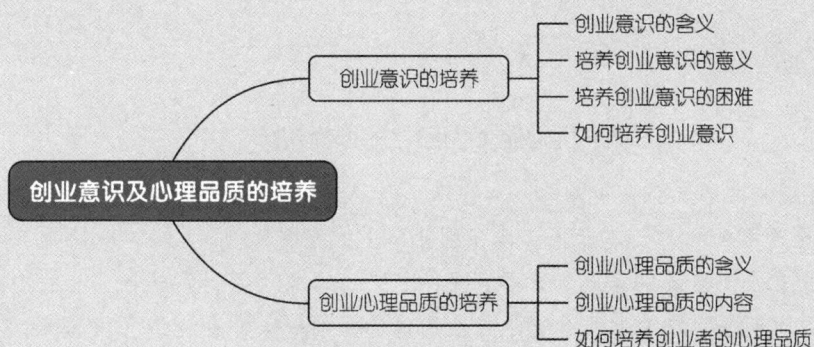

创业意识及心理品质的培养
- 创业意识的培养
  - 创业意识的含义
  - 培养创业意识的意义
  - 培养创业意识的困难
  - 如何培养创业意识
- 创业心理品质的培养
  - 创业心理品质的含义
  - 创业心理品质的内容
  - 如何培养创业者的心理品质

　　我是不会选择做一个普通人的。如果可以的话，我有权成为一位不寻常的人。我寻找机会，但我不寻求安稳，我不希望在国家的照顾下成为一名有保障的国民，那将被人瞧不起而使我感到痛苦不堪。我要做有意义的冒险。我要梦想，我要创造，我要失败，我也要成功。我宁愿向生活挑战，而不过有保证的生活；宁愿要达到目的时的激动，而不要乌托邦式毫无生气的平静。我不会拿我的自由与慈善做交易，也不会拿我的尊严去与发给乞丐的食物做交易。我决不会在任何权威面前发抖，也不会为任何恐吓所屈服，我满足于我创造的价值。我天性挺胸直立，骄傲而无所畏惧。我勇敢地面对这个世界，自豪地说：在坚持不懈的努力下，我已经做到了。

——企业家宣言（美国《企业家》杂志发刊词）

知 识 目 标 ▷▷

1. 培养创业意识的意义。
2. 创业意识培养中的困难与问题。
3. 创业心理品质集中表现在哪几个方面？

能 力 目 标 ▷▷

1. 如何培养良好的创业意识？
2. 大学生如何培养优良的创业心理品质？

案 例 导 入 ▷▷

张江辉：创业路上为自己的选择买单

"不管这条创业之路上有多少艰辛，有多少不为人知的困难和无助，我都会为自己的选择买单。"这是引食网的创建者张江辉在创业路上的座右铭。

张江辉成长在一个普通的家庭。大学毕业后，张江辉像众多的大学毕业生一样选择了南下，开始了两年多的打工生涯。化学专业的他选择到一家外企化工厂做蓝领。在广东两年多的工作时间里，张江辉因业务需要经常要帮经理选择一家饭店或者酒店应酬，名目繁多的餐厅和食品总是让他眼花缭乱。餐饮行业的繁荣局面让张江辉意识到这或许是一个很好的商机，于是他开始关注餐饮方面的事情，读一些关于酒店管理方面的书籍，并开始关注创业方面的方法和知识。

多番考察之下，张江辉创办了引食网，他希望做一个可以引导消费者放心消费的网站。如果一对新人要举行婚礼，而面对那么多的酒店难以抉择，若没有引导，他们就必须亲自跑去一家一家地询问，对比之后选出物美价廉的酒店，但是引食网可以为他们提供选择与比较服务。创业之初，张江辉总是想着自己成功的那一天，他把自己所有的积蓄都投了进去，又向家里要了一些。另一个合伙人是计算机专业出身的，两个人一个做管理、一个做技术，分工明确。在管理员工的问题上，张江辉过于自信，朋友给他的建议他虽然听，但是最终还是按照自己的想法处理，没有计划书，一切凭自己的意念去做。现实让有点"狂"的张江辉吃到了不少苦头，员工辞职，合伙人与他一拍两散，创业面临空前的困难。

张江辉开始反思，寻找失败的原因，终于认识到了自己的创业意识等准备工作不充分，对创业的认识太理想化。于是，他开始调整自己，认真准备计划书，全方位总结失败的教训，多方面听取建议，并认真开展市场调查工作。半年后，张江辉开始了二次创业。对未来，张江辉充满了希望和期待，用他自己的话说："趁着现在还年轻，还输得起，先要拼一把，立足于郑州，放眼河南，完成自己的创业梦想。"

第一节 创业意识的培养

一、创业意识的含义

创业意识是指在创业行动中对创业者起动力作用的个性意识倾向，包括创业的需要、动机、兴趣、思想、信念和世界观等心理活动的内容。创业意识是创业的先导，是创业者的力量源泉，它支配着创业者对创业的态度和创业行为，具有自主、客观、超前、能动的特性。创业意识在创业实践活动中，对创业者起主导和推动作用。

正是因为创业意识是创业者进行创业实践的力量来源，所以，良好的创业意识是创业成功的前提，培养创业意识对促进创业实践具有重要的意义。而一个人对于创业的理解、兴趣与追求是在后天的生活实践中陶冶和训练出来的，教育行政部门、人力资源和社会保障部门及高校只要通过正确的途径创建良好的培养环境，就能对包括大学生在内的社会个体的创业意识的培养起到很好的促进作用。

加强对大学生创业意识的培养，应帮助其树立六种意识：自我意识、风险意识、合作意识、诚信意识、社会责任意识、艰苦创业意识。

二、培养创业意识的意义

党和国家高度重视创新创业工作，党的十七大、十八大、十九大会议均提出"以创业带动就业"的战略部署，"大众创业、万众创新"与创新驱动等国家重大战略实施以来，国家和地方政府不断出台政策，鼓励支持自主创业，特别重视引导和扶持大学生自主创业，但是效果并不显著。其主要原因是以大学生为代表的青年群体缺乏创业意识。习近平总书记在2013年全球创业周开幕式的贺信中曾指出："希望广大青年学生把自己的人生追求同国家发展进步、人民伟大实践紧密结合起来，刻苦学习，脚踏实地，锐意进取，在创新创业中展示才华、服务社会。"在此背景下，深入开展创新创业教育，培养创业意识迫在眉睫，势在必行。

(一)培养创业意识是促进经济社会发展的内在需求

党的十八大以来，创新发展被摆到了国家发展全局的核心位置。党的十八届五中全会提出的"五大发展理念"中，"创新发展"排在第一位。创新已成为引领发展的第一动力。从本质上说，创业就是一种创新性活动。用教育来引导作为未来经济社会建设发展主力军的青年大学生，掌握创业相关的知识和技能，培养创业意识，激发大学生强烈的创业愿望，是社会主义现代化强国建设的内在需求。

(二)培养创业意识是落实"创业带动就业"缓解就业压力的主动选择

进入21世纪，人类正竭力通过发展科技、创造财富来避开"马尔萨斯陷阱"。然而，新一轮的科技革命尚在孕育之中，为保护本国经济体系与利益不受冲击，在美国的带动下，世界范围内的贸易保护主义有所抬头。作为制造业大国，我国经济面临了改革开放以来最大的下行压力，社会就业岗位在短时间内会急剧减少，而农村转移劳动力的增加，大学毕业生持续走高的叠加，就业特别是青年大学生就业将面临严峻挑战。而创业不仅可以解决创业者的就业需求，还能够为社会创造大量就业岗位。针对大学生等青年群体开展创业意识培养、创业动机强化等工作可以帮助他们做好创业准备，激发创业的热情，是落实创业带动就业，为未来创造更多社会就业岗位，缓解就业压力的重要的途径。同时，创业意识的培养可以引导大学生明确职业目标，提高他们对职业、行业发展的敏锐性，增强他们在校期间知识、能力、素质积累的主动性，提高大学生就业的能力。

（三）培养创业意识是大学生实现自身价值的精神保障

美国心理学家马斯洛的"需求层次理论"将人的需求从低到高分为五个层次，处于最高层次的是"自我实现需求"，它是个人将自身潜力发挥到极致，实现自身价值的根本动力。创业是一种生活方式，强烈的创业意识和愿望可以将个人潜力淋漓尽致地挖掘出来，从而使个人以相当高的热情和坚定的意志寻找机会、整合资源、创造价值、体现价值。面对"互联网+"信息时代的激烈竞争，青年大学生要想成为时代的主人，在竞争中立于不败之地，就必须把握机会，主动锤炼自我，努力培养创业意识，在开创理想的事业中实现自身价值。

三、培养创业意识的困难

（一）创业环境氛围差，缺乏鼓励和支持力度

大部分青年学生开展创业实践，主要立足于校园环境，很少将自己置身于社会这个大环境中接受市场竞争机制的检验。而高校对于大学生创业的鼓励与支持，仅仅限于校内资源利用，对社会资源的整合利用有限。受传统教育观念的影响，包括部分教育工作者在内的大多数人认为"学生就应该以学习为主"，因此对创业批评的声音多于支持的声音。再加上学生家庭支持创业的比率很低，一些家长对学生创业持完全否定态度。对此，鼓励和支持青年学生创业的环境氛围建设任重道远。

（二）较高的创业风险影响创业意识的培养

从统计数据上看，大学生创业失败率居高不下，存在较大的风险，加之国内社会对大学生创业认可度较低，大学生创业不能受到应有的支持与认可，具体表现为大学生创业融资难，普遍不能向社会金融机构、风投人士证明创业项目盈利的大小或详尽的可行性报告分析，致使创业项目融资能力差；资金来源不顺畅，担保公司对大学生创业贷款担保往往持否定的态度；保险公司普遍认为大学生创业有自身局限性，不愿意为大学生创业提供保险保障。同时，受经验缺乏、知识能力准备不足、科技创新专业技术占比不大等因素影响，大学生创业风险较高。创业的高风险性也让青年大学生及家长从思想上排斥创业意识的教育培养。

（三）高校创新创业教育体系不完善

经过近20年的发展，我国高校创新创业教育体系建设取得了丰硕的成果与长足的发展，但与发达国家相比还有较大差距，还远不能满足人民对创新创业教育的需求。主要表现为：一是部分高校将大学生创新创业教育作为一门技术培训课程，教学内容更倾向于技术和知识培训，没有将创新创业意识培养纳入教学课程体系中。二是部分高校整合社会资源、构建良好的创新创业教育环境的能力不足。三是创新创业导师队伍建设落后，不能掌握最前沿的创业信息，无法激起大学生的兴趣与开拓他们的视野。四是创业服务平台的搭建没有实现互联交流，无论是众创空间等场所平台，还是"互联网+"创新创业大赛等活动平台，其建设形式大于实质，难以发挥对创新创业意识的培养作用。五是缺少大学生创新创业教育意识培养评价指标和评价体系，评价标准的不统一或缺失导致创业意识培养效果难以衡量。

四、如何培养创业意识

（一）优化家庭和社会支持等创业软环境

优化创业的软环境，主要是指需要家庭与社会转变对大学生创业一贯的否定态度，而是以更加包容与鼓励的态度来对待大学生创业，为大学生赢得更多的扶持、保障与更多优惠条件的创业政策。

视野拓展

改善家庭对毕业生就业的传统观念。在中国很多家庭中，家长普遍认为，大学生毕业后能进入机关单位、事业单位、国企才算是实现了好的就业，选择创业则被误解为不务正业，更别说会受到家庭的大力支持。培养大学生创业意识，家庭需给予宽松的环境，在最大程度上支持孩子的创业梦想。

优化社会支持等创业软环境，需要健全社会保障制度。培养大学生的创业意识，降低大学生创业的风险，在融资、贷款担保、创业保险方面给予大学生更多的支持，政府也应该出台更多保障创业的优惠政策，使大学生敢于创业、乐于创业。

（二）改革大学生创新创业意识培养方式

高校应积极学习发达国家在大学生创新创业意识培养方面的成功经验，了解最前沿的创业资讯与相关技术，将其与自身发展实际相结合，创新性吸收后运用到实际教育中来。不断优化大学生创新创业意识培养方式方法，创新创业意识培养的建立基础是高等教育，在培养方式选择上可以选择独立设置课程的方式开展教学，也可以选择渗透教育的方式，将创新创业教育穿插到专业课程教学中。着力开展创新创业正面典型的宣传，营造浓厚的校园环境氛围，提振大学生投身创新创业的信心。同时，高校还应健全和完善创新创业意识培养评价体系，通过学生和教师对教学情况的反馈，探索教学活动中存在的不足，及时调整培养方式。

（三）提高大学生自身能力和素质

培养创业意识，大学生要努力提高自身的能力与素质，主动并勇于锻炼自身的创业能力。在大学期间，学生不仅应努力学好自己的专业知识，还应拓展知识面，优化、完善自身的知识结构，增加对现代化管理知识的学习，注重创业理论知识的储备，同时，还应勇于实践、敢于实践，将所学的理论知识运用到创业实践中去。但是值得注意的

是，创业意识的培养是为了更好地指导创业，并不是鼓励每位大学生都进行创业，创业是大学生在对自身正确认识、理性分析之后才做出的决定或决断。

当今时代创业政策与社会环境对大学生创业极为有利，且创业教育在中国高等教育中越来越受到重视，家庭和社会支持等创业软环境在不断优化，大学生提高综合素质与能力的途径不断增多，这些对大学生创业意识的培养都极为有利。作为新一代的大学生，一定要具备良好的创业意识与技能，进而去开创属于自己的一片天地，实现更大的人生价值。

第二节　创业心理品质的培养

一项针对大学生创业问题的调查显示，当前大学生创业面临的困难主要集中在创新难、实际应用知识匮乏、启动资金缺乏、社会阅历浅和面对压力与机会摆不正心态五个方面。其中，面对压力与机会摆不正心态属于来自创业者自身的问题，其根源在于缺乏良好的创业心理品质。创业心理品质是创业成功者的心理特质，良好的创业心理品质如同创业大厦的基石，它可以奠定事业基础，支撑创业人生。宋代大文豪苏轼提出的"古之立大事者，不唯有超世之才，亦必有坚忍不拔之志"，就告诉我们具有良好的心理品质，对事业发展有着重要作用。

一、创业心理品质的含义

谈到创业心理品质之前，我们先要了解什么是心理品质。心理品质是指人们长期从事某一社会工作而形成的思维方式、价值观念、心态模式和行为习惯等。那么，创业心理品质就是指在创业实践过程中对人的心理和行为起调节作用的个性心理特征，它与人固有的气质、性格密切相关，反映了创业者的意志和情感，是创业基本素质结构中的调节系统。

二、创业心理品质的内容

创业心理品质是创业者取得成功不可缺少的要素，是取得创业成功的前提条件。研究表明，创业心理品质主要包含以下五方面内容。

（一）坚定的创业信念

创业者要有坚定的创业成功的自信。爱默生说过："自信是成功的第一秘诀。"对于创业者来说，信心就是创业的动力，只有自信的人才能充分表现出创业的欲望和冲动，坚定的自信是成功最大的源泉。创业者要有在逆境中创业的准备，只有时刻把自己放置于逆境之中，保持一种积极的心态，才能有效激发、引领、拓展自身的创业潜能，进而取得事业上的成就。

(二)冒险的性格特征

创业与冒险有着天然的联系。任何创业都是有风险的，勇往直前的人才能取得胜利和成功。冒险就是敢于开拓和探索、敢于尝试、敢于走出自己固有的天地。立志创业，必须敢闯敢干，敢于在没有路的地方开辟出一条新路来。事实也一再证明，循规蹈矩的性格不适合创业。

(三)坚忍顽强的创业意志

创业者要想取得创业的成功，必须具备追求成功的坚定意志。创业意志是指创业主体自觉地确定创业目标，并根据创业目的支配、调节行动，克服各种困难险阻，以实现创业目的。创业者的心理具有自觉性、坚毅性、果断性、自制力等特征。创业意志可对创业活动进行调节，一方面表现为发动或强化为达到创业目的所必需的行动，另一方面制止或削弱与预定创业目的相矛盾的行动。坚忍顽强的意志品质是创业成功的脊梁。

(四)优良的人际交往能力

不可否认，在创业领域，人际关系就是生产力，人际关系就是钱脉。一项调查表明，一个人的成功等于20%的能力加80%的人际关系。俗语"一个篱笆三个桩"，说的就是这个道理。一般而言，有多少人际关系就有多少机遇，一个创业过程就像是一个"关系链"。"人和"是创业的关键，良好的人际关系是创业的加速器。

(五)直面挫折的勇气

在创业领域流行这么一句话："当创业成功者站在万众瞩目的舞台中央时，其上台的路是由艰辛铺就的。"创业路上有千军万马，但大部分都倒在了半路上。要想抵达成功的彼岸，创业者必须要有视挫败为成功基石的勇气。成功需要经验积累，创业的过程就是在不断的失败中跌打滚爬。只有在失败中不断积累经验和财富，勇往直前，才有可能到达成功彼岸。美国3M公司有一句关于创业的至理名言："为了发现王子，你必须与无数只青蛙接吻。"对于创业家来说，必须有勇气直面困境，敢于与困难"接吻"。

三、如何培养创业者的心理品质

创业心理品质与创业意识一样，也是在后天的生活实践中陶冶训练出来的。人们只要通过科学的途径，有针对性地锻炼自己的心理品质，就可以拥有良好的创业心理品质。培养创业心理品质的常见做法如下：

(一)开展创业思想教育

大学生选择创业，有的考虑的是个人兴趣和需要，有的是为了自我追求和价值的实现，有的是为了积累物质财富，有的是为了展示自己的才华和能力。这些不同的动机、理念，体现了不同的人生目标。所以我们要通过思想教育帮助大学生端正创业目的，树立正确的世界观和人生观，培养大学生高尚的情操，提升他们的思想道德水平。创业理论教育可使学生明确创业的目的和意义，从而将创业理想化为自己自觉的行为，积极主动地投身于创业实践；宣传创业典型可激发大学生的创业欲望，让他们创业有动力、学习有典型、追赶有目标。这样，大学生才能为国家和社会做出更大的贡献，在创业的道路上走出自己的精彩人生。

（二）构建创业教育课程体系

对于大学生创业心理品质的培育，高校要从大学生入校开始，把创业指导贯穿大学教育的始终。对大一学生，创业指导主要侧重帮助学生初步确立成长目标和发展方向。对大二、大三学生，就业指导应集中在自我意识塑造、理论知识的夯实、专业技能的培养、社会实践能力的提高、创业综合素质的培育上。让学生尽早地了解学业与创业的关系，树立积极的创业心态、培养良好的创业心理品质。对大四学生，创业指导则应侧重于创业竞争市场的分析、创业政策的讲解、职业兴趣的发掘、情绪心态的调整上，帮助学生树立"自主创业、自我发展"的观念，从而将创业理想化为脚踏实地的自觉行动，积极主动地投身于创业实践。

（三）榜样引导

榜样是具体的、现实的，榜样的力量是无穷的。他人的创业行为和成就对大学生而言是一笔宝贵的经验财富，要用榜样的力量来让大学生感悟成功创业者必备的创业心理品质。这些成功企业家的创业体验最容易唤起大学生的共鸣，激发起他们的创业欲望，使他们创业有动力、有目标，从而进一步将创业理想化为自己自觉的行动，积极主动地投身于创业实践。如通过成功创业案例传授或通过邀请创业成功人士开展讲座，介绍他们的创业经历、体验、感悟、经验与教训，培养大学生掌握风险分析的方法及策略，强化创业意识，激发创业热情，培养敢于行动、敢于拼搏、勇于承担的心理品质，并使之成为大学生心目中的坐标。让学生通过对照标准，经常看看自己的心理品质是否符合要求，以激发创业热情和敢为精神，明确创业的目的和意义。

（四）实战演练

实战演练是指在第三课堂中，通过社团、兼职、参与创业活动这三大模块进行"真枪实弹"式的创业实践，在"做"中磨砺自身的创业心理素质，提高创业能力。大学生在这些活动中会遇到种种无法预料的新情况、新问题，面对复杂情况，解决具体问题的过程就是创业心理素质的锻炼过程。创业就是一种开放式学习，没有经过社会实践锻炼和必要的资源积累过程就没有持续发展的力量。通过深入实践，大学生可以亲身体验到创业的艰辛，提高自己的心理承受力，锻炼自己的创业意志。

（五）加强挫折教育，提升社会适应能力

创业者在创业过程中不可避免地会遇到各种挫折，能否从挫折和失败中重新站起来，是创业者事业能否取得成功的重要因素，而这也取决于大学生是否具有良好的创业心理品质。大学生虽然是有理想有抱负的新一代，但由于各种原因，缺乏艰苦创业的心理准备，特别是抗挫折能力不强，意志力普遍比较薄弱，一旦在创业过程中遭遇困难，往往情绪低落、一蹶不振、自暴自弃，有的甚至走上轻生的道路。因此，培育大学生良好的创业心理品质要引导大学生正确对待创业过程中的挫折，把挫折看成是锤炼意志、锻炼能力的好机会，以积极的态度看待工作压力，认真分析遭受挫折的原因，提高对突发事件的心理承受能力，增强对挫折的容忍力，始终保持乐观的创业情怀。

本章小结

　　创业意识是指在创业行动中对创业者起动力作用的个性意识倾向，它是创业的先导，是创业者的力量源泉，在创业实践活动中，对创业者起主导和推动作用。培养创业意识是促进经济社会发展的内在需求，是缓解就业压力的主动选择，是大学生实现自身价值的精神保障。培养创业意识面临着来自创业环境氛围差、风险高和高校创新创业教育体系不完善的威胁。我们可以通过优化家庭和社会支持等创业软环境、改革大学生创新创业意识培养方式、提高大学生自身能力和素质等途径提高大学生的创业意识。

　　创业心理品质是指在创业实践过程中对人的心理和行为起调节作用的个性心理特征。优良的创业心理品质包括坚定的创业信念、冒险的性格特征、坚忍顽强的创业意志、优良的人际交往能力、直面挫折的勇气这五个主要方面。这些创业品质可以通过开展创业思想教育、构建创业教育课程体系、榜样引导、实战演练、加强挫折教育提升社会适应能力等后天的实践教育训练培养起来。

思考题

1. "互联网+"时代大学生创业意识不强突出表现在哪些方面？
2. 如何培养大学生的创业意识？
3. 大学生创业必备的心理品质有哪些？
4. 如何培养优良的创业心理品质？

讨论题

冒险的性格对于成功创业的作用是什么？

【项目训练与实践】

项目训练一

　　SWOT分析法是企业经营战略管理中经常用到的一种分析方法。企业在制定战略决策时，需要对企业的优势与劣势、机会与威胁进行分析。大家可以尝试用SWOT分析法去分析自己是否适合创业。我们给出了一个简单的分析提纲，请你结合具体实际，尽可能地深入分析并将其填满。

<table>
<tr>
<td>

Strength(优势)

年轻

有足够的时间和精力

学习能力强

有活力

有一定的专业技术知识

</td>
<td>

Weakness(劣势)

创业心理准备不足

缺乏社会经验

缺乏吃苦耐劳精神

不能正确看待自己

</td>
</tr>
<tr>
<td>

Opportunity(机会)

创业机会和途径多

学校教育和社会帮助

容易找到志同道合的伙伴

</td>
<td>

Threat(威胁)

成本不足

来自家庭的压力

来自其他创业者的竞争

</td>
</tr>
</table>

项目训练二

创业是充满成就感、诱惑力的词语,但并非每一个人都适合走这条路。在开始做老板之前,先问自己几个问题,看看自己是否具备创业者素质。美国创业者协会设计出了一份试卷,可以帮助你在做出创业决策前对自己有一个初步的了解。

1. 在急需做出决策的时候,你是否在想"再让我考虑一下吧"?

经常( ) 有时( ) 很少( ) 从不( )

2. 你是否为自己的优柔寡断找借口说"是应慎重考虑,怎能轻易下结论呢"?

经常( ) 有时( ) 很少( ) 从不( )

3. 你是否为避免冒犯某个或某几个有相当实力的客户而有意回避一些关键性的问题并表现得曲意逢迎呢?

经常( ) 有时( ) 很少( ) 从不( )

4. 你是否无论遇到什么紧急任务,都先处理琐碎的日常事务?

经常( ) 有时( ) 很少( ) 从不( )

5. 你非得在巨大的压力下才肯承担重任吗?

经常( ) 有时( ) 很少( ) 从不( )

6. 你是否无力抵御或预防妨碍你完成重要任务的干扰与危机?

经常( ) 有时( ) 很少( ) 从不( )

7. 你在决定重要的行动计划时常忽视其后果吗?

经常( ) 有时( ) 很少( ) 从不( )

8. 当你需要做出可能不得人心的决策时,是否找借口逃避而不敢面对?

经常( ) 有时( ) 很少( ) 从不( )

9. 你是否总是在快下班时才发现有要紧事没办，只好晚上回家加班？

    经常( ) 有时( ) 很少( ) 从不( )

10. 你是否因不愿承担艰巨任务而寻找各种借口？

    经常( ) 有时( ) 很少( ) 从不( )

11. 你是否常来不及躲避或预防困难情形的发生？

    经常( ) 有时( ) 很少( ) 从不( )

12. 你总是拐弯抹角地宣布可能得罪他人的决定吗？

    经常( ) 有时( ) 很少( ) 从不( )

13. 你喜欢让别人替你做自己不愿做的事吗？

    经常( ) 有时( ) 很少( ) 从不( )

计分："经常"得4分，"有时"得3分，"很少"得2分，"从不"得1分。

50分以上：你的个人素质与创业者相差甚远。40～49分：你不算勤勉，应彻底改变拖沓、效率低的缺点，否则创业只是一句空话。30～39分：你大多数情况下充满自信，但有时犹豫不决，不过没关系，有时候犹豫是成熟稳重和深思熟虑的表现。15～29分：你是一个高效率的决策者和管理者，很可能是一个成功的创业者。

如果你在做了上述测验后还不是很有把握的话，你还可以进行下面的自我分析。

1. 你是不是认为，如果没有必要，别有太多的钱；如果有必要，钱还是多些好？

2. 你妈妈让你去打酱油，而你在路上被吹面人的师傅的手艺吸引，把买酱油的钱买了面人，结果回来挨打，但你觉得值得。

3. 当你工作时，你是不是说"太好了，又到星期一了"？

4. 你是否有白日梦？

5. 你去一个小岛上开拓皮鞋市场，当你发现岛上的人没有穿鞋习惯时，兴奋地向总部回电"太好了，这个岛上的人还没穿过鞋"而不是"真失望，这里的人不穿鞋"。

6. 当你考虑一个问题暂时没有找到答案时，能不能换个角度，甚至从逆向角度考虑？

7. 小时候，你能不能一整天看蚂蚁搬家？

8. 你喜不喜欢解决问题？如果不喜欢就别当老板，因为做老板每天都要解决许多非解决不可的问题。

9. 你是否会感到孤独？感到自己的想法常常不能让别人理解？

10. 上学时，是否尝试过骑自行车长途旅行？

11. 对于一桩生意，绝不会认为来得太晚。

12. 你对成功的理解是"试验第32次还没有成功是失败，那么成功就是尝试第33次"。

13. 你是否认为拥有20%比100%什么都没有要强得多？

14. 你是不是受不了别人的管制，不想给别人做事？

15. 你是否相信，"因为不可能，所以可能"，常人的不可能、常规的不可能，意味着更多的机会、更大的可能？

16. 你是否在做好一件事之前，不考虑做另一件事？

17. 你总是相信"车到山前必有路"，而义无反顾地往前走。

18. 你是不是总是在看世界上有什么需要做的，然后就开始做？

19. 你想做老板，不仅仅是为了钱，因为你喜欢做这件事。

在你决定是否当老板前可以对照一下，如果具备其中 10 条以上，而且有 1~2 条非常突出，这样你可能就比较符合当老板的条件，就像是一块好钢，能够经得起千锤百炼。当老板要承受太多的压力与磨难，若没有良好的创业心理品质就很难坚持下来，半途而废还不如不做。

◇ 参考文献

[1] 杨芳，刘月波. 大学生创新与创业教程[M]. 天津：南开大学出版社，2013.

[2] 严建雯. 大学生创业心理研究[M]. 北京：人民出版社，2012.

[3] 唐海波，王瑜萍. 谈大学生创业心理品质的培养途径[J]. 创新与创业教育，2010，1(01)：56-58.

[4] 徐双俊，董红燕. 创业心理品质的界定与培养模式构建[J]. 价值工程，2010，29(34)：217-218.

[5] 陈艳梅. 浅谈大学生创业意识的培养[J]. 人才资源开发，2016(10)：177.

[6] 施庆晖. "互联网+"时代新建本科院校大学生创新创业意识培养路径研究[J]. 湖北第二师范学院学报，2020，37(01)：77-78.

[7] 刘洪林. 学生创业心理品质探究[J]. 内蒙古师范大学学报(教育科学版)，2015，28(02)：51-52.

创业机会

本章知识结构图

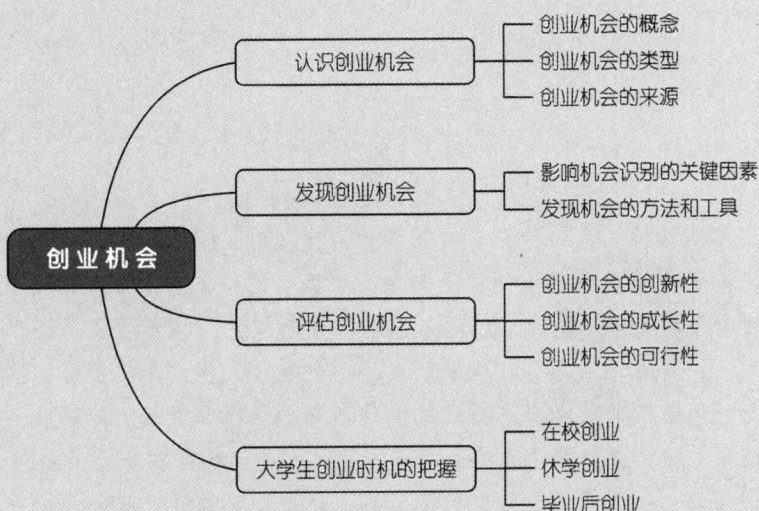

```
                         ┌─ 创业机会的概念
              认识创业机会 ─┼─ 创业机会的类型
                         └─ 创业机会的来源

              发现创业机会 ─┬─ 影响机会识别的关键因素
                         └─ 发现机会的方法和工具
 创业机会
                         ┌─ 创业机会的创新性
              评估创业机会 ─┼─ 创业机会的成长性
                         └─ 创业机会的可行性

                         ┌─ 在校创业
           大学生创业时机的把握 ─┼─ 休学创业
                         └─ 毕业后创业
```

　　幸运之神会光顾世界上的每一个人，但如果她发现这个人并没有准备好要迎接她时，她就会从大门走进来，然后从窗子飞出去。

——比尔·盖茨

知 识 目 标 ▶▶

1.认识创业机会的概念、类型和来源。
2.熟悉识别创业机会的一般步骤与影响因素。
3.了解在校创业、休学创业和毕业后创业的概念。

能 力 目 标 ▶▶

1.掌握评价创业机会的方法。
2.掌握发现创业机会的五种方法。
3.掌握大学生创业的合适时机选择。

案 例 导 入 ▶▶

李维·斯特劳斯

牛仔裤的发明者名叫李维·斯特劳斯。美国西部淘金热时，他和其他青年人一起前往西部追赶淘金热潮。途中有一条大河挡住了淘金人群西去的路，数日的煎熬加上恶劣的环境，使得众人疲惫不堪、怨声载道，但李维·斯特劳斯却说："太好了，又给了我一个好机会。"他设法租了一条船在此摆渡，挡道的大河为他赚了人生的第一桶金。当摆渡的生意越来越冷清后，他继续前往西部淘金。他发现西部地区不缺黄金，却极度缺乏饮用水，于是他又想出了另一个绝妙的主意——卖水，他卖水的生意便立马红火起来了。

当卖水的人越来越多，他又开始调整自己的方向。这次他又发现，淘金的地方离市中心很远，买东西很不方便，于是，他灵机一动，开了家日用品小店。再后来，他留意到淘金时矿工们的衣裤经常要与石头、沙土摩擦，棉布做的裤子不耐穿，而西部到处都有废弃的帐篷，于是他又有了一个绝妙的好主意——把那些废弃的帐篷收集起来，洗干净做成耐磨的裤子向矿工们出售。就这样，他缝制了世界上第一条牛仔裤，并最终成为富有的"牛仔裤大王"。

第一节 认识创业机会

准确把握市场痛点和社会需求，高效地获取并整合各渠道的资源，在合适时机做出合理决策，是创业成功的前提。德鲁克认为创业主要表现为运用有效的经营管理手段提高资源使用效率，或者创造新的顾客群体满足或引导市场需求。创业成功的前提是能够准确识别并把握创业机会。

一、创业机会的概念

(一)创业机会的含义和特征

1. 创业机会的含义

创业机会是指具有较强吸引力的、较为持久的有利于创业的商业机会,创业者据此可以为用户提供有价值的产品或服务,解决用户意识到或者没有意识到的实际问题,并使创业者获得商业利益。把握创业机会就是有创业精神的创业者对具有价值的机会进行挖掘、开发和利用的过程。

商业机会是有利于某个商业活动主体(个人、企业)获得某种商业利益的一组条件的形成(现实情景或未来趋势)。当市场上某种需求没有被满足时,就意味着出现了商机,创业机会的把握依赖于能否识别和利用这些有价值的商机,准确把握机会窗口对创业成功具有非常重要的意义。

2. 创业机会的特征

蒂蒙斯对创业机会的特征进行了归纳,它们分别是为顾客创造较大的价值、能够解决一项重大问题、有需求旺盛的市场、与创始团队配合得很好及适合市场状况和风险回报平衡。

某个机会是不是一个创业机会,有以下特征可供创业者判断:

(1)利用破坏性创新,理由是既有企业的经验、资产和流程受到威胁(如以生物技术为基础的计算机生产商)。

(2)不满足既有企业的主流用户的需求,理由是既有企业主要关注服务它们的主流用户,而不愿意引入不能满足那些用户需求的产品或服务(如计算机软驱制造商)。

(3)建立在独立创新的基础上,理由是新企业能够开发独立创新而不必复制既有企业的整个系统(如药品厂商)。

(4)存在于人力资本当中,理由是拥有知识的人能够生产出满足用户需求的产品或服务。

市场越不完善,相关知识和信息的缺口就越大、不对称或不协调就明显,机会也就越充足。早期的中国市场因其不完善、不发达而充满着各种"缝隙",有创业特质的人可以在其他人没有看到机会的地方辨识甚至适时地创造出一种机会。

(二)创业的时机与"机会窗口"

把握时机对于成功创业具有非常重要的意义。如果存在一个创业机会,创业者是否能够及时抓住,既取决于创业技术的高低,也受竞争对手的影响。因此,机会是一个不断移动的目标。所谓机会窗口,就是指市场中有一定存在时间的发展空间,使得创业者能够在这一时段中创立起自己的企业,并获得相应的投资回报。

创新机会的判断与时间有关。也就是说,此刻看来似乎不可能有成功的机会,但下一刻可能就会有完全不同的结果。"时机"代表"机会"的价值,与发生的"时间"密切相关。不过时间的机会窗口并不是永远打开的，有的创新机会窗口打开的时间很长，有的则非常短。当时机尚未来临时，再好的创新构想也很难引发投资者的兴趣。纵然在机会窗口打开之际进行投入，如果打开时间短暂，恐怕尚未回收投入资本，市场利润空间就已经消失。如何及时掌握创新机会窗口打开的时机，以及如何判断这个机会窗口是否拥有足够获利回收的时间长度，就成为挑战创业成败的关键因素。美国创投业一项研究发现，当机会窗口时间短于 3 年，新事业投资失败率高达 80% 以上；如果机会窗口的时间超过 7 年，则几乎所有投资的新事业都能获得丰厚回收。

另一项影响创新机会的判断，就是创业者的价值观。每个创业者都会拥有代表自身认知与利益的特定价值网络，创业者与投资者会以此价值网络产生的准则来看待一切的创新机会。也就是说，每一个创业者与投资者都是戴着有色眼镜来评估创新机会的，除非门当户对，否则再好的创新机会也难获得肯定。一个有创新力且果断的创业者能够在别人还在研究机会时就抓住它。如果等到机会窗口接近关闭的时候再来创业，留给创业者的余地就十分有限，新创企业也就很难赢利。在风险资本产业中"柠檬"（指输家）大概两年半成熟，而"珍珠"（指赢家）则需要七到八年才会成熟。

二、创业机会的类型

创业机会来源广泛，不同的创业机会需要不同的创业资源和能力与之匹配，通过对创业机会的合理分类，可以指导创业者根据自身特质、资源和能力选择适合的机会着手创业。创业机会按照不同的标准可以进行不同的分类，按照来源可以分为问题型机会、趋势型机会和组合型机会三种类型。

（一）问题型机会

问题型机会指的是由现实中存在的未被解决的问题所产生的一类机会。问题型机会在人们的日常生活中和企业实践中大量存在，比如顾客的抱怨、大量的退货、无法买到称心如意的商品、服务质量差等，在对这些问题的解决中会存在着价值或大或小的创业机会。当今时代出现了共享经济的热潮，解决短距离出行不便的共享单车，解决智能手机在外充电不便的共享充电宝，均是基于解决生活中的不便利和小痛点而出现的创业机会。

（二）趋势型机会

趋势型机会是创业者在变化中看到未来的发展方向，预测到将来的市场潜力从而发现的机会。趋势型机会一般出现在经济变革、政治变革、人口变化、社会制度变革、文化习俗变革等多个时期，一旦被人们认可，它产生的影响将是持久的，带来的利益也是巨大的。互联网的兴起，像一股浪潮席卷全球各个方面，网络购物、电商经济、"互联网+"产业都是网络趋势下兴起的产物。

（三）组合型机会

组合型机会是将现有的两项或两项以上的技术、产品、服务等因素组合起来，发现新的用途、实现新的价值而获得的创业机会。

现实社会中大部分的商业机会都是组合型的机会。在校大学生可以从身边出发，通过自己创新性的思维将现有产品或服务进行整合，更好地满足市场需求，实现自己的创业梦想。

三、创业机会的来源

互联网时代为创业提供了更多可能，创业机会无处不在，其来源可概括为以下五个方面。

(一)问题

创业的根本目的是满足顾客需求，顾客需求在没有满足前就是问题。发现和体会自己及他人在需求方面的问题或生活中的难处，通过解决用户的问题来满足用户的需求，是寻找创业机会的一个重要途径，滴滴打车就是问题解决型创业的典型案例。

2012年，程维在媒体上看到有关国外租车软件的报道，但没有搜索到国内的打车软件。他想如果有软件能帮用户叫到出租车，不就可以解决叫车慢、等车时间长的问题吗？虽然，他对这件事的判断只有20%～30%的把握，但是感觉这是一个机会，如果机会已经百分之百清晰了，可能就已经没有机会了。2012年，"滴滴打车"用80万元起步，聚齐了阿里的人员、百度的技术、腾讯的资金之后，这一打车软件一上市，就攻城略地，在市场上所向披靡，备受风投机构追捧。2014年12月，"滴滴打车"完成了F轮7亿美元的融资，这也是中国移动互联网史上最大的融资之一。

(二)变化

创业的机会大都产生于不断变化的市场环境，环境变化了，市场需求、市场结构必然发生变化。著名管理大师彼得德鲁克将创业者定义为那些能"寻找变化，并积极反应，把它当作机会充分利用起来的人"。这种变化主要来自产业结构的变动、消费结构升级、城市化加速、人口思想观念的变化、政府政策的变化、人口结构的变化、居民收入水平提高、全球化趋势等诸方面。比如居民收入水平提高，私人轿车的拥有量将不断增加，这就会派生出汽车销售、修理、配件、清洁、装潢及二手车交易、代驾等诸多创业机会。需要善意提醒的是，转变的创新应从具体的内容开始，并从小规模开始。从一个小的细分市场进入，提供一个"爆款"产品，有利于对人们原有的观念形成强大的冲击，从而改变其消费习惯，快速赢得市场认可。

(三)创造发明

创造发明提供了新产品、新服务，更好地满足了顾客需求，同时也带来了创业机会。比如随着电脑的诞生，电脑维修、软件开发、电脑操作的培训、图文制作、信息服务、网上开店等创业机会随之而来，即使你不发明新的东西，你也能成为销售和推广新产品的人，从而发现商机。在商界，常引用拉尔夫·沃尔多·爱默生的一句话："如果一个人能比他上司制作出更好的捕鼠器，那么即使他把他的房子建在林子里，全世界也会踏出一条通往他房门的路来。"

（四）竞争

竞争对手的缺陷和不足也将成为你的创业机会。看看你周围的公司，你能比他们更快、更可靠、更便宜地提供产品或服务吗？你能做得更好吗？若能，你也许就找到了机会。

（五）新知识新技术

基于知识和技术的创新是企业家精神的"超级巨星"，尽管它难以管理、无法预见、花费较高，需要较长的生产准备时间，但是它引人注目、令人兴奋。目前，多数组织在各种来源中依然首先强调新知识，而且在创造历史的创新中，这种创新机遇占有很重要的分量。德鲁克说："对本公司和本行业影响最大的技术是本领域外的技术，颠覆性技术往往就是'本领域外的技术'。"颠覆性技术可能在一夜之间对某个行业造成重大影响，并且没有太多的征兆。颠覆性技术也能为那些能够预见这些技术的到来并且采取行动的公司创造巨大的新机会。在新技术时代一项新的业务中，几乎每一个行业领先的公司面对不连续的变化都很难保持市场领导地位，大公司往往被新的、反应更快速和更灵活的公司所取代。

第二节　发现创业机会

创业需要机会，而机会要靠发现，创业机会往往稍纵即逝，很多人看不到也把握不了，因为他们没有发现创业机会的意识和能力。

视野拓展

一、影响机会识别的关键因素

（一）先前经验

成功的企业家大都认为，实际工作经验是创业机会的主要来源，70%左右的创业机会，都基于原有产业和行业。在校或刚毕业的大学生，可从日常生活中寻找创业机会。特定产业的先前经验有助于创业者识别出商业机会，这被称为"走廊原理"。它是指创业者一旦创建企业，他就开始了一段旅程，在这段旅程中，通向创业机会的"走廊"将变得清晰可见。这个原理提供的见解是，某个人一旦投身于某产业进行创业，这个人将比那些从产业外观察的人更容易看到产业内的新机会。

（二）个人意识

创业机会的识别能力依赖于个人意识的觉醒，有些人认为，创业者有"第六感"，使他们能看到别人错过的机会。多数创业者以这种观点看待自己，认为他们比别人更"警觉"。警觉很大程度上是一种习得性的技能，在某个领域拥有更多专业知识的人，会比其他人更具有该领域的警觉性和敏感性，更能发现商机。

（三）社会关系

社会关系网络能带来承载创业机会的有价值信息，个人社会关系网络的深度和广度影响着机会识别。研究已经发现，社会关系网络是个体识别创业机会的主要来源，与强关系相比，弱关系更有助于个体识别创业机会。

（四）创造性

创造性是产生新奇或有用创意的过程。从某种程度上讲，机会识别是一个创造过程，是不断反复的创造性思维过程。在听到更多趣闻轶事的基础上，你会很容易看到创造性包含在许多产品、服务和业务的形成过程中。对个人来说，创造过程可分为 5 个阶段，分别是准备、孵化、洞察、评价和阐述。

二、发现机会的方法和工具

工欲善其事，必先利其器。借助一些方法与工具，可以有效地提高创业者发现机会的能力。以下是一些行之有效的方法与有用的工具，创业团队可以在实践中反复应用，直到熟能生巧。

（一）焦点小组法

焦点小组法是邀请一些用户来一起交流他们在使用某类产品时遇到的烦恼或问题，并通过对可能的解决方案的探讨来激发突破性的新产品创意。在使用该方法时，用户负责提出问题和评价解决方案。创业者根据用户提出的问题，现场设计解决方案，现场征求用户的意见并进行改进。通过多次反复，创业者和用户可能就某个重大问题寻找到可行的解决方案，从而激发出一个突破性的新产品创意。

（二）头脑风暴法

头脑风暴法是邀请多名用户参加创业者的创新研讨会议，用户与创业者一起进行头脑风暴和逆向头脑风暴。头脑风暴会议规则：任何创意都是好创意，不能有任何形式的批评。逆向头脑风暴方法正好相反，该方法的目的是大肆进行批评，找出每个错误，去攻击和否定该产品的每一个创造性方法。通过这种方法，可以找到大量的缺陷和问题，创业者可以根据细分市场和行业对邀请的用户进行分组，分别要求用户通过逆向头脑风暴方法找出某个产品三个最大的问题。然后，采用头脑风暴方法为每个问题寻找解决办法，每个问题讨论 30 分钟。这样，通常会有很多新颖的创意浮现出来。创业者可以在用户头脑风暴会议的基础上，提炼出多个可能的新产品创意。

（三）深度访谈法

深度访谈法是洞察用户和用户未满足的、未说出来的需求的有效方法。在访谈现场除了面对面的交流之外，还可以现场观察用户使用产品的过程。拜访用户最好是 2~3 人一组，创业团队要包括市场人员和技术人员。技术人员参加深度访谈，能获得关于用户需求的第一手资料，能更准确地根据用户真正的需求设计产品。现场访谈的研究必须由企业自己完成，不能外包给市场调查公司。外包的结果是你只能得到经过处理和加工的二手信息，而不再是用户原汁原味的需求。通过深度访谈能够激发出很多新颖的新产品创意。

（四）现场观察法

如果你要了解大猩猩的生活习性，最好的方法就是买个帐篷，到森林里与大猩猩一起生活一段时间，仅通过浏览网络上的文字或图片是不可能深刻了解大猩猩的生活习性的。同样，现场观察法是了解用户需求和问题的好方法，也就是和用户一起体验一段时间。某医疗器械制造厂在全国各地组织了10多个市场调查小组，深入各类医院病房，实地观察医生、护士、病人和病人家属操作和使用多参数监控仪的情况，得出了300多条有价值的需求信息，这些需求信息与采购招标时的需求信息完全不一样。基于这些需求信息，该企业提炼出了多个与现有竞争产品差别很大的新产品创意。

（五）领先用户法

3M公司应用领先用户法在许多领域开发出了创新的产品，包括新的医疗产品和通信产品。很多取得商业化成功的新产品创意首先是由用户想出来的，甚至原型都是由用户做出来的。这些由领先用户开发的新产品往往领先于市场潮流，在满足用户现有需求的基础上还有很大的改进。由用户设计他们想要的产品，如同一款产品你使用得比较多，你是否认为你能比制造商设计得更好？大多数人都有这种自信。产品设计方面有三种理念：为用户设计；与用户一起设计；由用户设计。我们最常用的设计方法是什么呢？大多数企业是"为用户设计"，他们认为，设计是很专业的工作，用户是不知道如何设计新的产品的，而企业与用户一起设计，通过用户的体验能使设计的产品更能满足用户的需求。

第三节　评估创业机会

一个创业机会是否值得全力以赴投入其中，这就需要创业者对创业机会进行全方位的科学评价。创业学家蒂蒙斯认为，创业机会要符合四项特征：一是对用户具有吸引力；二是能够在你的商业环境中实施；三是能够在现存的机会窗口中执行；四是你拥有把握此机会的资源与能力，或者你知道谁拥有这些资源与技能并且愿意与你共同创业。

一、创业机会的创新性

创新性是指创业者在发现某个有利可图的市场机会时，把握机会，提供解决用户面临问题的思路、产品、技术或商业模式与现有产品、技术或模式相比有创新，能为用户带来更高的效率、更低的成本或更大的价值。可以说，没有创新，就没有创业。我们从产品创新、技术创新与商业模式三个维度来评价创业机会的创新性，创业者至少要在其中某一个方面具有创新性。

（一）产品创新

以用户为导向的产品创新才是最好的创新，产品创新是企业生存和发展的核心战。产品创新对一个企业而言极其重要，不仅能为企业创造竞争优势，还能为消费者创造多样化的选择。产品创新的定义主要有两种方式：一是根据结果来定义，即产品创新是指在最近几年内推出新产品的个数，这是一个可直接观察的变量，用新产品数量来衡量；二是根据属性来定义，即产品创新是指推出新产品的新颖程度和独特程度。这里采用第二种方式来衡量。

新颖性是指企业这一产品与以前的产品相比，具有的全新特征，这些新特征使得客户需要一定的时间才能学会使用。独特性是指与其他企业的产品相比，具有不一样的特征，这些特征是根据客户的具体需求而推出的。

（二）技术创新

技术创新来源于组织的技术系统，与技术要素的使用有关，其结果是组织生产或设计出新的产品，体现为产品创新及工艺创新。技术创新可以概括为以下三种分类。

1. 颠覆性创新与渐进性创新

颠覆性创新是指某一颠覆原有体系的技术创新，渐进性创新是指对现有技术的改进和完善引起的渐进性、持续性的创新。从长期来看，渐进性创新是企业成功经营的关键因素，它所产生的累积效应通常都会超过颠覆性创新。

2. 自主创新与模仿创新

自主创新是指企业通过技术学习和研究开发活动，探索技术前沿，突破技术难关，研发具有自主知识产权的技术，并主要依靠自身的力量完成技术创新的全过程，摆脱技术引进、技术模仿对外部技术的依赖，其本质就是把握创新的核心环节的主动权，掌握核心技术的所有权。模仿创新是指在引进技术的基础上，通过学习、分析和借鉴进行的再创新。模仿创新的优势在于可以节约大量研发及市场培育费用，降低投资风险，也回避了市场成长初期的不稳定性，降低了市场开发的风险。

3. 封闭式创新与开放式创新

封闭式创新是指通过建立公司实验室或研发中心进行内部研究开发，以取得技术上的领先优势，应用知识产权实施技术封闭，获得产品在市场上的垄断地位。开放式创新是在互联网思维下产生的全新创新形式，企业通过引入外部协作者，通过企业内外创新要素和资源的整合、互动，实现内外协同创新。

二、创业机会的成长性

创业机会的成长性是指目前尚处在市场的初级阶段，但由于自身的某些优势（如行业领先、技术垄断和管理高效等）而可能在将来激发出潜力的、具有可持续发展能力的、能得到高投资回报的创业机会。我们从三个方面来评价创业机会的成长性。

（一）市场潜力

市场潜力是指在某一特定时期和特定条件下，某一市场对某一产品的购买量的最乐观估计。影响市场潜力的两个因素，一个是产品，另一个是环境。通过对这两个因素及相关因子的研究，我们可以更好地去掌握市场情况，可以从营销4P（product，price，pace，promotion）来分析产品因素。

（二）进入壁垒

进入壁垒是指企业在市场竞争中，基于自身的资源与市场环境约束，构建的有效针对竞争对手的"竞争门槛"，以达到维护自身在市场中的优势地位的市场竞争活动。进入壁垒是影响市场结构的重要因素，是指产业内既存企业对于潜在进入企业和刚刚进入这个产业的新企业所具有的某种优势的程度。

（三）成长阶段

市场生命周期由导入、成长、成熟及衰退四个阶段组成。

（1）导入阶段。创业者有三种选择：①设计出能够吸引市场中小部分族群用户的产品，这样可以让小公司避免与企业规模较大的竞争者发生抵触；②在顾客或消费者有不同的偏好时，同时推广两种以上的商品来吸引市场中的多个消费群体；③资源丰富的创业型公司，可设计出一个最能吸引市场关注的产品。

（2）成长阶段：创业者有三种策略，包括专门经营一个小用户族群的利基营销策略；和市场领先者直接竞争；尝试同时经营市场中的多个小型用户族群。

创业者一般适宜在市场生命周期的导入晚期与成长早期进入，因为此时存在一个比较大的机会窗口。

（3）成熟阶段。创业者的竞争焦点宜放在寻找创意新产品或降低价格以争取市场占有率。

（4）衰退阶段。竞争者必须决定是否要进入另外一个市场，或是趁其他公司另辟战场时大举扩张以提高市场占有率。

三、创业机会的可行性

如果创业机会在创新性与成长性方面的评价得分较高的话，还需要分析这个机会是否适合你来做。我们从创业团队匹配、核心资源匹配及快速迭代匹配三个方面来分析创业机会的可行性。

（一）机会与创业团队匹配

创业过程是商业机会、创业者和资源三个要素匹配适当的结果，创业者要善于理性分析、把握商机，包括对风险的认识和规避，对资源的合理利用和配置，对工作团队适应性的分析和认识。创业者在推进业务的过程中，在模糊和不确定的动态创业环境中必须具有创造性地捕捉商机、整合资源和构建战略、提高解决问题的能力，勤奋工作，勇于奉献。

(二) 机会与核心资源匹配

资源是创业者创业基本的、必要的物质基础，企业创建和成长的过程是一个不断整合资源并逐渐形成竞争优势的过程，因此识别创业资源对于创业者至关重要。创业资源识别指创业者根据自身资源状况，对创业企业所需资源进行分析，并最终确定其所需资源的过程。

(三) 机会与快速迭代匹配

我们正处在一个空前的全球创业兴盛时代，但无数创业公司都以失败告终。"精益创业"代表了一种不断形成创新的新方法，它源于"精益生产"的理念，提倡企业进行"验证性学习"，先向市场推出极简的原型产品，然后在不断的试验和学习中，以最小的成本和有效的方式验证产品是否符合用户需求，灵活调整方向。如果产品不符合市场需求，最好能"快速地失败、廉价地失败"，而不要"昂贵地失败"；如果产品被用户认可，也应该不断学习，挖掘用户需求，迭代优化产品。

埃里克将精益创业提炼为一个循环反馈：想法—开发—测量—认知—新想法。根据这种模式，我们创业的第一步是把想法变为产品，而且这时开发的产品是精简的原型，投入最小的金钱和精力开发出体现核心价值的产品，不要在大量细枝末节上耗费过多精力。当极简功能的产品得到用户认可后，创业者需要把控局势，在不断地反馈和循环中测试产品，快速作出调整和改变，迭代优化产品，挖掘用户需求，达到爆发式增长。新创企业必须在消耗完启动资金之前，以最小的成本、在最短时间里形成有价值的认知。

第四节　大学生创业时机的把握

目前我们所说的大学生创业，主要是针对大学生在校期间或毕业后一段时间内的创业活动。这个时候的创业时机选择，从学业与创业的关系上可划分为在校创业、休学创业和毕业后创业。

一、在校创业

在校创业是指大学生边读书边进行创业活动。大学生在校创业有很多优势，不仅可以利用学校现有的资源，还少了一份创业失败所要承担的巨大风险，同时也给今后从事专门的创业活动积累了经验，至少也给就业提供了锻炼的机会。

随着"大众创业、万众创新"时代来临，高校大学生的创业思维和创业能力的培养意识逐渐增强。大学生创业，选择专业特长或熟悉领域开始首次创业，是创业成功率较高的选择。《科学投资》研究了上千个创业案例，发现这些创业者在创业目标选择上都坚持"不熟悉不做的原则"。大学生结合专业进行创业，可以概括为三个方面：一是把学习过程中比较好的创意作为创业项目的选择。比如美术、装潢设计类学生将课堂设计的作品生产销售，创意写作班的学生将文稿出版，或者做自由撰稿人、策划人。二是把自己的发明创造、研究成果或者争取到的一些经过授权的科研、专利产品作为自主创业的开发项目。三是结合人们的衣食住行进行创业。有人的地方就有需要，有需要就会有市场，大学生的创业可以低投入、低风险，适合在校学生实践。

自主创业并不等于独立创业，它需要团体的合作和外界多方面的扶持，要善于利用学校的有利条件，为创业活动提供帮助。对于大学生创业而言，高校的有利条件很多：优惠条件与扶持措施为大学生创业提供政策支持；高精尖的研究项目可以为创业提供技术支持；先进的仪器设备给大学生创业提供了实践条件；丰富的图书资料能使大学生学到更多的课外知识；参加学生社团组织的活动，可以培养大学生的创业精神和社交能力。

长沙市云研网络科技有限公司创始人夏娟，在长沙理工大学担任就业助理期间发现学生就业面临信息不精准、成本高、手续办理复杂等问题，于是她决定要做一个符合互联网思维的高校就业服务平台。2015年4月，大四毕业前夕，夏娟注册成立公司，公司总部和长沙研发中心入驻长沙理工大学创业园。在学校的扶持下，2016年6月湖南省大中专学校学生信息咨询与就业指导中心与其合作，面向全省高校提供云就业平台网站设计和技术支持。

二、休学创业

休学创业，即以创业为目的申请休学，中断在校学习，学校为创业学生保留学籍，待其创业成功或想返回学校时可以继续学业。国务院办公厅2015年印发的《关于深化高等学校创新创业教育改革的实施意见》已明确提出："实施弹性学制，放宽学生修业年限，允许调整学业进程、保留学籍休学创新创业。"

国内外休学创业的案例屡见不鲜，比尔·盖茨大学未毕业就开始创办自己的微软公司，直至成为美国的首富；清华大学的经济专业硕士研究生鲁军，中途休学创办了北京易得方舟信息科技有限公司并担任总裁，从而成为"中国休学创业的第一人"。

目前社会正处在转型期，由于就业形势严峻，大学生对自己今后就业去向的选择也趋于多元。他们不再满足于毕业后找到一份合适的工作，而是把自主创业作为一项重要选择，只要机会合适，时间已经不是最重要的因素，尤其是对于已经找到好的创业机会并下决心投身创业的大学生来说，暂时终止学业以保证集中精力投入创业也是值得的。不少大学生已经认同这种看法，甚至公开表明认可休学创业。他们认为，好的机会千载难逢，必须全力以赴抓住，患得患失只会错失良机。

对于在校大学生是否休学创业，社会各界可谓仁者见仁、智者见智。高校对大学生创业的态度比较合理的是：鼓励大家树立创业的意识，并积极主张大学生在学习期间了解有关创业知识，接受创业训练，做好创业知识、能力、素质的准备，允许创业条件成熟的学生休学创业，但希望学生三思而后行；鼓励学生毕业时选择自主创业，并设立相应的基金给予必要的支持。

三、毕业后创业

毕业后创业是一种应该积极提倡的选择。在就业方面转变思维观念，调整就业定位，由此拓宽就业渠道，或者通过进一步的学习，提高自身的素质和能力，从而增加获得理想工作机会的可能性，这是目前即将毕业的大学生普遍的观念。而实现创业型就业则是更积极的选择。毕业后创业又可细分为毕业即创业和先就业再创业两种选择。

毕业生经过了大学期间系统的学习和锻炼，创业意识和创业能力都得到相应的提高，而且近年来高校创业教育的大力推行，也使大学生自主创业的意识逐步加强。毕业后选择创业，一方面可以规避目前严峻的就业形势，另一方面应届毕业生的身份有助于创业学生获得来自国家、各级政府、高校和社会等方面的优惠政策和扶持措施。

许多大学生的创业，是先就业后创业，在工作中不断培养创业意识、创业精神，积极发现创业机会，锻炼创业能力，条件成熟后再自主创业，这也是一种较好的选择。

创业并不一定要赶早，条件和机会更重要。大学生自主创业存在着很多未知数，首先要知道社会需要什么，自己能够做什么，还有哪些东西需要准备等，正如俗话所说："三年能修成一个秀才，不一定能修成一个商人。"所以除了要有生意头脑外，还要有资金、专业技术、创业背景，懂得市场运作等。另外，创业不是只要有专业能力就可以的，社会阅历、人际交往、法律常识都很重要。相对于其他背景的创业者而言，学生创业最大的劣势就是创业资金和社会经验的严重缺乏，这都需要一个积累的过程。

要盯住机会，选好项目。初次创业的大学生，应该选择能够发挥自己特长的项目，或者自己比较熟悉的行业中的项目，急于求成，一味跟风、模仿自己不熟悉领域中他人的成功模式或项目，等于用自己的劣势与别人的优势竞争，一开始就处于不利地位，不仅创业计划难以得到风险投资者的青睐，创业活动也难以获得成功。从目前的社会发展形势和大学生的实际情况来看，比较适合大学生创业的项目，主要是科技含量较高的"头脑工程"，如果条件成熟，毕业即可开始创业。

大学生创业既是大学生自身的需要，也是社会发展的需要，大学生应该积极投入到自主创业的实践中去。在这个过程中，还要注意规避认识方面的一切误区。不少大学生认为，创业就是从事高科技行业，就是要一鸣惊人，就是要一夜暴富，而不屑于去从事社会服务业或者技术含量较低的行业，他们却不知投入资金越多、项目越大，风险也就越大。北京航空航天大学管理学院的熊飞副院长认为："大学生创业应该树立赚第一分钱，而不是第一桶金的观念。"在创业时，大学生不要只盯着大商机、高科技，如无过硬的技术条件还是应该扎扎实实地从第三产业、科技含量相对较低的行业开始练兵。

本章小结

创业机会是指具有较强吸引力的、较为持久的有利于创业的商业机会。把握创业机会本质是有创业精神的创业者对具有价值的机会进行挖掘、开发和利用的过程。创业机会按照不同的标准可以进行不同的分类，按照来源可以分为问题型机会、趋势型机会和组合型机会三种类型。创业机会无处不在，其来源可概括为问题、变化、创造发明、竞争和新知识新技术五个方面。

创业需要机会，而机会要靠发现，先前经验、个人意识、社会关系和创造性都是影响机会识别的关键因素。创业者可以通过焦点小组法、头脑风暴法、深度访谈法、现场观察法和领先用户法五种方法提高发现机会的能力。

创业者发现的机会是否值得创业者全力以赴投入其中，这就需要对创业机会进行全方位的科学评价。评估一个创业机会的优劣，通常可以从创新性、成长性和可行性三个维度来权衡。

对于在校或毕业一段时间内的大学生，何时选择创业，一定程度上决定了创业的成败。从学业与创业的关系上可划分为在校创业、休学创业和毕业后创业。大学生自主创业存在着很多未知数，大学生创业首先要知道整个社会需要什么，自己能够做什么，还有哪些东西需要准备等，创业并不一定要赶早，条件和机会更重要。

思考题

1. 什么是创业机会？
2. 创业机会有哪些类型和来源？
3. 怎么识别并把握创业机会？
4. 哪些因素能够影响创业机会的把握？
5. 大学生该选择何时创业？
6. 如何评价创业机会？

讨论题

脸萌创始人郭列分享的产品理念

第一，了解用户的兴趣爱好。我们也看到一些数据，21岁以下网络用户很喜爱操作头像类和考试类应用。我们觉得，个性化展示是年轻人的一个刚需。

第二，无论是猎豹浏览器还是其他互联网产品，大部分团队和资源都专注在一件非常小的事情上，你才能在单点获得一些突破。

第三，最重视用户反馈。无论是张小龙还是马化腾，他们每天都会看很多用户的反馈，通过反馈不断打磨产品，产品会从量变到质变。

第四，对用户真诚。我们的产品不做弹窗，这点做得比腾讯还好，QQ经常出现弹窗，说有一个视频赶紧看吧，有一个活动赶紧参加吧。我当时很讨厌，所以我们就做无推送，连评分提示都没有的应用，一个很纯粹、很干净的应用。

第五，团队观。怎么样去寻找一群很好玩的小伙伴？我们觉得无趣的人不要。因为"好玩"已经变成了"90后"这个群体喜欢的表达方式。我们还希望团队里面大家一起工作时会更好玩一些。

第六，我们没有规矩，没有照搬任何管理模式。最开始，我们没有请假扣工资的规定，后来发现两个星期里面请假的人太多了，我们就跟大家说，请假一天扣一天工资。大家就不请假了。所以，我们没有给自己定很多的规矩，希望所有的规矩是从我们自己的经验当中出来，发现一个问题我们画一条线，不要超过这条线，你做什么都可以的。

第七，我们不停地找更优秀的人，重点找才华横溢的"90后"。我们不看工作经验，你工作5年或者10年，对我们来说是没有关系的，我们更希望有很多人从小学、初中、高中的时候就非常喜欢画画，他们在大学毕业的时候，虽然没有一点工作经验，但可能有5年或者10年的画画经验，这才是我们非常想要找到的人才。

第八，我们不是同事，是伙伴。是伙伴大家才会有共同的爱好，才会在一起。我的团队只有男妹子和女汉子，我们非常喜欢工作在一起，每天都不想下班。

思考：

1. 爱好与创业机会的发现是什么关系？

2. 你如何看待"90后"在移动互联网时代的创业机会？

实训项目与练习

1. 请你每天有意识地训练自己：一日一发现，一日一创意。今天你发现了吗？今天你有创意了吗？

2. 某高校学生通过发现用户群的显著特征而设计出了一款针对高校婚恋交友的移动端APP——缘来有你。请你从创业的角度对他们发现的创业机会进行三个维度的评价。

◇ 参考文献

[1]张玉利. 创业管理[M]. 3版. 北京：机械工业出版社，2013.

[2]巴林格. 创业管理：成功创建新企业[M]. 张玉利，王伟毅，杨俊，等译. 北京：机械工业出版社，2010.

[3]程智开. 大学生创新创业基础与指导[M]. 延吉：延边大学出版社，2019.

[4]程智开，唐立，李家华. 大学生创新创业指导[M]. 成都：电子科技大学出版社，2017.

[5]王艳茹,王兵. 创业基础课堂操作示范[M]. 北京:北京师范大学出版社,2014.

[6]李家华. 创业基础[M]. 北京:北京师范大学出版社,2013.

[7]高文兵. 创业基础教程[M]. 北京:高等教育出版社,2015.

[8]蒂蒙斯. 战略与商业机会[M]. 周伟民,田颖枝,译. 北京:华夏出版社,2002.

[9]德鲁克. 21世纪的管理挑战[M]. 朱雁斌,译. 北京:机械工业出版社,2006.

创业环境

本章知识结构图

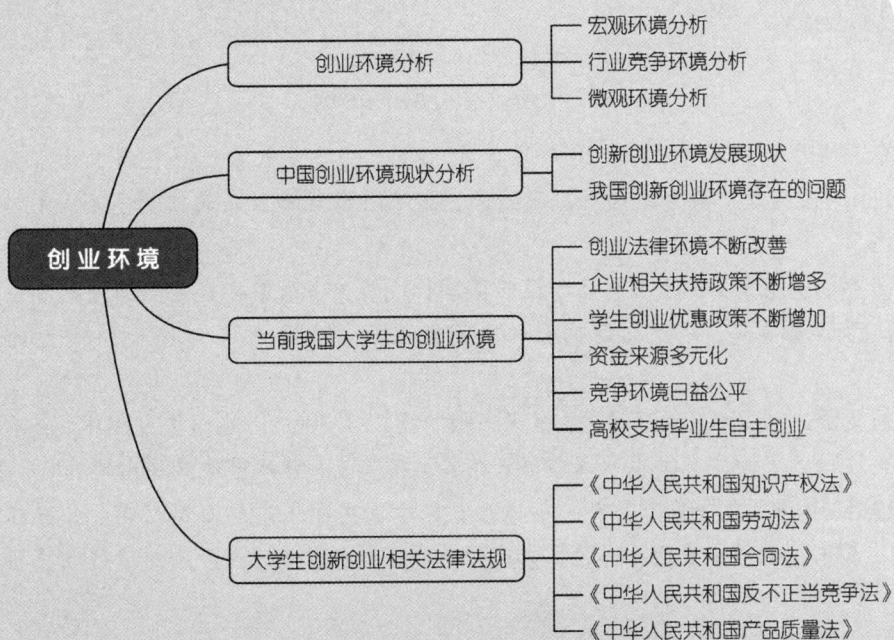

回头看我的创业历程，是不断寻找、不断纠正的过程。

——吴锡桑（中国网游先行者）

知 识 目 标 ▶▶

1. 创业环境分析角度把握。
2. 我国创业环境现状。

能 力 目 标 ▶▶

1. 了解国家对创业的相关扶持政策。
2. 熟知创业相关法律法规。

案 例 导 入 ▶▶

黄峥与拼多多的电商市场

福布斯实时数据显示，截至 2020 年 6 月 20 日，拼多多创始人兼首席执行官黄峥总身家高达 454 亿美元，成为中国第二大富豪，此时距离黄峥正式成立拼多多，不过四个年头而已。

2015 年，拼多多正式上线，黄峥担任董事长。拼多多采用社交裂变的方式专注于下沉市场从而迅速崛起，几年的时间里，电商新人黄峥便引领了电商产业最大的潮流趋势。

数据显示，在过去一年时间里，拼多多股价上涨了 300%。在这个过程中，持有拼多多 43.3% 股份的黄峥的身家也水涨船高，在各类榜单上，黄峥再次展现出他的"开挂"体质。2019 年 10 月，在拼多多上市一年之后，黄峥首次冲进胡润百富榜前十，并在胡润 80 后白手起家富豪榜中霸榜，胡润百富在榜单中感慨：黄峥的资产暴涨速度在全世界也不多见。

第一节　创业环境分析

创业环境是指围绕创业企业成长而变化，并能够影响创业企业成长的一切外部因素的总和，它包括政治、经济、法律、科技、社会、自然等方面的因素，是这些因素相互作用和相互制约而构成的有机整体。创业环境分析是发现创业机会的基础，是进行创业可行性分析的前提。随时变化的环境，能给各行各业带来机遇，也能给各行各业造成威胁。创业者必须明确宏观、微观等各种环境因素及其发展趋势对自己即将选择的具体行业、创业项目的影响是积极的还是消极的，这样才能更好地抓住机遇，规避风险，获得创业的成功。

一、宏观环境分析

宏观环境是指影响一切行业和企业的各种宏观力量。对宏观环境的分析，不同行业和企业根据自身特点和经营需要，分析的具体内容有所不同，一般对政治（political）、经济（economic）、社会（social）和技术（technological）这四大类影响企业的主要外部环境因素进行分析，这种方法也叫 PEST 分析法。宏观环境因素是企业无法控制的，创业者必须了解和熟悉相应的宏观环境，以适应市场的变化，把握机遇。

（一）政治环境

政治环境包括一个国家的社会制度和所推行的基本政策，包括产业政策、税收政策、补贴政策等，以及对企业经营活动加以限制和要求的法律法规。国家主要通过制定一些法律法规来间接地影响企业的活动，如合同法、商标法、专利法、反不正当竞争法等。为了支持自主创业，国家各级政府出台了许多优惠政策，涉及融资、开业、税收、创业培训、创业指导等诸多方面，如减免企业所得税、给予创业补贴、放宽贷款条件等。

（二）经济环境

经济环境包括经济结构、经济发展阶段、经济周期、国民收入及变化趋势，居民可支配收入、储蓄以及资本市场发育程度等因素，它们决定了企业潜在市场的大小。

经济结构是指一个国家或地区的产业结构、分配结构、交换结构、消费结构、技术结构以及所有制结构等，其中，产业结构与新创企业的关系最为密切。

企业的经营活动要受到一个国家或地区整个经济发展阶段的制约。以消费品市场为例，在经济发达的国家，消费者重视产品基本功能的同时，也比较强调产品的款式、性能和特色；而在经济欠发达的国家，消费者则比较侧重于产品的基本功能和实用性。

经济周期是现代社会发展过程中不可避免的经济波动，一个完整的经济周期通常包括繁荣、萧条、衰退、复苏四个阶段。在经济周期中，经济波动几乎会影响所有部门，造成产量、就业、物价水平、利率等的变动。

国民收入是一个国家物质生产部门的劳动者在一定时期内所创造的价值总和，它反映一个国家的经济发展水平。人均国民收入是每人的工资、奖金、津贴、退休金、红利、租金、赠予等从各种来源所得的全部货币收入之和的平均值，它反映消费者的购买力水平。

(三)社会环境

这里的社会环境主要指社会文化环境，是社会结构、社会风俗和习惯、信仰和价值观念、行为规范、生活方式、文化传统、人口规模与地理分布等因素综合作用而形成的。

社会文化环境影响着人们的消费观念、需求欲望及其特点、购买行为和生活方式，是影响企业经济活动众多变量中最复杂、最深刻和最重要的变量。创业者应了解和分析社会文化环境，以便评估创业项目的可行性。

(四)技术环境

技术环境包括社会技术总水平及变化趋势、技术变迁、技术突破等因素。技术对企业经济活动的影响是多方面的。企业的技术进步将使社会对企业的产品或服务的需求发生变化，从而给企业带来有利的发展机会。然而一项新技术的发明或应用可能又同时意味着威胁，因为一项新技术的发明应用可能会带动一批新兴行业的兴起，从而使另一些行业收益减少。例如静电印刷的发展，使得复印机产业得到发展，而使复写纸行业变得衰落；半导体的发明和普及迅速地改变了视听业的竞争格局。越是技术进步快的行业，技术变革对行业的影响越重要。

在分析技术环境时，除了要考察创业项目相关技术的发展趋势外，还要了解国家对相关技术开发的投资、该领域技术发展动态和研究开发费用总额、技术转移和技术商品化速度、专利及其保护情况等，从而了解技术环境是否有利于该项目的创业。

二、行业竞争环境分析

行业竞争环境分析主要是对新创企业所处行业和相关产业以及竞争环境条件的评估分析。通常使用哈佛大学教授迈克尔·波特提出的五种竞争力模型(见图7-1)来分析行业竞争环境。波特五力模型确定了竞争的五种主要来源，即供应商的议价能力、购买者的议价能力、潜

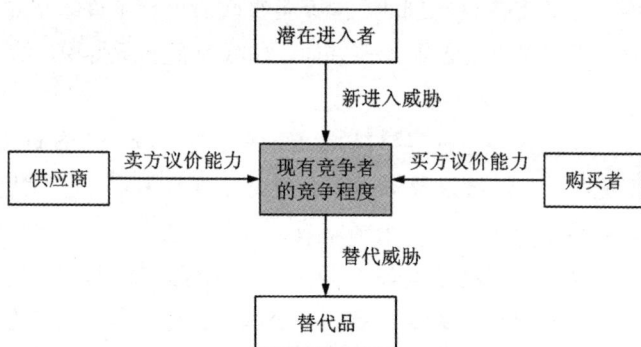

图7-1　波特五种竞争力模型

在进入者的威胁、替代品的威胁以及现有竞争者的竞争程度。这种分析方法用于创业能力分析，可以揭示企业在本产业或行业中具有多少盈利空间。

(一)供应商的议价能力

供应商包括行业所有的外购投入如技术、设备、资金、原材料、劳动力和信息等的

提供者。供应商希望通过提高原材料供应价格来获得更高的利润，这样就会影响行业中现有企业的盈利水平。在行业形成初期，行业内的企业要寻找供应商；当行业进入成熟期时，产品标准化程度较高，供应商基本成熟，因此他们往往在营销方面更为积极主动。供应商的实力越雄厚，议价能力就越强，更可能增加行业内企业的生产经营成本，降低企业的盈利水平。如果创业者仅仅关注购买者而忽视了供应商，可能会使得企业利润遭到额外的损失。

影响供应商议价能力的因素主要包括：

(1)供应商集中程度。与市场上有大量分散的供应商相比，少数几个占支配地位的供应商议价能力更高。

(2)转移成本。从一个供应商转向另一个供应商时所带来的固定成本越高，企业越不太可能更换供应商，供应商的议价能力就越强。

(3)原材料的标准化程度。原材料标准化程度越高，供应商议价能力就越低。

(4)前向一体化威胁。如果供应商进入买方产业的可能性非常大，供应商的议价能力就增强。

(二)购买者的议价能力

购买者包括为消费而购买的消费者和为销售而购买的渠道商。购买者希望企业降低产品价格或提升产品质量，从而实现自身利益最大化。购买者对企业形成的威胁主要是其议价能力，即购买者议价的意愿是否强烈以及能够实现压价的能力。购买者议价能力越强，他们愿意为之付出的价格就越低，这样导致行业的平均利润就越低。

影响购买者议价能力的因素主要有：

(1)购买者的集中程度。如果购买者总数较少，而每个购买者购买量大，则购买者议价能力就增强。例如，大集团客户相对于个体零散购买者处于更有利的议价地位。

(2)转移成本。购买者转移购买对象成本小，议价能力就增强。例如，理发店真正能让顾客满意并成为忠实顾客就不容易。而信用卡经常推出各种优惠政策和便民服务，就是在想方设法通过提供更多的附加服务来提高顾客的转移成本，从而将顾客变成忠实消费者。

(3)产品的标准化程度。产品标准化程度较高，市场上的替代品就较多，购买者就会持有一种无所谓的态度，这时议价能力就增强。

(4)后向一体化威胁。胁购买者有能力实现后向一体化，则购买者议价能力就增强。

(三)潜在进入者

潜在进入者是指将来有可能进入本行业的企业。受行业利润的吸引，尚未进入该行业的这些企业往往很有可能介入这一行业，成为"入侵者"。新进入者在给行业带来新资源、新生产能力的同时，也希望在已被现有企业瓜分完毕的市场中赢得一席之地，这就导致其与现有企业发生原材料和市场份额的竞争，最终影响行业中现有企业的盈利空间，还可能危及现有企业的生存。

潜在进入者带来威胁的严重程度取决于两方面的因素：第一，进入新领域的障碍大小;第二,现有企业对于进入者的反应。进入障碍主要包括经济规模、资本需求、成本转移、产品差异化、销售渠道开拓、政策与法规等。其中,有些障碍是很难借助复制或仿造的方式来突破的。现有企业对新进入者采取"抵制"行动的可能性大小,取决于现有企业的财力情况、固定资产规模以及行业增长速度等因素。

(四)替代品

所谓替代品是指那些能够实现同种功能的其他产品。一般来说,一个行业中几乎所有企业都会受到替代品的威胁,企业的潜在利益空间的扩大受限。

替代品的威胁包括三个方面:

(1)替代品在价格上的竞争力。价格上有吸引力的替代品往往给企业带来竞争压力。如果替代品的价格比行业中产品的价格低,那么行业中的企业就会遭遇降价的竞争压力。

(2)顾客对替代品质量和性能的满意度。替代品的易获得性不可避免地刺激消费者去比较彼此的质量、性能和价格,这种竞争压力迫使行业中的企业加强攻势,努力说服购买者相信它们的产品有着更优越的质量和性能。

(3)顾客转向替代品的难度和成本。常见的转移成本有:可能的额外价格、可能的设备成本、测试替代品质量和可靠性的时间和成本、脱离原有供应关系建立新供应关系的成本、转换时获得技术帮助的成本、员工培训成本等。

一般来说,替代品的价格越低,顾客对其质量和性能的满意度越高,顾客转向替代品的难度和成本越低,替代品所带来的竞争压力就越大。

(五)现有企业竞争

行业现有企业的竞争激烈程度,决定着行业的利润水平、发展规模与走向。有些行业竞争非常激烈,产品价格被压得很低,导致行业平均利润下降;而有些行业克服了价格竞争,行业内竞争并不激烈,行业平均利润水平较高。

一般来说,出现以下情况,现有企业之间的竞争将会变得很激烈:

(1)同行业竞争者的数量较多,且规模与实力相近。

(2)市场趋于成熟,产品需求增长缓慢。

(3)产品或服务差异化程度低,顾客购买转移成本低。

(4)高固定成本或库存成本的行业,市场需求不足或企业资产利用率较低。

(5)同行业竞争者在战略、目标以及组织形式等方面千差万别。

(6)行业外实力强大的企业将行业内小企业收购或兼并而成为市场领导者。

(7)退出行业障碍大,则企业撤出该行业所需的成本高于继续在行业内经营的成本。

三、微观环境分析

微观环境是指对企业服务其顾客的能力构成直接影响的各种因素的集合,包括企业内部环境、顾客、供应商、营销中介、竞争者和社会公众等。

(一)企业内部环境

企业内部环境是指企业内部的物质、文化环境的总和,包括企业资源、企业能力、企业文化等,也称企业内部条件。良好的企业内部环境有利于保证企业正常运行并实现企业利润目标。企业内部环境分析一般可以从生产能力、营销能力、品牌价值、组织结构、公共关系等方面进行分析。

(二)顾客

顾客是指使用进入消费领域的最终产品或服务的消费者和生产者。顾客是市场的主体,企业的产品和服务,只有得到了顾客的认可,才能赢得市场。因此,企业要投入大量的精力去研究顾客的真实需求,并尽可能地去满足他们的需求。创业的核心问题是善于发现未被满足或未得到充分满足的消费需求。

(三)供应商

供应商是指对企业进行生产所需而提供特定的原材料、辅助材料、设备、能源、劳务、资金等资源的供应单位。供应商所提供资源的情况直接影响到企业的生产经营活动,特别是在资源短缺时,影响更大。创业者需要对供应商情况进行分析,了解和掌握供应商的情况,选择更加优质的供应商。

(四)营销中介

营销中介是指为企业营销活动提供各种服务的企业或部门的总称,包括中间商(批发商、零售商、代理商)、营销服务机构(广告、咨询、调研)、物资分销机构(仓储、运输)以及金融机构(银行、信托、保险)。营销中介的主要功能是帮助企业推广和分销产品。营销中介对企业的经营活动产生直接的影响,只有通过相关营销中介提供的服务,企业才能把产品顺利地送达目标消费者手中。

(五)竞争者

对于初创企业来讲,分析竞争对手的情况有两方面的意义:一是学习对方的优点和成功之处;二是应对来自竞争对手的挑战。

在一个行业中,有许多的参与企业,虽然每一个参与企业都很可能对新创企业造成竞争威胁,但由于创业者资源和能力有限,在分析竞争对手情况时不可能面面俱到,只能瞄准对本企业可能造成最大威胁的主要竞争者。在行业中有一定地位,并且新创企业通过努力可以赶上的那些企业都可以作为新创企业的主要竞争对手。分析竞争对手情况时,可以从产品、价格、销售渠道、促销手段等方面进行对比分析,从而了解企业自身与竞争对手的优劣势,知己知彼。

(六)社会公众

社会公众是指对企业经营活动有实际或潜在的兴趣和影响的团体。企业的社会公众一般包括以下几类。

(1)政府公众。政府公众是指与负责企业的业务经营活动有关的各级政府机构,如行业主管部门、财政、工商、税务、物价、商检等部门。其所制定的方针、政策,对企业经营活动起着促进或限制的作用。

（2）媒介公众。媒介公众主要是电视、电台、报纸、杂志等有广泛影响的大众媒体。它们掌握传媒工具，有着广泛的社会联系，对企业的声誉有着举足轻重的影响。

（3）社团公众。主要指与企业经营活动有关的非政府机构，如消费者组织、环境保护组织以及其他群众团体。这些团体的力量不可忽视。

（4）地方公众。主要指企业所在地附近的居民群众、社区组织。在地方公众中树立良好的口碑，有利于企业在社会上树立良好形象。

（5）一般公众。一般公众是指社会上的消费者和民众。一般公众对企业的印象将影响着消费者对该企业及其产品的看法。

（6）企业内部公众。企业内部公众包括董事会成员、中高层管理人员、职能部门员工与生产一线的员工等。企业要经常对员工进行沟通和激励。如果企业员工对自己的企业感到满意，他们的态度也会感染企业以外的公众。

社会公众对企业的态度，可能有助于企业树立良好的形象，也可能会妨碍企业形象的树立。因此，创业者需要考虑社会公众力量，采取措施处理好与主要公众的关系，为企业营造和谐、宽松的社会环境

第二节 中国创业环境现状分析

"大众创业、万众创新"既是收入分配结构调整的重要内容，也促进了社会公平正义。双创为所有人提供了公平竞争的机会，让有能力的人通过自身奋斗获得上升通道。在政府的大力推动下，我国的创新创业环境得到了长足的改善，创新创业活动蓬勃兴起。

视野拓展

一、创新创业环境发展现状

改革开放以来，我国经历了四次大的创业热潮。第一次始于 1984 年，城市个体户和乡镇企业迎来了创业高潮。第二次始于 1992 年，大部分体制内的人才到体制外创业，为民营企业的发展树立了典范。第三次始于 2000 年，是以互联网企业为主带来的创业热潮。第四次始于 2015 年热议的"大众创业、万众创新""创客"，各行各业的创业者层出不穷。创新创业的外部环境主要有以下特点：

1. 创新创业的观念正在发展转变

当前，创新创业模式正在由精英式转向大众式，新时期创新创业所特有的探索新领域、打破旧思维的特点正在日益成为富有时代气息的社会价值导向和生活方式。之所以如此，是因为：第一，新时期的年轻人个性更加释放，敢于挑战权威和打破不合理规则的束缚，对工作的态度不再是墨守成规，更愿意寻找自由放松、发挥个性的工作。2016 年高校毕业生 765 万人，达到历史最高水平，就业压力进一步增大，更多年轻人加入大众创业、万众创新的洪流中，对整个社会的就业观念产生巨大冲击。第二，移动通信、互

联网的普及发展使整个世界的知识结构扁平化,市场信息的传递更加便捷,大大降低了非专业人员参与创新的成本,为大众创业、万众创新奠定了坚实的技术基础,新型创新创业模式将不断涌现,如以众创空间为代表的低成本、便利化、全要素的创业服务平台正在为创新创业添砖加瓦。

2.各级政府对创新创业重视程度不断提高

从以下两个层面进行分析。

(1)中央政府层面:2013年底以来,国务院常务会议先后多次研究讨论创新创业工作,并连续推出了一系列政策措施,为激发创新创业活力保驾护航。如2014年4月30日,国务院常务会议专门研究进一步促进高校毕业生就业创业的政策措施,启动实施"大学生创业引领计划",在电子商务网络平台开办网店的高校毕业生,可享受小额担保贷款和财政贴息政策;2015年1月,国务院常务会议确定支持发展"众创空间"的政策措施,为创新创业搭建新平台。2016年3月,中共中央、国务院印发的《关于深化体制机制改革,加快实施创新驱动发展战略的若干意见》,把用改革推动创新的战略推至巅峰,系统阐述了中央对实施创新驱动发展战略的总体考虑。2016年9月,国务院印发了《关于创业投资持续健康发展的若干意见》,提出加大对创业投资政策的扶持力度,完善创业投资税收政策,建立创业投资与政府项目对接机制,研究鼓励长期投资的政策措施。

(2)地方政府层面:一是设立并完善创业投资引导基金,如上海市财政从2014年起连续3年每年新增投入10亿元资金,专项用于补充上海市创业投资引导基金,主要投资该市重点支持领域早期创业企业;贵州省将引导基金对创业投资企业最高参股比例由20%提高到30%,扩大了引导基金的使用范围;海南省成立10亿元规模的创投引导基金,重点支持科技型、创新型中小企业发展。二是拓宽企业融资来源,如福建省组建政府主导的融资性担保机构,组建5亿元规模的省级代偿补偿资金,为中小微企业提供融资担保服务。三是搭建公共服务平台,例如山东省政府在工作报告中提出政府要从主导资源配置向注重市场监管和平台建设转变,从选拔式、分配式扶持向普惠式、引领式资助转变;浙江省提出积极推进科研院所科研仪器设备和服务向社会开放,加快建设区域创新体系。四是鼓励支持大学生创新创业,如甘肃省打破基于户籍制度形成的就业服务管理模式,允许自主创业大学生异地登记、在登记地享受相关税收优惠,行政事业性收费减免、小额担保贷款及贴息等扶持政策;湖北省启动实施新一轮"大学生创业引领计划",计划至2017年总共扶持5万名大学生创业,包括创业项目资金扶持、担保贴息贷款、创业培训、场租减免等具体内容;青岛市积极落实大学生创业孵化基地房租减免、资金扶持、培训和中介等优惠政策。

3.创新创业对经济提质增效升级的效果不断显现

近两年来,随着政府"简政放权"的深入推进,以实行注册资本认缴制、"先照后证"、年报公示、"三证合一"等为核心内容的工商登记制度改革陆续在各地落地生根,"大众创业、万众创新"的社会氛围逐步形成,对经济增长动力转换、结构调整的作用正在不断显现。

（1）从宏观层面来看，我国居民对创新创业呈现积极态度，新注册企业及参与创业的人数均快速增长。根据《2016安利全球创业报告》，中国创业精神指数在全球排第四位，其中86%的中国受访者对创业持积极乐观的态度，高于国际平均水平（77%）和亚洲平均水平（80%）。2015年全年新登记注册企业增长21.6%，平均每天新增1.2万户，全国科技企业孵化中心超过1600余家，服务企业8万余家，就业人数175万人。

（2）从地区层面来看，各地创业资源正在不断积聚，已经初步形成五大创业中心。一是以北京、天津为核心的华北创业中心；二是以上海、杭州、苏州、南京为核心的华东创业中心；三是以深圳、广州为核心的华南创业中心；四是以武汉为核心的中部创业中心；五是以成都、西安为核心的西部创业中心。其中，部分城市内部已经形成发展水平极高的创新创业中心，如作为创新创业孵化一条街重要组成部分的中关村创业大街，2014年6月正式开始运营，目前，中关村创业大街已经聚集车库咖啡等21家新型创业服务机构，天使投资人和投资机构超过2000个，创业团队平均融资额500万元。

（3）从微观企业层面来看，一方面，企业已经参与创客的具体实践。如海尔集团，已支持内部创业人员成立212家小微公司。海尔创客公地已诞生470个项目、汇聚1322家风投公司，孕育着2000多家创客小微公司。海尔创建的创业生态系统已提供超过100万个就业机会。另一方面，各种创业基地的建设也在有序开展，2016年，全国共培育和支持创业基地4000余个，认定省级示范基地2200余个，基地入驻企业19万个，提供就业岗位超过500万个。

（4）从创新创业文化层面来看，创客正在蓬勃兴起。据了解，创客概念在2009年来到中国，时间虽短但发展迅猛，现在已经初步形成了以北京、上海、深圳为中心的三大创客文化圈。随着政府支持政策的相继出台，创客空间、创业咖啡、创新工厂等形式的众创空间正在面临着历史性的发展机遇。

二、我国创新创业环境存在的问题

我国创新创业环境存在以下四方面的问题。

1. 创业风险在凸显

根据《2016年中国大学生就业报告》（以下简称《报告》）数据显示，我国大学生毕业即创业的人数比例连续5年上升，从2011届的1.6%上升到2015届的3.0%，已经接近全球平均水平，但是在浩浩荡荡的创业大军中，成功率低得惊人。《报告》显示，毕业半年后自主创业的应届本科毕业生中，3年后超过半数退出创业。即便在创业环境较好的省份如浙江，大学生创业的成功率也只有5%左右，其他省份大学生创业成功率都在2%左右，换言之，每100个创业的大学生中，有98人会失败。

2. 成本上升弱化小微企业竞争力

绝大部分参与创新创业的主体都是小微企业或者个体户，但是以下两方面原因使小微企业的竞争力难以保障。

（1）小微企业的税收、社保仍是负担。虽然这几年国家频繁出台多项政策减轻小微企业的负担，但是较重的税收及社保负担给初创阶段的小微企业的成长带来较大压力。由于大部分小微企业需要靠自身积累资源，迫切需要抓住有限的市场机会快速成长，在企业产品销售量放大时迅速发力跨入快速成长的关键期，若企业所得税较高则会束缚小微企业的成长速度，可能导致小微企业错过快速成长期。同时，最近几年各项成本支出如人工、土地、房租、物流成本的大幅上涨也进一步恶化了小微企业的生存环境，尤其是人工成本方面，最低工资标准的逐年提高，大城市生活成本的逐渐提高都使小微企业不得不支付更多的人工成本。增速过快的成本提高了企业的综合成本，挤压了小微企业的利润空间。而小微企业由于数量较多，同行业内部的小微企业往往同构度高、差异性弱，行业内竞争异常激烈，企业为保住自己的市场份额，不敢随成本上升而相应提升产品价格，这就使盈利越来越难，小微企业生存愈发艰难。

（2）虽然国务院大力推行简政放权，但是从企业创办程序所需要的时间看，我国创办企业所需要的时间仍然高于其他国家尤其是西方发达国家。根据世界银行《2013年全球营商环境报告》数据显示，2013年，在我国开办企业所需手续数为13个，德国为9个，日本为8个，美国、英国、意大利均为6个，法国为5个；我国开办企业所需的平均时间为33天，而日本为22天，德国为15天，英国为12天，法国和意大利分别为7天和6天，美国为5天。我国企业创建的程序仍然具有进一步压缩的空间。

3. **金融体系对创新创业的支撑力度不足**

在当前的创新创业环境中，资金问题和融资难问题是小微企业面临的首要难题。

（1）由于金融市场体系不健全，适合小微企业的金融产品十分短缺，与大企业相比，小微企业的融资多用于流动资金，且具有规模小、时间急、频率快的特点，而目前国有商业银行实行集约化经营管理体制，贷款需要逐级上报审批，造成贷款审批时间长、银行授信程序复杂，不能满足小微企业时间急、频率快的需求特点。另外，小微企业由于资产规模较小，普遍缺乏担保与抵押，其自身经营的不确定性使放贷者面临较大的风险，同时，小微企业贷款笔数多、单笔数额小也会大大增加银行维护成本，为追求利润最大化和控制风险，各商业银行都会有意识地忽略小微企业的需求，为小微企业融资而开发的金融产品品种少，难以满足小微企业的融资需求。

（2）当前我国企业融资过度依赖间接融资，股权、债券等直接融资手段发展严重落后，直接融资的"短板"成为创新创业企业发展壮大的掣肘因素。相关数据显示，2014年末，我国非金融企业境内股票余额占社会融资规模的比重仅为3.1%。从股权投资的发展情况来看，我国股权投资滞后于经济发展的需求，与美国相比，美国的私募股权投资基金年交易额占GDP的比重为1%，而我国的比重仅为0.3%；美国天使投资人约有75.6万人，而我国仅有数千人。同时，我国的天使投资和股权风险投资都适用于相同的税收政策，但天使投资的成功率要低得多，沉没成本更大，税收设计不利于引导投资方转向天使投资，不利于投资周期长但有自主知识产权的高科技小微企业获得初期投资。

4. **学校教育对创新创业的重视和针对性还不够**

虽然"大众创业、万众创新"战略早些年就已提出，但是当前的"双创"战略主要是政府和居民在参与，高等院校参与的积极性和主动性不高，所做工作的针对性也不强，这使很多大学生在参与创新创业前没有做好准备，导致创业成功率不高。从当前实际情况看，高等院校在参与"双创"战略中主要存在如下不足：首先，高等院校对于创新创业相关的课程关注不够，受限于师资等资源的不足，当前高校针对"双创"战略的课程设置较少，查阅相关高校的课表和培养计划可发现，绝大部分高校都未开设与创新创业相关的课程；其次，在帮助大学生创业就业的过程中，高等院校的就业部门参与力度不够大，很多高校就业部门只关注大学生的就业率而对大学生的主动创业关注不足；最后，高等院校对大学生创业和创新的各方面支持政策并不完善。

第三节　当前我国大学生的创业环境

中央电视台《对话》节目特邀嘉宾张树新女士的一段话发人深省："我觉得还是很高兴，就是说，今天中国的创业环境，真的开始有一些人不像10年、20年前，其实他们真的具备海外硅谷一样的一些基本创业环境了。他们可以凭着技术、凭着理想、凭着一个想法，然后今天就可以成立企业，也许不会走那么多颠簸和波折的路，这是个（值得）高兴的事情。"

的确，这是一件值得高兴的事情。因为可以看到的事实是：虽然大学生的创业环境还不完全成熟，还存在这样那样的问题，但与前几年相比，还是出现了许多较好的变化。具体而言，大学生创业环境的改善主要表现在以下几个方面。

一、创业法律环境不断改善

与我国的其他各种立法一样，有关创业的立法也经历了一个由不完善到逐步完善的过程，在这个过程中，法律对于大学生创业活动的保护作用日益彰显。

1999年8月，《中华人民共和国个人独资企业法》出台，这是我国继《公司法》《合伙企业法》之后所制定的第三部涉及规范私营企业市场主体的法律，至此，我国关于私营经济的三种主要形式独资企业、合伙企业和有限责任公司的法律已经基本完备。《个人独资企业法》最引人注目之处，在于其第八条中明确规定，只要有必要的从业人员以及有出资、有合法的企业名称、有固定的生产场所等，就可以申请注册为个人独资企业，国家依法保护个人独资企业的财产和其他合法权益。2014年3月1日，经过修正后的《中华人民共和国公司法》开始实施，加之"双创"工作的全面深入开展，为自主创业提供了一个更为宽松的法律和政策环境。

二、企业相关扶持政策不断增多

下面介绍一些相关扶持政策。

1. 政府对中小企业发展及创业的扶持政策陆续出台

随着《中华人民共和国中小企业促进法》的进一步贯彻落实，国家在法律政策中提出的对中小企业提供资金支持、创业扶持、技术创新、市场开拓、社会服务等方面的规定，主管部门都正在抓紧实施。可以说，一个关注、培育、扶持中小企业发展和鼓励创业的社会环境与政策环境正在初步形成，这一变化突出体现在多种形式的扶持政策等方面。对于创业者来说，优惠政策就好比是创业的助推器，能降低创业成本，提高创业的成功率。政府对中小企业发展及创业的扶持政策主要包括：

（1）2014 年，为扶持小微型企业健康发展，国务院印发了《关于扶持小型微型企业健康发展的意见》，将资金、税收、基地、就业等帮扶责任落实到具体的部门。

（2）2015 年 3 月，中共中央、国务院印发《关于深化体制机制改革加快实施创新驱动发展战略的若干意见》，提出到 2020 年，基本形成适应创新驱动发展要求的制度环境和政策法律体系，为我国进入创新型国家行列提供有力保障。

（3）2015 年 6 月国务院印发了《关于大力推进大众创业万众创新若干政策措施的意见》，从 9 大领域、30 个方面明确了 96 条政策措施，对"双创"进行了全方位部署。

（4）2015 年 7 月，国务院印发《国务院关于积极推进"互联网+"行动的指导意见》（国发〔2015〕40 号），重点部署了智能制造试点、智能制造系统解决方案能力、信息基础设施、新业态培育等八大行动计划，其目标是建立并完善一个基于"互联网+制造"的生态体系，并予以专项资金支持。

（5）2015 年 9 月，国务院出台《关于加快构建大众创业万众创新支撑平台的指导意见》，这是加快推动众创、众包、众扶、众筹等新模式、新业态发展的系统性指导文件，为推进大众创业万众创新提供了强大的支撑。

（6）2015 年 11 月 3 日，《中共中央关于制定国民经济和社会发展第十三个五年规划的建议》中提出，要规范发展互联网金融，扩大民间资本进入银行业，发展普惠金融，积极鼓励互联网金融。这不仅是延续了"互联网+"政策，也意味着互联网金融的发展被予以认可。

（7）2018 年 9 月，国务院出台《国务院关于推动创新创业高质量发展打造"双创"升级版的意见》，要求通过打造"双创"升级版，进一步优化创新创业环境，大幅降低创新创业成本，提升创业带动就业的能力，增强科技创新引领作用，提升支撑平台的服务能力，推动形成线上线下结合、产学研用协同、大中小企业融合的创新创业格局，为加快培育发展新动能、实现更充分就业和经济高质量发展提供坚实保障。

在一系列政策措施的推动下，我国市场主体不断增加，专利申请数量快速增长，迅速形成了一股"双创"热潮。据统计，2015 年 1—9 月，平均每天新登记企业达 1.16 万家，比 2014 年同期增长 40.9%。

2. 政府支持和鼓励新办企业、高新技术企业及第三产业的优惠政策不断增多

（1）国务院批准的高新产业开发区内的企业及有关部门认定的高新技术企业可按 15% 的生产率征收所得税；国务院批准的高新技术主要行业内新办的高新技术企业，自

投产年度起免征所得税两年。

（2）对新办的独立核算的从事咨询业、信息业、技术服务业的企业或经营单位，自开业之日起，第一年免征所得税，第二年减半征收所得税。

（3）对新办的从事交通运输业、邮电通信业的企业，自开业之日起，第一年免征所得税，第二年减半征收所得税。

（4）对新办的独立核算的从事公用事业、商业、物资业、对外贸易业、旅游业、仓储业、居民服务业，报经主管税务机关批准，可减征或者免征所得税一年。

（5）企、事业单位进行技术转让以及在技术转让过程中发生的技术咨询、技术服务、技术培训的收入，年净收入在 30 万元以下的，暂免征收所得税。

（6）对农村及城镇为农业生产产前、产中、产后服务的企业，对其提供的技术服务或实物所取得的收入，暂免征收所得税。

（7）对科研单位和大专院校服务于各行业的技术成果转让、技术培训、技术咨询、技术服务、技术承包所得的技术性服务收入，暂免征收所得税。

三、学生创业优惠政策不断增加

近年来，为鼓励和支持大学生创业，国家和各级政府出台了许多优惠政策，涉及融资、开业、税收、创业培训、创业指导等诸多方面。综观这些政策，可以把优惠政策概括为以下几个方面。

1. 税收优惠

高校毕业生在毕业年度内，可以向人社部门申请办理《就业创业证》。持有人社部门核发的《就业创业证》（注明"毕业年度内自主创业税收政策"）的高校毕业生在毕业年度内（指毕业所在自然年，即 1 月 1 日至 12 月 31 日）创办个体工商户、个人独资企业的，3 年内按每户每年 8000 元为限额依次扣减其当年实际应缴纳的营业税、城市维护建设税、教育费附加和个人所得税。对高校毕业生创办的小型微利企业，按国家规定享受相关税收支持政策。

2. 创业担保贷款和贴息

简化高校毕业生办理创业贷款的手续，高校毕业生为借款主体，担保方可由其家庭或直系亲属家庭成员的稳定收入或有效资产提供相应的联合担保。对符合条件的自主创业的大学生，可在创业地按规定申请创业担保贷款，贷款额度为 10 万元。鼓励金融机构参照贷款基础利率，结合风险分担情况，合理确定贷款利率水平，对个人发放的创业担保贷款，在贷款基础利率基础上上浮 3 个百分点以内的，由财政部门给予贴息。

3. 免收有关行政事业性收费

毕业 2 年以内的普通高校学生从事个体经营（除国家限制的行业外）的，在工商部门首次注册登记之日起 3 年内，免收管理类、登记类和证照类等有关行政事业性收费。

4. 享受培训补贴

大学生创办的小微企业新招用毕业年度高校毕业生,签订1年以上劳动合同并交纳社会保险费的,给予1年社会保险补贴。对大学生在毕业学年(即从毕业前一年7月1日起的12个月)内参加创业培训的,根据其获得创业培训合格证书或就业、创业情况,按规定给予培训补贴。

5. 免费创业服务

高校毕业生可在创业地办理落户手续(直辖市按有关规定执行)。有创业意愿的大学生,可免费获得公共就业和人才服务机构提供的创业指导服务,包括政策咨询、信息服务、项目开发、风险评估、开业指导、融资服务、跟踪扶持等"一条龙"创业服务。

6. 创新人才培养

创业大学生可享受各地各高校实施的系列"卓越计划""科教结合协同育人行动计划"等计划的支持,同时享受跨学科专业开设的交叉课程、创新创业教育实验班等教育资源,以及探索建立的跨院系、跨学科、跨专业交叉培养创新创业人才的新机制。

7. 开设创新创业教育课程

自主创业的大学生可享受各高校的各类专业课程和创新创业教育资源,以及面向全体学生开发开设的研究方法、学科前沿、创业基础、就业创业指导等方面的必修课和选修课;同时享受各地区、各高校推出的资源共享的慕课、视频公开课等在线开放课程和在线开放课程学习认证和学分认定制度。

8. 强化创新创业实践

自主创业大学生可享受学校面向全体学生开放的大学科技园、创业园、创业孵化基地、教育部工程研究中心、各类实验室、教学仪器设备等科技创新资源和实验教学平台。可以参加全国大学生创新创业大赛、全国高职院校技能大赛和各类科技创新、创意设计、创业计划等专题竞赛及高校学生成立的创新创业协会、创业俱乐部等社团,提升创新创业实践能力。

9. 改革教学制度

有自主创业意愿的大学生,可享受高校实施的弹性学制,放宽学生修业年限等优惠政策,高校允许学生调整学业进程、保留学籍休学创新创业。自主创业的大学生可享受各高校建立的自主创业大学生创新创业学分累计与转换制度;优先支持参与创业的学生转入相关专业学习;还可享受将学生开展创新实验、发表论文、获得专利和自主创业等情况折算为学分,将学生参与课题研究、项目实验等活动认定为课堂学习的新探索。同时参与为有意愿有潜质的学生制订的创新创业能力培养计划及创新创业档案和成绩单等系列客观记录并量化评价学生开展创新创业活动情况的教学实践活动。

10. 大学生创业指导服务

自主创业的大学生可享受各地各高校对自主创业学生实行的持续帮扶、全程指导等一站式服务。地方政府、高校两级信息服务平台，为学生实时提供国家政策、市场动向等信息和与创业项目对接、知识产权交易等服务。可在享受各地大学生创业孵化基地优惠政策的基础上，享受相关培训、指导服务等扶持政策。

综上可见，国务院及地方各级政府鼓励和支持大学生创业的相关优惠政策更加细化，更贴近实际。了解这些优惠政策，大学生会感受到国家和政府的支持力度，更加坚定创业的决心。

四、资金来源多元化

毫无疑问，无法获得启动资金仍是当前大学生创业最难以逾越的障碍之一。其实很多大学生因为有了比较成熟的创业思路和相当合适的创业项目而雄心勃勃，但在资金瓶颈面前又变得英雄气短、望洋兴叹。

随着经济发展和政策驱动，与过去相比，大学生创业的资金来源日益多元化，许多融资渠道都为大学生创业提供了比较可靠的资金保障。当前有十余种融资方式可供大学生创业时考虑：银行贷款融资、信用担保融资、民间借贷融资、金融租赁融资、风险投资融资、补偿贸易融资、项目包装融资、高新技术融资、产业政策融资、专项资金融资与股权融资等。

当然可能不少人对上述融资方式还感觉相当陌生，这些方式也不是所有人都能轻松驾驭，但就目前来说，至少有以下几种方式可以成为大学生创业的资金来源。

1. 传统的融资方式

传统的融资方式是指通过亲属、朋友等获得创业资金的融资方式。这也是一种比较常见的融资方式，适用于家庭条件较好或社会关系较广的创业者。由于亲戚、朋友等关系非常容易建立彼此间的信任，所以如果能得到亲人、家属的支持并且其具备这样的经济条件，那么创业者就能获得稳定可靠的启动资金。

2. 个人创业贷款

个人创业贷款是指各银行为支持私营企业或个体经营者的发展，遵循国家有关政策推出的面向个人、用于从事生产和经营活动所需资金的贷款，旨在帮助发展事业的个人尽早实现目标。一般是个人因创业或再创业提出资金需求申请，经银行认可有效担保后而发放的一种专项贷款。目前，包括中国工商银行、中国银行、中国农业银行、浦发银行、中信实业银行、交通银行等在内的各大银行都已推出个人创业贷款业务。

3. 政府专门设立的大学生创业基金

鼓励大学生自主创业作为国家的一项政策，寄托了国家和社会的期待与关怀，为保证这一政策的顺利实施，不少地方政府设立了用于支持大学生创业的专项基金。近年来，上海、重庆、广州、杭州等城市以及辽宁、山东、河南、安徽等省份也都分别设立了大学生创业基金，为符合条件的大学生创业提供 5 万元至 50 万元资金支持。

4．风险投资

风险投资是一种新的投资模式，是在创业企业发展初期投入风险资本，待其发育相对成熟后，通过市场退出机制将所投入的资本由股权形态转化为资金形态，以收回投资，取得高额收益。

风险投资在我国的发展将呈现蓬勃之势，这种趋势必将催生出一种新的融资观念和融资方式，从而为创业者提供一条崭新而自由的资金渠道。据统计，2012年我国风险投资各类机构已经达到1183家，其中风险投资企业就有942家，风险投资管理企业241家，当年募集资金的企业136家，资金总量已经达到3312亿元。2013年中国市场风险投资交易数量935起，披露交易额120.5亿美元。根据道琼斯风险资源的统计，2014年中国的风险投资总额高达155亿美元。

五、竞争环境日益公平

当前中国正处于一个影响深远的社会转型期。在这个转型期，市场代替计划对资源配置发挥基础性作用，社会竞争趋向开放和公平。在一个开放的市场体系中，企业不再受体制过多的束缚、限制，从而使生存空间能够无限延伸，发展活力得以充分施展。

对于创业者来说，公平、高效、自由、开放的市场环境能有效降低创业的隐性成本，清除原来可能存在的体制性障碍，无形中增加了创业的成功系数。

种种迹象表明：我们正在经历一个新的时代，这个时代不选择屈从，因为它更强调创新精神；这个时代不迷信权威，因为它更崇尚"平民价值"。

六、高校支持毕业生自主创业

近年来，各地各高校坚持把做好高校毕业生就业工作作为当前的重要任务，认真落实关于促进大学生自主创业的各项政策，构建大学生创业的长效机制，出台多项优惠措施，切实搞好高校毕业生的创业教育及创业支持工作。浙江大学、北京科技大学、上海交通大学、武汉理工大学、中南大学等高校对毕业生加强自主创业教育和实践教育，开展大学生自主创业指导讲座，积极引导毕业生在校期间进行自主创业的针对性锻炼，并通过参加和举办各类大学生科技创新活动，培养学生的创新精神和创业能力，完善大学生素质结构，切实提高大学生就业创业竞争力。

陕西省政府投入5000万元设立"陕西省高校毕业生创业基金"扶持毕业生自主创业。已登记创业的毕业生，可向当地银行申请不超过8万元的小额贷款。符合条件的高校毕业生自主创业、从事个体经营者，免除行政事业性收费，月营业额在5000元以下的，免征营业税。上海市、浙江省、湖南省、安徽省、广东省等省市成立了大学生创业园，开办了创业网，启动了系列创业活动，以学校为依托，利用人才、科技、专业等优势，整合创新资源，加速科技成果转化，积极引导勇于创业的大学生，并为他们提供必要的技术和资金支持，提高大学生创业的成功率。云南省每年安排 12 亿元资金，重点用于支持有创业能力的高校毕业生自主创业。上海交通大学慧谷创业中心推出"零租金"措施，促进大学生"零首付"创业。中山大学联合广东风险投资集团成立了 2000 万元的大学生创业基金，资助毕业生创业。四川农业大学每年设立 10 万元学生创新创业专项经费，对有创意、可操作性强的项目予以经费、场地等支持。华侨大学设立了"华侨大学学生自主创业基金"，每年扶持 5~10 个创业项目，给予自主创业的毕业生每人 100~3000 元不等的奖励。

第四节　大学生创新创业相关法律法规

大学生要想创业，必须熟悉和遵守与企业相关的法律法规，如知识产权法、劳动法、合同法、反不正当竞争法、产品质量法等。法律法规不仅对新企业具有约束作用，而且对新企业的运营与发展有保护作用。遵纪守法的企业将赢得消费者的信任、供应商的合作、员工的信赖和政府的支持，甚至竞争对手的尊重，这将为企业营造一个良好的生存发展空间。大学生创业者需了解的一些基础的法律法规现另列如下。

一、《中华人民共和国知识产权法》

知识产权是指人们对自己的创造性智力劳动成果所享有的民事权利，如著作权、专利权、商标专用权、商业秘密专有权等。知识产权法是调整知识产权的获取、利用和保护所涉及的社会关系的法律规范的总称。其作用体现在：使企业的知识产权资源不受他人侵犯；知识产权的认定结果是进行产权交易的前提，是企业直接获取经济利益的重要资本；不仅使企业获得经济利益，同时使创业者的知名度得到提高。

1. 著作权与著作权法

著作权也称版权，是指作者对其创作的文学艺术和科学作品依法享有的权利。著作权包括发表权、署名权、修改权、保护作品完整权、复制权、发行权、出租权、展览权、表演权、放映权、广播权、信息网络传播权、摄制权、改编权、翻译权、汇编权以及应当由著作权人享有的其他 17 项权利。

著作权法是指国家制定或认可的，调整由文学、艺术和科学作品产生的社会关系的法律规范的总和。其立法目的是既要保护著作权人的合法权利，又要维护社会公众对作品正当合理的使用，以鼓励优秀作品的创作和传播。国务院著作权行政管理部门主管全国的著作权管理工作；各省、自治区、直辖市人民政府的著作权行政管理部门主管本行政区域的著作权管理工作。我国实行作品自动保护原则和自愿登记原则，即作品一旦产生，作者便享有版权，登记与否都受法律保护；自愿登记后可取得证据。著作权人行使著作权，不得违反宪法和法律，不得损害公共利益。

2．专利权与专利法

专利权是权利人对其获得专利的发明创造（发明、实用新型或外观设计）在法定期限内所享有的独占权或专有权。

专利法是调整因发明创造的产生而引发的发明人与使用发明人之间、发明人与其所属单位之间、发明人与发明人之间，在支配和使用该发明创造的问题上所产生的各种社会关系的行为规范，其实质是依照法律确认和保护发明创造的产权。我国专利的类型有发明专利、实用新型专利和外观设计专利。申请发明专利或者实用新型专利，应当提交请求书、说明书及其摘要和权利要求书等文件；申请外观设计专利的，应当提交请求书、该外观设计的图片或者照片及对该外观设计的简要说明等文件。发明专利权的期限为20年，实用新型专利权和外观设计专利权的期限为10年，均自申请之日起计算。

3．商标专用权与商标法

商标是用以区别商品和服务不同来源的商业性标志，由文字、图形、字母、数字、三维标志、颜色组合、声音或者上述要素的组合构成。商标专用权是指商标主管机关依法授予商标所有人对其注册商标受国家法律保护的专有权。商标注册人拥有依法支配其注册商标并禁止他人侵害的权利，包括商标注册人对其注册商标的排他使用权、收益权、处分权、续展权和禁止他人侵害的权利。商标是企业的无形资产，其价值体现在商标的独特性和为企业带来的巨大的经济利益上。

商标法是调整企业在商标注册与使用中出现的各种问题的行为规范。商标法规定，自然人、法人或者其他组织在生产经营活动中，对其商品或者服务需要取得商标专用权的，应当向商标局申请商标注册。法律、行政法规规定必须使用注册商标的商品，必须申请商标注册，未经核准注册的，不得在市场销售。注册商标的有效期为10年，从核准注册之日起计算。注册商标有效期满，需要继续使用的，商标注册人应当在期满前12个月内按照规定办理续展手续；在此期间未能办理的，可以给予6个月的宽展期。每次续展注册的有效期为10年，自该商标上一届有效期满次日起计算。期满未办理续展手续的注销其注册商标。

二、《中华人民共和国劳动法》

劳动法是为了完善劳动合同制度，明确劳动合同双方当事人的权利和义务，保护劳动者合法权益，调整劳动关系，构建和发展和谐稳定的劳动关系而制定的法律。其对于调动员工积极性、确保新企业创业成功具有重要意义。2013年7月1日起施行的最新劳动法对劳动合同的订立、履行和变更、解除和终止等内容做了规定。用人单位雇用劳动者时，应当如实告知劳动者工作条件、工作地点、职业危害、安全生产状况、劳动报酬以及劳动者有权了解的其他情况；用人单位有权了解劳动者与劳动合同直接相关的基本情况，劳动者应当如实说明。建立劳动关系应当订立书面劳动合同，劳动合同文本由用人单位和劳动者各执一份。为保护劳动者合法权益，调整劳动关系，我国劳动法规定以下内容。

1. 劳动者基本权利与义务

劳动法明确规定了劳动者享有平等就业和选择职业的权利、取得劳动报酬的权利、休息休假的权利、获得劳动安全保护的权利、接受职业技能培训的权利、享受社会保险和福利的权利、提请劳动争议处理的权利以及法律规定的其他劳动权利。

2. 劳动者工作时间和休息休假

劳动法规定，国家实行劳动者每日工作时间不超过 8 小时、平均每周工作时间不超过44 小时的工作制度。用人单位应当保证劳动者每周至少休息一日。用人单位在某些节日期间应当依法安排劳动者休假，如元旦、春节、国庆节以及法律、法规规定的其他休假节日。

3. 劳动者的工资、劳动安全、社会福利和保险

劳动法规定工资分配应当遵循按劳分配原则，实行同工同酬；国家实行最低工资保障制度。用人单位支付劳动者的工资不得低于当地最低工资标准。不得克扣或者无故拖欠劳动者的工资。劳动者在法定休假日和婚丧假期间以及依法参加社会活动期间，用人单位应当依法支付工资；新企业须建立健全劳动安全卫生制度，严格执行国家劳动安全卫生规程和标准，对劳动者进行劳动安全卫生教育，预防劳动过程中的事故发生，减少职业危害。新企业和劳动者必须建立社会保险制度，建立社会保险基金。此外，新创建的企业应当创造条件，改善集体福利，提高劳动者的福利待遇。

4. 劳动者争议

劳动法规定用人单位与劳动者发生劳动争议，当事人可以依法申请调解、仲裁、提起诉讼，也可以协商解决。解决劳动争议，应当根据合法、公正、及时处理的原则，依法维护劳动争议当事人的合法权益。在用人单位内，可以设立劳动争议调解委员会。

三、《中华人民共和国合同法》

合同法是国家制定的调整平等主体之间合同关系的法律规范的总和。其立法目的是为了保护合同当事人的合法权益。创业者学习合同法，有利于防止新企业盲目签约或与无签约资格、无履约能力或不讲信用的当事人签约；有利于确保合同内容的合法性与条款的完整性；有利于新企业获得合同纠纷的主动权。

我国合同法对合同订立的主体资格与程序，合同效力的确认，合同履行规则与保全措施，合同的变更、转让与终止，合同违约责任与缔约过错责任，合同争议解决的途径等做了规定。新企业应建立并完善合同管理机构与制度。创业者应组织管理人员学习合同法，对企业合同进行登记和归档，对合同的签订与履约进行监督与检查。

四、《中华人民共和国反不正当竞争法》

不正当竞争是指经营者违反不正当竞争法规定，损害其他经营者的合法权益，扰乱社会经济秩序的行为。反不正当竞争法是禁止以违背诚实信用原则或其他公认的商业道德的手段从事市场竞争行为、维护公平竞争秩序的一类法律规范的总称。

我国反不正当竞争法规定了以下不正当竞争行为的具体表现形式：

（1）第六条　经营者不得实施下列混淆行为，引人误认为是他人商品或者与他人存在特定联系：①擅自使用与他人有一定影响的商品名称、包装、装潢等相同或者近似的标识；②擅自使用他人有一定影响的企业名称（包括简称、字号等）、社会组织名称（包括简称等）、姓名（包括笔名、艺名、译名等）；③擅自使用他人有一定影响的域名主体部分、网站名称、网页等；④其他足以引人误认为是他人商品或者与他人存在特定联系的混淆行为。

（2）第七条　经营者不得采用财物或者其他手段贿赂下列单位或者个人，以谋取交易机会或者竞争优势：①交易相对方的工作人员；②受交易相对方委托办理相关事务的单位或者个人；③利用职权或者影响力影响交易的单位或者个人。

经营者在交易活动中，可以以明示方式向交易相对方支付折扣，或者向中间人支付佣金。经营者向交易相对方支付折扣、向中间人支付佣金的，应当如实入账。接受折扣、佣金的经营者也应当如实入账。

经营者的工作人员进行贿赂的，应当认定为经营者的行为；但是，经营者有证据证明该工作人员的行为与为经营者谋取交易机会或者竞争优势无关的除外。

（3）第八条　经营者不得对其商品的性能、功能、质量、销售状况、用户评价、曾获荣誉等作虚假或者引人误解的商业宣传，欺骗、误导消费者。

经营者不得通过组织虚假交易等方式，帮助其他经营者进行虚假或者引人误解的商业宣传。

（4）第九条　经营者不得实施下列侵犯商业秘密的行为：①以盗窃、贿赂、欺诈、胁迫或者其他不正当手段获取权利人的商业秘密；②披露、使用或者允许他人使用以前项手段获取的权利人的商业秘密；③违反约定或者违反权利人有关保守商业秘密的要求，披露、使用或者允许他人使用其所掌握的商业秘密。

第三人明知或者应知商业秘密权利人的员工、前员工或者其他单位、个人实施前款所列违法行为，仍获取、披露、使用或者允许他人使用该商业秘密的，视为侵犯商业秘密。

本法所称的商业秘密，是指不为公众所知悉、具有商业价值并经权利人采取相应保密措施的技术信息和经营信息。

（5）第十条　经营者进行有奖销售不得存在下列情形：①所设奖的种类、兑奖条件、奖金金额或者奖品等有奖销售信息不明确，影响兑奖；②采用谎称有奖或者故意让内定人员中奖的欺骗方式进行有奖销售；③抽奖式的有奖销售，最高奖的金额超过五万元。

（6）第十一条　经营者不得编造、传播虚假信息或者误导性信息，损害竞争对手的商业信誉、商品声誉。

（7）第十二条　经营者利用网络从事生产经营活动，应当遵守本法的各项规定。

经营者不得利用技术手段，通过影响用户选择或者其他方式，实施下列妨碍、破坏其他经营者合法提供的网络产品或者服务正常运行的行为：①未经其他经营者同意，在其合法提供的网络产品或者服务中，插入链接、强制进行目标跳转；②误导、欺骗、强迫用户修改、关闭、卸载其他经营者合法提供的网络产品或者服务；③恶意对其他经营者合法提供的网络产品或者服务实施不兼容；④其他妨碍、破坏其他经营者合法提供的网络产品或者服务正常运行的行为。

我国主要由县级以上人民政府的工商行政管理部门对不正当竞争行为实施监督检查。根据所从事的不正当竞争行为的不同，经营者应依法承担民事责任、行政责任或刑事责任。受到不正当竞争行为损害的经营者可以向人民法院提起诉讼，以维护自身的合法权益。

五、《中华人民共和国产品质量法》

产品质量法是调整在生产、流通及监督管理过程中，因产品质量而发生的各种经济关系的法律规范的总称。其立法目的是加强对产品质量的监督管理，提高产品质量水平，明确产品质量责任，保护消费者的合法权益，维护社会经济秩序。

根据产品质量法的规定，生产者应当承担以下责任和义务：①应当对其生产的产品质量负责；②产品或者其包装上的标识必须真实，裸装的食品和其他根据产品的特点难以附加标识的裸装产品，可以不附加产品标识；③易碎、易燃、易爆、有毒、有腐蚀性、有放射性等危险物品，以及储运中不能倒置和其他有特殊要求的产品，其包装质量必须符合相应要求，依照国家有关规定做出警示标志或者中文警示说明，标明储运注意事项；④不得生产国家明令淘汰的产品；⑤不得伪造产地，不得伪造或者冒用他人的厂名、厂址；⑥不得伪造或者冒用认证标志、名优标志等质量标志；⑦生产产品时不得掺杂、掺假，不得以假充真、以次充好，不得以不合格产品冒充合格产品。

销售者应当承担以下责任和义务：①执行进货检查验收制度，验明产品合格证明和其他标识；②采取措施，保持销售产品的质量；③不得销售国家明令淘汰并停止销售的产品和失效、变质的产品；④不得伪造产地，或者冒用他人的厂名、厂址；⑤不得伪造或者冒用认证标志、名优标志等质量标志；⑥销售产品不得掺杂、掺假，不得以假充真、以次充好，不得以不合格产品冒充合格产品。

因产品存在缺陷造成人身、缺陷产品以外的其他财产损害的，生产者应当承担赔偿责任。由于销售者的过错使产品存在缺陷，造成他人人身、财产损害的，销售者应当承担赔偿责任。销售者不能指明缺陷产品的生产者也不能指明缺陷产品的供货者的，销售者应当承担赔偿责任。我国对产品生产者实行无过错责任原则，即生产者无论有无过错，只要因产品存在缺陷造成人身或缺陷产品以外的其他财产损害，就应承担赔偿责任。除了前述民事责任外，产品生产者、销售者如果违反产品质量法，还应依法承担相应的行政责任或刑事责任。

本章小结

　　创业环境分析是发现创业机会的基础，是进行创业可行性分析的前提，创业者必须明确宏观、微观、行业等各种环境因素及其发展趋势对即将启动的创业过程的影响。宏观环境一般指影响一切行业和企业的各种宏观力量，主要包括政治（political）、经济（economic）、社会（social）和技术（technological）。微观环境是指对企业服务其顾客的能力构成直接影响的各种因素的集合，包括企业本身、顾客、供应商、营销中介、竞争者和社会公众等。行业竞争环境分析主要是对新创企业所处行业和相关产业以及竞争环境条件的评估分析。

　　近年，国内创业形势大好，政府从政策、教育、科技等多方面为创业营造利好条件，国家制定了诸多优惠政策，鼓励广大青年投身"大众创业、万众创新"的时代潮流中。对于创业者而言，了解和学习相关的法律法规是成功创业的必要条件。《中华人民共和国知识产权法》《中华人民共和国劳动法》《中华人民共和国合同法》《中华人民共和国反不正当竞争法》等法律法规为创业提供了法律依据，对于确保企业合法经营和正常业务的开展都是十分有利的。

思考题

1. 为什么创业前后都要十分关注国内外的创业环境？
2. 什么样的创业环境最适合个人自主创业？
3. 与创业相关的法律法规有哪些？
4. 创业投资法律法规环境中有哪些不利因素？

讨论题

1. 当今社会的环境对大学生创业有什么影响？
2. 创业中如何规避法律风险？

实训项目与练习

若你是一个创业项目团队的领队，请就该项目国内外、创业所在地的创业环境开展调研，并形成调研报告。

◇ 参考文献

[1]张晓娟,李春琴.大学生创新创业教育研究[M].北京:兵器工业出版社,2018.

[2]邓文,张明洁.大学生创新创业实用教程[M].武汉:华中科技大学出版社,2018.

[3]波特.竞争战略[M].陈小悦,译.北京:华夏出版社,2005.

[4]张立顺,张锋,郝建华.大学生创业基础教程[M].北京:国家行政学院出版社,2018.

[5]赵军合.大学生职业生涯规划与就业创业指导[M].石家庄:河北人民出版社,2016.

[6]郭金玫,珠兰.大学生创新创业基础[M].上海:上海交通大学出版社,2017.

[7]徐小洲.普通高等学校创业教育系列教材 创业概论[M].北京:教育科学出版社,2017.

[8]罗晓彤,汤咏梅,刘志东,等.大学生创新创业基础[M].成都:四川科学技术出版社,2018.

创业项目

本章知识结构图

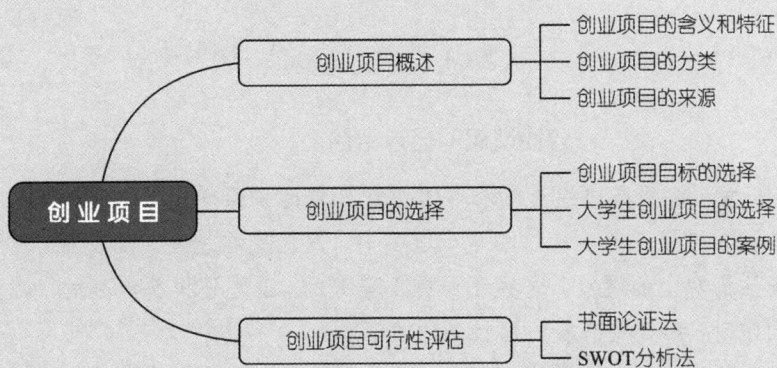

创业项目 ── 创业项目概述 ── 创业项目的含义和特征
　　　　　　　　　　　　── 创业项目的分类
　　　　　　　　　　　　── 创业项目的来源

　　　　　── 创业项目的选择 ── 创业项目目标的选择
　　　　　　　　　　　　── 大学生创业项目的选择
　　　　　　　　　　　　── 大学生创业项目的案例

　　　　　── 创业项目可行性评估 ── 书面论证法
　　　　　　　　　　　　── SWOT分析法

商业的秘密就是知道别人不知道的事情。

——亚里士多德·奥纳西斯

知 识 目 标 ▷▷

1. 了解创业项目的概念。
2. 了解创业项目的类型和来源。
3. 了解适合大学生的创业项目。

能 力 目 标 ▷▷

1. 掌握创业项目评估的方法。
2. 学会运用 SWOT 分析法评估创业项目。

案 例 导 入 ▷▷

一分钱垒起的亿万富翁

20 世纪 80 年代末，美国斯坦福大学有一名叫默巴克的普通学生，他利用闲暇时间承包了学生公寓的打扫工作。第一次打扫学生公寓时，默巴克在墙角、沙发缝、学生床铺下面扫出了许多沾满灰尘的硬币，这些硬币有 1 美分的、2 美分和 5 美分的。默巴克将这些硬币还给同学时，谁都没有表现出丝毫的热情。

此后，默巴克给财政部和央行写信，反映小额硬币经常被人丢掉的事情。财政部很快给默巴克回了信，信上说："每年有 310 亿美元的硬币在全国市场上流通，但其中的 105 亿美元正如你所反映的那样，被人随手扔在墙角和沙发缝中睡大觉。"看到这样的回信，如果换作一般人也许只会发出一声感叹，之后也就不了了之，但默巴克的脑子里却偏偏冒出了这样一个想法：如果能使这些硬币流通起来，利润该有多么可观！

两年之后，默巴克从斯坦福毕业了，他很快成立了自己的"硬币之星"公司，推出了自动换币机，与一些连锁超市建立合作关系，共同经营换币业务。这样一来，顾客只要将自己手中的硬币投入换币机，机器就会自动点数，打印收条，顾客可以凭收条到超市服务台领取纸币现金。而自动换币机会收取 9% 的手续费，这笔费用由默巴克与超市按比例分成。

只用了短短 5 年时间，默巴克的公司就在美国 8900 家主要连锁超市中设立了 10800 台换币机，并成了在纳斯达克上市的公司。默巴克也从一个一文不名的普通人，变成了万人瞩目的大富翁。

第一节 创业项目概述

选择一个合适的项目，是创业成功的前提，优质的项目需要创业者用慧眼去探索和挖掘。

一、创业项目的含义和特征

(一)创业项目的含义

关于创业项目的概念，截至目前尚未有统一的表述。国外学者 J. Timomons 对创业项目的解释是能创造价值的产品或服务；而 R. Schumpeter 对创业项目的特征做了描述性解释，认为创业项目可以是以下特征的一种或多种的结合：介绍一种新产品服务，介绍一种新的服务方法，开辟新的市场，开发新的供应渠道，推行一个新的产业组织。国内有些学者提出创业项目是为创建新企业而进行的一系列的工作。

结合以上各家对创业项目概念的描述可知，创业项目是为实现创业目标而进行的活动，活动最后形成的往往是一种服务或者产品，其影响可以是开辟新的市场、新的供应渠道或推行新的产业组织。所以，我们可以将创业项目界定为：创业者为实现创业目标，而在创业过程当中选择自己未来产出的产品或服务。

(二)创业项目的特征

作为一种特殊项目，创业项目既具有一般项目的普遍特征，也有其独特性。

创业项目的普遍性表现在：项目开发是为了实现一个或一组特定目的；项目受资金预算、实施时间和其他资源的限制；项目具有复杂性或一次性；项目以客户为中心等。

创业项目的特殊性，主要表现在创业者、管理方式、技术要求、网络接轨、市场开拓和项目目标六个方面。

1. 创业者素质要求全面

创业行为一般是群体行为，创业过程也是个多环节、涉及多方面问题的综合体。管理者无论是个体还是团队，个人的观念、知识结构和人格特质都直接影响到创业的结果。因此，创业项目的管理者需要有高度的市场敏锐度、良好的社交能力、优秀的管理调配能力等综合素质。

2. 管理方式要新颖

创业过程是一个从无到有、从有到优的过程，具有高度的不确定性和复杂性，创业者既要从别人的创业经历中学习经验，也需要开拓性地进行企业的管理，使公司具有更强的市场竞争力。

3. 技术要求更高

创业项目往往会依托有创新性的技术和工艺。但在当下，科学技术和工艺革新速度快，一些技术型的创业项目时常会面临技术开发时间紧、批量生产缺乏稳定性和可靠性的困境。

4. 网络接轨程度高

随着互联网时代的普及，创业项目与电子商务的适配度和参与度，一定程度上决定了其发展速度和程度。

5. 市场开拓投入更多

创业初期，产品在市场上处于空白状态，消费者需要一段时间认知、接受、使用或消费产品。这也决定了创业项目的产品或服务必须在市场营销方面投入更多的时间、资金和精力等资源。

6. 项目目标对创业者管理能力的要求更高

创业项目是机会导向的，强调商业机会的发现和把握。创业项目的目标，就是在把握商机的基础上，创办新法人实体组织，并使创办的企业不断成长发展，以从初始投入资本的增值中获取收益。

二、创业项目的分类

根据不同的标准，创业项目有不同的分类方式。

（一）基于互联网的应用程度分类

互联网时代的到来，为创业提供了更多可能性。以互联网技术的使用情况为标准，创业项目可分为传统创业项目、网络创业项目和微型电商创业项目。

传统创业项目主要是指在传统制造、加工领域的项目，基本不依赖互联网技术。比如服装制造、食品制造加工、工艺品制造等。这类创业项目往往是产品或服务的上游供应方，是劳动密集型的项目。

网络创业项目主要是指借助和利用互联网等高新技术形成的产品或服务。比如，IT行业、电子商务、物流行业、新能源、新材料、高端软件等领域的创业项目。这类创业项目往往需要具有专业性和创新性的高新技术做支撑。

微型电商创业项目是指利用微平台或者网络平台开发和提供的产品或服务。随着移动互联网技术的不断发展和信息技术的新突破，微型创业项目一般都是将实体产业与网络平台结合起来运行的，比如开网店、建立周边信息发布平台等。微型电商创业项目往往投资低、见效快、可批量复制或拓展。

（二）基于创业项目的参与方式分类

根据参与方式的不同，创业项目可分为自主创业项目和加盟式创业项目。

自主创业项目即由创业者个人或团队对资金链、营业或办公场所、人事安排、市场开发等多个事项进行系统地规划后推出相应的产品或服务。这种创业项目需要解决的问题较为繁重且风险较大。

在加盟式创业项目中，创业者成为加盟商（受许人），与连锁总部（特许人）之间形成一种契约关系。根据契约，连锁总部向加盟商提供一种独特的商业经营特许权，并给予人员培训、组织结构、经营管理、商品采购等方面的指导和帮助，加盟商向连锁总部支付相应的费用。如果选择合适、可靠的品牌加盟，能较易地实现加盟店稳步发展、持续盈利。因此，创业者需要从资金、经验、品牌、模式等多角度客观地评估加盟项目。

三、创业项目的来源

根据对创业项目来源的分析和现有创业研究成果，创业项目的来源可概括为以下四种来源。

（一）来源于问题

生活中我们会碰到各种各样的问题。比如，我们自身的某些需求在当下市场条件下无法得到满足，或者即使勉强能够得到满足，耗费的成本也过高，那么如何有效地满足这类需求就可以成为我们创业项目的来源。有些问题虽然我们自身无法切身体会，但是其他群体会经常遇到，即某类人群的需求无法得到满足，关注这类未得到当下市场满足的需求，也是创业项目的重要来源。创业者要善于发现问题，然后综合考察，最终确定相应的创业项目并付诸实施。

（二）来源于变化

市场经济是一只无形的手，对社会公众的经济活动发挥着潜移默化的作用。市场与政治、文化、环境等多种影响因素互动时，往往会给整个社会带来多方面的变化。从创业的角度而言，应该重点关注以下几方面的变化：城市化加速、政府政策改变、居民收入水平提高、消费结构改变、人们思想观念的变化、人口结构的变化、经济全球化趋势等。这些方面的变化可以成为一些好的创业项目的重要来源。但要想发现好的创业项目，不能只是消极等待变化的发生，而是要主动去寻找变化，探求事物变化后面潜藏的机会。

（三）来源于竞争

竞争激烈的领域也许危险丛生，但如果你有敏锐的观察力和创造性的思维，也能发现好的创业项目。竞争对手不可能十全十美，在众多产品或服务中总有些维度无法满足，而竞争对手的缺陷和不足就是你的机会，就是项目的来源。

（四）来源于创新的头脑

如果你有一颗创新的头脑，就能有各种各样的创造发明。而如果这些发明创造能够有效满足人们的需求，那么就可能成为创业项目推出的产品或服务。来源于创新头脑的创业项目，往往能够开发出市场还没有的产品或服务，弥补市场的空白，或者大大改善市场中某类产品或服务的供给情况，具有较大的市场前景。当下，我国越来越关注大学生科技作品大赛、商业计划大赛，在这些大赛的举办过程中，会出现很多富有创意而实用的想法，这些想法可能成为很好的创业项目。

第二节　创业项目的选择

受国家经济形势和国家政策影响，越来越多的人将自主创业作为首选，以实现自己的事业理想。然而创业是一个机遇与风险并存的行为，一个创业项目的落地，从创业项目的选择到项目方案的设计，从项目的实施到项目结果的评估都需要创业者步步为营，做好充足的计划和准备。

一、创业项目目标的选择

精准的目标定位，是创业成功的先决条件。科尔在 1965 年就把创业定义为发起、维持和发展以利润为导向的企业的有目的性的行为，行为落脚于"目的性"。创业项目目标是创业者在创业过程中期望通过该创业项目的实施而要实现的预期结果。

视野拓展

创业目标的内容可以分成三个层次：一是结合自身和外部条件选择一个创业的大致方向，以便进一步明确细致的创业项目目标；二是确定创业形式，以怎样的形式来实现创业目标，如股份有限公司、小型企业、加盟连锁店等；三是确定具体细致的创业目标，明确预期想要实现的结果。

创业项目目标在确定的过程中需要着重考虑以下几个原则：

一是个人的兴趣特长。以自身所学的专业为依托，有助于创业者快速地熟悉这一行业，容易打开局面。

二是市场机会及需求。如果同一产品或服务的提供者较少，竞争往往没有那么激烈，适合创业者进入市场，当然门槛也可能会更高。在选定一项产品或服务来进行创业之后，仍然需要随时根据市场需要的变化调整创业进程，使得创业项目所提供的产品或服务更符合市场需要。

三是国家政策的支持。尽量选择国家提供优惠政策的行业进行创业，包括环保产业、高新科技行业、农业等，国家在资金、税收、程序上都会提供便利。

除此之外，在创业项目的选择过程中，还有融资渠道、资金回笼期、投资回报率等很多因素需要综合考量，创业者应当根据自身的具体情况做出选择。

二、大学生创业项目的选择

随着我国政府和高校越来越重视创业教育，大学生群体的创业热情和意愿也逐渐增强。据《2017 年中国大学生创业报告》统计，近九成大学生考虑过创业，26% 的在校大学生有较强的创业意愿。大学生作为特殊的创业群体，普遍存在社会经验不足、抗风险能力低和创业知识结构不完善等特点，创业项目的选择更需要有可参考的准则。

作为具有较高知识水平和文化素养的群体，"用智力换资本"是大学生创业的捷径之一，也是创业中应该把握的理念和定位。一方面要善于将专业成果转换成创业资本，把专业技术作为企业的核心力量，善于开拓创新；另一方面要充分利用信息技术和电子商务，大学生本身较为熟悉计算机与网络，对于把握与信息网络相关的商机更具优势。

学生群体在创业过程中应当明确创业理念与定位，不管开展哪个行业的创业项目，都要学会将上述创业理念与目标贯彻进去，唯有如此，才能够体现大学生在创业这一选择中的优势。

大学生在选择创业项目时还要注重发挥自身的优势，以弥补自己的劣势，包括融资渠道缺乏、社会经验不足、社会认可度低等短板，可以优先选择以下几类创业项目：

（1）有政策优惠的创业项目。

（2）初始资金较少，资金周转期短的项目。

（3）处于成长期的项目。这类项目可以降低大学生创业经验不足带来的风险，也可以从学习中获得稳定的利润回报。

（4）能填补当前市场空白，新兴的有特色的项目。

在创业模式方面，大学生创业者可以着重考虑加盟连锁模式，利用品牌优势降低创业的难度；或收购相对较为成熟的项目，只要有一定的经营能力和相关资源也能收到较好的回报；也可以考虑合伙经营，整合各自的优势一同创业；还能做产品代理，特别是通过网店的形式降低成本，如今很多初次创业者更乐于选择这一模式，这类模式也比较适合大学生初次创业。等积累了足够的社会经验，大学生创业者可以逐步向其他模式拓展。当然如果创业者在一开始就有较高的起点，如其商业计划书能获得较高的风险投资资金，则也可以尝试从其他模式入手。

三、大学生创业项目的案例

案-例

超级课堂杨明平：创业在课堂

杨明平是一位80后"高校系"创业者，2012年《福布斯》刊登的"中国30位30岁以下创业者"名单上，他位列其中。他是超级课堂的创始人，参与组建并投资了移动医疗小盒科技、智慧交通"萝卜平衡车"、移动广告平台"酷客美地"、美术社交平台"画友"、移动藏家交易平台"藏趣"等多个项目。用他的话说，就是喜欢"折腾"。

"才9万元就可以盘下学校边上的餐饮店面，我当时觉得很便宜，并且餐饮容易赚钱，就接手了。"杨明平自嘲说是"因为无知"，当时他上大学三年级，后来才发现"完全被忽悠了"，6个月就亏损30万元。即便如此，他也没走回头路。"我一个浙大理工男，另两个合伙人也和我差不多，没学过经济学、管理学，自己就乱学一通"。就是这么"乱学一通"，一年后，杨明平一伙人将原先主打东阳菜、川菜的饭店做成了年收入200万元的火锅店。

开火锅店是误打误撞，那么创办超级课堂则是杨明平团队深思熟虑的结果。这也是他从传统的线下走向线上，进入科技领域的一大转折。杨明平利用开火锅店得到的第一桶金以及同伴从美国寄来的打工赚的钱作为启动资金。"我们一直以来的想法，就是用超级课堂的大片式教育去代替老师的PPT。"杨明平自豪感满满，"不论是导演、文案、后期制作、视觉、动画、合成、音效，还是教研团队都很出色，我们的阵容强大，当时也雄心勃勃。为的就是要保护学生的好奇心与求知欲。"超级课堂的目标是将在线教育规模化，通过两个途径来实现，一个是互联网，一个是做内容。一年的时间，超级课堂积累了一万多个付费用户，销售收入达两三千万元，2015年销售收入达四五千万元。

他的梦想是带领团队打造一个真正的百亿美金的公司，给现行的教育带来质的变革。杨明平无论投资还是创业都希望能在该领域里面做到创新，做到细分市场的第一名。

李正森大学毕业后种香菇：年产值达1000万元

1986年出生的李正森从小在农村长大，每当听到大人们谈论哪个村民无钱看病，非常可怜时，他就幻想着自己将来当了大老板，让那些可怜的乡邻都能在自己的公司上班挣钱。

2009年，李正森从安徽建筑工业学院毕业，当地政府鼓励大学生回乡创业，引进了肉鸡养殖企业。在建筑公司上班仅两个月的李正森辞去工作，信心百倍地搞起了肉鸡养殖，租地、贷款、建棚，他把周边一些留守老人和残疾人士请来打工，连自己的父母也拉进来帮助管理。然而第一次创业并不顺利，遇上市场饱和肉鸡价格大跌，最终赔了20多万元。

后来一个偶然的机会，李正森发现食用菌的栽培很有市场空间。2010年底，在小岭镇政府的扶持下，李正森在金米村租地40多亩，注册资金300万元，成立了陕西正森农业生态有限责任公司，他还注册了"正森"绿色食品商标。

金米村既是板栗大村，又是核桃改良大村，每年林木科管会产生大量的树木枝条，还有大量的植物秸秆。自从在金米村建起食用菌公司后，他就从村民手中收购这些树木枝条、废弃秸秆和玉米芯、麸皮、玉米糠等制成食用菌培养基，食用菌培养基使用后又作为有机肥料还田，这些往日的废弃物变成了"钱串串"。公司采取"公司+协会+农户"的经营模式，充分发挥龙头企业的示范带头作用，统一培训、统一管理、统一回收、统一销售，提高了菇农抗御市场风险的能力，带动周边农民发展优质、高效、生态、安全农业。

2012年3月，在陕西正森农业生态有限责任公司的带动下，金米村组建了金米食用菌产业协会，村上33户农民加入协会。依托正森农业生态有限公司生产食用菌，仅去年村上就生产食用菌150万袋，产鲜菇1750吨，年产值达1000万元。

第三节　创业项目可行性评估

当我们产生了创建一个企业的想法并经过完善形成一个创业项目后，是不是就可以马上付诸实施呢？答案是否定的。因为这个创业项目到底能不能实施，成功的可能性有多大，还没有经过充分的评估。根据 PDCA 原则，即计划（plan）、实施（do）、检查（check）、行动（action）进行评估，无论哪一项工作都离不开 PDCA 的循环，每一项工作都需要经过计划、执行计划、检查计划、对计划进行调整并不断改善这四个阶段。因此，创业项目的可行性评估对创业计划而言十分重要。项目可行性分析的方法有多种，这里介绍两种常用的分析方法：书面论证法和 SWOT 分析法。

一、书面论证法

项目可行性分析是在决策之前，通过对项目的市场需求、资源供应、建设规模、工艺路线、设备选型、环境影响、资金筹措、盈利能力等状况，从技术、经济、工程等方面进行调查研究和分析比较，对其投资建设的必要性、技术上的先进性、经济上的合理性、工程建设和企业财务上的可能性及市场、产品销售和风险等方面，进行全面地、系统地调查研究，并从法律、环境保护、公众安全及其对整个社会经济的影响等各个角度，分析、测算和评估论证，以实现投资项目最佳经济效果的一整套科学方法。它是运用现代科学技术成果，保证投资项目以最小的成本取得最佳经济效果的有效手段。

各类投资项目可行性研究的内容及侧重点因行业特点而差异很大，一般包括以下七点内容。

1. 投资必要性

主要根据市场调查及预测的结果以及有关的产业政策等因素，论证项目投资建设的必要性。在投资必要性的论证上，一是要做好投资环境的分析，对构成投资环境的各种要素进行全面的分析论证；二是要做好市场研究，包括市场供求预测、竞争力分析、价格分析、市场细分、定位及营销策略论证。

2. 技术可行性

主要从项目实施的角度合理设计技术方案，并进行比较、选择和评价。因涉及行业的不同，项目技术可行性的研究内容及深度差别很大。对于工业项目，可行性研究的技术论证应达到能够比较明确地提出设备清单的深度；对于各种非工业项目，技术方案的论证也应达到目前工程方案初步设计的深度，以便与国际惯例接轨。

3. 财务可行性

主要从项目及投资者的角度设计合理的财务方案，从企业理财的角度进行资本预算，评价项目的财务盈利能力，进行投资决策，并从融资主体（企业）的角度评价股东投资收益、现金流量计划及债务清偿能力。

4. 组织可行性

制订合理的项目实施进度计划、设计合理的组织结构、选择经验丰富的管理人员、建立良好的协作关系、制订合适的培训计划等,保证项目的顺利执行。

5. 经济可行性

主要从资源配置的角度衡量项目的价值,评价项目在实现区域经济发展目标、有效配置经济资源、增加供应、创造就业、改善环境、提高人民生活水平等方面的效益。

6. 社会可行性

主要分析项目对社会的影响,包括政治体制、方针政策、经济结构、法律道德、宗教民族、妇女儿童及社会稳定性等。

7. 风险因素及对策

主要对项目的市场风险、技术风险、财务风险、组织风险、法律风险、社会风险等因素进行评价,制定规避风险的对策,为项目全过程的风险管理提供依据。

可行性研究本身不是决策,而是为决策服务的。投资项目可行性研究不是简单地得出肯定或否定的结论。对一个项目的能否实施下结论,需要进行调查研究、系统分析和指标测算,论证投资项目的必要性、技术上的先进性、经济上的合理性、工程建设和财务上的可行性,要明确项目的实现途径并得到一个完整的实施方案。因此,对投资项目可行性的研究,可减少项目推进盲目性和不必要的损失。国内外大量的实践证明,凡是经过可行性研究的项目,一般成功的多,失败的少。

创业,必须对项目进行可行性分析,要分析投入产出、生产什么、如何生产、规模如何等问题,这样才能将现有的资金进行最合理的运用。

上面的因素更多地是以书面的形式去分析。对创业者而言也可以通过问答的形式测评自己对项目的掌控情况。下列 10 个问题,每个问题的分值为 1~10 分,总分为 100 分。分值越高,说明创业者对项目的把握能力越强,项目的可行性也越高。总分值低于 60 分说明项目不可行,或者没有具备运作这个项目的条件。

(1)项目为什么会赚钱?

(2)项目的竞争对手都是谁?

(3)和竞争对手相比你有什么优势?

(4)顾客为什么购买你的产品或服务?

(5)请把项目运作的全过程讲解一遍。

(6)生意如果按照预测完全可以达到目标,预期利润是多少?

(7)经营潜在的风险都有哪些? 请详细解释。

(8)打算如何控制风险?

(9)成本构成都有哪些?

(10)你的上游和下游是谁? 你知道的上游数量足够多吗? 跟他们的熟悉程度很高吗?

二、SWOT 分析法

SWOT 分析法又称为态势分析法，它是由旧金山大学的管理学教授韦里克于20世纪80年代初提出来的。SWOT 四个英文字母分别代表：优势（strength，S）、劣势（weakness，W）、机会（opportunity，O）、威胁（threat，T）。所谓 SWOT 分析，即态势分析，就是将与研究对象密切相关的各种主要内部优势、劣势、机会和威胁等通过调查列举出来，并依照矩阵形式排列，然后用系统分析的思想，把各种因素相互匹配起来加以分析，从中得出一系列相应的结论，而结论通常带有一定的决策性。

SWOT 分析法常常被用于分析项目可行性和竞争对手情况。进行 SWOT 分析时，主要有以下几个方面的内容。

（一）分析环境因素

运用各种调查研究方法，分析出公司所处的各种环境因素，即外部环境因素和内部环境因素。外部环境因素包括机会因素和威胁因素，它们是外部环境对公司的发展有直接影响的有利和不利因素，属于客观因素。内部环境因素包括优势因素和弱点因素，它们是项目在其发展中自身存在的积极和消极因素，属主观因素。在调查分析这些因素时，不仅要考虑历史与现状，还要考虑未来发展问题。

优势，是企业的内部因素，具体包括：有利的竞争态势、充足的财政来源、良好的企业形象、技术力量、规模经济、产品质量、市场份额、成本优势、广告攻势等。

劣势，是企业的内部因素，具体包括：设备老化、管理混乱、缺少关键技术、研究开发落后等。

机会，是企业的外部因素，具体包括：新产品、新市场、新需求、外国市场壁垒解除、竞争对手失误等。

威胁，是企业的外部因素，具体包括：新的竞争对手、替代产品增多、市场紧缩、行业政策变化、经济衰退、客户偏好改变、突发事件等。

SWOT 方法的优点在于考虑问题全面，是一种系统思维，而且可以把对问题的"诊断"和"开处方"紧密结合在一起，条理清楚，便于检验。

（二）构造 SWOT 矩阵

将调查得出的各种因素根据轻重缓急或影响程度等排序，构造 SWOT 矩阵。在此过程中，将那些对项目发展有直接的、重要的、大量的、迫切的、久远的影响因素优先排列出来，而将那些间接的、次要的、少许的、非迫切的、短暂的影响因素排列在后面。在 SWOT 分析中对内部因素进行分析，最终要考虑是优势占主导，还是劣势占主导。如果是优势占主导.那么就是内部因素，就是具有优势（S）。外部因素分析也是如此，如果是机会占主导，那么外部因素就是机会（O），如此组合进而形成了 SWOT 矩阵。具体包含以下几种形式：优势机会并存（SO）、机会弱势并存（WO）、优势威胁并存（ST）、劣势威胁并存（WT）。当处于 WT 的状态时，说明项目不可行。具体组合如表8-1所示。

表 8-1　SWOT 矩阵

外部因素	内部因素	
	内部优势 S	内部劣势 W
外部机会 O	SO 依靠内部优势 抓住外部机会	WO 利用外部机会 克服内部弱点
外部威胁 T	ST 利用内部优势 抵制外部威胁	WT 减少内部弱点 回避外部威胁

(三)制订行动计划

在完成环境因素分析和 SWOT 矩阵的构造后,便可以制订出相应的行动计划。制订计划的基本思路为:发挥优势因素,克服弱点因素,利用机会因素,化解威胁因素;考虑过去,立足当前,着眼未来。运用系统分析的综合分析方法,将各种环境因素相互匹配起来加以组合,得出一系列公司未来发展的可选择对策。

如图 8-1 所示,SWOT 分析的结果在不同的象限,企业所处的状态不同,因此可针对性地进行项目的调整。其中,第一象限(SO)是最佳状态,项目可行;第三象限(WT)为最差状态,项目不可行,应该放弃;第二、四象限(WO、ST)需采用调整型策略。

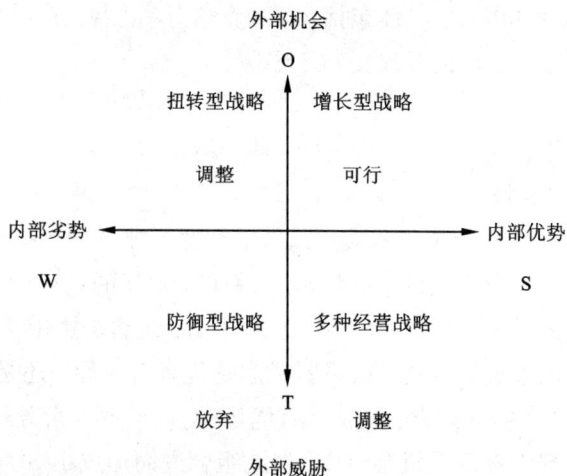

图 8-1　SWOT 分析结果图示

本章小结

创业项目是创业者为实现创业目标，而在创业过程当中选择自己未来产出的产品或服务。选择一个合适的项目，是创业成功的前提。创业项目通常来源于问题、变化、竞争和创新的头脑。根据不同的标准，创业项目有不同的分类方式。基于互联网的应用程度分类，可以将创业项目分为传统创业项目、网络创业项目和微型电商创业项目；基于创业项目参与方式的不同，可以将创业项目分为自主创业项目、加盟式创业项目。

创业项目目标是创业者在创业过程中期望通过该创业项目的实施而要实现的预期结果。"用智力换资本"是大学生创业的捷径之一，大学生一方面是要善于将专业成果转换成创业资本，把专业技术作为企业的核心力量，善于开拓创新；另一方面要充分利用信息技术和电子商务，因为大学生本身较为熟悉计算机与网络，对于把握与信息网络相关的商机更具优势。

思考题

1. 怎样理解创业项目？它有哪些分类和来源？
2. 大学生创业群体有哪些特点？
3. 创业者选择创业项目有哪些好的方法？
4. 创业项目的评估方法有哪些？
5. 请用 SWOT 分析法分析个人在创业中有哪些需要改进的地方。

讨论题

1. 作为在校大学生，选择哪种类型的创业项目最具现实性？
2. 互联网时代带来的社会革新，为创业者提供了哪些可能？

实训项目与练习

从自己的兴趣或专业特长入手，结合当前互联网技术的发展，探索相关领域内存在的商业机会，确定一个创业项目。并针对选定的创业项目，制订一个详细的创业项目方案，要求：

(1)根据客观条件，分析商业机会，确定创业项目。

(2)创业项目方案要求详细有条理，且具有可操作性。

◇ 参考文献

[1]贝赞特,蒂德. 创新与创业管理[M]. 牛芳,池军,田新,等译. 北京:机械工业出版社,2013.

[2]刘平,李坚,王启业. 创业学:理论与实践[M]. 2 版.北京:清华大学出版社,2011.

[3]李时椿. 创业管理[M]. 北京:清华大学出版社,2010.

[4]巴隆,谢恩. 创业管理:基于过程的观点[M]. 张玉利,谭新生,陈立新,译. 北京:机械工业出版社,2005.

[5]金丽娟,王彦长. 创业学教程[M]. 合肥:中国科学技术大学出版社,2015.

[6]高文兵. 创业基础教程[M]. 北京:高等教育出版社,2015.

[7]程智开. 大学生创新创业基础与指导[M]. 延吉:延边大学出版社,2019.

[8]程智开,唐立,李家华. 大学生创新创业指导[M]. 成都:电子科技大学出版社,2017.

▼▼▼
▼▼▼

创业计划书

本章知识结构图

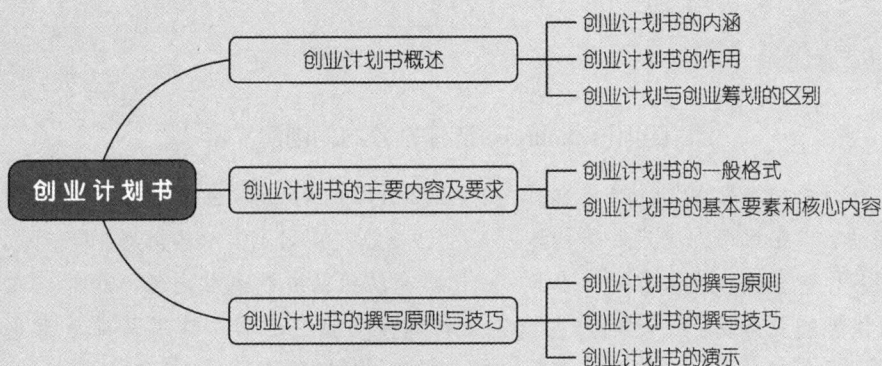

任何时候做任何事，定最好的计划，尽最大的努力，做最坏的准备。

——李想(汽车之家网站创始人)

知 识 目 标 ▶▶

1. 认识创业计划书的作用。
2. 了解创业计划书的结构。
3. 认识创业计划书编写过程和所需信息。

能 力 目 标 ▶▶

1. 学会创业计划书的撰写方法。
2. 掌握创业计划书展示的技巧。

案 例 导 入 ▶▶

朗斯(Laundress)洗涤剂公司的创建

格温·怀婷(Gwen Whiting)与林塞·薇宝(Lindsey Wieber)在康奈尔大学研究纤维织物时相遇,毕业后两人决定共同创建一家企业。她们谈到了当时的情况。

格温:林塞和我在康奈尔大学上学,一起研究纺织品并想着共同创办企业。我们清楚,这很快就能成为现实。我们总在谈论各种创意。我们的第一件事是撰写商业计划书,而后是现金流分析。我们打算在开发产品之前,尽可能多地做些调研。

林塞:我们利用阵亡将士纪念日完成了商业计划,又利用国庆日进行了现金流分析。我们把创意写在纸上后,回到康奈尔大学拜访一位教授,接受了一次化学方面的速成教育。她与我们一起工作,开发产品的合成配方。

格温:我在哥伦布纪念日的时候,找到一家制造商。每当我们有空余的时间,就全身心致力于企业事务。我们从来没有和朋友到海边度过假。

点评:以上这一案例告诉我们,有共同目标的大学生组建创业团队,第一件事是撰写创业计划书。事实证明,在创业项目可行性分析基础上完成的创业计划书,更能够让创业者明白要做什么、为什么这样做及如何去做这一系列问题。

盖伊·卡韦萨基曾指出:"一旦将商业计划写到纸上,那些希望改变世界的天真想法就会变得实实在在且冲突不断。"因此,形成这个文件的过程远比文件本身重要。

第一节　创业计划书概述

创业之路漫长而艰巨，创业的第一步是写一份创意满满、周密精细和方向精准的创业计划书，让项目在执行发展过程中有章可循，促使创业团队成员更深入了解、完善创业项目构想，系统地把创业项目展示给投资者。因此，优秀的创业计划是创业者才智创意的展现，也是创业者打开希望之门的金钥匙。

一、创业计划书的内涵

创业计划书，也被称为商业计划书，英文名称为 business plan，是从创意到执行的方案，相当于可行性研究报告。其目的是用承诺换取投资人的支票。

创业计划书是创业者在经过前期对项目的调研、分析，在搜集与整理有关资料的基础上，对创业活动具体筹划的全方位描述，形成与创建新企业有关的内、外部环境条件和要素的书面文件，是各项职能计划，如市场营销、财务、制造、人力资源计划的集成，是成功创建新企业的行动导向和路线图，既为创业者行动提供指导和规划，也为创业者与外界沟通提供基本依据。

在创业计划书里，创业者需要展望新企业在未来的收益和规模，明确成本投入，并对各种不确定性乃至风险进行全面的预测和控制。创业计划书不仅仅是一个执行计划，更是一张新企业的"名片"。它一方面用来吸引外部的利益相关者，从而获得融资和合作的机会，另一方面为新企业内部人员的工作做指导。通常来说，一个好的创业项目是由某种具有竞争力的产品或服务、可行的商业模式和优秀的创业团队等要素组成的，但更重要的是如何通过相关数据来准确传达创业者的意图和创意。

二、创业计划书的作用

创业计划书的撰写可以使得创业者系统地思考影响新创企业的各个因素，从而使得创业创意更加具体清晰；创业计划书是新创企业的推销性文本，创业者通过创业计划书向有实力的投资者、创业孵化园、供应商、潜在的合作伙伴及相关人员和单位展示自我。

(一)创业计划书是创意转化为行动的加速器

1. 强化创意

在撰写创业计划书的过程中，创业者的创意会逐渐清晰化和系统化，最终走向成熟。创业者通过梳理出项目中各具体环节和要点，从商业模式、市场、管理、财务和营销等各个方面细述中全面客观地了解企业的优势、劣势、机会和挑战，从而做到"知己知彼，百战不殆"。

2. 创建和凝练团队

一般来说，创业团队的创建是在创业计划写作之前的事，创业团队本身就是创业计划的重要内容之一。创业者通过创业计划书创意展示，可以吸引优秀的人才加入创业团队；也可以用创业计划书将创业团队中的各个成员有序地串联起来。创业计划书是创业团队沟通的"语言"和凝聚团队力量的重要工具。

（二）创业计划书是创业过程的设计蓝图和行动指南

首先，企业创建之后，在企业内部，创业计划书可以清晰地传达出企业的战略目标、细分给每个岗位的任务乃至营造出企业文化氛围，团结诉求不同的员工向总目标前进。例如，假设你是一家创业机构的新任副总裁，主管负责某一部门的业务，那么按照创业计划书设定的路线往下走，是确保部门目标与企业总目标一致的最佳方法。

其次，一项比较完善的创业计划能客观全面地分析出创业机构在成长过程中可能遇到的各种机遇和挑战，并提出相应的解决之法。因此，创业计划是创业行为过程的"导航图"，能够帮助创业者提高经营的成功概率，明确成功经营企业需要采取的各种措施，识别经营中所需各种资源及最佳的资源整合方式，针对不同业务部门，制订操作性强的绩效标准，以确保经营运作有条不紊。

（三）创业计划书为创业企业寻求融资与合作提供基础文件

创业计划书是新创企业的"营销工具"。它为新企业提供了一种向潜在投资者、供应商、商业伙伴和关键职位应聘者展示自身的机会。创业计划书从各个方面对创业项目进行可行性分析及筹划，是投资机构评估甄选创业项目的重要依据。例如，由大学及社会团队主办的创业孵化机构在筛选创业项目时都要求提交创业计划书，并以此来选定孵化扶持的创业项目。

创业计划书为其他的利益相关者呈现了创业项目的远景和各种可能性。作为企业发展的蓝图，创业计划书记录市场需求所带来的机会，并向利益相关者展现创业者能够提出的解决方案，证明该解决方案在市场上具有可行性，以及在合适的时间内能够为所有的利益相关者带来经济回报。

另外，创业项目若要争取政府的政策倾斜和资金支持，创业计划书是必须提交的申请文件。而不同的政府资金支持项目有着相应的内容和格式撰写要求，按照特定要求编制的创业计划书将更容易获得政府的照顾和扶持。

三、创业计划与创业筹划的区别

创业筹划的过程实质上是信息的搜集过程，是分析并预测环境，进而化解未来不确定性风险的过程。撰写创业计划书之前，首先要进行的是创业筹划。创业筹划分析了新创企业在实践中可能遇到的诸多问题，旨在降低创业风险，从而提高创业企业的成功率，推动创业企业健康持续发展。因此，创业计划是创业筹划的具体展示和理性思考后的结果。创业计划从属于创业筹划，创业计划是创业筹划的精炼。创业筹划首先要确定实际的目标，这有助于创业者利用这些目标持续、及时地评估企业的发展状况。其次，要留有空间，使创业者能够考虑潜在的障碍以制订战略预案。最后，创业计划应该是创业者团队所有核心成员集思广益、齐心协力、分工合作的结晶。

第二节 创业计划书的主要内容及要求

撰写创业计划书不是写一篇学术论文，而是要描述一个创业构思的整体运作机制，因此，要清晰地知道创业计划书的主要内容、一般格式和要求。这也是本章的关键内容。

一、创业计划书的一般格式

好的创业计划书要做到脉络清晰、逻辑紧密、资料详尽、论述合理，并且能极大体现创业者及创业团队的素养和能力，体现创业者的逻辑思考。

尽管各类创业计划书的结构和格式会有所不同，但都遵循着共同的规律。创业者要根据实际需要选择合适的方法呈现创业计划书。

创业计划书撰写的顺序和格式如下。

(1)封面：包括企业的名称、地址、联系方式等。

(2)目录：创业计划书核心内容的导读和检索的目次。

(3)内容：一般分为摘要部分、主体部分、附录部分三个部分，包括执行摘要、企业基本情况、项目(产品/服务)介绍、市场分析、生产/服务管理、营销策略、组织管理、资金和其他资源需求情况、财务分析与预测、风险分析、附录等内容。

以下给出两种创业计划书的一般格式可供参考。其中表9-1适用于生产型企业，特点是对企业技术与生产管理要有可行性和操作性的说明。一般说来，生产型企业比服务型企业的资本金数额大。表9-2适用于服务型企业，而服务型企业也可能涉及一部分的产品生产，这需要在计划书中阐述清楚。至于创业计划书中的其他要素，无论是何种形式的企业均要做出准确的描述。

表 9-1　创业计划书结构类型(1)(适于生产型企业)

一、前言	3. 促销
1. 企业名称和地址	4. 产品预测
2. 负责人姓名及简介	5. 控制
3. 企业的性质	七、组织计划
4. 对所需筹措资金的陈述	1. 所有权的形式
5. 报告机密性陈述	2. 合伙人或主要股权所有者的身份
二、执行摘要	3. 创始人的权利
三、行业分析	4. 创业团队的背景
1. 对将来的展望和发展趋势	5. 创业团队成员的角色和责任
2. 竞争者分析	八、风险的估计
3. 市场划分	1. 企业弱点的评价
4. 行业预测	2. 新技术
四、新创企业的描述	3. 应急计划
1. 产品	九、财务计划
2. 服务	1. 利润预测表
3. 新创企业的规模	2. 资产负债预测表
4. 办公设备及人员	3. 现金流量预测表
五、生产计划	4. 盈亏平衡分析
1. 制造过程	5. 成本费用的预测
2. 厂房	十、附录(必要补充材料)
3. 机器和设备	1. 市场调查数据
4. 原材料供应商情况	2. 租约或合同
六、营销计划	3. 供应商的报价单
1. 定价	4. 相关重要资料
2. 分销	

表 9-2　创业计划书结构类型（2）（适于服务型企业）

一、执行摘要	6. 政策
1. 公司概述	七、产品制作管理
2. 市场机会和竞争优势	1. 工作流程图以及生产工艺
3. 产品（服务）前景	2. 生产设备及要求
4. 成本分析	3. 质量管理措施及方法
5. 创业团队概述	八、管理体系
二、公司背景描述	1. 公司性质及组织形式
1. 国内外发展历史及现状	2. 部门职能
2. 公司所处的环境及创立背景	3. 管理理念及公司文化
3. 新创企业经营业务及内容	4. 团队成员任职及责任
4. 新创企业设立程序及其日程表	九、投资分析
5. 预计资本金	1. 股本结构与规模
三、产品服务介绍	2. 资金来源与运用
1. 产品服务描述	3. 投资收益与风险分析
2. 产品服务优势	4. 可以引入的其他资本
四、市场调查和分析	十、财务分析
1. 市场容量估算	1. 财务预算的编制依据分析
2. 预计市场份额	2. 未来 3 年的预计会计报表及附表
3. 市场组织结构	3. 财务数据分析
五、企业战略	十一、机遇与风险
1. SWOT 分析报告	1. 机遇分析
2. 新创企业总体战略	2. 外部风险分析
3. 新创企业发展战略	3. 内部风险分析
六、营销策略	4. 解决方案和应对措施
1. 目标市场	十二、风险资本的退出
2. 产品和服务	1. 撤出方式
3. 价格的确定	2. 撤出时间
4. 分销渠道	十三、附录（必要补充材料）
5. 权力和公共关系	

二、创业计划书的基本要素和核心内容

创业计划书的内容根据创业者的经验、知识及目的的不同而有所不同。但是，创业计划书的内容应尽可能地充实，以便为潜在投资者描绘一个完整的企业蓝图，使他们对新创企业能有更深的理解，并帮助创业者深化对企业经营的思考。创业计划书可根据需要适当添加条目，例如，政府当局可能更关心该计划对当地就业率的影响，那么创业者

可以就这一方面的内容做专门介绍。

经过长期的实践，创业计划书的主要内容也逐步形成了约定俗成的基本格式。一般来说，一份完整的创业计划书主要包括企业概况、产品与服务、商业构想与市场分析、选址、营销方式、法律形式、组织结构与创业团队、成本预测、现金流管理计划、盈利情况预测、资产负债表等内容，这些都是整个创业过程不得不考虑的事项。

（一）封面和目录

一份优秀的创业计划书一定会有一个令人印象深刻的封面，封面的设计可以直接吸引审阅者的眼球。对于发展期的新创企业来说，计划书的封面应该体现出产品或服务的特色与企业文化。此外封面应该有基本的企业信息，包括公司名称、地址、联系电话、日期及创业者的联系方式等内容，如果公司有网站还应包括网址。联系信息应该包括电子邮件地址、固定电话和移动电话号码，并应放在封面顶端中间位置。封面底部可以放置警示阅读者保密等事项信息。如果公司已经注册有商标，应该把它放在靠近封面中心的位置。目录页紧接着封面，它列出了创业计划书和附录的组成部分及对应页码。

（二）执行摘要

执行摘要是创业计划中最能吸引到投资人的部分。执行摘要并非创业计划书的引言，它是整个创业计划的高度凝练。更加重要的是，执行摘要应该是在创业计划敲定之后完成的。如果首先写完执行摘要，就可能会根据执行摘要来撰写创业计划，而不去详细思考创业计划的各个独立部分。

执行摘要应该以创业计划中各部分相同的顺序来描述，基本应包括企业定位、所要进入的行业、产品与服务描述、市场分析、可行性分析、营销策略、管理团队与组织结构、财务分析、融资方案与风险投资的退出策略等内容。

执行摘要应重点向投资人传递五点信息：

（1）创业企业的理念是正确的，创业企业在产品、服务或技术等方面具有竞争对手所没有的独特性。

（2）商业机会和发展战略是有科学根据和经过深思熟虑的。

（3）企业有管理能力，创业团队是一个坚强有力的领导班子和执行队伍。

（4）创业者清楚地知道进入市场的最佳时机，知道如何进入市场，并且预料到什么时候退出市场。

（5）企业的财务分析是实际的，投资者可以获得收益。

（三）企业概况

企业概况是对创业企业或创业者拟建企业总体情况的介绍，其主要内容包括企业组织结构、业务性质、企业类型、业务展望、企业的投资比例结构与额度、供应商等。重点描述公司未来业务发展计划，并指出关键的发展阶段、本企业生产所需原材料及必要的零部件供应商。它向创业计划审阅者展示了创业者是如何将创意变成一家企业的。

在企业概况描述中，要让投资者清楚企业的当前状况，即发展到何种程度。可以根据企业经历的重大事件来划分阶段，例如：何时产生了创意，何时注册了企业名称，何时进行了可行性分析、创业计划等。此外，要真实地描述企业现有的商业资源，包括供应商、分销商、商业合作伙伴等。是否拥有或者是否在争取合作伙伴，是投资者关注的重点，因为一个项目所涉及的利益相关者越多，其发展速度会相对较快，风险较低，投资者会更愿意进入。

（四）产品与服务

创业者对产品与服务的说明要详细、准确、通俗易懂，明确产品优势，同时对开发工作的进展程度及需要推进的其他工作进行简要的说明。主要包括：

（1）产品或服务的名称与用途：产品的概念、性能及特性。

（2）产品或服务的市场竞争优势。

（3）技术优势，功能优势，产品的品牌优势及优势的保护。

（4）产品或服务的发展：产品的前景预测、技术与功能的变化、产品的系列化、新产品开发计划及风险与困难。

（5）产品或服务的理念。

（6）产品的技术开发状况。

在进行投资项目评估时，投资人最关注新创企业的产品或服务的实用性，或者说创业企业的产品或服务能否帮助消费者节约开支、增加收入或节约能源。因此，产品与服务介绍中通常要回答以下问题：

（1）消费者希望产品或服务能解决什么问题？消费者能从企业的产品或服务中获得什么好处？

（2）与竞争对手相比，新创企业的产品具有哪些优势？消费者为什么会选择本企业的产品？

（3）企业对自己的产品或服务采取了何种保护措施？拥有哪些专利、许可证，或与拥有专利的人或厂家达成了哪些协议？

（4）为什么产品定价可以使新创企业产生足够的利润？为什么消费者会大批量购买本企业的产品？

（5）新创企业采用何种方式改进产品性能？对发展新产品有哪些计划？

企业产品或服务的市场前景是决定一个企业价值的重要因素，风险投资者对企业价值的评估首先是从企业的产品或服务开始的。因此在创业计划中，一定要提供所有与企业的产品或服务有关的细节，包括企业所进行的有关产品和服务的调查。

（五）行业与市场分析

1. 行业分析

这部分是对所进入产业的整体分析，包括产业规模、整个产业每年所产生的价值，分析如何使自身在产业中生存与发展。在分析过程中，应该向创业计划书审阅者提供行业参与者的情况。如：本行业中主要企业有哪些？它们是以什么为导向？它们对环境的变化是如何反应的？同时，你的企业如何做好竞争准备，或者能否填补行业空白？

此外，还要分析行业的发展趋势，包括环境趋势和业务趋势。环境趋势包括经济趋势、社会趋势、技术进步、政治与法规变革。业务趋势包括产业利润率的增减、投入成本的升降等方面。行业分析结尾部分，应该对行业长期前景进行简单陈述。

2. 市场分析

市场分析是创业计划书的重要内容，因为产品或服务有巨大市场才会有前景，企业的价值才能够不断提升。市场分析包括：

(1)产品的需求及其程度，企业预期盈利，新的市场规模，未来发展趋向及其状态，影响需求的因素等。

(2)市场竞争情况，包括企业所面临的竞争格局，主要竞争者，利于本企业产品的市场机会，市场预计占有率，本企业进入市场引起竞争者反应预期及影响等。

(3)市场现状包括目标顾客与目标市场，本企业的市场地位，市场价格和特征。

市场是使企业潜在价值得以实现的舞台，没有市场，再好的产品或服务也无法实现其价值，再好的企业也无法提升其价值。从这个意义上讲，产品是虚的，市场才是实的。创业计划书要深入分析创业项目的目标市场的定位、市场潜力，要细致而深入地分析经济、地理、职业、年龄及心理等因素对消费者选择购买本企业产品的影响，以及各个因素所起的作用。

创业者要通过反复调研来确定目标市场，并对市场进行细分。大多数成功的企业都是从细化目标做起来的，也只有这样才能做到专业化与品牌化。

创业者可以按照多维度划分市场，并逐步选出适合自身能力的特定市场。例如，蒂丝·瑟维罗(Tish Ciravolo)开创戴西摇滚吉他(Daisy Rock Guitars)公司之前，吉他行业从来没有按照购买者性别进行细分。而戴西公司专门为女性制作吉他，其竞争优势在于生产符合女性纤巧身形和手掌的吉他产品。当然生产这一产品是在充分调研的基础上，如果没有或者很少有女性弹吉他，这一市场细分是没有任何意义的。

企业必须准确地进行市场定位，这也是产品或服务能否在市场上生存的关键。创业者需要根据产品或服务的特性和企业的情况在细分市场中选择一个或几个目标市场，结合企业的目标、产品、优势、劣势、竞争者的战略等因素说明为何选择这种市场定位，顾客为什么会愿意并购买企业的产品或服务等。

在市场分析中，一定要结合调研报告来做分析，用数据说话，避免主观臆断。如果企业已经签署了一些订单或合同意向书，可以直接出示给投资者，因为这些材料会有力地证明产品的市场前景。

(六)选址

这部分通常由描述新创企业的地理位置开始。选址需要考虑合适可用的劳动力、工资率、供应商、物流、消费者及社区支持等。此外，当地的税负、地区需求量、当地银行对新创企业的支持也应在考虑之中。其他考虑因素包括供应商的数量和距离远近、有关装运材料交通费用等。另外，还应考虑劳动力供给、需要的技术配置。

(七)营销计划

营销计划主要描述产品或服务的分销、定价及促销，是创业计划中的一个重要组成部分。这部分内容包括价格定位、促销手段、销售计划(如渠道、方式)等,主要侧重于阐明产品进入目标市场的方式、广告渠道及销售手段,应包括以下内容。

1. 总体营销战略

一般情况下,总体营销战略是在具体营销战略完成后再写。它需要反映出如何使产品(服务)达到预期的目标,是一套系统的营销理念,而非具体策略。要从战略的高度将产品(服务)进入目标市场、获取市场价值的思路理清。要结合产品(服务)的特点,找出进入市场的切入点,选择产品的"渗入"方向。把握好这一点才可能有后面的定价、销售策略、分销、促销以及广告战略。

总体营销战略分为三方面:

(1)结合前面的市场分析说明企业定位,突出企业的自身特色。

(2)对四个具体战略的提炼——在市场营销中称为"4P"或"4C",通过各个具体战略来展现创业企业如何展示自身的特色给顾客。

(3)可以对"4P"或"4C"未能涵盖的内容进行说明,比如公关关系战略。

2. 产品战略

产品是营销"4P"的第一要素,是通过产品(服务)满足客户的需要并从中获取利润的重要方式。产品战略是整个营销战略的基础。与前文的"产品与服务"部分相比,这部分着重关注产品战略的"营销"方面。

(1)设计与产品定位相匹配的营销策略。产品在进入市场之前,创业者需要考察清楚受众群体能够接触到产品信息的任何场所,再利用自身资源进行成本收益分析,选择最优的营销策略,同时要将产品(服务)进行分层分类,这样可以创造出不同的吸引力。创业者考虑清楚自己的项目在核心产品的层次,能给客户提供哪些基本效用和利益;在稀缺产品层次,能为优质客户带来多大的额外价值和附加利益。明确了这些之后就要选择与之相匹配的营销策略。具体营销策略在这里不做说明,可以参看市场营销方面的书籍,或请教营销专家。

(2)产品组合策略。向投资者说明企业的产品组合策略,主要是企业将经营的产品类别,有多少条产品线,产品线内有多少个产品项目,各种产品在功能、生产和销售方面的相互联系是否紧密,等等。对产品组合的阐述要着重让投资者确信企业能够满足市场上的不同需求,同时也使企业产生效益。

(3)品牌策略。品牌策略的目的是使产品或服务在顾客心中形成一种品牌文化,例如:提到安踏想到的是活力和大气,提到顺丰想到的是其优质的服务。因此,如何形成这种品牌文化是品牌策略的核心。在品牌策略的选择上要思考使用何种品牌策略,是个别品牌策略、统一品牌策略、分类品牌策略、延伸品牌策略还是多品牌策略。

(4)产品开发策略。这一部分要向投资者说明将采取怎样的新产品开发方式,要让他们相信,企业的开发策略是符合企业自身的实力和经济诉求的。

(5)定价战略。价格是营销策略中非常重要的方面,因为价格决定了企业的盈利能力。价格也向目标市场传递着重要信息。例如,斯普瑞玩具公司生产教育类儿童玩具,它将自己定位成向富有家庭销售优质产品的玩具公司，如果斯普瑞玩具公司宣传其产品是高品质玩具，却定价很低，目标市场顾客就会感到迷惑。他们会想："定价低没什么意义。斯普瑞玩具到底是不是高品质呢？"此外，低价格难以支撑斯普瑞公司继续开发产品所需的投入。

（6）分销战略。分销战略需要说明两个问题：销售渠道的长度和宽度。关于长度，要说明在产品和顾客之间经过多少环节——有代理商、批发商还是直销。结合创业企业、市场、产品的特征来说明做出这种选择的原因。关于宽度，要说明企业的市场销售窗口到底有多大，销售点的分布是怎样的，以及为什么要这样做。

（7）促销战略。促销就是促进销售，作用在于企业和顾客之间的信息交流和对销售或购买行为的促进。主要分为促销战略和促销方式两个层面。

在战略层面上，需要从促销的目标、产品的性质、生命周期及市场等角度进行思考。要清楚地说明：向谁促销——中间商还是顾客？根据产品的性质、产品所处的生命周期阶段以及市场特征，应采取怎样的促销方法才适合？

在战略层面的基础上，要说明促销的方式。如果采取人员促销的方式，那么是求助于自己企业的推销员还是营销机构？如果产品推销、市场开拓、信息沟通、市场调研或者提供咨询服务采取的是非人员促销方式，那么是否要做广告？用什么方式做广告？是否要做营业推广？如何做推广？是否要通过新闻宣传、展览会或者公益活动进行公关促销？

（八）经营模式

创业者要决定是单干还是合伙创业。如果选择合伙创业，公司的起始资本额分配问题等都需要纳入考虑范围。选择哪种经营模式并没有一套可依循的准则，需要根据实际情况加以判断。因此，企业必须先了解各种公司法律形式的利弊及运营方式，再选择最适合的组合模式以配合企业创业计划。虽然各种企业运营架构存在细微差异，但是需要注意的焦点是企业运营出现状况时，企业内部将由谁负起最后法律上的责任。无论选择哪一种经营模式，都不代表公司的经营体制已经定型不变，而是要依据公司的发展与潜力做适当的变更。

（九）组织结构与创业团队

绘制企业组织结构图，明确部门职责分工、企业薪酬体系、企业股东名单和董事会成员、职工工作绩效考核方式及企业的激励机制等内容。

科学精细的组织结构和人力资源管理设计标志着创业管理团队的精干和素质水平较高，这是投资者最为关注的重点之一。企业管理的好坏，直接决定了企业经营风险的大小，而高素质的管理人员和良好的组织结构则是管理好企业的重要保证。一般而言，创业团队应该是互补型的，一个企业必须同时具备产品设计与开发、市场营销、生产作业管理、企业理财等方面的专门人才。这部分内容包括描述创业者团队所具备的才能、关键管理人员及其主要职责、董事会、所有其他投资者的股权状况、专业顾问和服务机构等。

另外，最好详尽展示企业创业团队的战斗力和独特性，包括：职业道德、能力与素质；与众不同的凝聚力和团结战斗精神；让投资者认识到企业人员在产品设计与开发、财务管理、市场营销等各方面均具有独当一面的能力，足以保证企业成长发展的需要。

（十）财务计划

1. 成本预测

一般来说，新创企业要把成本分为不变成本和可变成本两大类分别加以描述。其中不变成本是指一定时期、一定业务范围内固定不变的成本，包括固定场所租金、保险费、折旧费等。可变成本是指随着生产或销售量的变动而变动的成本，包括原材料费、水电费、燃料费、销售费用等。预测成本时，可以先按类别划分进行测算，然后相加求得总成本。

2. 现金流量管理计划

给出特定时期计划销售和资本支出水平，现金流量管理计划将突出特定时期的额外融资数量，表明营运资金的最高需求。详细说明预期现金流的进出金额和时间；预测必需的额外融资和时间，并指出营运资金需要的高峰期；指出如何通过股权融资或银行贷款等方式获得额外融资，以及获得的条件和偿还方法；讨论现金流对各种企业因素假设的敏感度。

3. 盈利情况预测

预测产品或服务的销售收入、成本费用及净利润；描述未来若干年预计利润表，表明为补偿所有成本所需要的销售和生产水平，包括变动成本（原材料成本、制造费用、销售成本等）和固定成本（利息、工资、租金等），这是对创业企业实现盈利的现实考验。

4. 资产负债表

提供新创企业拥有的资产和负债等方面的估价，反映在某一时刻的企业状况，投资者可以用资产负债表中的数据得到的比率指标来衡量企业的经营状况及可能的投资回报率。表明未来不同时期企业年度或半年度的财务状况。

第三节　创业计划书的撰写原则与技巧

撰写创业计划书是门技术活，创业者需要掌握相应的写作原则与技巧，才能达到获得资源、吸引投资的主要目的。

一、创业计划书的撰写原则

撰写计划书有写作的原则与注意事项，符合规范更能体现创业计划的严谨。

（一）撰写创业计划书的基本原则

1. 力求准确

向投资者全面披露与企业有关的信息，无论是优势还是劣势都要讲到位，体现出与投资人合作的诚意，若隐瞒实情，过分乐观甚至夸大其词，往往会适得其反。投资人往往会关注创业者现阶段面临的难题，以此为切入点来考察创业者与创业团队解决问题的能力，这是考评创业者的重要指标。

2. 简明扼要

投资者常常每天要阅读几十份甚至上百份的创业计划书，他们不可能通读计划书的所有内容，因此，创业计划书首先要简洁，能够一句话表述清楚的就不要用两句话，最好开门见山，直抒主题，让投资者觉得阅读每一句都是有意义的。许多创业者常犯的毛病是把创业计划书写得像一部企业管理大全，面面俱到，忽视了应有的侧重点。所以，要根据项目的发展阶段，结合所要获得投资的目的来突出"我有什么""我做了什么""我需要什么"，让投资者一目了然。

3. 条理清晰

创业计划书看起来似乎是很高深很复杂的文本，实际上，无论新创企业是进军高科技产业还是传统产业，投资者真正关心的问题都是一样的：做的是什么产品；怎么赚钱；能赚多少钱；为什么赚钱；商业机会；所需要的资源；把握这一机会的进程；风险和预期回报。在制订创业计划书之前，能够清晰地把这几个问题想清楚就可以了。

4. 强调可行性

创业计划书要明确自身的能力以及资源，分析自身能够创造出的差异价值，真实地阐明产品与服务占领目标市场的可行性。创业计划描绘的前景可能很动人，但是要真正打动投资者，还要让他们确信这幅图景是可实现的。要做到这一点需要在创业计划书完成之前和之后反复进行市场调研。调研消费者、竞争对手、市场等的情况，然后在调研数据的基础之上进行财务分析，说明企业将获得的收益。要知道数据是计划书中最让人产生信任的内容之一。

5. 严谨周密

创业计划书一定程度上体现了你的创业逻辑思维，如果创业计划书不严谨、不周密，投资者会认为你行事与思考同样不严密。因此，创业计划书的撰写一定要有严密的逻辑，不仅要做到前后一致，而且还要做到条件与结果的因果关系符合逻辑。

(二)撰写创业计划书的注意事项

1. 查漏补缺

如果计划不完善、不缜密，很容易让投资者认为创业者没有做好充分的思考和准备。创业者要反复阅读计划书来查漏补缺，要重点考虑计划是否有"危险信号"出现(如表9-3所示)。

表9-3 创业计划中的"危险信号"

危险信号	解释
创始人没有出资	如果创始人没有出资，为什么别人应该投资
引注不明	创业计划书应该依据现实证据和周密调研，而不是臆测和想当然。所有一手资料和二手资料研究都要注明引用来源

续表9-3

危险信号	解释
市场规模界定过宽	市场规模界定过宽表明真正的目标市场还没找到。如：新创企业若将每年几万亿元的医药行业视为目标市场，那是毫无意义的。市场机会需要更精细地界定。显然，新创企业瞄准的是行业内的细分市场或某个特定市场
过于激进的财务数据	许多投资者会直接翻阅创业计划书中的财务部分。推理不足或过于乐观的计划，都会使计划书失去可信度。与此相反，基于合理研究与判断的冷静陈述，能很快得到信任
随处可见的疏忽	让投资者艰难阅读文稿、阅读不平衡的资产负债表或面对随处可见的粗心失误，绝对不是件好事。这些错误会被投资人认为是创业者不注重细节的表现，从而损害创业者的可信度

2. 不断调整创业计划

创业计划书不是完成之后一成不变的，创业者要意识到计划通常会伴随书写、调研、谈论等方式收集的新信息而变化。尤其是创业初期，一个好的创意总会有不足之处，在与专家们、创业团队之间的交谈中创业者会产生新的认识和想法，甚至会使产品结构、目标市场、商业模式发生较大改变，这个过程是相当重要的。

二、创业计划书的撰写技巧

一份好的创业计划书往往能够引起潜在投资者的特别关注。如果创业计划书语言流畅、充满激情和智慧、有严密的调查数据支撑、灵活运用专业术语，那么投资者很容易把这些优点和创业者本人的能力联系起来。

为了使创业计划书脱颖而出，并获得风险投资的青睐，创业者应认真做到：

(1)确保创新企业创意的价值性，并拥有高素质的管理团队。

(2)认真、负责地按适当的商务格式进行编排和准备。

(3)创业计划书的执行摘要简洁，论之有据。

总之，在将创业计划书递交给投资者或其他利益相关人员审阅前，创业计划书要做到简明扼要、条理清晰、内容完整、文字通俗、表述精确。

优秀的创业计划书通常具有如下特点：

(一)简洁清晰

阅读创业计划书的人往往会有意无意地通过你对自己企业的描述做出判断。因此，创业者对新创企业的介绍务必做到简洁、清晰。一般创业计划书的篇幅(不包含附录)以四号字印刷，不超过50页A4纸为宜。

(二)排版专业

目录、执行摘要、附录、图表齐全，语法正确，各部分合理编排，美观整洁，是高质量的创业计划书所必不可少的。也就是说，排版、印刷、装订不能粗糙，用订书钉装订的创业计划书看上去很业余，要尽量做到专业，最好采用胶装法装订。切记不能出现字词、语法及印刷错误。

（三）捕捉兴趣

要想在五分钟内激发投资人的兴趣，让投资者产生欲罢不能的感受，就要在扉页和执行摘要上下功夫，把它们写好。

（四）充满憧憬

创业者在撰写计划书时要善于使用鼓舞人心的词语，描述企业的发展趋势和前景，描绘未来的打算，说明产品所蕴含的巨大潜力和即将带来的大额财富。

（五）切忌夸张

销售潜力、收入预测估算、增长潜力都不要夸大，好的创业计划以其客观性说服投资者。一份计划书写得像一份煽情广告，会大大降低计划的可信度。最好的、最差的、最有可能的方案都要在计划中体现出来。实际上，许多风险投资者常使用一种"计划折扣系数"，认为"成功的新创企业通常只能达到它们计划财务目标的大约50%"。

（六）突出关键

创业计划中涉及的关键风险是投资者、银行家及其他投资者最关注的部分。在创业计划中，创业者既要陈述自己的危机管理能力，也要说明能察觉到这些风险，同时还要让投资者认识到这些风险对创业者团队来讲是可以驾驭的。

（七）优秀信号

撰写创业计划管理的部分，一定要让投资者接收到创业者团队具有较强管理能力和资源整合能力的信号，这些信号是投资者最想看到的。

（八）目标准确

撰写目标市场评估分析时，应把如何区分目标市场的情况描述清楚。目标市场是企业利润的来源，是营销、财务计划能否表达清楚的关键。

（九）不断修正

好的创业计划书的秘诀在于不断地修改、完善。很少有人能够一气呵成，在修改过程中，应该认真广泛征求意见，以增强计划的可读性和规范性。创业计划书常见的缺陷及解决方法如表9-4所示。

表9-4　创业计划书常见缺陷及其解决方法

常见缺陷	表现	解决方法
无实际发展目标	缺乏可达到的目标 缺乏完成的时间表 缺乏优先权 缺乏具体行动步骤	明确特殊时期 完成特殊步骤的时间表

续表9-4

常见缺陷	表现	解决方法
未预计到障碍	没有清醒识别将来的问题 没有重视计划中可能的瑕疵 没有应急或变通计划	列出可能遇到的障碍 变通计划，阐明克服障碍需要做哪些事情
无投入或贡献	对企业要办的事过分拖延，不严肃 没有投入个人资金的意愿 不及时聘任关键职位人员 从非主业或奇思异想中获利	快速行动 准备并愿意投入资金 保证所有关键职位人员任命

三、创业计划书的演示

对大多数创业者而言，筹措资金是一个艰难的过程，在拼毅力和热情的同时，也需要讲究技巧。创业者向潜在的风险投资者或银行家口头展示创业计划时，一般要准备好幻灯片(PPT)，而且展示时间要以会议规定的陈述时间为限，接受评委或投资者的质疑，并且解答他们的疑问。除了掌握一般演讲的通用技巧和原则外，还应结合创业计划演讲的具体内容，把握制作幻灯片的一些技巧。

(一)制作创业计划书的PPT

制作创业计划书的PPT是一个研究的过程，所以在动手制作前必须深入了解项目。一定要制作得简单明了、内容丰富、思路清晰、重点突出。

(1)企业介绍：用1张PPT，说明企业概况和目标市场。

(2)商机：用2~3张PPT，陈述尚未解决的问题和未满足的要求。

(3)解决方式：用1~2张PPT，解释企业将如何解决问题或满足需求。

(4)行业、目标市场和竞争者：用2~3张PPT，介绍企业即将进入的产业、目标市场以及直接和间接的竞争者，重点陈述企业如何在目标市场中与现有企业展开竞争，获得丰厚的利润。

(5)创业者团队：用1~2张PPT，简要介绍每个创业者团队成员的互补优势。

(6)企业盈利前景：用2~3张PPT，简要陈述财务问题，重点强调何时盈利，需要多少资金。

(7)企业现状：用1张PPT，介绍企业现有的投资情况及所有权结构。

一般，口头陈述只需使用10~15张PPT来展示创业计划的核心内容。若PPT页数过多，想在30分钟内陈述完这些内容，势必蜻蜓点水，不够深入。显然，这样的展示效果不是我们所希望看到的。

(二)创业计划书的演示技巧

进入这个阶段，说明你的创业计划书能够得到专家评委或投资者的一定认可。

(1)演示进行前，要"知己知彼，百战不殆"，你必须清楚地回答好自己的问题：你希望你的观众感受到什么？你想通过这次演示得到什么？他们能从你的演示中得到什么？他们有可能提什么问题？你能给出什么样的回答？因此，必须要准备好演示所需的所有数据，组织好所有材料，了解专家评委或投资者的关注点。

（2）演示进行时，你要努力在最短的时间内将精心准备的创业计划书的核心价值让专家评委或投资者了解和接受。扎实的内容和演示的技巧相辅相成，缺一不可。因此，你需要注意演讲时的肢体语言、开场白和与大家的互动，这样才能达到你的预期目标。

（3）演示进行后，专家评委或投资者在听完你的演示后，一般不会立即给你的演示肯定或否定回答，他们会提出一些他们所重点关注的或一些暂有疑问的问题。正确处理这些问题，是演示成功的关键。你可以重点注意专家评委或投资者的疑惑点，时刻保持积极的态度，切忌与专家评委或投资者争辩。

案·例

××公司创业计划书框架

一、××公司创业计划书目录

1. 前言

2. 创业投资项目公司基本资料

3. 公司组织

4. 股权结构

5. 业务内容

6. 技术与生产

7. 财务预测

8. 投资报酬率分析

9. 风险分析与投资管理

附表一：公司成立后拟设的组织系统图

附表二：未来5年产品销售收入预测表

附表三：主要产品及质检流程表

附表四：员工人数、职工工资一览表

附表五：未来12个月现金流量表

附表六：未来5年按年度的现金流量表

附表七：未来5年损益表

附表八：未来5年资产负债表

二、××公司创业计划书正文

1. 前言

1.1 创业公司简介

主要内容：公司经营项目，技术来源，创业团队介绍及所占股权比例。

1.2 资金需求与股金预计用途

主要内容：筹备期间费用，技术转让费用，土地及重要固定资产，设备，周转资金。

1.3 投资条件

主要内容：投资金额，股款缴纳时间，多少董、监事席位，非现金出资股东如技术作价、专利作价、资产作价。

1.4 投资者投资报酬率预测

主要内容：成本回收周期，未来各年投资报酬率，各年净值内部报酬率，以年利率计算的各年度净现值，投资者退出年度股价预测并计算退出时的内部报酬率等相关信息和数据。

1.5 其他值得介绍的项目

主要内容：重大采购或销售合约，损益平衡点，营销手段，产品与市场。

1.6 风险所在

主要内容：技术开发风险，产品开发风险，市场变化的风险，集中于创业团队的管理风险。

2. 创业投资项目基本资料

2.1 创设新公司的缘起

2.2 创设新公司的营业内容

2.3 预计资本额

2.4 设立公司的各项手续及其日程表

2.5 联络人及地址

3. 公司组织

3.1 筹备组织

3.2 公司设立后组织系统图

3.3 创始人资料

4. 股权结构(此部分在草拟时资料较少，在引资过程中会渐渐充实)

4.1 技术、资产、专利等作价的安排

4.2 现金股股东的权利义务

4.3 董事会、监事会人员的安排

5. 业务内容

5.1 产业市场分析

5.1.1 国内市场现状及增长率预测

5.1.2 世界市场现状及增长率预测

5.1.3 特殊地区目标市场及其增长率预测

5.2 行业的竞争状况

5.2.1 国内竞争厂商概况

5.2.2 世界竞争厂商概况

5.2.3 特殊地区目标市场竞争厂商概况

5.3 营销策略介绍

主要内容：营销手段与定价策略，重要销售契约的签署。

5.4 未来5年的产品销售收入预测表(包括各项假设)

5.5 为拓展业务的营业预算

主要内容：参加国内外展览费用，样品费用，媒体广告预算等。

6. 技术与生产

6.1 关键技术说明与来源

主要内容：重大技术合作契约，如自行开发时研究开发经费预算。

6.2 生产与制造

6.2.1 主要产品及产制流程

主要内容：进料质量管制流程表、生产流程及质检流程表。

6.2.2 主要产品原料来源及其成本

6.2.3 工厂员工人数，学(经)历要求，工资水准一览表

6.2.4 厂房设备

主要内容：预计工厂设置地区，土地与厂房面积，主要机器设备，工厂最大生产能力及上述购建经费预算一览表。

7. 财务预算

7.1 未来12个月按月份预测的现金流量表(包括假设条件)

7.2 未来5年按年度预测的现金流量表(包括假设条件)

7.3 资金需求汇总

7.4 未来5年预测损益表(包括假设条件)

7.5 未来5年预测资产负债表(包括假设条件)

7.6 敏感性分析

8. 投资报酬率分析

8.1 依据7.4计算投资回收期间

8.2 依据7.4计算各年度预测投资报酬率及净值报酬率

8.3 依据7.4以年利率计算未来5年净现值(按各年度分别累计，两行并列)

9. 风险分析与投资管理

9.1 技术开发风险，对于6.1关键技术开发风险的分析

9.2 产品开发风险，对于6.2生产与制造开发风险的分析

9.3 市场风险，对于5.4有关销售收入各项假设条件的分析

9.4 投资管理，拟请投资者参与的程度

[拓展阅读]

张玉利主编《创业管理》，机械工业出版社，2011年版。

李家华主编《创业基础》，清华大学出版社，2015年版。

邓汉慧主编《创业基础》，北京大学出版社，2016年版。

[小测试]

1. 如何展示创业计划书？

2. 如何判断一份创业计划书的好坏？

[教学设计示例]

第一次课

环节	内容	时间	授课方法	教具
主题游戏	猜谜语(计划)	5分钟	游戏	
上周内容回顾	上周课程内容	10分钟	学生讲授	PPT
第一节 创业计划书概述	创业计划书的定义和作用，创业计划与创业筹划的区别	20分钟	讲授	PPT
讨论	创业要不要写创业计划书？	10分钟	小组讨论	
第二节 创业计划书编写要求与核心内容	创业计划书的编写要求	10分钟	讲授	PPT和案例
	展示往届学生的创业计划书	15分钟	提问+讲授	PPT和案例
	创业计划书的核心内容	15分钟	讲授	PPT和案例
本课总结	本课内容小结	5分钟		PPT
合计		90分钟		

第二次课

环节	内容	时间	授课方法	教具
主题游戏	改错字	5分钟	游戏	教具
上周内容回顾	上周课程内容	10分钟	学生回顾	PPT
第三节 创业计划书的编写	创业计划书的撰写技巧、撰写创业计划书的基本原则	20分钟	讲授	PPT和案例
第三节 创业计划书的编写	互评创业计划书初稿	10分钟	小组讨论	大白纸 卡片
第三节 创业计划书的编写	创业计划书的展示	10分钟	讲授	PPT和案例

环节	内容	时间	授课方法	教具
视频	创业大赛及点评	10分钟	看视频	视频资料
第三节 创业计划书的编写	创业计划书的评价	15分钟	讲授	PPT和案例
本课总结	本课内容现场复习测试	10分钟	现场测试	PPT
合计		90分钟		

本章小结

创业计划书，也被称为商业计划书，是从创意到执行的方案，相当于可行性研究报告，其本质作用是用承诺换取投资者的支票。

创业计划书的主要内容包括：执行摘要、企业基本情况、项目(产品/服务)介绍、市场分析、生产/服务管理、营销策略、组织管理、资金和其他资源需求情况、财务分析与预测、风险分析、附录等内容。

创业计划书的撰写可以使得创业者系统地思考新创企业的各个影响因素，从而使得创业创意更加具体清晰；创业计划书是新创企业的推销性文本，通过创业计划书向有实力的投资者、创业孵化园、供应商、潜在的合作伙伴以及相关人员和单位展示自我。

创业计划书的编写需要力求准确、简明扼要、条理清晰，撰写创业计划书的时候，要注意查漏补缺，不断对创业计划进行调整。

为了使创业计划书脱颖而出，并最终获得风险投资人的青睐，创业者要明确自身的能力以及资源，分析自身能够创造出的差异价值，掌握演示技巧，真实地阐明产品与服务占领目标市场的可行性。

进一步阅读目录：

①[美]谢德荪著，《源创新》，五洲传播出版社，2012年版。

②[美]克莱顿·克里斯坦森，[加]迈克尔·雷纳著，《创新者的解答》，李瑜偲等译，中信出版社，2013年版。

视野拓展

思考题

1.为什么说创业需要写创业计划书？

2.创业计划书的主要内容有哪些？

3.撰写创业计划书需要注意哪些事项？

讨论题

1. 创业计划与创业筹划的区别是什么?
2. 如何在创业计划书中强调亮点?
3. 如何展示创业计划书?

实训项目与练习

收集 5 到 10 份创业计划书,分析其中存在的问题,并建议如何改进。

◇ 参考文献

[1]王艳茹,王兵. 创业基础课堂操作示范[M]. 北京:北京师范大学出版社,2014.

[2]高文兵. 创业基础教程[M]. 北京:高等教育出版社,2015.

[3]邓汉慧. 创业基础[M]. 北京:北京大学出版社,2016.

[4]张玉利. 创业管理[M]. 北京:机械工业出版社,2011.

[5]樊一阳,叶春明,吴满琳. 大学生创业学导论[M]. 上海:上海财经大学出版社,2005.

[6]巴林格,爱尔兰. 创业管理:成功创建新企业[M]. 张玉利,王伟毅,杨俊,等译. 北京:机械工业出版社,2010.

[7]希尔,鲍尔. 风险投资揭秘——风险资本·创业计划·合同谈判[M]. 徐冰,楚宇泰,译. 上海:上海交通大学出版社,2003.

[8]布莱克韦尔. 创业计划书[M]. 北京:机械工业出版社,2009.

[9]库洛特克,霍杰茨. 创业学:理论、流程与实践[M]. 6版. 张宗益,译. 北京:清华大学出版社,2006.

创业融资

本章知识结构图

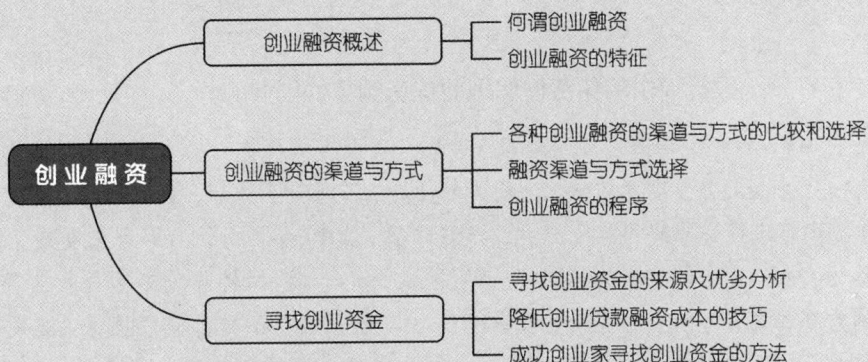

创业融资 ── 创业融资概述 ── 何谓创业融资
　　　　　　　　　　　　　　 创业融资的特征

　　　　 ── 创业融资的渠道与方式 ── 各种创业融资的渠道与方式的比较和选择
　　　　　　　　　　　　　　　　　 融资渠道与方式选择
　　　　　　　　　　　　　　　　　 创业融资的程序

　　　　 ── 寻找创业资金 ── 寻找创业资金的来源及优劣分析
　　　　　　　　　　　　　　 降低创业贷款融资成本的技巧
　　　　　　　　　　　　　　 成功创业家寻找创业资金的方法

　　　　世界上并非每一件事情，都是金钱可以解决的，但是确实有很多事情需要金钱才能解决。

——李嘉诚

知 识 目 标 ▶▶

1. 创业融资的概念及特征。
2. 创业融资的渠道与方式。

能 力 目 标 ▶▶

1. 学会选择创业融资不同的渠道。
2. 学会寻找创业资金。

案 例 导 入 ▶▶

银行提供的免费担保创业信贷圆了他创业的梦

周光超在 2018 年大学毕业后回到老家上海，一直没有找到称心的工作。看到自己居住的小区内有一家小型超市，生意非常火，周光超心想，不如开个超市，自己给自己干。但是一打听，办个小超市投资起码得六七万元，只好作罢。2019 年 8 月，上海浦东发展银行与联华便利签约，推出面向创业者的"投资七万元，做个小老板"的特殊免担保贷款业务。由于联华便利为合作方，为创业者提供了集体担保，参与者自己不必再提供担保，浦发银行可向每位通过资格审查的申请者提供七万元的创业贷款。周光超获悉后立即递交了申请，两个月后，他顺利地从浦发银行领到了贷款，在控江路上如愿开起了自己的小超市。

第一节　创业融资概述

一、何谓创业融资

融资（financing），从狭义上讲，即一个企业的资金筹集的行为与过程。从广义上讲，融资也叫金融，就是货币资金的融通，是当事人通过各种方式到金融市场上筹措或贷放资金的行为。《新帕尔格雷夫经济学大辞典》对融资的解释为：融资是指为支付超过现金的购货款而采取的货币交易手段，或为取得资产而集资所采取的货币手段。

创业融资是指创业企业根据自身发展的要求，结合生产经营、资金需求等现状，通过科学的分析和决策，借助企业内部或外部的资金来源渠道，筹集生产经营和发展所需资金的行为和过程。当资金短缺时，以最小的代价筹措到适当期限、适当额度的资金；当资金盈余时，以最低的风险，适当的期限投放出去，以取得最大的收益，从而实现现金供求平衡。

二、创业融资的特征

企业在很多种情况下都需要进行融资，创业融资只是融资中的一种，在拥有融资共性的同时，由于其处于创办的特殊阶段，从而具有鲜明的个性，主要体现在两个方面：

（一）复杂性

由于企业在创业初期自我积蓄有限，很难满足自身创办和发展的高投入需求，从外部市场取得资源是必不可少的手段，因此，融资具有市场化特性；为了满足创业企业多方面的融资需求，创业企业需要从多种渠道、以不同的方式相结合筹集资金，融资具有多样化特性；创业企业的融资需要社会各方面的支持，特别是政府的引导和扶持，创业企业的发展不仅具有极高的成长性和效益，而且对国家经济发展具有积极意义，创新企业融资离不开国家、不同机构以及个人的参与，故创业融资还有社会化特性。因此，市场化、多样化和社会化就构成了创业融资的复杂性。

（二）艰难性

有关研究表明，企业规模越小，银行融资占其总资产的比重就越小，而且银行融资相对于股权投资的比例也越小。这说明规模小的企业不容易从银行取得贷款，而创业阶段的企业都是小规模企业。相对于成熟企业，处于初创期的企业有其特殊的困难：

1. 创业企业没有可供参考的财务数据

金融机构在决定是否提供贷款给一家企业之前，一定会认真研究企业的财务报表，详细了解企业的财务情况，以此来降低自身的风险，提高未来收益。一家拥有完善可靠的财务报表的企业，即使临时资金短缺，也会比较容易从资本市场获得资金，比如说上市公司。创业阶段的企业，除了能提供一份商业计划书和创业者个人资料以外，几乎不能提供任何可供参考的财务数据，这就加大了银行和其他投资人评估投资风险的难度，同时也就降低了创业企业获得贷款的可能性。

2. 创业企业可用于抵押的资产不足

一家缺少抵押物的企业向银行贷款，就如同一个身无分文的人向陌生人借钱，难度可想而知。经营机构为减少不良资产，防范金融风险，自1998年以来，各商业银行普遍推行抵押担保制度，纯粹的信用贷款相对来说很少。创业企业缺少抵押物严重制约了其贷款的取得。

3. 创业企业的融资规模较小

创业企业本身规模不大，决定了其融资规模也不大。而对于银行，资金规模不大并不影响其业务成本，但为了掌握创业企业的真实信息，商业银行不得不付出更多的人力物力，加大了信息获取成本。这使得创业企业的单位融资成本远高于成熟企业。作为追求利润最大化的商业银行，自然更愿意将资金贷给成熟的企业，而不是创业阶段的企业。

4. 我国资本市场的不健全

我国在2004年创立了中小企业板块以专门为中小企业融资，2009年设立了创业板，

2019 年才设立科创板，且各方面的相应制度还不够完善，这也加大了创业企业在资本市场直接融资的困难。创业企业融资困难有一定的原因：

一是创业企业存在劣势。创业企业本身资产有限，甚至没有多少资产。创业企业没有经营历史，未来发展很不确定。另外，由于创业企业没有经营历史和经营经验，投资者很难预测其将来的发展状况，所以对于企业的投资往往十分谨慎。创业投资归根结底是资本逐利的过程，融资又是一种信用关系，而一切信用关系都是以经济实力为基础的。初创企业偿债能力和资信程度都较弱，投资者在满足创业企业的融资需求之前必然要首先考虑规避自身风险。

二是信息不对称。由于创业企业建立在不确定的创业机会之上，投资者对创业机会的价值认识与对创业者的素质能力的判断存在信息不对称，导致新企业从外部获得资金困难。一般而言，投资者对融资企业的产品、创新能力、团队实力、市场前景等信息没有创业者清楚，往往处在信息相对劣势的地位，而创业者处于信息优势的地位。创业融资者往往会掩饰企业存在的问题，展现的是企业优秀的一面，这也使投资者得不到充分的信息。创业融资中的信息不对称导致信任危机，也就是投资者对创业者的不信任，投资者不会将资金投给一个自己不了解的企业。

三是道德风险。道德风险即从事经济活动的人，在最大限度地增进自身效用的同时，做出不利于他人的行动，通常在经济交易完成之后发生。例如：职业经理人在被聘任之后追求自身利益最大化，而侵害了公司所有人和股东的利益。创业融资同样存在道德风险问题，创业者一般就是企业的直接经营管理者，他们可能违背投资的最初意愿，受高利润吸引，改变资金用途，从事高风险的项目或是用于消费、提高自身薪酬等。而投资者是很难及时监督的，这也使得投资者更谨慎地选择创业企业进行投资。

目前我国政府鼓励创业，对创业给予了大量的政策支持，比如说税收减免等。在目前的环境下创办新的企业，迎合了政府和社会的需求，可以得到银行的支持，从而降低组织成本。近些年来，中小企业的迅速发展以及商业银行大力发展的中小企业融资业务就是很好的例证。同时，新创立的企业，往往具有新的想法、新的观念，意味着创新，尽管失败的可能性很大，但是一旦成功，将会收到丰厚的回报，部分投资者可能倾向于投资这类高风险、高回报的项目。因此，创业融资打上了时代的烙印，亦具有其独特的优势。

第二节　创业融资的渠道与方式

一、各种创业融资的渠道与方式的比较和选择

融资渠道是指取得资金的途径，即资金的供给者是谁。确定融资渠道是融资的前提，它直接影响企业的融资成功率和融资成本，并决定企业融资公关的方向。

融资方式则是指如何取得资金，即采用什么融资工具来取得资金。融资渠道展示出取得资金的客观可能性，即谁可以提供资金，融资方式则解决用什么方式将客观存在的可能性转化为现实性，即如何将资金融到企业。

总体来看，我国创业企业的资金来源主要有以下六个：

（1）国家财政资金。指国家以财政拨款形式投入企业的资金。为了支持创业活动，国家一些部委和地方政府设立了各种基金，对于符合基金支持条件的创业企业（如技术创新、出口创汇、生态环保企业等）以无偿拨款、投资、贴现贷款等方式来扶持其发展。

（2）企业自留资金。指企业在生产经营过程中形成的资本积累和增值，主要包括资本公积金、盈余公积金和未分配利润等。

（3）国内外金融机构资金。指各种银行和非银行金融机构向企业提供的资金。我国商业银行资金雄厚，是企业经营资金的主要来源。世界银行及外国银行在中国境内的分支机构为我国企业及外商投资企业提供的外汇贷款，也是企业的资金来源渠道。各级政府和其他组织主办的非银行金融机构如科技投资公司、租赁公司、保险公司等，虽然其融资额有限，但其资金供给方式灵活方便，也可以作为企业补充资本的来源渠道。

（4）其他企业和单位的资金。指各类企事业单位、非营利社团组织等，在经营和业务活动中暂时或长期闲置、可供企业调剂使用的资金。创业企业可以通过接受投资和商业信用等方式吸收这些资金。

（5）职工和社会个人资金。指企业职工和社会个人以其合法财产向企业提供的资金。随着我国国民财富的迅速积累，居民手中持有大量资金却缺乏有效的投资渠道，因此，发展资本市场，以直接投资的形式吸引企业和私人资金，既拓宽了创业企业的融资渠道，又实现了社会资金的良性循环。

（6）境外资金。指国外的企业、政府和其他投资者以及我国港澳台地区的投资者向企业提供的资金。利用外资的方式主要有吸收外资和借用外资两大类。

与融资渠道多元化的特点相应，融资方式也是多种多样的。同一渠道的资金也可以采用不同的融资方式来筹集。

（一）内部融资和外部融资的比较与选择

1. 内部融资和外部融资的特点比较

内部（源）融资是企业依靠其内部积累进行的融资，具体包括三种形式：资本金、折旧基金转化为重置投资和留存收益转化为新增投资。内部融资对企业资本的形成具有原始性、自主性、低成本性和抗风险性等特点。相对于外部融资，它可以减少信息不对称问题及与此有关的激励问题，节约交易费用，降低融资成本，增强企业剩余控制权。但是，内部融资能力及其增长，要受到企业的盈利能力、净资产规模和未来收益预期等方面的制约。

外部融资是指企业通过一定方式从外部融入资金，它对企业的资本形成具有高效性、灵活性、大量性和集中性等特点。从实际看，外部融资是成长中的企业获取资金的重要渠道，它包括银行借款、发行债券、融资租赁和商业信用等负债融资方式与吸收直接投资、发行股票等权益融资等形式。

2. 内部融资和外部融资的选择

企业融资是一个随自身的发展由内部融资到外部融资的交替变换过程。创业之初，主要依靠内部融资来积累；随着企业逐步成长，抗风险能力增强，内部融资难以满足要求，外部融资就成为企业扩张的主要手段。当企业具备相当规模后，自身有了较强积累能力，则又会逐步缩小外部融资总量，转而依靠自身雄厚的积累资金来发展。

考虑到外部融资的成本代价，创业企业在资金筹措过程中，一定要高度重视内部积累。辩证地讲，内部融资是外部融资的保证，外部融资的规模和风险必须以内部融资的能力来衡量。企业通常是在内部融资不能满足需求的时候，才考虑通过外部融资渠道来解决。

(二)直接融资和间接融资的比较与选择

1. 直接融资与间接融资的特点比较

直接融资是指资金供求双方之间直接融通资金的方式，是资金盈余部门在金融市场购买资金短缺部门的直接证券，如商业期票、商业汇票、债券和股票等。另外，政府拨款、占用其他企业资金、民间借贷和内部集资也属于直接融资范畴。

直接融资具有直接性、长期性、不可逆性(即股票融资无须还本)和流通性(指股票与债券可在证券二级市场上流通)的特点。

利用直接融资的方式，企业处于主动的地位，对融资的时间、金额、成本等均可主动做出选择，在总量上不受资金来源的限制。但也存在局限性，主要表现为易受融资双方资信的限制，受融资的时间、地点、范围的限制，同时其成本要高于间接融资。

间接融资是指企业通过金融中介机构间接向资金供给者融通资金的方式，它由金融机构充当信用媒介来实现资金在盈余部门和短缺部门之间的流动，具体的交易媒介包括货币和银行券、存款、银行汇票等。另外，像"融资租赁""票据贴现"也都属于间接融资。

间接融资具有与直接融资截然相反的特性，即间接性、集中性、安全性、周转性。即资金的初始供应者和资金的需求者不直接发生借贷关系，由中介机构把众多供应者的资金集中起来贷给需求者。由于银行或非银行金融机构资金实力雄厚，内部管理严格，可有效分散管理风险，因此融资风险较小，信誉度高，稳定性强。

2. 直接融资和间接融资的选择

在直接融资中，由于信息不对称，一方面投资者要求资金使用者的经营活动具有较高的透明度，不管规模大小，企业为达到较高的透明度所需支付的信息披露、社会公证等费用差别不大，因而创业企业筹集单位资金的费用相对就很高；另一方面，信息不透明程度越高，资金提供者所要求的风险补偿就越高，除了高科技企业外，大量劳动密集型的创业企业，也难以达到投资者对收益的要求。

在间接融资中，由于金融媒介能够以较低的成本，在事先对资金的使用者进行甄别，并通过合同对资金使用者的行为进行约束，在事后则继续对资金使用者进行监督，因此这种融资方式对资金使用者信息透明度的要求相对较低。因而银行信贷方式就成为创业企业外部融资的主要方式。

(三)股权融资与债权融资的比较与选择

1. 股权融资与债权融资的特点比较

股权融资的方式包括创业者自己出资、争取国家财政投资、与其他企业合资、吸引投资基金投资、公开向社会募集发行股票等。自己出资是股权融资的最初阶段,发行股票是最高阶段。

股权融资的特点在于引入资金而不需偿还,但同时企业引入新股东,使企业的股东构成和股份结构产生变化;不需要支付利息且不必按期还本,但需按企业的经营状况支付红利。

债权融资包括向政府借贷、向银行借贷、向亲朋好友借贷、向民间借贷、向社会公众发行债券等。向亲朋好友借贷是债权融资的最初阶段,发行债券则是最高阶段。

债权融资的特点在于融资企业必须根据借款协议按期归还本金并支付利息,一般不影响企业的股东及股权结构。

股权与债权融资体现了不同的产权关系。股权融资体现的是所有权与控制权的关系,投资者是企业的股东,享有企业的剩余索取权和最终控制权;债权融资体现的是债权债务关系,银行作为信用中介,拥有对企业的相机控制权,即只有企业不能按合同履约时,其控制权才会转移到银行手中。

2. 股权与债权融资的选择

股权与债权融资的选择主要涉及企业控制权的分散甚至转移。控制权改变不仅直接影响企业生产经营的自主性、独立性和原有股东的利益分配,而且当创业者控股权失去时,还可能会影响到企业的效益与长远发展。因此,在可能的情况下,应尽量考虑采取债权融资。

当然,在下述几种情形下,企业采取股权融资也是一种明智的选择:

一是企业难以满足债权融资的要求(包括信用、资产、抵押等条件)。

二是企业经营风险和预期收益均较高,原有股东希望分散风险、共享收益,而债权人要求的收益率超出企业的承受能力。

三是引入股权投资者有利于提高企业的竞争能力。如与一些拥有强大技术或市场营销力量的大企业合作,可使企业迅速做大做强。

二、融资渠道与方式选择

(一)不同类型的创业企业融资策略

(1)制造业型创业企业大多数处于劳动密集型的传统行业,从业人员多,劳动占用大,产品附加值低,资本密集度小,技术含量不高。此类企业一般投资收益率较低,但资金需求相对也较小,大多数要依赖信贷资金,直接融资难度较大。

视野拓展

2

2

(2)高科技型创业企业具有高投入、高成长、高回报和高风险的特征。其资金来源主要是"天使投资"和各种"风险投资基金",性质多数属于权益资金。

(3)服务业型创业企业的资金需求主要是存货的流动资金占用和促销活动上的经营性开支,资金需求数量小、频率高、周期短、随机性大,但风险相对也较小,其主要融资方向是中小型商业银行贷款。

(4)社区型创业企业,包括街道手工业,具有一定的社会公益性,因此,比较容易获得政府的扶持性资金。另外,社区共同集资也是一个重要的资金来源。

(二)不同发展阶段创业企业融资策略

(1)种子期:创业者可能只有一个创意或一项尚停留在实验室的科研项目,所需资金不多,应主要靠自有资金、亲朋借贷,吸引"天使"投资者,也可向政府寻求一些资助。

(2)创建期:企业需要一定数量的"门槛资金",主要用于购买机器、厂房、办公设备、生产资料、后续研究开发和初期销售等,所需资金往往较大。由于没有经营和信用记录,从银行申请贷款的可能性甚小,这一阶段的融资重点是吸引股权性的机构风险投资。

(3)生存期:产品刚投入市场,市场推广需要大量的资金,现金的流出经常大于流入。此阶段要充分利用负债融资,同时还需要通过融资组合多方筹集资金。

(4)扩张期:企业拥有较稳定的顾客和供应商及良好的信用记录,利用银行贷款或信用融资已比较容易。但由于发展迅速,需要大量资金以进一步进行开发和市场营销。为此,企业要在债务融资的同时,进行增资扩股,并为上市做好准备。

(5)成熟期:企业已有较稳定的现金流,对外部资金需求不再迫切。此时的工作重点是完成股票的公开发行上市工作。

(三)不同资金需求特点的创业企业融资策略

(1)资金需求的规模较小时,可以利用员工集资、商业信用融资、典当融资;规模较大时,可以吸引权益投资或银行贷款。

(2)资金需求的期限较短时,可以选择短期拆借、商业信用、民间借贷;期限较长时,可以选择银行贷款、融资租赁或股权出让。

(3)资金成本承受能力低时,可以选择股权出让或银行贷款;承受能力强时,可以选择短期拆借、典当、商业信用融资等。

三、创业融资的程序

创业融资是一个复杂的过程,要选择目标投资者,向目标投资者证明其投资是有价值的、投资风险是可以控制的。一个科学清晰的融资战略和周密详尽的融资策划是融资成功的前提,这就需要一套合理的程序或步骤来保障。

(一)事前评估

事前评估就是在充分调查研究和对企业进行 SWOT 分析(优势、劣势、机会和威胁)

的基础上，系统分析企业融资的必要性和可行性。具体包括下述几个方面：

（1）企业发展战略判断。首先要基于 SWOT 等分析工具判断企业战略，然后判断融资与战略方向是否一致。

（2）融资需求的合理性判断，如：企业为什么要融资？不融资行不行？融资用途是否合理？资金需要量是否合理？还款来源是否合理？等等。有很多融资需求是不合理甚至是有害的，有许多是可以推迟、减少的或者用替代办法来解决的。

（3）融资具备的基础条件判断——融资可能性分析，包括：融资主体，企业资产，报表，融资资料，渠道资源，融资机构和团队，融资知识和经验，与融资服务机构的合作，企业团队品质和行为等基础条件。据此判断融资成功的可能性及企业近期要做的基础性工作。

（4）融资诊断与评估报告。对上述结果进行归纳，作为高层融资决策的依据。

（二）融资决策与方案策划

这个环节主要是就融资中的一系列关键问题进行决策和策划，包括：估算融资规模，确定融资渠道和方式，选择融资期限与时机，估算融资成本，评估融资风险等。

（三）融资资料准备与谈判

在该阶段，企业一方面要着手准备相关融资资料，编制融资计划书（商业计划书），另一方面要开始与潜在资金提供方接触，就资金的使用价格、期限、提供方式、还款方式等细节进行协商，直到达成一致。

（四）过程管理

该阶段包括融资组织、策划与实施等内容，它是根据双方谈判的结果和要求，对所有资金到位前的工作进行细化、论证、安排，核心是制定融资实施方案与签订融资协议两个环节。

（五）事后评价

通过分析总结成败之处，为下次融资积累经验和相关资料，包括：融资效果评价及其成败经验教训分析；融资参与人员的表现及其奖惩处理；企业融资档案的建立等。

第三节 寻找创业资金

一、寻找创业资金的来源及优劣分析

寻找创业资金对于创业者来说是一个艰难的过程，但也是必须要做的工作。事实上，目前我国也有了不少的创业融资途径。下面介绍几种创业融资的主要渠道及其优劣分析。

视野拓展

187

（一）从政府或者其他机构获取创业扶持资金的优劣分析

近年来，国家和各级地方政府及相关金融机构相继出台了一些针对大学生创业的资金扶植政策，进一步为大学生营造良好的创业环境，常见的主要方式有：人力资源社会保障部门为大学生创业提供创业担保贷款；科技部门为大学生科技创业提供专项资金；农业部门为农业创新项目提供农业扶持资金；等等。所以大学生在寻找创业资金时可以寻求相关政府部门的帮助。除了政府支持以外，高校一般也根据自身情况提出相应的创业资金扶持政策，如免费提供创业场地、免费提供继续咨询服务、无偿的小额资金扶持，等等。但要注意的是，现阶段政府的政策性扶植的规模还是有限的，一般不大，扶助的范围较窄，申请门槛不低，实施起来存在一定的困难。

案·例

2001 年在澳大利亚度过了 14 年留学和工作生涯的施正荣博士，带着自己 10 多年的科研成果回到家乡无锡创业。当无锡市有关领导得知施正荣的太阳能晶硅电池科研成果能填补国内相关领域的空白时，立即拍板要扶持科学家做老板。在市经委的牵头下，无锡市政府联合当地几家国企投资 800 万元，组建了无锡尚德太阳能电力有限公司。有了政府资金的鼎力支持，尚德公司有了跨越式发展，仅仅 3 年时间销售额已经过亿元，成为业界的明星企业。

（二）从银行贷款的优劣分析

银行贷款被誉为创业融资的"蓄水池"，由于银行财力雄厚，而且大多具有政府支持，因此在创业者中很有"群众基础"。银行贷款相对规范科学，所以一般来讲，从银行贷款是一个比较好的选择。由于银行是正规的金融部门，它们发放贷款时有严格的审批条件和审查程序，银行贷款往往也有它独特的障碍。银行一般要求创业者拿出合适的抵押物，这恰恰是创业者一个比较大的困难，虽然银行的利息相对不是很高，但寻找抵押物不是那么容易，就算是找到了合适的抵押物，如土地、房产、汽车等，还需办理财产价值评估等手续。而且银行为了降低风险，一般不会按抵押物的实际价值发放贷款，通常抵押资产的价值要远高于贷款和未付利息额。如果企业经营失败，将失去抵押物的个人财产，可见向金融部门贷款是不容易的。此外，由于大学生信用等级难以评估，会进一步导致贷款困难。向银行贷款主要有以下几种方式：

1. 抵押贷款

抵押贷款指借款人向银行提供一定的财产作为信贷抵押的贷款方式。

案·例

　　刘先生自 2000 年下岗后一直给别人打工，后来他产生了自己创业的想法，他决定开家单身公寓。按照预算，装修以及购置简单家具的开支为 3 万元；房主要求一次预交 1 年房租，3 套房子需预付 1 万元，这样总体的创业启动资金是 4 万元。在朋友的指点下，他以自住的"房改房"做抵押，到银行办理了创业贷款。贷款拿到手后，刘先生才发现这种贷款不但手续简单，而且还享受 20% 的下浮利率。依靠这笔创业贷款，刘先生的单身公寓很快开了张，并且生意非常红火，扣除贷款利息等开支，每月的房租净收益在 2000 元左右，他成功赚得第一桶金。

　　2. 信用贷款

　　信用贷款指银行仅凭对借款人资信的信任而发放的贷款，借款人无须向银行提供抵押物。

案·例

　　"不需要抵押物，也不用找担保人，信用好就能换来贷款，额度高、利息低！"日前，福建省福州市闽清县 2018 年度"最美农民"姚新建获得了 20 万元信用贷款。

　　在闽清县，像姚新建这样的信用户已超过 1.6 万户，全县评定了 2 个信用乡和 70 个信用村，并在全市形成了"信易贷"的"闽清经验"。这是闽清县创建农村信用工程，开展"信易+"试点工作的成果之一。

　　姚新建种植橄榄已有 20 多年，在橄榄病虫防治、水肥及树体管理上经验丰富，特别是他掌握了一手过硬的高接换种技术，嫁接成活率达 85% 以上，许多人慕名前来请教，他总是有求必应。2018 年姚新建被评为闽清县"最美农民"。

　　正是这个荣誉，加上他良好的信用，为他带来了 20 万元贷款。姚新建当时希望向信用社贷一笔款，用于橄榄嫁接，升级橄榄品种。得知该需求，云龙信用社主动服务。贷款经办人员说，从收集材料到写调查报告、上报审批，最后发放贷款，贷款手续在短短几天内完成。

　　3. 担保贷款

　　担保贷款指以担保人的信用为担保而发放的贷款。

案·例

2015年5月，经过调研和考察，王某某想在家乡阎良区关山镇粟邑村建设一个现代化农业生态观光园。她不厌其烦地向乡亲们"推销"自己的想法。出于信任，53户群众把土地流转给了她。王某某拿出全部积蓄，整合了一批会经营、懂技术的种植能手、种植大户，组建了西安市阎良区丰宣果蔬专业合作社。同时，在阎良区人社局和关山镇政府的支持和帮助下，王某某争取了个人创业担保贷款，这笔资金确保合作社当年就顺利建成了29栋日光温室、68栋春秋温室、200亩节水灌溉设施及交易收购大盆、机井、道路硬化等基础设施。目前合作社已经带动周边两个村的5000余户群众，园区春秋两季果蔬销售额达到了500万元以上。

4. 质押贷款

质押贷款是以借款人或第三人的动产或权利作为质物而取得的贷款。创业者可用自己或亲朋好友未到期的存单、国债、国库券、人寿保险单等作为质物，从银行获取有价证券面值80%~90%的贷款。

案·例

李女士想开一家某品牌化妆品的连锁店，按照总部的要求，需要交纳5万元各种费用。她手中有1万元的现金，并且有一张5万元的定期储蓄存单，本来打算办理提前支取，但银行理财师一算，办理质押贷款比提前支取多收益2244元。于是，她在银行办理了小额质押贷款，既及时筹齐了创业资金，又避免了提前支取的利息损失。

(三)众筹融资的优劣分析

简单地说，众筹融资就是大家凑钱做生意，钱从大家的手里共同筹集，赚钱了大家一起分。它是近几年兴起的一种看上去很先进、很有趣、很好玩的模式。我们也听到了类似众筹餐厅、众筹咖啡厅的诱人故事。通常代表性的故事好比这样：100个人一块办一个咖啡厅，一个人出一点点钱，然后每个人带着自己的朋友、亲戚来到这家咖啡厅消费，大家拉客户，大家来赚钱，创业就变成了一个通过自己做股东的集体筹措，很自然地就把生意做起来的模式。这听上去确实很美妙，但这种模式有没有什么问题呢？当你考虑众筹融资时，一定要考虑你需要的钱是不是很急迫，你的生意是否足够容易被理解。如果你的生意很难被理解，你向别人筹集资金时，别人很难短时间内将资金投进来。并且由于众筹这一种投资形式显得随意化、轻松化，往往股东在投入这些资金的时候，对这个公司也没有太多的责任感，所以众筹往往是雷声大雨点小，真正筹到钱并不像想象中那么容易。所以，众筹这种方式可能是一个好方式，但不一定是一个好选择。

案-例

酷6网的创始人兼CEO、混沌大学(混沌研习社)创办人、中欧创业营发起人李善友，在2014年年初，开启了一场用众筹改变商学院和创业教育的实验。他的招生计划中明确要求，10名学员的学费，必须一半自筹，一半众筹。泡否科技马佳佳、雕爷孟醒、《逻辑思维》出品人申音等报名学员通过各种社交媒体，阐述众筹理由，而众筹的参与者，将获得学员面授交流的机会。

这场众筹游戏，让其他几家国内一线商学院感受到了压力：中欧创业营的事迹在社交媒体上曝光后其名气在短时间内急剧上升，中欧的课程也从墙内走向了墙外，被更多人了解。

(四)天使投资的优劣分析

天使投资(Angel Invest)指个人出资协助具有专门技术或独特概念而缺少自有资金的创业家进行创业，并承担创业中的高风险和享受创业成功后的高收益。天使投资属于个人的投资行为，一般办理的手续简单，是由自由投资者或非正式风险投资机构对原创项目构思或小型初创企业进行的一次性前期投资，主要面向处于创业初级阶段和种子期的企业。对于很多企业来说，天使投资往往是能够把企业从种子期孵化成为成功的特别是资本市场上看好的企业的必由之路。问题是"天使"有的时候是天使，有的时候却是魔鬼。在现实中，一方面往往天使投资投入的资金并不像想象中那么多、那么可观；另一方面天使投资人投入资金后，会提出控制较高比例的股权的要求，这样创业者将有失去公司控制权的风险。要求控股的天使投资对某些企业项目来讲，其实风险是巨大的，这就需要创业者自己权衡利弊来选择。当遇到的天使投资人愿意投入很多的资金而又占用很少一部分的股份时，天使投资就是一个好的选择。

案-例

2014年初，30岁的贺轶辞去了全球五百强企业医药代表的工作，开始在微信上卖水果，和他一起辞职的还有三位80后。而他们所做的创业项目也十分简单：消费者关注其微信服务号，选择附近店铺，琳琅满目的水果就在屏幕上呈现，轻点手机下单后，3个小时内新鲜水果便可送上门。他们创业6个月就已发展近30家店，月销量约200万元。创业不到一年时，整个团队已有百人，有投资公司给他们估值5000万元要求收购，但他们拒绝了。为了发展，贺轶的"几个果农"团队在寻找资金。如何拿到风投呢？他们靠的是一份图文并茂的商业计划书，团队将计划书发给了著名的天使投资人徐小平，不久，就接到请他们团队去面谈的电话。尽管贺轶公司当时并未盈利，但独具慧眼的徐小平一眼就看透了"几个果农"未来的盈利点——打造一个全国最大的生鲜类电商平台。一个小时的交谈后，500万元资金便一次性汇入了贺轶公司的账户。

（五）向网络借贷平台进行贷款的优劣分析

向网络平台借贷就是创业者根据自己的需要向网络借贷平台提出申请，签订贷款的合同并实现贷款的行为。互联网金融是一个新兴的金融模式，手续简单，来钱也快。一般经过线上申请（无担保抵押，全程线上完成）—填写资料（身份证、银行卡）—审批获得额度（最高可以达到 20 万元）—实时到账这四个步骤很快就能完成。然而，向网络平台借贷是存在巨大风险的。互联网金融目前在国内还难说是一个非常成熟的体系，很多金融公司为了利益，向创业者推销借贷产品时往往加以诱惑。比如说，借贷平台给出的条款中利息是 2%，看上去不高，但仔细分析一看，2% 指的是月息，如果换算成年息，按照复利计算的话可能要到 30% 左右。也就是说，如果你借款 10 万元，贷款一年时间，需要还款 13 万元。除非你的生意非常能赚钱，不然的话难以支付这样高昂的资金成本。这还不是风险的全部，当创业者向网络借款平台借款时，还要承担一个所谓的叫利滚利的风险。即一笔钱还不上，这个时候往往就会被要求借另外一笔钱来还这笔钱，加上复利不停地周转和不停地计算。有的时候会发现，借款人的工作都是在忙着还钱，而这个钱却始终也还不上。

（六）从亲朋好友处借钱的优劣分析

从亲朋好友处借钱是筹集启动资金最常见的做法。据教育数据权威分析机构麦克思的数据研究，父母、个人储蓄和亲友赞助是大学生创业的主要资金来源，占到了总来源的 80% 以上。在创业融资的领域里，有这样一个"借钱要借 3F"的略带玩笑的说法。3F 即 friend、family 和 fool，也就是说只有父母和真正的朋友才会像傻子一样借给你钱。这也是创业融资的本质，创业者应尽可能找那些对自己不会产生重大风险和控制性、干预性的资金，这往往是最优选择。但是自筹资金数量非常有限，远远满足不了企业启动和运营对资金的需求。一旦创业失败，不仅父母多年的积蓄全部打了水漂，而且很有可能会背负上沉重的债务。

案·例

尚雄伟所工作的某粮油食品商店连年亏损，上级公司决定将该商店向社会进行公开的拍卖。尚雄伟十分看好该商店，但要将商店拍到手，起码得有 60 万元以上的资金，凭自己的实力显然无法企及。于是他向昔日的同学、庄氏集团董事的庄岩俊求助，在了解情况后，对方提出以投资方式参与合作竞拍。一个月后，在庄氏集团 100 万元风险投资的支持下，他一举拍得粮油食品商店，很快门面进入了重新装修阶段。

（七）融资租赁的优劣分析

融资租赁是一种以融资为直接目的的信用方式，表面上看是借物，而实质上是借资，以租金的方式分期偿还。该融资方式具有以下优势：不占用创业企业的银行信用额度，创业者支付第一笔租金后即可使用设备，而不必在购买设备上大量投资，这样资金就可调往最急需用钱的地方。融资租赁这种筹资方式，比较适合需要购买大件设备的初创企业，但在选择时要挑那些实力强、资信度高的租赁公司，且租赁形式越灵活越好。融资租赁的资本成本较高，一般来说，租赁费要高于债券利息。公司经营不景气时，租金支出将是一项沉重的财务负担，且租期长，一般不可撤销，企业资金运用受到制约。

案例

德阳 CF 公司属中小企业，长期从事车铣加工并与中国第二重型机械集团、东方电气集团等几个大企业有稳定的配套加工业务合作，由于业务量增加，需再购置一台 130 万元的车床扩大加工能力，但企业暂时只有 30 万元现金。在跟银行接触后，该企业遇到极大障碍，主要是因为该企业规模不大，之前在银行没有信用记录，企业本身信用等级低、授信额度小，又不具备抵押担保，所以不具备贷款的基本条件。租赁公司更为看重的是项目本身的市场前景，看重设备产生的效益。由于租赁公司拥有租赁设备的物权，因此租赁公司对企业的资信和抵押担保要求相对较低。该企业采用融资租赁方式，由租赁公司购买并租赁给企业 130 万元的车床，其中承租人首付 30 万元，其余 100 万元由租赁公司解决，企业投入很少比例的资金即取得了设备的使用权和收益权。然后企业通过设备所产生的效益偿还租金，按每月支付租金 10 万元，共支付 11 个月，取得租赁设备的所有权。对承租人而言，一次付款购买该设备要花 130 万元，而通过融资租赁"分期购买"花了 140 万元，虽多花了 10 万元，但能快速把握机会实现"小钱起步，终获设备"的发展。

二、降低创业贷款融资成本的技巧

许多创业者初期往往求"资"若渴，为了筹集创业启动资金，根本不考虑筹资成本和自己实际的资金需求情况，千方百计一心融资，对融资成本及金融机构的各种条件有求必应，结果到头来只是替别人打工。因此，创业者在融资时一定要考虑成本，掌握创业融资省钱的窍门。

（一）巧选银行，贷款也要货比三家

随着利率市场化改革的推进，各家银行商业贷款利率浮动范围将不断扩大。因而到银行贷款也如同到商场买东西一样，要货比三家，才能选到物美价廉的商品。

如果融资基础完善，手续齐备，创业者可以采用"询价招标"的方式，对各个银行的贷款利率以及其他额外的收费情况进行比较，在创业初期选择一家成本低的银行办理抵押、质押和担保贷款业务。

（二）合理挪用，住房贷款也能创业

如果创业者有购房意向，并且准备了一笔购房款，可以先将这笔购房款"挪用"于创业，在买房时再向银行申请办理住房按揭贷款。因为住房贷款是商业贷款中利率最低的品种。

（三）精打细算，选择贷款期限

如果创业者资金使用时间不是太长，尽量选择短期贷款。比如原打算办理两年期贷款的,可以一年一贷,这样可以节省利息支出。

另外,创业融资也要关注利率的走势情况,如果利率趋势走高,应抢在加息之前办理贷款;反之,则应尽量暂缓办理贷款,等降息后再办理。

(四)用好政策,享受银行和政府的低息待遇

中央和地方政策有各种基金和扶持性资金,政策性银行的融资成本是最低的,如果创业企业基本符合相关政策条件,应尽量努力,争取这类政府支持。

(五)提前还款,提高资金使用效率

创业过程中,如果因效益提高、贷款回笼以及淡季经营、压缩投入等原因致使经营资金出现闲置,就应及时向贷款银行提交变更贷款方式和年限的申请,直至部分或全部提出偿还贷款,从而降低利息负担,提高资金使用效率。

三、成功创业家寻找创业资金的方法

创业者为了更加有效地获取创业资金,必须想方设法采取措施,那么,如何做呢?下面是国外很多成功企业家提供的几种获取创业资金的方法。

1. 认识很多人

很多人都是从家人和朋友那里得到创业第一笔资金,但是在大多数情况下那还不够。总部设在丹佛的 UrgentRx 公司创始人和首席执行官乔丹·艾森伯格(Jordan Eisenberg)警告说,在你找到足够相信你的公司的人,为你的创业企业融资之前,你将需要"亲吻许多青蛙"。艾森伯格恪守一个习惯,一个星期至少六天,每天至少认识一个新人。这些人中的大多数没有资格为企业提供资金,但是乔丹·艾森伯格每遇到一个人,都会要求他们将他引荐给更有价值的某些人。乔丹·艾森伯格说,他最大的投资人都是他通过这个"蜘蛛网"找到的。

2. 把你自己的钱都花在你的梦想上

把你的个人储蓄都兑成现金是可怕的,但是这是许多创业者坚持实现梦想的唯一途径。当莫妮克·塔特姆(Monique Tatum)开创了她的公共关系咨询公司时,按照老牌企业的惯例,客户不愿意预先支付聘用费。塔特姆通过把她的40.1万美元积蓄都兑成现金,解开了这个难题。事实证明这是个不错的做法,现在,在纽约,她的"Beautiful Planning"是增长最快的公关公司。如果她没有投入她的40.1万美元,她也许已经退出了商业领域。

另外一个利用自己的个人储蓄来为他的企业提供资金的企业家是 Bakers Edge 公司的创始人马修·格里芬(Matthew Griffin)。他说,"当你表示不再需要他们时,外部投资者才会对你感兴趣""我们的创业资金主要来自个人储蓄,以及用我们的房子和汽车作为抵押,借来的本地银行的企业贷款""我们的经验是,只有在你有相当大的吸引力的时候,外部投资人才会注意你。具有讽刺意味的是,我们只有在已经不需要创业资金的时候,才拥有对外部投资的吸引力"。

3. 对产品设置预先订购

当你所拥有的还只是一种产品概念，或者产品原型时，外部投资者不会为你的企业投资。在这样的情况下，当需要测试和验证你的想法的产品具备可销售性时，开展预先订购是从投资者那里得到必要的资金的一个很好的方式。

如果你的预先订购不能支持你获得投资时，不必灰心。以色列创业企业 Pixdo 的创始人伊芙塔·奥尔(Iftach Orr)认为，这也足以让你去构建一个高效的团队和产品了。而反过来，高效的团队和产品也可以给你足够的时间去建立你的客户基础，并且在稍后的阶段吸引更多的资本。

4. 在支付方式上提出独特的价值主张

托管行业中的老牌公司坚持与客户订立长期的合同，所以当 Rackspace 公司首次推出时，他们提供了一些独特的东西。该公司提供每月支付模式，并且积极推广他们的客户服务承诺。

"每月支付方式的普及给 Rackspace 注入了成功所需要的资本。"Rackspace 的创始人，现在运营一家制造机器人为医疗保健设施进行消毒的公司——Xenex 的莫里斯·米勒(Morris Miller)说。

5. 向你的投资人兜售你的发展阶段，而不是产品

"要有关于你的产品的一个清晰的愿景，以及它在未来会是什么样子。但是，也要将各个发展阶段和各个时期的进度目标呈现给投资者，而不是像大多数人一样单纯出售愿景。"PayPal 首席产品官希尔·弗格森(Hill Ferguson)建议道。他是 PayPal 收购的移动支付系统 Zong 的联合创始人。

"因为你有一个愿景和执行路径，这不仅会给予投资人更多的信心，而且它也将有助于让你自己更富有责任感。"希尔·弗格森说。

你拿到的启动资金其实总是会比你认为所需要的少，但你必须努力独立发展你的企业，直到你能获利或者成功地获得第二轮资金。

拓-展-训-练

风投(Venture Capital, VC)自我测评

企业或者个人项目要寻找风险投资，首先自己必须了解风险投资，这非常关键。本测试对风险投资的一般知识进行测试，如果您通过了测试，就可以进行风险投资接洽了；否则，请先去更好地了解风投。

1.VC 具有什么特点？（　　）

A.低风险低回报

B.低风险高回报

C.高风险低回报

D.高风险高回报

2.VC 的投资金额一般是多少？（　　）

A.几十万到几百万元

B.几百万、几千万元或者更多

C.只要有高回报率多少金额都可以

3.您认为 VC 为什么会投资一家企业？（　　）

A.看好公司前景，希望控股

B.找机会退出获得大量套现

C.为了帮助企业实现梦想

4.以下退出机制中，哪一种是能使资本得到最大限度的增长的主要方法？（　　）

A.兼并、收购

B.首次公开募股

C.股份回购

D.破产清算

5.您认为 VC 对您的项目投资多少比较合适？（　　）

A.根据公司阶段性发展需要够用就好

B.只要 VC 愿意，投多少都能接受

C.根据 VC 手上的资金按一定比例

6.您对投资商有所选择吗？（　　）

A.优先选择在此行业内具有经验的投资商

B.投资商只是供应资金，无所谓哪一家

C.优先选择比较知名且资金雄厚的投资商

7.以下哪些内容对您在 VC 面前成功有效展示您的项目是必需的？（　　）

A.必须有半小时以上说明时间

B.必须把项目全部细节都说清楚，尤其是技术细节

C.必须突出个人及团队优势

D.必须让投资商看过详尽的项目计划书

8.谈及融资金额时，应该是（　　）

A.让 VC 决定应该投多少数额

B.自己提出需要多少数额

C.由专业的评估公司测算发展需要多少数额

9.以下关于投资回报的描述中，风险投资一般更青睐哪一种？（　　）

A.年回报率在 30% 以上

B.3 年内实现 1000 万元以上的回报

C.3 年内企业总资产成长 10 倍以上

D.以任何方式在 3 年内得到 3 倍以上的现金回报

10.以下要素中你认为 VC 最为关注的是哪一点?(   )

A.市场总容量及可获得的市场份额

B.主要领导人及主要管理团队者的素质

C.公司历史经营及财务状况

D.公司发展计划及商业模式

答案:

哪怕只错一题都是致命的!

1.D   VC 的本质是高风险高回报。VC 的高风险是相对于其他投资方式而言的。只有企业价值增长了 VC 的投资才能得到回报,如果企业倒闭,VC 很有可能血本无归。它投资成功的可能性在国际上基本在 20% 以下。然而中国的情况刚好相反,也就是说国内风险投资多半会选择拥有较好现金流、风险较小的公司投资。至于高回报,准确地说应该是高预期回报,如果投资成功,风险投资得到的回报会在 5 倍、10 倍甚至 100 倍以上。但是投资企业成功的毕竟是少数,有一大半的投资是无法实现高回报的。风险投资的精髓也就是在少数项目获取暴利的情况下,可以允许大多数项目微利、持平或者亏损。

2.B   风险投资几百万元人民币的项目也有案例,但还是属于相当小额的,一般 VC 投资金额都在几千万元以上。按美元计算,VC 投资金额至少 50 万美元。当然,投资也是有上限的,依据每家投资机构的基金总量和投资策略而不同,如有些投资基金的单项投资金额控制在基金总额的 10% 以内。

3.B   VC 投资的根本性目的就是现金回报。很少有专业的 VC 会为了控制一家公司而投资,当然他们也不会是慈善家去帮你实现什么梦想。

恰恰相反,VC 在投资企业的过程中并不希望由于自身控股导致创业团队的积极性丢失,由于 VC 控股导致公司 CEO 中途退出,导致投资危机也不乏先例。无论如何,VC 的最终目的就是通过资本的运作实现资金的增值,而创业企业对于他们来说只是达成目的的一个手段,VC 控股通常不是高明之举。

4.A   首次公开募股(IPO)的确是风险投资最佳退出途径,它能使投资者获得 10~30 倍甚至更高的回报。当风险企业发展到一定程度之后必然选择在证券市场上市。美国最主要的风险投资上市渠道是 NASDAQ。实现 IPO 的风险投资在度过一定期限的禁售期(NASDAQ 是六个月)后可以将其持有的股份抛售变现获得收益,这是风险投资获得回报最高的退出方式。需要指出的是,我们说 IPO 是最佳的退出方式是就其投资收益率而言的,但事实上就数量而言,IPO 并不是主要的风险投资退出方式,即便是在美国也只有 10%~20% 的风险企业能够实现 IPO,其他超过 60% 甚至更多的企业采取并购方式作为退出方式。

5.A 在很多创业者还认为钱拿得越多越好的时候,您已经认识到够用就好的原则,这太棒了。一般来说,企业一次融资所参考的是企业一年左右时间扩张发展所需的资金量,经过2~3轮的融资后最终推动企业上市。

6.A 挑选投资商时研究投资商的背景和实力是相当重要的,其中包括关注行业的不同,本土与国际的不同,历史投资案例的不同,管理机制的不同等,这些通通是企业家需要考虑在内的因素。而熟悉创业者所处行业的VC可能与创业者更有共同语言,更能理解创业思路,有更强的行业敏锐性和行业资源。

7.C 您认为企业最重要的因素是人,而这与几乎所有的风险投资家的观点也是一致的:投钱就是投人。人或者说团队的优势其实是最重要的因素,模式是死的,产品是死的,只有人是活的。对的人能把不对的事情做对,不对的人会把对的事情做错。

8.B 您清楚自己企业发展需要多少资金,并清楚这笔资金应该由您自己而不是投资商提出,更不是别人推算出,这值得表扬。这里补充一点,一般来说VC会参考企业阶段性发展(可能是一年左右)所需的资金数量,并且需要给投资人一个清晰的方案来说明如何使用这笔资金。

9.D VC最终关心的就是现金回报而不是其他任何东西。没错,只要把握好这点就有了打开VC金库的第一把钥匙。一般照经验来看,VC做一笔投资会在2~5年的时间里获得应有的回报,而回报的数量也是同行业平均值的2~3倍,10倍已经属于高回报,而历史上也有达到几十倍甚至上百倍回报的案例(如Compaq达到38倍,Lotus达到63倍,苹果计算机的投资回报高达235倍,Alibaba也有78倍)。

10.B 您与您的团队才是VC最为关注的要点,这是完全正确的,只有对的人才能做对的事。但也不要忽略其他的因素如市场容量、历史经营数据、发展规划、竞争优势等,只有综合起来才能真正获得VC的青睐。

本章小结

融资,可从狭义和广义两方面来理解。从狭义上讲,就是指一个企业的资金筹集的行为与过程;从广义上讲,就是货币资金的融通,是当事人通过各种方式到经融市场上筹措或贷放资金的行为。

创业融资是指创业企业根据自身发展的要求,结合生产经营资金需求等现状,经过科学的分析和决策,借助企业内部和外部的资金来源渠道,筹集生产经营和发展所需资金的行为和过程。创业融资具有复杂性、艰巨性等特点。一般来说,虽然创业企业的资金来源主要有国家财政资金、企业自留资金、国内外金融机构资金、其他企业和单位的资金、职工和社会个人资金、境外资金等。

内部融资是企业依靠其内部积累进行的融资,主要包括资本金、折旧基金转化为重置投资和留存收益转化为新增投资；外部融资是指企业通过一定方式从外部融入资金。创业企业在开始的时候，主要依靠的是内部融资，随着企业的成长，外部融资就成了企业扩张的主要手段。

直接融资是指资金供求双方之间直接融通资金的方式。直接融资具有直接性、长期性、不可逆性和流通性的特点；间接融资是指企业通过金融中介机构间接向资金供给者融通资金的方式，它具有间接性、集中性、安全性、周转性等特性。由于直接融资和间接融资具有鲜明的截然相反的特性，所以在企业融资的过程中，可以根据自身的要求和特点选择融资方式。

股权融资的方式包括创业者自己出资、争取国家财政投资、与其他企业合资、吸引投资基金投资、公开向社会募集发行股票等。自己出资是股权融资的最初阶段，发行股票是最高阶段；而债券融资包括向政府借贷、向银行借贷、向亲朋好友借贷、向民间借贷、向社会公众发行债券等，向亲朋好友借贷是债权融资的最初阶段，发行债券则是最高阶段。在融资的过程中，不同类型的创业企业融资、不同发展阶段创业企业融资、不同资金需求特点的创业企业融资等都具有不同的策略。

创业融资一般经过事前评估、融资决策与方案策划、融资资料准备与谈判、过程管理和事后评价五个程序。在融资过程中企业必须要讲究技巧，并尽可能地降低融资成本。

思考题

1. 什么是创业融资？其特征有哪些？
2. 创业融资的渠道与方式有哪些？如何选择？
3. 创业资金的寻找有哪几种主要途径？
4. 不同类型的企业如何进行创业融资？

讨论题

1. 有一个好项目，两位同学准备一起创业但资金不够，另外一个朋友有资金，看好这个项目想参与投资，但要求控股，你认为这两位同学要如何选择？
2. 讨论：创业融资为什么会十分困难？

实训项目与练习

如果你现在有一个创业项目需要融资，请为这个项目拟订相关融资计划，并制定一套融资方案(方案要有分析和说明)。

◇ 参考文献

[1]程智开，唐立，李家华. 大学生创新创业指导[M]. 成都：电子科技大学出版社，2017.

[2]李家华. 创业基础[M]. 2 版.北京：清华大学出版社，2015.

[3]张成，吴小林，何文国. 创业管理[M]. 长沙：中南大学出版社，2012.

[4]高文兵，创业基础教程[M]. 北京：高等教育出版社，2015.

创业风险

本章知识结构图

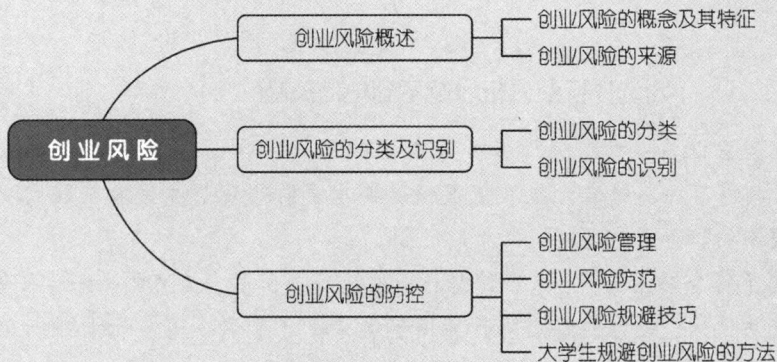

创业风险 ── 创业风险概述 ── 创业风险的概念及其特征
                        └ 创业风险的来源
          ── 创业风险的分类及识别 ── 创业风险的分类
                              └ 创业风险的识别
          ── 创业风险的防控 ── 创业风险管理
                          ── 创业风险防范
                          ── 创业风险规避技巧
                          └ 大学生规避创业风险的方法

风险和利益的大小是成正比的。

——土光敏夫

知识目标 >>

1. 创业风险的概念、特征与来源。
2. 创业风险的规避技巧。

能力目标 >>

1. 识别创业过程中常见的风险。
2. 提出规避创业过程中常见风险的应对方案。

案例导入 >>

对选择行业分析了解不到位的风险

金先生某次出差去深圳，看到深圳很多闹市区的路边正在设立停车计费咪表，于是，他投入资金研制停车计费咪表。尽管他很快研制出号称当代最先进的车载式咪表，但是公司却因为没有订单而长期亏损，两年后倒闭。

路边停车收费不符合中国国情，咪表计费行业成为行业陷阱，仅深圳就先后有70余家咪表研制企业先后倒闭，成为创意陷阱行业的牺牲者。不管进入哪一行业进行创业，都必须对该行业未来的发展趋势做出正确判断，如果把握不准，不要冒进。

第一节　创业风险概述

视野拓展

一、创业风险的概念及其特征

(一)什么是风险与创业风险

风险就是一种和期待或者希望的结果相偏离的状况，即指某一特定环境下，在某一特定时段内，某种损失发生的可能性。风险由风险因素、风险事故和风险损失等要素组成。也就是说，风险是在某一个特定时段里，人们所期望达到的目标与现实出现的结果之间产生的距离。

创业风险是指在企业创业过程中存在的风险。由于创业环境的不确定性，创业机会与创业企业的复杂性，创业者、创业团队与创业投资者的能力与实力的有限性，而导致企业活动偏离预计目标的可能性。创业风险从广义的角度强调了风险表现为结果的不确定性，包括在创业过程中阶段任务指标实现的不确定性和收益多寡的不确定性；从狭义的角度强调了没有收益甚至产生损失的可能性。

(二)创业风险的基本特征

1. 客观性

创业本身就是一个识别风险和应对风险的过程,风险的出现是不以人的意志为转移的,所以创业风险是客观存在的,就像地震、台风、洪水、瘟疫等自然灾害一样,是独立于人的意志之外的客观现象。所以,客观性要求我们重视创业风险,并积极对待创业风险。

2. 不确定性

影响创业的各种因素是不断变化的,是难以预测的,因此造成了企业创业风险的不确定性。这种不确定性并不是毫无规律可循,人们可以分析以往发生的一系列类似事件的统计资料,对某种投资风险发生的频率及造成的经济损失的程度做出主观上的判断,对可能发生的风险进行预测。

3. 可变性

随着影响创业的因素的变化,创业风险的大小、性质和程度也会发生变化。也就是说风险在一定条件下是可以转化的。随着人们风险意识的增强和风险管理方法的完善,可以在一定程度上控制某些风险的发生频率和损失程度,某些风险在一定的空间和时间范围内会消失,而新的风险在一定的空间和时间范围内会产生。

4. 双重性

如果能正确认识并充分利用风险,反而会使收益有很大程度的增加,这是从损益角度来说的。比如,开发一个电商项目,预计收益很大,风险也必定很大,如果形势不好,就有可能发生亏损,如果形势转为有利,收益也会大为增加,这就是损益的双重性。这种双重性告诉我们,要勇敢地去应对风险,把风险作为一种经营的机会,以获得更大的效益。

5. 相关性

创业风险与创业者的行为及决策是紧密相连的。同一事件对于不同的创业者会产生不同的风险,同一创业者由于其决策或者采用的策略不同,会面临不同的风险结果。风险空间是由决策空间和状态空间结合而成的,状态空间是客观必然的,而决策空间是人们根据状态空间自己选择的结果,决策正确与否,直接影响人们面临的风险及其程度,所以创业风险与创业者自身的能力素质有极大的关联。

6. 可测性

个别风险的发生是偶然的,不可预知的,但通过对大量风险事件的观察,则可以发现其规律。所以,创业风险是可以被识别和划分的。

二、创业风险的来源

风险无处不在,但并非无缘无故地存在。创业环境的不确定性,创业机会与创业企业的复杂性,创业者、创业团队与创业投资者的能力与实力的有限性,是创业风险的根本来源。创业的过程往往是将某一构想和技术转化为具体的产品或者服务,而这一过程中，存在着几个基本的、相互联系的缺口；也就是说，在给定的宏观条件下，企业风险往往就直接来源于这些缺口。

1. 融资缺口

融资缺口存在于学术支持和商业支持之间，是研究基金和投资基金之间存在的断层。其中，研究基金通常来自个人、政府机构或公司研究机构，它既支持概念的创建，又支持概念可行性的最初证实；投资基金则将概念转化为有市场的产品原型（这种产品原型有令人满意的性能，对其生产成本有足够的了解并且能够识别其是否有足够的市场）。创业者可以证明其构想的可行性，但往往没有足够的资金实现商品化，从而给创业带来一定风险。通常，只有极少数基金愿意鼓励创业者跨越这个缺口。

2. 研究缺口

研究缺口主要存在于仅凭个人兴趣所做的研究判断和基于市场潜力的商业判断之间。当一个创业者最初证明一个特定的科学突破或技术突破可能成为商业产品基础时，他仅仅停留在自己满意的论证程度上。然而，在将预想的产品真正转化为商业化产品（大量生产的产品）的过程中，即在具备有效的性能、低廉的成本和高质量的产品能从市场竞争中生存下来的过程中，需要大量复杂而且可能耗资巨大的研究工作（有时需要几年时间），从而给创业带来风险。

3. 信息和信任缺口

信息和信任缺口存在于技术专家和管理者（投资者）之间。也就是说，在创业中，存在两种不同类型的人：一是技术专家；二是管理者（投资者）。这两种人接受不同的教育，对创业有不同的预期、信息获取方式和表达方式。技术专家知道哪些内容在科学上是有趣的，哪些内容在技术层面是可行的，哪些内容是无法实现的。在失败类案例中，技术专家要承担的风险一般表现在学术上、声誉上受到影响，以及没有金钱上的回报。管理者（投资者）通常比较了解将新产品引进市场的程序，但涉及具体项目的技术部分时，他们不得不相信技术专家，可以说管理者（投资者）是在拿别人的钱冒险。如果技术专家和管理者（投资者）不能充分信任对方，或者不能够进行有效的交流，那么这一缺口将会变得更深，带来更大的风险。

4. 资源缺口

资源与创业者之间的关系就如同颜料和画笔与艺术家之间的关系。没有了颜料和画笔，艺术家即使有了构思也无从实现。创业也是如此，没有所需的资源，创业者将一筹莫展，创业也就无从谈起。在大多数情况下，创业者不一定也不可能拥有所需的全部资源，这就形成了资源缺口。如果创业者没有能力弥补相应的资源缺口，要么创业无法起步，要么在创业中受制于人。

5. 管理缺口

管理缺口是指创业者并不一定是具备出色管理才能的企业家。创业活动主要有两种：一是创业者利用某一新技术进行创业，他可能是技术方面的专业人才，但不一定具备专业的管理才能，从而形成管理缺口；二是创业者往往有某种"奇思妙想"，可能是新的商业点子，但在战略规划上不具备出色的才能，或不擅长管理具体的事务，从而形成管理缺口。

第二节 创业风险的分类及识别

一、创业风险的分类

创业风险按照不同的划分方法来看，可以分为不同的类型。按风险来源的主客观性划分，可以分为主观创业风险和客观创业风险；按创业风险的内容划分，可以分为技术风险、市场风险、政策风险、管理风险、生产风险和经济风险；按风险对所投入资金即创业投资的影响程度划分，可分为安全性风险、收益性风险和流动性风险；按创业过程划分，可分为机会的识别与评估风险、准备与撰写创业计划风险、确定并获取创业资源风险和新创企业管理风险；按创业与市场和技术的关系划分，可分为改良型风险、杠杆性风险、跨越性风险和激进型风险。

从风险的表现形式来看，可将创业风险分为环境与政策风险、机会选择风险、商品市场风险、资源利用风险、技术风险、人力资源风险、管理与决策风险和财务管理风险。针对各类风险，创业者只有在充分认知前提下，才能更好地防范、规避与处理。

(一)环境与政策风险

环境与政策风险是指由于创业者及其创业活动所处的社会、政治、经济、法律环境和政策环境等环境的变化，以及由于意外灾害导致创业者或创业企业蒙受损失的可能性，如战争、国际关系变化、有关国家政权更迭、政策变化、宏观经济环境发生大幅度波动或调整、法律法规的修改，或者创业相关事项得不到政府许可、合作者违反契约等给创业活动带来的风险。

环境与政策风险往往是创业者及其团队自身所不能掌控的，这主要是由于创业活动的外部环境与外部合作方的不确定性与变化造成的。对此，创业者应更多地关注企业的外部动向，培养敏锐的市场洞察力，做好相应的风险防范预案以应对这些风险的发生。

案·例

对政策环境的无知

陈先生欲在医院设立大屏幕药品广告播放系统，合作医院已经找到药品生产厂家，也十分愿意投放产品广告。在紧锣密鼓的准备过程中，该项目却遭遇了相关执法部门的制止。由于陈先生不熟悉新修订的《中华人民共和国药品管理法》，违反了相关规定，直接导致了该项目的失败。不管从事哪一行业，必须先了解相关的政策、法律法规，进行项目可行性分析，如果政策不允许，那就只有另开辟别的创业项目。

(二)机会选择风险

机会选择风险是指创业者由于对机会判断失误或错过机会而强行启动创业活动带来的风险。创业难，发掘利用创业机会更难。有一些人认为创业点子的产生归因于机缘凑巧，所谓"无心插柳柳成荫"。不过，研究创意的专家认为，创意只是冰山一角，没有平日的用心耕耘，机缘也不会如此凑巧。创业者能有机缘巧合或第六感的直觉，主要还是因为他们在平日洞察环境变化的敏锐观察力、逻辑分析能力和知识与阅历的积淀，能够先知先觉，提出有特色的价值主张，形成创意并推进为创业项目。发掘创业机会的做法，大致可归纳为分析矛盾现象、特殊事件、作业程序、产业与市场结构、人口统计资料的变化趋势、价值观与认知变化这六种方式。

虽然大量的创业机会可以通过系统地研究来发掘，不过，最好的点子还是来自创业者长期的观察、生活体验与深入的感悟。如果创业者过于自负或经验、能力不足，就会导致判断失误，给后面的创业活动埋下风险的种子。

创业者能否感知到创业机会的存在取决于他们是否能有效识别外部信息和对信息进行选择性地过滤与组合，风险倾向、成就需要、内控资源、不确定性容忍度等这些特质是其能够敏锐识别创业机会的基础。而缺少这些特质，异想天开，闭门造车，就容易导致错失机会。大学生在创业时如果缺乏前期市场调研和论证，只是凭自己的兴趣和想象来决定创业方向，甚至仅凭一时心血来潮做决定，很有可能会碰得头破血流。

不少研究已发现，创业者自身所拥有的特性，如创造力等，会促使创业机会被成功识别。

案·例

"不要把鸡蛋放在同一个篮子里"

RealNames 公司成立于 1996 年，曾拿到超过 1 亿美元的风险投资，并于 2000 年向国际互联网工程任务组 IETF 递交了第一份关于"关键字"寻址技术的国际标准，成为全球最大的"关键字"寻址服务提供商。2000 年 3 月，因看好"关键字"技术，微软与 RealNames 签订了为期两年的合同，获得其 20% 的股权(初始价值约为 8000 万美元)和 1500 万美元现金。RealNames 公司总裁、CEO 蒂尔称，RealNames 还承诺在合同期另外支付 2500 万美元，让 IE 浏览器提供关键字服务。

2002 年 3 月 28 日，微软与 RealNames 的合同到期，微软对 RealNames 发出最后警告，称将终止合同，并只给 RealNames 三个月的期限处理善后事宜。5 月 7 日，微软决定结束与 RealNames 公司的合作，不再允许该公司在 IE 浏览器上启动"关键字"服务系统，并将于 6 月 28 日关闭 RealNames 的服务；5 月 14 日，这家国际著名的关键字服务提供商正式宣布倒闭。

（三）商品市场风险

商品市场风险是指由于市场情况的不确定性导致创业者或创业企业损失的可能性。商品市场供给和需求的变化、市场接受创业者提供的产品与服务的时间的不确定、市场价格变化、市场战略失误等原因都会给创业活动带来一定的商品市场风险。

微波炉上市之初，不少消费者担心微波炉可能有辐射危害，厂家和商家不得不通过媒体反复向消费者宣传："微波炉"不会伤害你的健康，只会带来生活上的便利！一些用户也帮商家现身说法，这才打消了部分消费者的恐惧和困惑。

由此可见，创业者很难预先准确判断市场是否会在某个时段接受自己推出的某一新产品及消费者对产品的接受程度，对未来市场实际需求情况与创业者早期预期的差异只能持一种淡然接受的态度。

案·例

视美乐公司的失败

清华大学视美乐公司"多媒体超大屏幕投影电视"的创业项目，曾获得首届全国大学生科技创业大赛一等奖，并以此得到了上海第一百货公司250万元的风险投资。然而，第二年视美乐公司并没有得到上海第一百货公司曾经许诺过的高达5000万余元的二期投资，最终公司将其技术以3000万元的价格卖给了澳柯玛集团，公司就此消失。视美乐的失败并非特例，在上海举行的一个创业大赛中获奖的20多名大学生，最终都遭遇创业的滑铁卢。原因有多方面，其中，对市场的不熟悉、不了解，缺乏管理经验是大学生创业的致命弱点。

（四）资源利用风险

资源利用风险是指创业者在创业活动过程中所面对的发现资源、整合资源、开发资源和利用资源过程中的不确定性。创业者的创业活动离不开内外部的资源支持，"巧妇难为无米之炊"，没有内外部的资源支撑，创业活动也将难以为继。资源存在的意义不仅仅在于被创业者拥有，更要通过创业者的能力发挥作用，形成核心竞争力，推动企业的发展。资源包括了支持企业关键业务的核心资源和与企业构成利益关联的合作网络资源。如果资源状况不能支持创业活动如期开展，很可能会造成企业的业务链或资金链断裂，从而延缓或终止创业进程。

在大多数情况下，创业者不一定也不可能拥有所需的全部资源，这就形成了资源缺口。如果创业者没有能力弥补相应的资源缺口，要么创业无法起步，要么在创业中受制于人。企业创建、市场开拓、产品推介等工作都需要调动社会资源，大学生在这方面会感到非常吃力。大学生平时应多参加各种社会实践活动，扩大自己人际交往的范围。创业前，可以先到相关行业领域工作一段时间，通过这个平台，为自己日后的创业积累人脉。

案·例

天行健公司的跌落

华中理工大学学生李玲玲凭借其发明的高杆喷雾器和防撬锁专利被武汉世博公司看好，世博公司为她提供了 10 万元的创业风险金，李玲玲出任新成立的天行健公司董事长，成为"中国女大学生创业第一人"。有了好的技术项目，也得到了风险投资，学生创业公司是否就能一帆风顺呢？在天行健公司实际运作中，李玲玲与世博公司出现了许多矛盾，从股权纠纷到融资渠道和产品开发的分歧，终于导致李玲玲与投资公司合作破裂，仅仅一年过去，天行建公司账面只剩 100 多元，资金的缺口最终使公司宣告倒闭。

（五）技术风险

技术风险是指由于技术方面的因素及其变化的不确定性而导致创业进程延误或创业失败的可能性。技术路径选择的不确定性、技术研发成功的不确定性，技术前景、技术寿命的不确定性，技术效果的不确定性，技术成果转化的不确定性，以及关联技术的不确定性等，都会带来技术风险。核心技术作为新创企业的核心竞争力，往往也具有一定的创新性。技术创新能否成功受到诸多因素的影响，同时也存在着技术创新的价值有待市场验证的风险。

案·例

易得方舟（fanso.com）无奈地离去

鲁军、童之磊、马云、陈曦和刘颖 5 位少年在宿舍的仓库里把"化云坊"个人网站建设成易得方舟公司，鲁军、刘颖也成为大学生"休学创业第一人"。1999 年 4 月，鲁军和热能系毕业生俞弛以及陈曦商讨进军 ICP 行业。1999 年 5 月，在教育网上开办颇有名气的"化云坊"个人网站的刘颖及其团队还有童之磊也加入进来，形成了易得方舟的团队雏形，易得方舟的产品理念也得到了初步完善。同样是在这个 5 月，"清华大学第二届学生创业大赛"诞生了清华首批的学生创业团队，其中就有易得方舟。1999 年 7 月 18 日，清华大学正式批准鲁军、刘颖休学创业的申请；1999 年 8 月，易得方舟邂逅了投资人——第一笔私人投资到位，从一个不到 10 人的创业团队扩大成拥有 60 余名员工的商业公司；同样是在这个 8 月，清华创业园开园，易得方舟成了入驻的 11 家学生公司之一；2000 年 4 月 14 日，在人民大会堂，易得方舟隆重推出其"Campus Age 中国高校电子校园解决方案"，赢得社会各界的助威；2000 年 5 月，中文在线成立，"股权换版权"的理念使它获得了巴金、余秋雨等一大批优秀作家的网上版权，总裁童之磊和他的同伴们被作家从维熙称为"来自天堂的文学天使"。易得方舟鼎盛时网站的日页面浏览量突破 300 万人次，注册用户达到 15 万人。易得方舟和鲁军、童之磊等创业者成为业内外关注的焦点，不少媒体称他们为"网络英雄"等。

　　然而，就在易得方舟踌躇满志之时，2000年6月，IT企业在纳斯达克跳水，互联网的冬天降临。易得方舟体验了资本的无情，两周内，风险投资撤走。2000年底，易得方舟经历着它最艰难的时期。先是人事震动，5个核心人物走了3个，接踵而来的是经济问题，公司账上只剩几千元钱，40多个员工等着开工资。许多无法登录易得方舟网站的网民提出疑惑：易得方舟到底在干什么？

　　易得方舟没有核心技术，虽然他们的团队人数众多，但是没有一个是信息技术领域相关专业的，也没有专门组织或并购强大的技术团队。技术问题让易得方舟无奈地离去。

（六）人力资源风险

　　人力资源风险是指由于创业者、创业团队及其员工等的因素对创业活动的开展产生不良影响或未能实现创业既定阶段目标而产生的风险。创业者自身的素质和能力有限，创业团队成员的知识和技能水平有限，管理过程中用人不当，关键员工离职，未能获取优质人力资源等因素是人力资源风险的主要表现。在知识密集型产业和创意产业中，人力资源至关重要；在劳动密集型产业中，人力资源更是举足轻重。

　　同时，还应看到创业者、创业团队及其员工因思想意识差别而产生的风险，这是创业团队最内在的风险。这种风险来自无形，却有强大的破坏力。风险性较大的意识有投机的心态、侥幸心理、尝试的心态、过分依赖他人、回本的心理等。

案-例

人力资源的致命弱点

　　王永昌创立的鼎洲环保创业有限公司在山西榆次很有名气，专门生产砖块成型机。1999年公司招来一位能人郭某，让郭某专门负责公司的营销工作，很快产品推广到了全国。为奖励郭某，王永昌将自己的轿车送给了他，并提高其年薪至10万元，另外，还有销售提成。这样的酬劳在当时的榆次，简直是不可想象的。然而郭某却以出走自立门户、挖鼎洲的墙角来"回报"王永昌。不久，由于技术问题，郭某失败了。在走投无路之际，郭某又找其东家收留自己。王永昌不仅不计前嫌，还在郭某的请求下，升其为副总经理。郭某担任副总经理期间，在销售部排除异己，将鼎洲的客户资源牢牢掌握在自己手中，盗取公司核心技术机密，并删除保留在鼎州技术部电脑里的技术资料，然后向王永昌提出辞职，并保证自己永不仿制鼎洲产品，不涉及砖块成型机行业。郭某离开以后，并未信守承诺。他注册了自己的公司，生产不同牌子的与鼎洲环保创业有限公司同类的产品。在郭某公司的冲击之下，失去客户资源的鼎洲一败涂地。

（七）管理与决策风险

管理与决策风险是指创业者及创业团队在创业过程中因信息不对称、管理措施不当、经营判断失误、决策失当、团队文化消极等因素影响创业项目正常推进，甚至导致无法实现既定目标而产生的风险。管理与决策风险主要体现在缺乏管理规划、管理不规范、决策态度随意或决策依据不充分、决策流程不合理、团队执行能力差、团队价值观不统一、组织文化缺失、缺乏诚信与责任意识等方面。

案-例

柯达的陨落

柯达公司胶卷业务曾经被认为是抢钱的买卖，是同印钞机一样的暴利生意。柯达彩色胶卷一盒的销售价格是 16~22 元，而生产成本才几毛钱，分摊掉研发成本和推广成本后，利润惊人。柯达公司每年有数万项技术专利规模，世界上鲜有企业可以与之相比。

但恰恰是这样一个技术发明者，错误判断了"感光胶卷向数码相机"转变的速度，未及时进入数码相机领域。数年之间，人们就不用胶卷了，一个巨大的市场烟消云散了，柯达公司也从天堂掉到了地狱——年亏损值达到 10 亿美元。

柯达公司总裁曾经有过一句非常有名的话："我左脚踩在创新的油门之上，右脚踩在传统的刹车之上，我一会儿踩刹车，一会儿踩油门，我也不知道我该怎么办了。"这并不是柯达总裁一人面临的风险与困惑，诺基亚的总裁也是如此。

当外部环境发生重大改变时，企业过去所谓的成功经验往往容易变成企业创新突破的"包袱"，如果不及时调整应对，很可能万劫不复。

（资料来源：《商业模式三大经典案例》，佚名，新浪博客）

（八）财务管理风险

财务管理风险是指创业者和创业团队由于资金、资产经营管理失当而产生的风险。财务管理风险主要体现在对创业所需要资金估计不足、资金预算不科学、资金使用随意、成本控制不紧、成本结构不合理、营收管理缺乏、未能及时筹措创业资金、融资不当、现金流管理不力等方面。往往集中体现为资金链断裂，导致创业项目难以为继。

其中，资金风险在创业初期会一直伴随在创业者的左右。是否有足够的资金创办企业是创业者遇到的第一个问题。企业创办起来后，就必须考虑是否有足够的资金支持企业的日常运作。对于初创企业来说，连续几个月入不敷出或者因为其他原因导致企业的现金流中断，都会给新创企业带来极大的威胁。相当多的企业会在创办初期因资金紧缺而严重影响业务的拓展，甚至错失商机而不得不关门大吉。

另外，没有广阔的融资渠道，创业计划就是一纸空谈。除了银行贷款、自筹资金、民间借贷等传统方式外，还可以充分利用风险投资、创业基金等融资渠道。

案例

在香港证券史上，百富勤是港人推崇的勇于进取的典范。1988 年，被誉为花旗"三剑客"中的杜辉廉和梁伯韬携手创立百富勤公司，起始资本仅为 3 亿港元，两人各占 35%的股权。梁伯韬的企业财务专长配合杜辉廉的证券买卖经验，使百富勤企业在港投资银行业务领域发展相当活跃。1989 年 9 月，百富勤用 3 亿港元资金以杠杆收购方式成功收购当时市值 14 亿港元的广生行。1990 年 2 月，百富勤再收购上市公司前泰顺国际，改名为百富勤投资，买壳上市，市值一度超过 25 亿港元，总资产达 240 亿港元，在东南亚和欧美拥有 28 家分支机构。

作为投资银行，百富勤率先涉足国内企业在香港上市业务，1992 年安排海虹集团、中国海外、中旅香港在港上市，创下认购倍数和冻结资金的纪录。1997 年，百富勤安排百富勤北京控股在港上市，创下 1275 亿美元筹资纪录。作为香港第一大华资券商，百富勤有着辉煌的历史。

然而，由于现金流量不足，百富勤于 1998 年 1 月 12 日宣布清盘，正式结束了不到 10 年的创业生涯。

二、创业风险的识别

创业风险识别就是创业者逐渐认识到自己在哪方面面临风险的过程。创业风险识别在技术上实际就是如何收集在创业过程中有关风险源、危害、风险因素以及危险和损失暴露等方面的信息。风险的识别可以分为风险筛选、风险监测和风险诊断三个步骤。

第一步，风险筛选。风险筛选是将一些具有潜在风险的内容进行分类选择，内容包括公司的产品管理过程、事件现象和人员等。

第二步，风险监测。风险监测是指在风险出现后，也有可能是风险出现前，对产生或可能产生风险的内容进行观测、记录和分析的过程。

第三步，风险诊断。风险诊断是对风险及损失的前兆、风险的后果以及产生风险的各种原因进行评价与判断，找出问题的主要原因，并进行仔细检查的过程。

如何识别创业风险，对于创业者而言十分重要。常用的创业风险识别的方法有以下四种。

(一)头脑风暴法

头脑风暴法又称集体思考法，它是用专家的创造性思维来索取未来信息的一种直观预测和识别的方法。头脑风暴法一般在一个专家小组内进行，以"宏观智能结构"为基础，通过专家会议，发挥专家的创造性思维来预测未来信息。

(二)德尔菲法

德尔菲法又称专家调查法，它是依靠专家的直观能力对风险进行识别的方法。用德菲尔法进行项目风险识别的过程是由项目风险小组选定与该项目有关的领域和专家，并

211

与这些适当数量的专家建立直接的函询联系，通过函询收集专家意见，然后加以综合整理，再匿名反馈给各位专家，再次征询意见。

（三）情景分析法

情景分析法是根据企业发展趋势的多样性，通过对系统内外相关问题的系统分析，设计出多种可能的未来前景，用类似于撰写电影剧本的手法，以系统发展态势做出自始至终的情景和画面的描述的方法。

（四）环境扫描法

环境扫描法是对一个复杂的信息系统进行分析的方法。它通过收集和整理企业内部和外部的各种事件、趋势的信息，了解和掌握创业所处的内外环境的变化，辨别企业所面临的创新风险和机遇，为预警和控制系统提供科学的信息和数据。

第三节　创业风险的防控

创业总是伴随着风险的存在，不敢承担风险就难以求得发展。如何对风险实施有效管理？在获得高收益的同时，把风险降到最低，对创业企业来说至关重要。因此，正确地认识创业风险，合理地防控创业风险是每一个创业者的必修课程。

一、创业风险管理

在对风险进行评估后，如何管理风险显得尤为重要。风险管理的对象是风险；风险管理的主体是人或组织；风险管理的目标是以最小的成本收获最大的安全保障。风险管理要考虑风险的成本效应、影响效果、可控性和必要性等诸多方面。在管理风险时，可以采取规避风险、接受风险、降低风险和分担风险四种方法来进行。

（一）规避风险

规避风险就是绕开风险。比如，通过公司政策来阻止一些高风险的经营活动和交易行为；确定业务发展和市场扩张目标时，避免去尝试追求战略以外的机会；通过从已经占有的市场撤退，或者处理出售某个产品组合和业务来规避风险；等等。

（二）接受风险

接受风险就是承认风险，同时也不采取行动，任其产生和造成影响。此类风险可能造成的影响不太大，或可控，考虑风险控制成本因素也可以不加以控制。

（三）降低风险

降低风险是指利用相关手段或措施将风险降低到可接受的程度。例如，将资产分散放置；借助内部管理和外部公关，将不良事件发生的可能性降低到可接受的程度。

（四）分担风险

企业可以通过恰当的手段和方式将风险分配给风险参与者，这就是风险分担。例如，信托公司作为受托管理资产的金融机构就可以分担企业风险。实行风险分担时要分析和评估风险，确定风险种类与危害程度，将风险分担以合同条款的形式固定下来。

二、创业风险防范

(一)外部环境风险防范

企业外部环境风险的客观性迫使创业者必须在内部建立一套应对环境风险的预警管理系统，以监测与评估外部环境对企业的影响，明确企业面临或可能面临的不利环境因素，建立防范企业外部环境风险的有效机制，使企业处于一个安全的环境之中。企业外部环境预警管理系统由预警分析与预控对策两大任务构成。

(1)预警分析的活动内容。预警分析是对企业外部环境风险的识别、分析与评估，并由此做出提示的管理活动。它由监测、识别、诊断三个步骤所构成。

(2)预控对策的活动内容。预控对策是根据预警分析的活动结果，及时矫正与控制企业内部的管理活动，采取有效的管理措施来应对外部环境的变化。预控对策的活动目的是实现对各种不利外部环境变化的早期预防与控制，它包括组织准备、日常监控、危机管理三个活动阶段。

对于大学生创业而言，在创业之前必须先对创业环境进行仔细分析。首先，要了解金融工具和政策方面的支持，如所在城市是否有对大学生创业提供应用支持的会计师事务所，或者是否有税收优惠政策及对提高大学生创业知识的培训与教育资源。从事制造业的，还应该留意政府采购项目和科研成果，然后对目标市场的开放程度和进入难度进行考察，初步把握市场竞争的情况。其次，要大概了解当地的基础设施，如土地、交通、网络、法律服务机构的分布和使用情况。最后，要确保所创的企业符合当地社会文化和经济发展趋势。

(二)筹资风险的防范

筹资风险也是创业企业面临的主要风险之一。在金融市场变动加剧的环境下，筹资风险及其管理越来越被人们所重视，而如何度量筹资风险也成为研究的焦点。一般的度量指标有财务杠杆系数法和负债经营效用系数法两种方法。

1. 财务杠杆系数法

企业财务杠杆也称融资杠杆，是指企业筹资中债务资本的杠杆作用。其杠杆作用形成的原因为：在长期资金总额不变的条件下，企业从营业利润中支付的债务成本是固定的。在企业资本结构一定、债务利息不变的条件下，随着息税前利润的增长，企业税后利润将以更快的速度增加，给企业所有者带来更大的财务杠杆利益。同理，由于负债融资的作用，当息税前利润下降时，税后利润下降得更快，从而可能造成企业出现财务风险。

2. 负债经营效应系数法

负债经营效应系数是指创业企业的股权资本利润率与其经营效率之比。若创业企业生产经营状况良好，获利能力强，现金流入的前景看好，则筹资风险较小，反之，则筹资风险较大。

由于投资风险的复杂性,在分析防范风险时,必须利用定量分析、评价等方法进行综合考虑。

(三)经营管理风险防范

1. 市场风险防范

市场风险是导致创业企业失败的最主要的因素之一。对于创业者创办的企业来说,由于市场本身的不确定性,开拓产品市场是一项挑战性的事业。创业者具体应该从以下方面入手:加强营销队伍建设,缩短市场接受时间;强化市场战略,培养企业竞争力;以市场为导向,完成"产、销"预算等。

2. 技术风险防范

技术风险防范是指决策者对技术风险进行识别、预测,并采取有效措施对其进行回避、转移、消减的行为。对技术研究开发的风险进行防范,是提高创业成功率、减少风险损失的重要方法。

一是风险回避,即企业避开高风险的开发项目,或者避开高技术开发中的某些高风险因素。通过变更项目计划,从而消除风险或消除风险产生的条件,或者保护项目目标免受风险的影响。

二是风险转移,即企业把高技术开发的风险进行分解和分散,让更多的主体来承担风险,使本企业所承担的风险相对减少。也即设法将某风险的结果和对风险应对的权利转移给第三方,譬如外包、参加保险等。

三是风险消减,即企业在技术开发过程中,对所遇到的既不可回避又不可控制的风险因素,应尽量设法减少风险带来的损失,也就是化解风险。即设法将发生某一负面风险事件的概率及其后果降低到可以承受的限度。

3. 财务风险防范

创业者应该建立一套比较有效的财务预警机制,通过运营财务安全指标来预测企业财务危机,并不断调整自身,达到摆脱财务困境的目标。常用财务分析方法有"资金周转表"分析法、"量本利"分析法等。

4. 管理风险防范

为了更好地降低企业成长过程中的内部管理风险以提高成功率,企业有必要形成健全的管理制度以及管理的运行机制。管理风险防范可以从建立创新激励机制、建立人才储备机制、建立法人治理结构三方面入手。

三、创业风险规避技巧

(1)以变制胜。所谓适者生存,强调的就是变,创业者要适应外部环境的变化,随时做出调整,在变中求生存,在变中求发展。

(2)出其不意,攻其不备。核心是一个"奇"字,用出奇的产品、出奇的经营理念、出奇的经营方式和服务方式战胜竞争对手。

（3）以快制胜。机不可失，时不再来，比对手快一分就能多一分机会。对什么都慢慢来、左顾右盼的人必然被市场淘汰，胜者属于那些争分夺秒、当机立断者。

（4）后发制人。从制胜策略看，后发制人比先发制人更好，可以更多地吸收别人的经验，时期抓得更准，制胜把握更大。

（5）集中优势，重点突破。创业企业一般起步的时候规模比较小，必须把有限的人力、物力、财力资源集中起来形成优势，实现重点突破。如同战场上的"歼灭战"，集中优势兵力，各个围歼敌人。

（6）趋利避害，扬长避短。经营什么产品、选择什么样的市场，都要仔细掂量，发挥自己的优势。干该干的，干可干的；有所为，有所不为。

（7）迂回取胜。小企业与人竞争不能搞正面战、阵地战，而应当搞迂回战，干别人不敢干的，干别人不愿干的。

（8）积少成多，积微制胜。积少成多是一种谋略，一个有作为的经营者要有滴水穿石、聚山成塔的精神去争取每一个胜利，轻微利、重暴利的经营者未必一定成功。

（9）以廉制胜。薄利多销是不少经营者采用的一种经营策略，是在降低利润空间的情况下，促进销售量。如果在不能保证大量销量的情况下，"薄利"就不可取了。

四、大学生规避创业风险的方法

（一）谨慎选择创业项目，注重个人创新能力的提升

创业早期，大学生创业者必须根据自己的技术专长和已知的市场需求等现实条件筛选合适的创业项目，有效的前期市场调研是项目确定的必要环节。根据调研报告，以市场的实际需求进行综合评估与分析。一般来说，技术含量高、自主知识产权明确的项目是首选项目，大学生创业者切忌盲目跟风。

（二）合理运作自由资金，完善财务管理制度

科学的资金预算与合理的资金管理方法是有效规避资金运作不良、资金流中断等问题的关键所在，大学生创业者应在合理合法的前提下寻找并利用一切可能获取的融资渠道，并充分利用政府和金融机构的融资政策与相关支持政策等获得政府的资金支援。

（三）科学管理企业团队，建立监督检查机制

科学的决策和完善的监督奖惩机制能使企业保持持久的活力，企业应当树立和不断完善一套适合自身发展的管理理念，建立一套健全的管理方法。企业可聘请专职人员建立一套健全的规章制度，不能仅由一人既掌握企业决策又行使企业管理权，避免企业在大方向上出现失误。

（四）提高自我竞争优势，先发抢占市场先机

生存竞争是自然界和人类社会的普遍规律，技术优势可使企业在市场竞争中占据主导地位。掌握主动权的往往是率先研发新技术、开发新产品的一方，这一方在市场竞争中毫无疑问会占据绝对优势。

（五）准确掌握市场动向，主动开发衍生产品

大学生在创业初期最易盲目跟风，反而忽视开发相应的衍生产品。一旦市场发生波动，出现主打产品滞销，在没有新产品推出的情况下，企业的生存与发展将会面临巨大风险。所以，创业者应利用已掌握的相关先进技术，开发并改进产品，使产品具有极大的市场竞争优势，让企业向着多元化发展。

（六）详细了解方针政策，完善问题应急措施

"天有不测风云，人有旦夕祸福。"自然灾害具有不可抵抗性和不可预见性，随时都可能发生。对企业而言，法律法规的变动也具有不可抵抗性，成长中的企业更应随时关注这些环境因素。企业必须重视这类环境风险的评估分析和预测，设立针对突发事件的应急预案以及详细的预防和应对措施，使企业能够针对政策的变动及时调整企业的战略方针，同时保持企业发展规划的一致性。也可通过参加意外保险的方式，将企业的损失降到最低。

本章小结

风险是在某一个特定时段里，人们所期望达到的目标与现实出现的结果之间产生的距离。企业风险在给定的宏观条件下，往往直接来源于融资、研究、信息和信任、资源、管理等缺口。

从风险的表现形式来看，可将创业风险分为环境与政策风险、机会选择风险、商品市场风险、资源利用风险、技术风险、人力资源风险、管理与决策风险和财务管理风险。创业风险识别就是创业者逐渐认识到自己在哪方面面临风险的过程。创业风险识别的方法有头脑风暴法、德尔菲法、情景分析法、环境扫描法等。

正确地认识创业风险，合理地防控创业风险是每一个创业者的必修课程。合理防控风险分三步：一是创业风险管理。在对风险进行评估后，如何管理风险显得尤为重要。在管理风险时，可以采取规避风险、接受风险、降低风险和分担风险四种方法来进行。二是创业风险防范，包含外部环境风险防范，其中企业外部环境预警管理系统由预警分析与预控对策两大任务体系构成，如何度量筹资风险的问题也成为研究的焦点，一般的度量指标有财务杠杆系数法和负债经营效应系数法两种。三是经营管理风险防范。它包括市场风险防范、技术风险防范、财务风险防范和管理风险防范等。

视野拓展

大学生规避创业风险要掌握一定的方法与技巧。

思考题

1. 什么是创业风险？
2. 创业风险有何特征？
3. 创业风险有哪几种类型？
4. 如何规避创业风险？

讨论题

1. 大学生创业与其他人员创业的优劣势分析。
2. 大学生个人或者团队在创业过程中，如何预防和管控风险？遇到了风险该怎么办？

实训项目与练习

走访某些创业企业或者收集整理某些创业企业案例，分析其曾经面临的风险。

◇ 参考文献

[1]程智开，唐立，李家华. 大学生创新创业指导[M]. 成都：电子科技大学出版社，2017.

[2]李家华. 创业基础[M]. 2版.北京：清华大学出版社，2015.

[3]张成，吴小林，何文国. 创业管理[M]. 长沙：中南大学出版社，2012.

[4]杨芳. 创业设计与实务[M]. 北京：机械工业出版社，2016.

[5]王艳茹，王兵. 创业基础课堂操作示范[M]. 北京：北京师范大学出版社，2014.

新创企业的筹建与设立

本章知识结构图

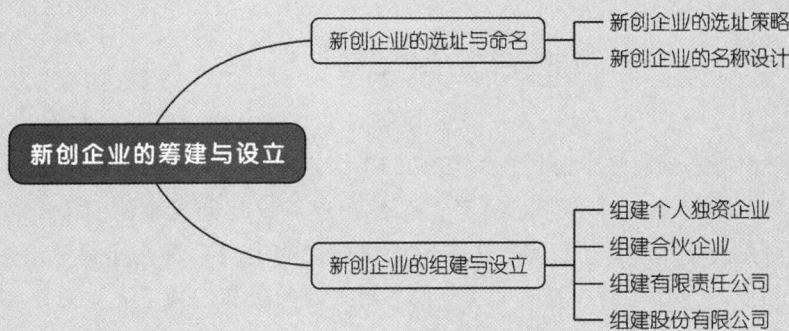

```
                                          ┌─ 新创企业的选址策略
                   ┌─ 新创企业的选址与命名 ─┤
                   │                      └─ 新创企业的名称设计
新创企业的筹建与设立 ─┤
                   │                      ┌─ 组建个人独资企业
                   │                      │
                   └─ 新创企业的组建与设立 ─┤─ 组建合伙企业
                                          │
                                          ├─ 组建有限责任公司
                                          │
                                          └─ 组建股份有限公司
```

人们常常觉得准备的阶段是在浪费时间，只有当真正机会来临，而自己没有能力把握的时候，才能觉悟自己平时没有准备才是浪费。

——罗曼·罗兰

知识目标 >>

1. 新创企业的选址原则与步骤。
2. 新创企业名称、商标、标识等的含义。
3. 新创企业名称设计原则。

能力目标 >>

1. 学会为新创企业命名。
2. 了解新创企业的设立，尤其是独资企业、合伙企业和有限责任公司的设立。

案例导入 >>

胡强的防盗系统公司

胡强准备与他的三个朋友一起创办一家开发防盗系统的公司，他们一共凑了50万元，随后就开始张罗着选址、注册公司，并给公司起名字。四个从来没有创办企业经历的年轻人从公司注册这一步就开始"晕菜"了。虽然在产品设计开发中他们个个都是好手，但是在准备创办企业这件事上，甚至连工商管理部门的大门朝哪儿开都不清楚，这让他们心里没有了底。为了了解注册程序，他们先到工商管理部门拿了一本注册公司的程序介绍书。几个人回来研究一番，却发现越研究越不明白。像他们这样开发防盗系统的公司，究竟应该注册成什么类型的企业？应该提供哪些资料？具体的费用是多少？究竟该怎么给自己公司起名？几个人商讨了好几个晚上还是没有个结果。烦琐的注册程序，使几个人同时产生了畏难情绪。

那么，胡强他们准备创业开公司，第一步到底该怎么做呢？采取什么样的组织形式比较合适呢？怎么样去为公司起名呢？让我们替他来想一想吧。

第一节 新创企业的选址与命名

大学生进行创业，必须进行正常的生产经营活动才能实现盈利的目的，因此必须依法成立企业或公司。在申请登记注册创业企业之前，还有非常重要的工作要做，即选择合适的企业经营场所与企业名称。

一、新创企业的选址策略

企业选址包括生产场所的选址和办公场所的选址，可以将其概括为经营选址。大学生创办公司初期公司规模一般不大，大多数情况下会将生产场所和办公场所选择在同一地点。公司经营地址需要作为公司注册地址标注在营业执照上，并以此为准接受属地工商、税务部门的管理。大学生创业者一般不具备自购或是自建办公楼房和生产厂房的条件，大多是租用写字楼、民宅等场地作为公司的经营场所。如何考察经营场所的好与坏，如何选择适合自己企业发展的经营场所，如何签署物业租赁合同，是每一个初次创业的人都关心的问题。

（一）企业选址的主要原则

衡量经营场所最重要的标准是在该场所经营能否取得好的经济效益。在选择生产或办公场所时，应该着重考虑其功能是否符合创业企业所需、交通是否便捷、周边配套设施是否齐全、租金价格是否合理等因素，同时还应该兼顾行业聚集、商圈性质、文化氛围等因素。一般选择办公地点需要遵守以下六个主要原则。

1. 功能适用原则

不同的企业因主营业务和公司发展定位的不同，对经营场所的功能需求也会各有侧重。商品批发类企业选址主要侧重于仓储方便以及货品易达性，商品零售类企业选址主要侧重于卖场环境及顾客易达性，信息服务类企业选址主要侧重于员工易达性和客户易达性，制造类企业选址主要侧重于物流方便、水电保障、原材料易达性，文化类企业选址主要侧重于人文环境匹配性，等等。若开办心理咨询为主营业务的咨询公司，将办公地点选择在繁华地段、易达性较好的大型酒店是比较合理的。某些公司经营困难时发现办公场所选择失误主要是因为没有综合考虑到物业内部功能区设置、物业租金以及主要客户聚集度等其他因素。

2. 文化协调原则

每一个行业都有行业自身的文化特征，每一个企业都有属于自己的文化。创业者经营的公司地址应选择符合其主营业务文化特征的区域，如商贸行业应该选择在城市主要的商业区，高科技公司应该选择在高新区或是城市中科技文化特征最明显的综合办公区，制造类企业应该尽量远离城市中心商圈而选择工业园区，餐饮企业、日用品零售企业则可以选择在常住人口集中或流动人口较多的区域。

3. 交通便利原则

企业所在地的交通状况会在很大程度上影响企业业务的开展。一般公司要选址，在资金有保障的前提下，会优先选择距离员工住所较近、员工上下班路线交通顺畅、客户到达方便、停车位充足的区域。交通便利的区域不一定是主要街道两旁的黄金位置，由主干延伸出来的小街、小巷等其他符合易达性要求的地域都可以选择。良好的交通条件和理想的地理位置一般很难兼顾。企业所在地良好的交通状况可直接降低企业的商务成本、员工的通勤成本，提高办公效率，有利于企业对商业机会的把握。但城市繁华地段拥堵的交通往往使企业员工上下班变得费时费力。让多种交通工具能够到达是改善交通状况最简便可行的方法，在具备轨道交通城市的企业可以尽量选择地铁或轻轨可到达的区域。

4. 产业聚集原则

各种产业和经济活动会在空间上不断集中，且会吸引相同产业后来经营者不断地加入该地区，形成不断扩大的产业集群，这就是经济上的集聚效应。有限空间范围内同一行业的多个企业之间在竞争的同时，也会在业务上相互促进和补充。一个成熟的行业集群商务区聚集了数家同行业的大企业，同时会吸引与之相关的上下游各类企业聚拢，形成完整的产业链，行业发展在竞争与互补中形成良性循环。将企业地址选定在相应的行业聚集区域，会拥有更多的客户资源和商业机会，也方便与周边相关企业的合作与联系，可使创业企业快速地融入行业发展氛围中去。

5. 配套齐全原则

中小型创业公司自身不可能做到所有准备一应齐全，若要满足公司员工生活的各类需求，其经营业务的开展和员工的生活必须依赖于企业所在地物业的服务、周边其他企业的业务支持以及周边配套的生活设施。创业企业在选址时，要充分考虑业务开展的便捷性和员工生活的方便性，选择市政基础设施较发达、商业资源和商务配套较齐全、生活设施较便利的地域作为公司经营场所。创业公司需要将有限的人力资源和资金用于公司主营业务的拓展，希望且乐意将主营业务以外的相关业务交由其他相关公司代理或代办，希望有专业的公司来打理办公场所水、电、空调供应及保洁、停车等一系列问题，更希望企业周边拥有满足员工生活需求的各类生活设施和休闲场所，如餐厅、银行、商场及电影院等。

6. 经济实惠原则

创业大学生的经济实力普遍较弱，选择经营场所时租金和物业成本是重点考虑的要素。经营场所的租金和物业费用直接关系到企业的运营成本，影响创业企业最初的经济效益。高品质的经营场所往往意味着高昂的租金，价格低廉的经营场所往往意味着非首选的经营地段或低品质的物业水平。在企业需求与物业成本之间平衡并选择性价比高的经营场所，最有效的方法是调研物业市场，对多个物业进行对比分析，用最小的代价租赁到最合适的场所。首先，要选择合适的租赁时机，当同一物业处于需求淡季时其价格会随市场变化而下降；其次，要尽量签订较长的租期协议，一般物业如果租期长则在价格上会有所优惠；最后，设法与原业主签订租赁合同，避免从第三方手中租赁物业。

（二）企业选址的主要步骤

企业选址一般要经历确定预选地址、前期考察、成本核算、租购房屋四个环节。

1. 预选地址

按照创业企业的主营业务情况，在充分考虑企业文化诉求以及行业聚集特征的前提下，确定企业选址的县区级范围（县区级范围的确定将直接关系到工商登记注册的办理机关），结合所在区域交通状况、创业团队成员居住状况、企业服务对象分布状况等重点选择数个集群区作为目标选址，进行对比考察。确定了企业经营场所的县区级位置后，要优先选择符合企业经营业务的地段、商圈、集群区作为企业经营地址，并对同一区内各个备选区域进行调研。

2. 前期考察

在选择具体经营场所时，不能照搬教条，因为再繁华的地段也会有死角，其他运营良好的企业选择的场所不一定适合自己的企业。因此，一定要对初步确定的经营场所进行考察，具体包括人口调查(周边常住人口数、流动人口数、人均收入状况、消费水平、居民工作行业分布、居民教育程度等)、商圈调查(租金水平、机动车流量、马路宽窄、停车位情况、交通工具转乘情况、现有主要行业等)、物业调查(目标场所的水电气供应及价格、停车位、电梯利用情况等)等内容，主要考察该场所是否符合选址原则中的要求，是否适合企业的运营。对多个目标场所的各项调查内容进行评分，按照得分高低优先选择分数高的场所作为创业企业最终备选经营场所。

3. 成本核算

经营场所租金是企业运营最固定的成本之一，不管企业经营状况如何，物业租金是一项固定开支，租金高低直接关系到企业的经营成本高低，所以企业选址时要重点考察租金价格是否合适。品质高的物业项目往往意味着高价格，高价格的物业却不一定适合新创办的企业。一些离中心商圈较远、物业品质稍差的场所也可能会为企业带来很好的收益，经过考察确定了较理想的经营场所后，还应对拟租的物业进行成本核算，因为创业盈利多少在很大程度上取决于成本的控制。大学生创业初期，房租成本是一项大的支出。创业者一定要根据自身拥有的资金能力选择大小合适、位置适当的经营场所，做到量力而行，不要一味地强调高档、豪华、宽敞。

4. 租购房屋

在明确了租赁意愿后，就可以与出租方签订房屋租赁合同。在租赁合同中，要明确规定出租方和承租方双方的权利和义务。当出租人与承租人洽商租房事宜时，只要双方就房屋的使用与租金内容达成一致意见，出租人就有义务将符合双方事前约定的房屋交给承租人使用，并应于租赁期间保持房屋处于双方约定的状态。租赁合同签订后，出租方应该将房屋产权证明材料交由承租方，方便承租方办理公司注册相关手续。

《房屋租赁合同》应就房屋的现状做详细说明，内容包括房屋的地理位置、数量(间数和面积)、内部构造、装修状况、家具及家电等相应配套设施的基本情况，同时标明物业、水、电、气等费用的缴纳条款等。要明确约定租房的起止日期、租金的缴纳办法、月租金或年租金的数量、押金的数量、租金缴纳的方式等内容。租赁双方各指定一位紧急联系人，当出现无法联系上对方的情形时，可以联络紧急联系人就相关事项通知对方。事先约定出租人在什么情形下有权利检视房屋的状况，约定提前收回房屋、提前退租、转租等事项，约定出现违约现象时的处理方法。根据我国《城市房地产管理法》，房屋租赁须由双方当事人签订租赁合同，同时向房产管理部门备案。租赁合同经双方签字盖章后立刻生效，但承租人一定要持该租赁合同到房屋所在地的房地产管理部门备案登记，使租赁合同产生对抗第三人的效力，防范出现"一屋两租"等情况。

二、新创企业的名称设计

为新创办企业设计名称犹如为新生儿取名，既要符合规范又要突出特色。公司名称在符合法律规定的基础上，其字形、字音、字意应做到既容易被识别又让人印象深刻。最理想的公司名称应反映公司的产品、技术、服务、价值追求以及自身的独特性。

（一）企业名称概述

狭义的企业名称指表征自身并与其他企业主体相区别的署名，即企业法人全称。广义的企业名称可以包括企业名称、企业标志、企业名称商标等一系列表征企业自身的文字、图形，包括企业名称外文翻译、企业名称拼音缩写等。企业名称用于区别作为不同市场主体的企业组织，企业商标和企业标志用于区别不同来源的商品和服务。

1. 企业名称

企业名称与自然人名称相对，企业名称是作为法人的公司或企业的名称，该名称是一种法人人身权，不能转让，随法人存在而存在，随法人的消亡而消亡。法人在以民事主体参与民事活动如签订合同、抵押贷款时需要使用企业名称。企业名称必须经过核准登记才能取得。

2. 企业商标

商标是用来区别一个经营者与其他经营者的商品或服务的标记，包括商品商标、服务商标和集体商标、证明商标这几类。商标是企业的无形资产，在投资或经营过程中作为资产的价值，即商标资产所含资本量的大小。

商品商标可以是具有某种含义或毫无任何意义的文字、图形或其组合，商标注册人享有商标专用权，受法律保护。商标是产品与包装的重要组成部分，设计精致、寓意深刻、个性突出的商标能很好地装饰产品和美化包装，刺激消费者购买。文字、图形、字母、数字、声音、颜色、三维标志或其组合都可以成为构成商标的要素。

有些企业提供具有某种商业性质的服务项目用以满足消费者的需求。为了区别不同企业提供的不同服务，也需要有不同标记，这就形成服务商标。服务商标与商品商标的性质一样，只是商品商标对应向消费者提供的商品，而服务商标对应向消费者提供的服务。

3. 企业标志

企业标志是企业重要的无形资产，传递着企业的综合信息。标志是企业形象识别战略的核心内容，在企业形象传递过程中，标志是应用最广泛、使用频率最高的关键元素。企业标志表征着企业的整体实力、管理体制、服务质量，通过不断刺激和反复刻画，在受众心中留下深刻印象。企业标志可分为企业自身的标志和商品标志。

企业标志是指造型单纯、意义明确、标准统一的视觉符号，一般是企业的文字名称、图案记号或两者相结合的一种设计。标志具有象征功能、识别功能，是企业形象、特征、信誉和文化的浓缩，一个设计杰出、符合企业理念的标志会增加企业的可信赖感和权威感，在社会大众的心目中，它就是一个企业或品牌的代表。

标志就其构成而言，可分为图形标志、文字标志和复合标志三种。图形标志是以富于想象或相关联的事物来象征企业的经营理念、经营内容，借用比喻或暗示的方法创造出富有联想、包含寓意的艺术形象。图形标志设计还可用明显的感性形象来直接反映标志的内涵。文字标志是以含有象征意义的文字造型作基点，将其变形或抽象地改造，使之图案化。

公司的品牌标志是一种"视觉语言"，能够引发人们对品牌的联想，尤其能使消费者产生有关产品属性的联想，能够促使消费者产生对产品或服务的好感。

（二）企业名称规范

《企业名称登记管理实施办法》对企业名称的设计要求、使用规范、侵权行为做出了明确的规定，新创办企业设计企业名称时必须严格遵循《企业名称登记管理实施办法》。

1. 企业名称的构成

根据《企业名称登记管理实施办法》，企业名称应当由行政区划名称、字号、行业或经营特点、组织形式四项基本要素构成。

（1）行政区划名称。

企业名称中的行政区划名称，是指县以上行政区划的名称，不包括乡、镇和其他地域名称，在不会造成误认的情况下，企业名称冠以行政区划名称时可以省略"省""市""县"等字。

企业名称所冠行政区划名称应该是企业所在地县以上行政区划名称，而不是非企业所在地行政区划名称。各类"经济技术开发区""保税区""新技术开发区""工业园区"等名称不能作为行政区划名称使用。但是，在企业名称已冠有县以上行政区划名称的前提下，可以在行政区划名称后缀以经有关部门批准的"经济技术开发区"等名称。

除国务院决定设立的企业外，企业名称不得冠以"中国""中华""全国""国家""国际"等字样。

（2）字号。

字号是一个企业区别于其他企业的重要标志。字号应由两个以上的汉字组成。企业有正当理由可以使用本地或异地地名做字号，但不得使用县以上行政区划名称做字号。国内企业也不得以外文字母、单词做字号。企业字号一般不得使用行业字词。

（3）行业或经营特点。

企业应根据自己的经营范围或经营方式确定名称中的表示行业或经营特点的字词。该字词应具体反映企业生产、经营、服务的范围、方式或特点，不能单独使用"发展""开发"等字词；使用"实业"字样的企业应下属有三个以上生产或科技型企业。企业确定名称中的行业或经营特点的字词，可以依照国家行业分类标准划分的类别使用一个具体的行业名称，也可以使用概括性字词。

企业经营业务跨国民经济行业分类大类的，可以选择一个大类名称或使用概括性字词在名称中表述企业所从事的行业，也可以不在名称中反映企业所从事的行业。

（4）组织形式。

企业应当根据自己的组织结构或责任形式，在企业名称中标明组织形式。目前我国企业使用的组织形式大体有两类：公司类的有"有限责任公司"和"股份有限公司"；一般企业类的有"中心""厂""馆""所""社"等。

具备法人条件的企业，如需在其名称中的组织形式前使用"总"字，必须下设三个以上与该企业名称中组织形式相同的直属分支机构。依照《中华人民共和国公司法》设立的有限责任公司、股份有限公司，无论是否设有分公司，均不得使用"总"字。

2. 企业名称的规范

（1）企业法人必须使用独立的企业名称，不得在企业法人名称中包含其他法人名称。

《企业名称登记管理实施方法》明确规定，企业名称不得含有国际组织名称，国家（地区）名称，政党、宗教名称，国家机关、党政机关、军队机关、事业单位、社会团体名称，军队番号或代号。

如果企业法人的名称包含其他企业法人或其他法人组织的名称，则容易引起社会公众对企业法人行为责任的误认，引发经济纠纷或在经济纠纷中混淆权利、义务主体，使问题复杂化。

（2）企业名称中不得含有另一个企业名称。

企业名称中不得含有另一个企业名称是指企业名称中不得含有另一个具有法人资格的企业名称，也不得含有另一个不具有法人资格的企业名称，如合伙企业、个人独资企业。

合伙企业或个人独资企业投资设立其他企业，不包括企业分支机构，新设立的企业名称中不得含有合伙企业或个人独资企业的名称。合伙企业或个人独资企业设立的分支机构应当冠以其所从属企业的名称。

（3）企业名称应当使用符合国家规范的汉字，民族自治地区的企业名称可以同时使用本地区通用的民族文字。企业名称不得含有外国文字、汉语拼音字母、阿拉伯数字。

一个政府使用何种文字作为官方文字体现着一个国家的主权。各级工商行政管理部门依法对企业名称实行登记管理的行为是国家主权的具体体现。因此，我国的企业名称应当使用国家规范汉字。

国家规范汉字是指经过整理简化的字和未经整理简化过的传承字。使用符合国家规范的汉字，是指按现行规范标准使用汉字，不得使用已被取代的繁体字、未被批准采用的简化字以及标准以外的字。

（4）企业名称不得含有有损国家利益或社会公共利益、违背社会公共道德、不符合民族或宗教习俗的内容。

企业是社会经济生活的细胞，维护国家整体的利益和社会公共利益，遵守社会公共道德，不仅是每个公民的义务，也是每一个企业应尽的义务。

企业名称也是一种社会文化，它在街头巷尾和各种社会传播媒介中随处可见，折射出企业投资人的文化层次和志趣倾向，从侧面反映了社会文化的健康度。因此，企业在确定名称时应符合整个社会精神文明的要求，企业登记主管机关也应该反对使用殖民奴化色彩、腐朽封建意识浓厚以及格调低下的企业名称。

由于我国是一个多民族国家,各个民族有着不同的生活习惯和宗教信仰,尊重各民族的生活习惯和宗教信仰、维护民族团结和宗教信仰自由是我国的一贯政策。因此,企业名称不得含有不符合民族或宗教习俗的内容,特别是在少数民族地区设立的企业,申请企业名称时应注意当地各民族的生活习俗和宗教习俗,回避当地民族和宗教的禁忌。

(5)企业名称不得含有违反公平竞争原则、可能对公众造成误认、可能损害他人利益的内容。

企业依法享有名称权,但是企业在申请、使用企业名称时,同样不得侵害其他企业的名称权。尤其是企业通过企业名称实施不正当竞争的行为应当予以禁止。如,企业名称造成公众的误认并对他人的营业场所、商品或工商业活动造成混乱;企业名称含有在经营活动中损害他人的营业场所、商品或工商业活动的商誉性质的虚假说法;企业名称中含有易于造成公众对商品的性质、制造方法、特点、用途和数量产生误解的表示和说法;等等。无论上述情况出现在企业名称申请登记注册时,或企业名称登记注册后,还是企业名称的使用过程中,企业均有义务进行调整。

(6)企业名称不得含有法律或行政法规禁止的内容。

企业名称不仅应符合《企业名称登记管理实施办法》的有关规定,同时也应符合国家其他法律或行政法规的特殊规定。

例如《中华人民共和国公司法》明文规定:"依照本法设立的有限责任公司,必须在公司名称中标明有限责任公司或者有限公司字样。依照本法设立的股份有限公司,必须在公司名称中标明股份有限公司或者股份公司字样。"一些单项行业性法规往往对行业也有禁止、限制或须经严格审批的明确规定。如国务院曾明确指示不得开办讨债公司,公司名称亦不得申请使用"讨债"字词;又如国务院明文规定我国禁止开办金融期货,期货经纪公司不得从事国际期货经纪业务,因此企业名称不得申请使用"金融期货""国际期货"字词。

(7)企业名称是企业权利和义务的载体,企业的债权、债务均体现在企业名称项下。

企业变更名称后,在一定的时间内,不可能让社会公众或企业的客户周知;企业办理注销登记或被吊销营业执照后,在一定时间内,其债权和债务不可能全部清结。在此期间,如有一个新的企业使用与上述企业完全相同的名称,虽不构成重名,但却容易引起公众和上述企业特定客户的误认。因此,企业申请登记注册的企业名称不得与其他变更名称未满一年,或者注销登记或被吊销营业执照未满三年的企业的原名称相同。

3. 企业名称的使用

(1)企业名称权。

企业名称权是指企业对其登记注册的名称所依法享有的权利。由于企业的盈利性,企业依法享有决定、使用、变更自己名称,排除他人非法侵害自己名称以及依法转让自己名称的权利。企业名称只有经法定程序登记注册后,才具有排他性的效力,否则就不具有对抗第三人的法律效力。企业名称权是一种独占使用权,除企业自身外,其他企业未经权利人许可不得使用该名称，否则就构成侵权。

企业进行名称登记可以防止他人使用其名称进行不正当竞争，影响其商业信誉，侵害其商业利益。企业名称经核准登记后，该企业即享有名称权，并产生两种法律效力。第一，排他效力。企业名称经核准登记后，具有排斥他人以同一或相似之名称进行登记的效力。依据该规定，一个企业名称经核准登记后，在登记主管机关辖区内，同行业的其他企业有以与之相同或者近似的名称申请登记的，主管机关应不予登记。第二，救济效力。企业名称权因登记注册而创设，可据以排斥他人使用同一名称经营相同业务。擅自使用他人已经登记注册的企业名称或者有其他侵犯他人企业名称权行为的，被侵权人可以要求侵权人停止侵权，或者请求主管机关责令侵权人停止侵害。如有损害，被侵权人可以请求赔偿，也可直接向人民法院起诉。

（2）企业名称的使用。

预先核准的企业名称在有效期内，不得用于经营活动，不得转让。

企业变更名称，在其登记机关核准变更登记前，不得使用《企业名称变更核准通知书》上申请核准变更的企业名称从事经营活动，也不得转让。

企业应当在住所处标明企业名称；企业的印章、银行账户、信笺以及相关法律文书上所使用的企业名称，应当与其营业执照上的企业名称相同。

企业使用名称，应当遵循诚实信用的原则。

（3）企业名称侵权行为。

各级工商行政管理机关对在本机关辖区内从事活动的企业使用企业名称的行为，依法进行监督管理。

如果使用未经核准登记注册的企业名称从事生产经营活动，则由主管机关责令其停止生产经营活动，没收非法所得或者予以罚款。

已经登记注册的企业名称在使用中对公众造成欺骗或者误解的，损害他人合法权益的，应当认定为不适宜的企业名称并予以纠正。

企业因名称与他人发生争议，可以向工商行政管理机关申请处理，也可以向人民法院起诉。

《中华人民共和国民法通则》规定，在姓名权或名称权受到侵害时，公民或个人"有权要求停止侵害，恢复名誉，消除影响，赔礼道歉，并可以要求赔偿损失"。

非法使用他人企业名称的行为以冒用他人企业名称和盗用他人企业名称两种较为典型。冒用他人企业名称是指冒充他人企业名称，为自己企业谋取非法利益的行为，即冒名顶替；盗用他人企业名称是指未经权利人许可，擅自以他人企业名称进行营利活动，损害权利人利益的行为。

行为人故意将自己的企业名称与他人的企业名称相混同，给企业名称权利人造成实际损失的行为也是非法使用他人企业名称的侵权行为。

企业名称部分或整体转让后，受让方应当按照合同约定的方式、期限使用他人企业名称，应当使用而未使用的行为同样是侵犯他人企业名称权的行为。

(三)企业名称设计

广义的企业名称包括公司名称、产品名称和商标名称等，是企业的无形资产。企业用自己的名称从事社会经济活动，使社会通过企业名称了解企业所在地域、主要从事的行业、经营特点、组织形式、企业规模等情况。企业拥有一个优雅响亮的名称能够让更多的人识别企业，了解产品，为公司和产品带来广泛的知名度和良好的信誉，吸引更多的客户，产生更大的效益。选择一个符合行业特点、富含文化底蕴、为消费者喜闻乐见且与同行企业区分度较高的企业名称对企业的发展非常重要。所以企业形象策划的第一步便是选择一个好的企业名称。

企业名称的核心要素是字号，字号是公司名称最重要的区别特征。公司字号字数虽不多，字里行间的意义却变化无穷，远远超越其字面的框架。作为企业字号，它体现了企业的信任度、核心竞争力、商誉以及名称暗含的美好寓意。一个好的公司名称符合"内外结合，表里相配"的原则。一方面，名称在形式上要做到字音响亮、字意吉祥、字形优美，要文雅、悦耳、易记，奇特而不古怪、意新而不露骨，脱俗而又利于众人接受，要避免重名和不雅之名。另一方面，名称的内涵要做到符合行业产品特点，表达企业愿景，契合企业文化，反映企业价值观。

1. 企业名称设计的原则

(1)从产品和服务角度命名。

从产品和服务的角度去命名，常用的方法是突出自己产品和服务的特性，或将公司产品和服务现有的特点展示出来，或将公司对产品和服务的追求理念展示出来。例如，用来表明自己经营特点的"美廉超市"，告诉消费者这里的东西物美价廉，值得信赖；"正义律师事务所""放心家政"等，都是以自己提供给顾客的服务所具备的特点来为公司命名的。

(2)从目标市场角度命名。

公司预先对自己的目标市场进行定位后，就可以从目标市场的角度来选择企业名称。一个好的企业名称必须符合其目标顾客的心理需求，这样才能树立美好的形象，从而增加对顾客的吸引力。如长沙老百姓连锁药店，突出"老百姓"的字号，将主要消费群体锁定为普通老百姓，让人感觉特别亲切；成都间隔年旅行有限公司，突出"间隔年"字号，将主要消费群体锁定为进行间隔年旅游的群体。

(3)从原产地角度命名。

所经营的产品或服务具有强烈地域特色的企业，经常采用原产地名作为字号来构筑企业名称。如湘鄂情餐饮管理有限公司，就突出其餐饮主要以湖南、湖北两地饮食文化为特色。选择这一类的企业名称要特别注意，原产地最好是广为人知的著名产地，要具有真正为大多数人知晓的特色。

（4）从文化诉求角度命名。

企业在选择名称时，如果能够注入特定的文化成分，使其具有一定的文化内涵，不仅可以提高产品或服务的品位，而且能够引起更多顾客的注意。如同仁堂连锁药店就充分利用了传统文化对商业的影响，发掘了传统文化的精髓。

（5）从经营者角度命名。

企业在选择名称时，可以从经营者本身的角度立意，将经营者自己的诉求植入企业名称内。如希尔顿酒店、李宁体育用品有限公司，都是以企业创始人姓名作为字号的成功案例。

2. 企业名称的字形选择

汉字都是方块字，但每个字的形状不同，具有不同的画面感。两三个字或多个字组合起来，更是千姿百态。名称字形的结构是名称组成的基本元素，企业名称的外形结构和视觉效果主要从组成企业名称的字形上体现出来。

企业名称中每个字的笔画多少，并无严格的标准，一般来说，为了书写方便，并使人一目了然，名称的笔画不宜过多。但名称的笔画也不宜太少，笔画太少太简，就会显得过于单薄，呈现出的视觉效果欠佳。企业名称的笔画，最好能做到简繁适中、疏密有度。本着字形美的要求，字形排列要整齐，上下左右对称。当不完全对称时，名称字形要互相照应，包括字的笔画照应、部首照应、字与字之间的照应，尽量追求名称字形所产生的视觉美感。

3. 企业名称的字音选择

企业名称首先是用来称呼的，其次才是书写或者记录。因此企业名称在通过声音传播时，最好能音节响亮、清脆悦耳且没有含义不好的谐音。

我国汉字字音是由声母、韵母以及声调组合起来的，在读音上有声、韵、调三个基本要素。由于企业名称一般是多个字的组合，这就牵涉到音节之间相互搭配的问题。汉字声调分阴平、阳平、上声、去声四种，取名时应尽量避免使用声调相同的字，以免呆板平直，缺乏动感；应使用不同声调的字，让它们错杂相间，就可以产生抑扬顿挫、悦耳动听的艺术效果。

名称语音美包括语调美、音色美、共鸣美、语势美。具体要求为：音质圆润悦耳，音量饱满，充实有力；音调高低适度，富于变化；字音清晰，有一定分辨度；发音纯净、不易产生模糊音。

4. 企业名称的字意选择

汉字的意境是非常丰富的，在设计企业名称时必须用心去挖掘每个字词的意义。名称在整体上要表达出公司的主营业务内涵和公司未来发展的愿景，又要避免在意义上产生不好的联想或隐喻。

企业名称要富有新意，避免俗气。名称的创新首先要与其他公司已有的名称进行显著区分，不要刻意模仿业界具有较大规模的成功企业的名称，要从新创办企业的主营业务出发，延伸出具有美好期望、良好品牌暗示的名称。

第二节　新创企业的组建与设立

按照我国企业法，包括《中华人民共和国个人独资企业法》《中华人民共和国合伙企业法》等，可组建的企业或公司有如下类型。

一、组建个人独资企业

如果创业者各方面的实力都很强，不妨组建个人独资企业，一方面能充分发挥才能，另一方面也可保证利润不旁落。但是，组建个人独资企业不仅需要有良好的创业项目，而且对创业者的资金实力有较高的要求。同时，个人独资企业是无法利用资本市场来获得融资的，一般来说只能通过银行取得贷款。因此，个人独资企业的创立对创业大学生的综合素质有较高要求。

（一）个人独资企业设立的条件

个人独资企业是由一个自然人投资的企业，投资人对企业的债务承担无限责任，是非法人企业。设立个人独资企业须具备下列条件。

（1）投资人为一个自然人，且只能是一个中国公民。

（2）企业名称符合法律、法规的要求：企业名称与其责任形式及从事的营业相符，不得使用"有限""有限责任"或者"公司"字样。

（3）有投资人申报的出资：投资人可以以货币出资，也可以以实物、土地使用权、知识产权或者其他财产权利出资，但必须将其折算成货币数额。投资人如以家庭共有财产作为个人出资的，应当在设立（变更）登记申请书上予以注明。

（4）有固定的生产经营场所和必要的生产经营条件。

（5）有必要的从业人员。

（二）个人独资企业的设立程序

1．提出申请

由投资人或者其委托的代理人向当地登记机关工商行政管理部门提出申请，同时提交下列文件：①投资人签署的个人独资企业设立申请书。申请书应载明的事项有：企业的名称和住所，投资人的姓名和居所，投资人的出资额和出资方式，企业经营范围及经营方式。其中投资人以个人财产出资或以其家庭共有财产作为个人出资的，应当在申请书中予以明确。②投资人的身份证明，指身份证和其他有关证明材料。③企业住所证明和生产经营场所使用证明等文件。④委托代理人申请设立登记的，应提交投资人的委托书和代理人的身份证或投资证明。⑤国家工商行政管理部门规定提交的其他文件。

2．工商登记

登记机关在收到申请15日内做出核准登记和不予登记的决定，符合法规规定条件的个人独资企业予以登记，发营业执照。企业营业执照的签发日期为企业的成立日期，在领取营业执照前，投资人不得以个人独资企业名义从事经营活动。

3. 分支机构登记

个人独资企业申请设立分支机构时应向所在地的登记机关工商行政管理局申请设立登记。分支机构登记事项应包括：分支机构的名称，经营场所，负责人姓名和居所，经营范围和方式。同时提交下列文件：①分支机构设立登记申请书；②登记机关加盖印章的个人独资企业营业执照复印件；③经营场所证明；④国家工商行政管理局规定提交的其他文件。分支机构从事法律、法规规定须报经有关部门审批的业务的，还应当提交有关部门的批准文件。

二、组建合伙企业

合伙企业相对于个人独资企业可以相对减少单个创业者的风险，其开业手续简单，能够很快开张经营。但是合伙企业的合同比较复杂，和独资企业一样，它也不能利用资本市场。

（一）合伙企业的设立条件

1. 有两个以上的合伙人，并且都是依法承担无限责任者

不允许有承担有限责任的合伙人。合伙人应当是有完全民事行为能力的自然人。法律、行政法规规定禁止从事盈利性活动的人，不得成为合伙企业的合伙人。

2. 有书面合伙协议应载明下列事项

①合伙企业的名称和主要经营场所的地点；②合伙的目的和合伙企业的经营范围；③合伙人的姓名及其住所；④合伙人的出资方式、数额和缴付出资的期限；⑤利润分配和亏损分担办法；⑥合伙企业事务的执行；⑦入伙与退伙；⑧合伙企业的解散与清算；⑨违约责任。合伙协议经全体合伙人签名、盖章后生效。合伙人依照合伙协议享有权利，承担责任。合伙协议生效后，全体合伙人可以在协商一致的基础上，对该合伙协议加以修改或者补充。

3. 有各合伙人实际缴付的出资

合伙人可以用货币、实物、土地使用权、知识产权或者其他财产权利缴纳出资。此外，经全体合伙人协商一致，合伙人也可以用劳务出资。合伙人的出资作为财产投入合伙企业，企业必须对该出资进行评估。

4. 有合伙企业名称

在确定合伙企业名称时，应注意以下几点：①名称由企业名称登记主管机关即各级工商行政管理机关加以核定；②企业只准登记使用一个名称，在登记主管辖区内不得与已登记的同行业其他企业的名称相同或相近；③企业名称一般应由企业所在地行政区划名称、字号(商号)、行业或者经营特点、组织形式等部分组成；④合伙企业在其名称中不得使用"有限""有限责任"的字样。

5. 有营业场所和从事合伙经营的必要条件

经营场所是指合伙企业从事生产经营活动的所在地，合伙企业一般只有一个经营场

所，即在企业登记机关登记的营业地点。从事经营活动的必要条件是指根据合伙企业的业务性质、规模等因素而须具备的设施、设备、人员等方面的条件。

（二）合伙企业的设立登记

按照我国法律规定，合伙企业的设立登记，应该按照如下程序进行。

1. 向企业登记机关工商行政管理部门提交相关文件

包含：①全体合伙人签署的合伙申请书；②全体合伙人的身份证明；③全体合伙人指定的代表或者共同委托的代理人的委托书；④合伙协议；⑤出资权属证明；⑥经营场所证明；⑦国家工商行政管理部门规定提交的其他文件。此外，法律、行政法规规定设立合伙企业须报经有关部门审批的，应当提交有关批准文件。经合伙协议约定或者全体合伙人决定，委托一名或者数名合伙人执行合伙事务的，还应当提交全体合伙人的委托书。

2. 工商登记

符合法规规定条件的，登记机关在收到申请30日内予以登记。企业营业执照的签发日期为企业的成立日期，在领取营业执照前，合伙人不得以合伙企业名义从事经营活动。合伙企业设立分支机构，应向分支机构所在地企业登记机关申请登记，领取营业执照。

三、组建有限责任公司

（一）有限责任公司的设立条件

1. 股东符合法定人数

股东人数应在2人以上，50人以下。

2. 出资

①股东出资必须达到法定资本最低限额。②出资方式可以以货币出资，也可以实物、工业产权、非专利技术、土地使用权作价出资。以货币出资的，应足额存入准备设立的公司在银行开设的临时账户。以实物、工业产权、非专利技术、土地使用权出资的，必须进行评估，并依法办理其财产的转移手续。以工业产权、非专利技术作价出资的金额不得超过有限责任公司注册资本的20%，但国家对采用高新技术成果有特别规定的除外。③股东全部缴纳出资后，必须经法定的验资机构验资并出具证明。④不按规定缴纳所认缴出资的股东，应当对已足额缴纳出资的股东承担违约责任。⑤公司成立后，如发现出资的非货币资产实际价额显著低于公司章程所定价额的，应当由缴付该出资的股东补缴差额。⑥公司新增资本时，股东可优先认缴出资，经股东同意转让的出资，同等条件下，其他股东有优先购买权。⑦公司登记后，股东不能抽回出资。⑧股东之间可以互相转让出资。⑨公司成立后，须向股东签发出资证明书。

3. 公司章程的制定

①有限责任公司的章程由股东共同制定，所有股东应当在公司章程上签名、盖章。②公司章程的法定内容包括：公司名称和住所；公司经营范围；公司注册资本；股东的姓名；股东的权利和义务；股东的出资方式和出资额；股东转让出资的条件；公司的机构及其产生办法；公司的法定代表人；公司的解散事由与清算办法及任意记载事项（股

东认为需要规定的其他事项）。

4. 公司的名称和组织机构

①应在名称中标明"有限责任公司"字样，且只能选用一个名称。不得选用法律禁止使用的名称。申请登记时，公司名称前应冠以企业所在地的市名或县名。除全国性公司外，不得使用"中国""中华"等字样。②依法设立股东会、董事会、监事会。董事会由3~13人组成，董事会设董事长一人，副董事长1~2人。股东人数较少的有限责任公司可设1名执行董事，1~2名监事。不设董事会和监事会。

5. 有公司住所

公司住所是公司主要办事机构所在地，是法定的注册地址，不同于公司的生产经营场所。

（二）有限责任公司的设立程序

1. 签署公司发起协议或公司设立协议书

在公司成立过程中，此类约定应当列入公司章程。

2. 办理公司名称的预先核准登记手续

（略）

3. 制定公司章程

设立公司必须先订章程，将要设立的公司的基本情况都通过章程反映出来，这样才便于有关部门审查、批准和登记。

4. 签署章程的投资者缴纳所认缴的投资

签署章程的投资者缴纳所认缴的投资并履行法定的验资手续。这一程度于法定验资机构出具验资证明时终止。

5. 申请公司的设立登记

申请人应当按照规定的格式备齐所有法定文件，向公司所在地的登记机关即工商行政管理局提出设立申请。这些文件包括：①公司董事长签署的设立登记申请书；②全体股东指定代表或者共同委托代理人的证明；③公司章程；④具有法定资格的验资机构出具的验资证明；⑤股东的法人资格证明或者自然人身份证明；⑥载明公司董事、监事、经理的姓名、住所的文件以及有关委派、选举或者聘用的证明；⑦公司法定代表人的任职文件和身份证明；⑧公司名称预先核准通知书；⑨公司住所证明；⑩其他法律法规规定必须报经审批的批准文件。此外，如申请人提出设立分公司或分支机构的，还应当拟定单独文件或填写相应的申请文件。

6. 公司登记机关的审查登记

股东的全部出资经法定的验资机构验资后，由全体股东指定的代表或共同委托的代理人向公司登记机关申请设立登记。申请设立登记时应提交公司登记申请书、公司章程、验资证明，需要审批的，还必须提交有关部门的批准文件等。公司经核准登记，领取公司营业执照后，方告成立，并取得法人资格。

四、组建股份有限公司

（一）股份有限公司的设立条件

1. 发起人符合法定人数

《中华人民共和国公司法》（以下简称《公司法》）规定了设立股份有限公司应当有5人以上为发起人，其中须有过半数的发起人在中国境内有住所。发起人可以是自然人或法人。

2. 注册资本

我国《公司法》规定：股份有限公司注册资本应为实收股本总额。股本总额为股票面值与股份总数的乘积。公司注册资本最低限额人民币1000万元。最低限额需要高于人民币1000万元的由法律、行政法规另行规定。

3. 股份发行筹办事项符合法律规定

如设立股份有限公司必须获得必要的行政审批、向社会公开募集股份必须经过国家证券监管部门的事先批准等。

4. 发起人制定公司章程，并经创立大会通过

设立股份公司必须依法制定公司章程，以此作为设立股份公司的基本法律文件。公司章程必须以书面形式完成，并记载法律规定必须记载的内容。公司章程须经国家主管机关的审查批准后方可发生法律效力。

5. 有公司名称，建立相应的组织机构

①公司名称遵照《公司法》要求，含有"股份有限公司"字样；只能选用一个名称；不得使用法律禁止使用的名称；除全国性公司外，不得使用"中国""中华"字样。②股份有限公司应依法设立由股东大会、董事会、经理和监事会组成的公司组织机构。

6. 有固定的生产经营场所和必要的生产经营条件

公司以其主要办事机构所在地为住所。

（二）股份有限公司的设立程序

1. 制定公司章程

制定公司章程是设立股份有限公司应当具备的重要条件，也是必经程序。章程由发起人制定，应载明的事项为：公司名称和住所；公司经营范围；公司设立方式；公司股份总数、每股金额和注册资本；发起人的姓名或者名称、认购的股份数；股东的权利和义务；董事会的组成、职权、任期和议事规则；公司法定代表人；监事会的组成、职权、任期和议事规则；公司利润分配办法；公司的解散事由与清算办法；公司的通知和公告办法。任意记载事项为股东认为需要规定的其他事项。如果是募集设立公司，则还要做下列工作：①成立公司筹备工作组；②聘请负责股票上市与发行的咨询机构；③选择一家信誉良好、有证券业务许可证的会计师事务所审计公司的财务报表；④选择一家信誉卓著的资产评估机构，对公司资产进行评估；⑤选择一家有丰富承销经验的证券机构制定股票承销方案，编制招股说明书；⑥聘请一家实力雄厚、在证券领域有丰富经验的律师事务所作为公司的法律顾问。

2. 经有关部门审批

一般股份有限公司的设立，先要由有关行业主管部门负责审核公司设立的意见，然后由公司发起人向政府授权部门提交设立公司的协议书、申请书、可行性研究报告、公司章程、资产评估报告、验资报告、招股说明书和行业主管部门审查意见等文件。

申请书应概要说明：①发起人的名称、住所、法定代表人；②公司的名称、目的及宗旨；③公司的资金投向、经营范围；④公司设立方式、总投资、股本总额、发起人认购比例、股份募集范围及途径；⑤公司的股份总数、各类股份总数、每股面值及股权结构；⑥发起人基本情况、资信证明；⑦其他需要说明的事项；⑧提出申请的时间，发起人的法定代表人签名并加盖发起人单位公章。

可行性研究报告包括：①公司的名称、住所；②发起人的生产经营情况、资信状况和投资能力；③公司总投资、股本总额、股份溢价发行测算所需借贷资金、净资产占总资产比例；④资金投向、规模、建设周期与费用估算；⑤产品或经营范围、发展方向及市场需求状况；⑥经济效益预测；⑦其他需要说明的事项。

发起人提交上述文件，由有关部门审查、批准。募股设立的股份公司还应当向人民银行和证券监督管理委员会申请发行股票，在申请得到批准后才能向社会公开募集。

3. 募股

发起设立公司股份的认购时，章程规定发行的全部股份，发起人应以书面形式自行认足，并立即缴纳全部股款。发起人可以以货币出资，也可以实物、工业产权、非专利技术、土地使用权作价出资。以实物、工业产权、非专利技术或者土地使用权作价出资的，必须进行评估，并依法办理其财产转移手续。以工业产权、非专利技术作价出资的金额不得超过股份有限公司注册资本的 20%，但国家对采用高新技术成果有特别规定的除外。募集设立公司股份的认购。发起人自认股份不少于总股本的 35%。

向社会公开募集股份应按照以下几项程序进行。

(1)须经有关部门批准。

(2)通过招股说明书向社会公开有关信息，并载明下列事项：①发起人认购的股份数；②每股的票面金额和发行价格；③无记名股票的发行总额；④认股人的权利、义务；⑤本次募股的起止期限及逾期未募足时认股人可撤回所认股份的说明。

(3)由证券机构承销公众股。其中，股票发行定价通常采用 3 种方式：①美国式的累积定价方式；②香港地区的固定定价方式；③以市盈率为基础的两种定价方式。我国主要采用以下这两种。

a. 加权平均法。

每股发行价=市盈率×每股预测盈利(加权平均)

每股预测盈利(加权平均)=预测盈利/[总股本(加权平均)]

总股本(加权平均)=原股本+发行股数×权数

权数=新股发行到本会计年度结束所余时间/12 个月

案·例

公司原有股本 5000 万股，发行新股 2000 万股，发行时间为 7 月 1 日，会计年度从 1 月 1 日到 12 月 31 日，预测盈利 2500 万元。计算方法如下。

$$总股本（加权平均）= 5000 + 2000 \times 6/12 = 6000（万股）$$

$$每股预测盈利（加权平均）= 2500/6000 = 0.4167（元）$$

如按市盈率 8 倍定价，则

$$每股发行价 = 0.4167 \times 8 = 3.33（元）$$

b. 全面摊薄法。

$$每股发行价 = 市盈率 \times 每股预测盈利（全面摊薄）$$

$$每股预测盈利（全面摊薄）=（预测盈利 + 股票筹资利息）/[总股本（全面摊薄）]$$

$$总股本（全面摊薄）= 原股本 + 新发行股数$$

案·例

仍按上例，设年利率为 5%，则

$$总股本（全面摊薄）= 5000 + 2000 = 7000（万股）$$

$$股票筹资利息 = 2000 \times 5\% = 100（万元）$$

$$每股预测盈利 =（2500 + 100）/7000 = 0.3714（元）$$

按 8 倍市盈率定价，则

$$每股发行价 = 0.3714 \times 8 = 2.97（元）$$

募集设立公司的股票发行按下列程序进行：①制订股份发行计划。②召开董事会讨论发行计划，并形成董事会决议。③编制股票发行申请书和股票募集书。④与承销商签订承销协议。承销协议是发行人以其所发行股票的承销事宜与股票承销商签订的具有法律效力的文件。⑤认购者认购。认购方式主要有：认购证方式；储蓄存单方式；全额预缴，比例配售方式；上网竞价方式；上网定价发行方式，这种方式在我国最常用。如认购量超过发行量，则采取抽签决定。⑥交割股票。⑦股东登记。⑧向证券管理部门登记。

4. 建立公司机关

（1）发起设立公司机关。在发起人缴付全部股款后，由全体发起人选举董事会和监事会的成员，组建公司机关。

（2）募集设立公司机关。其董事会成员和监事会成员由创立大会选举产生：①在验资报告正式出具后，发起人应当在 30 日内召开创立大会。创立大会由认股人组成。发起人应当在大会召开 15 日前将会议日期通知各认股人或予以公告。创立大会须有代表总股本 1/2 以上的认股人出席方可举行。②创立大会行使下列职权：审议发起人关于公司筹办情况的报告；通过公司章程；选举董事会成员；选举监事会成员；对公司的设立费用进行审核；对发起人用于抵作股款财产的作价进行审核；发生不可抗力或者经营条件发生重大变化直接影响公司设立的，可以做出不设立公司的决议。③创立大会对上述所列事项做出决议，必须经出席会议的认股人所持表决权的半数以上通过。

5. 设立登记

①提出设立登记申请。发起方式为设立的公司在选出董事、监事之后；募集方式为设立的公司在创立大会结束后 30 日内，由董事会向公司所在地的登记机关工商行政管理局报送下列文件：有关主管部门的批准文件；公司章程；筹办公司的财务审计报告；验资证明；董事会、监事会成员姓名及住所；法定代表人的姓名、住所。募集设立的公司还应报送创立大会的会议记录。②由公司登记机关进行审核。登记机关在提出申请之日起 30 日内做出是否予以登记的决定，符合法律规定条件的予以登记，发给营业执照。不符合法律规定条件的，不予登记。③公告。股份有限公司成立后，应当进行公告。

(三)到二板市场上市

相对于主板市场，二板市场的入市门槛较低。所以，到二板市场上市融资是创业公司在组建之初就应当予以优先考虑的一件事。

1. 上市条件

(1)申请上市的公司必须是股份有限公司。

(2)在申请股票发行时的审计基准日，经审计的有形净资产不少于人民币 800 万元；最近两个会计年度经审计的主营业务收入净额合计不少于 500 万元，最近一个会计年度经审计的主营业务收入不少于 300 万元；在申请股票发行时的审计基准日，资产负债率不高于 70%。

(3)企业提出发行申请时，应在同一管理层下持续经营 24 个月以上；同时主业突出、持续经营 2 年以上——公司取得法人营业执照之日起至申请发行股票时已满两个完整的会计年度。企业在提出申请之前 24 个月内，应不间断地从事一种主营业务，该种主营业务有实质性进展。原企业整体改制或有限公司依法更改的，经营时间可连续计算。二板市场对上市公司的盈利不做要求。

(4)上市公司董事会中独立董事至少有 2 名，并具备相应的任职能力和独立性。

(5)股票上市流通的有关条件：①首次公开发行新股后，股本总额不低于 2000 万元；持有股票面值达人民币 1000 元以上的股东人数不少于 200 人；社会公众持有的股份达到公司股份总数 25%以上；本次发行前，股东持有的股份达到公司股份总数的 35%以上。②发起人持有的本公司股份自股票首次上市满 1 年后方可流通，其中管理层股东应当向交易所承诺其持有的股票自公司股票上市之日起 2 年内不予出售。

(6)聘请具备保荐人资格的证券机构担任保荐人。一个好的保荐人不但能够帮助公司完成上市筹资，而且对公司建立运作顺畅的管理机构、制订长远发展计划，真正实现其成长和发展具有重要的作用。

2. 上市程序

(1)上市规划。包括：①制订上市计划。②聘请财务顾问及法律、会计等中介机构。③组织专项工作组，负责公司的上市工作，与有关中介机构、证监会及证券交易所联系。

④制订公司的上市架构(即股权)规划,建立正常、科学的股权关系和科学的决策机制与风险控制机制,以符合二板市场的要求和取得公众股东信任。⑤做好企业近两年活跃业务记录的陈述。企业近两年活跃业务记录主要包括:行业状况简介;产品或生产过程的发展;产品的生产、销售及推广情况;公司管理层及技术骨干的人数、专业知识及经验介绍;公司管理层及技术骨干的人事变动情况;公司获取营业执照的过程;所有关于合资及合作方面的详细情况;经营环境的情况。⑥制订未来3年发展计划,主要是指拟上市的公司提出的未来3年业务目标和达到目标的详细计划。主要包括以下几方面的内容:实现既定目标的策略、步骤和措施;做出业务发展所必须的各种人力及非人力资源计划及时间表;介绍影响公司业务的地域、市场因素及公司拟采取的对策。

(2)引进投资者或者风险基金。这样做的好处是,企业的注册资本与资产规模可随策略投资者的加盟相应扩大。步骤:①由财务顾问制作投资咨询备忘录;②寻找策略投资者或风险性基金;③与投资者洽谈入股事宜;④策略投资者成为公司股东。

(3)申请上市步骤为:①向中国证监会提出申请;②由发行审核委员会进行审核;③拟定招股说明书。

(4)路演招股步骤为:①刊登招股说明书;②探寻需求状况;③巡回路演;④签订承销协议,确定发行价。

(5)上市挂牌交易步骤为:①股票发售;②筹资金额到位过户给上市公司;③向证券交易所提出上市申请,签署《创业板股票上市协议》;④公司股票在二板市场交易;⑤上市后续工作,包括对投资人和证监会、交易所的持续的信息披露。

3. 香港创业板上市

去香港创业板上市也不失为一个好的办法。创业公司在香港创业板上市之前应做好以下规划。

(1)做好公司架构(即股权)的规划。建立正常、科学的股权关系和科学的决策机制与风险控制机制,以符合香港创业板市场的要求,博取公众股东信任。

(2)做好企业近两年活跃业务记录的陈述。企业近两年活跃业务记录主要包括:行业状况简介;产品或生产过程的发展;产品的生产、销售及推广情况;公司管理层及技术骨干的人数、专业知识及经验介绍;公司管理层及技术骨干的人事变动情况;公司获取营业执照的过程;所有关于合资及合作方面的详细情况;经营环境的情况。

(3)做好未来两年业务规划的说明。主要是指拟上市的公司提出的未来两年业务目标和达到目标的详细计划。主要包括以下几个方面的内容:①实现既定目标的策略、步骤和措施;②做出业务发展所必须的各种人力及非人力资源计划及时间表;③介绍影响公司业务的地域、市场因素及公司拟采取的对策。香港联交所对拟上市公司的盈利预测不做强求说明。

(4)做好引进策略投资者规划。这样做的好处是,企业的注册资本与资产规模可随策略投资者的加盟相应扩大。此外,须注意二板市场上市的公司,只允许向公众发行一次股票,发行的股本数额在3000万元以下,股票发行后公司股本总额一般低于5000万元，集资数额在 7000 万元至 1 亿元。企业在第二市场上市挂牌时间为 5 年，5 年后已产业化的企业可转到主板市场，否则要降至第三市场。

本章小结

　　企业选址包括生产场所的选址和办公场所的选址，可以将其概括为经营选址。企业选址应遵循功能适用、文化协调、交通便利、产业聚集、配套齐全、经济实惠这六大主要原则，并按照确定预选地址、前期考察、成本核算、租购房屋等几个环节分步骤地实施。

　　为新创办企业设计名称犹如为新生儿取名，既要符合规范又要突出特色。简单说，企业名称指表征自身并与其他企业主体相区别的署名。广义的企业名称可以包括企业名称、企业标志、企业名称商标等一系列表征企业自身的文字、图形，包括企业名称外文翻译、企业名称拼音缩写等。

　　《企业名称登记管理实施办法》对企业名称的设计要求、使用规范、侵权行为做出了明确的规定，新创办企业设计企业名称时必须严格遵循。

　　企业名称只有经法定程序登记注册后，才具有排他性的效力，否则就不具有对抗第三人的法律效力。为企业取名，可以遵循从产品和服务角度命名、从目标市场角度命名、从原产地角度命名、从文化诉求角度命名、从文化诉求角度命名、从经营者角度命名等原则，有效进行字音、字形与字意的选择。

　　按照我国企业法规定，可组建的企业或公司包括个人独资企业、合伙企业、有限责任公司、股份有限公司等几类。

思考题

1. 什么是企业选址？如何把握选址的原则？
2. 新创企业选址有哪几个步骤？
3. 如何理解企业名称？

讨论题

1. 怎样设计企业名称？
2. 如何设立有限责任公司？

实训项目与练习

1. 你将成立一家独资企业，你会从哪些方面去考虑确定企业的名称？

2. 请对某些新创企业进行调查，他们的企业是如何筹建、设立的？当三个大学生要成立合伙企业的时候，你是其中之一，那么，你会如何来创建这家企业？

◇ 参考文献

[1] 高文兵. 创业基础教程[M]. 北京：高等教育出版社，2015.

[2] 程智开. 大学生创新创业基础与指导[M]. 延吉：延边大学出版社，2019.

[3] 张成，吴小林，何文国. 创业管理[M]. 长沙：中南大学出版社，2012.

[4] 张少平，杨俊. 创业实务[M]. 广州：华南理工大学出版社，2012.

[5] 郑刚. 开店与选址核心技术指南[M]. 南京：江苏科学技术出版社，2013.

[6] 刘林. 公司店铺起名策划[M]. 兰州：甘肃文化出版社，2004.

[7] 巨天中. 起名实用宝典[M]. 北京：民主与建设出版社，2001.

[8] 李良智，查伟晨，钟运动. 创业管理学[M]. 北京：中国社会科学出版社，2007.

新创企业的管理与运营

本章知识结构图

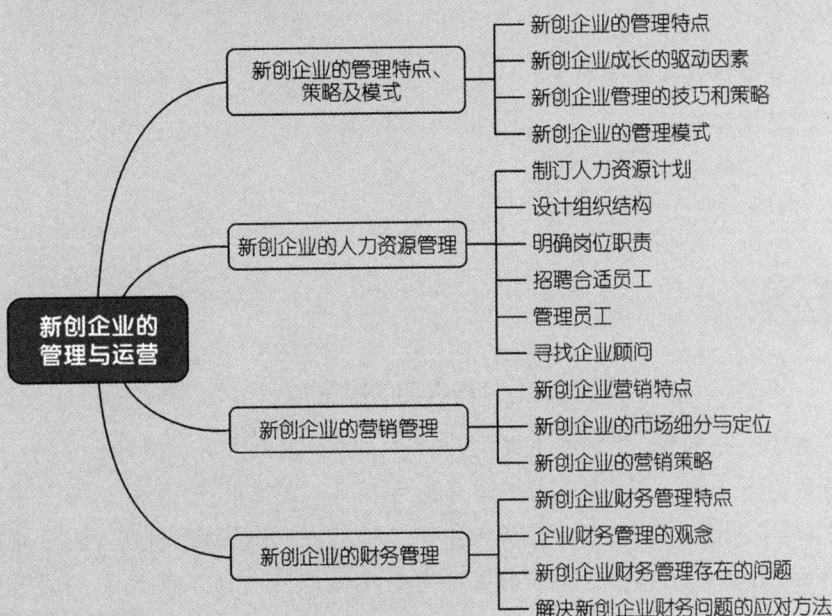

新创企业的管理与运营

- 新创企业的管理特点、策略及模式
  - 新创企业的管理特点
  - 新创企业成长的驱动因素
  - 新创企业管理的技巧和策略
  - 新创企业的管理模式
- 新创企业的人力资源管理
  - 制订人力资源计划
  - 设计组织结构
  - 明确岗位职责
  - 招聘合适员工
  - 管理员工
  - 寻找企业顾问
- 新创企业的营销管理
  - 新创企业营销特点
  - 新创企业的市场细分与定位
  - 新创企业的营销策略
- 新创企业的财务管理
  - 新创企业财务管理特点
  - 企业财务管理的观念
  - 新创企业财务管理存在的问题
  - 解决新创企业财务问题的应对方法

　　管理就是把复杂的问题简单化，混乱的事情有序化。组织结构扁平化。管得少，就是管得好。

——杰克·韦尔奇

　　华为是一群从青纱帐里出来的土八路，还习惯于埋个地雷、端个炮楼的工作方法。还不习惯于职业化、表格化、模块化、规范化的管理，重复劳动、重叠的管理还十分多，这就是效率不高的根源。

——任正非

知 识 目 标 >>

1. 新创企业的管理特点、策略与模式。
2. 人力资源计划及其组织设计。
3. 新创企业的营销特点。
4. 新创企业的市场细分与定位。
5. 新创企业财务管理特点与理念。

能 力 目 标 >>

1. 学会采取有效技巧管理新创企业。
2. 学会进行员工招聘。
3. 学会市场营销策略。
4. 学会应对财务问题。

案 例 导 入 >>

爱多 VCD："青春期的错觉"

胡志标没有读过几年书，很早就出来"跑码头"，他对家电有一种天然的爱好，从小就以组装半导体为乐。有一天，在中山市东升镇的一间小饭馆里，他突然听到了一个消息：有一种叫"数字压缩芯片"的技术正流入中国，用它生产出的播放机叫 VCD，用来看碟片比正流行的 LD 好过百倍。"这个东西一定会卖疯。"这句话瞬间改变了胡志标的一生。

1995 年 7 月 20 日，胡志标 26 岁生日那天，新公司成立。那时张学友的《每天爱你多一点》刚刚登上流行歌曲的排行榜，爱唱卡拉 OK 的胡志标说，"就是它了，爱多"。10 月，"真心实意，爱多 VCD"的广告便在当地电视台上像模像样地播出来了。也是在这个月，胡志标把他千辛万苦贷到的几百万元钱留下一部分买原材料，剩下的都一股脑儿投进了中央电视台，买下体育新闻前的 5 秒标版，这也是中央台的第一条 VCD 广告。

1996 年夏天，胡志标攻下上海市场，完成了第一轮全国推广运动。胡志标说要快速完成品牌战略的关键只有两个，一是找最有名的人拍广告，二是找最强势的媒体播出这条广告。

于是，爱多找到了成龙。成龙开价 450 万元，几乎是爱多的全部利润，胡志标一咬牙，干了。很快，一条由成龙生龙活虎地表演的广告片拍出来了，广告词也十分简洁干脆："爱多 VCD，好功夫！"

揣着这条广告片和 8000 多万元经销商的集资款，爱多以 8200 万元争得天气预报后的一个 5 秒标版。

1996 年这一年，随着爱多的崛起，国内一夜之间冒出了上百家 VCD 制造工厂，纷纷来分一杯羹。胡志标为了取得竞争优势，就在梅地亚中标后的一个月，爱多突然宣布大降价，将 VCD 的价格首次拉下 2000 元大关，定价为 1997 元。

1997 年，爱多的销售额从前一年的 2 亿元骤增至 16 亿元，赫然出现在中国电子 50 强的排行榜上。这年底，胡志标赴荷兰菲利浦公司总部考察，这一电子业"巨人"以"私人飞机加红地毯"的最高规格接待了这位来自中国的年轻人。

随着爱多的超常规成长，如何巩固已有的市场份额，寻找新的增长空间，成了一个摆在胡志标和他的青年精英们面前的大课题。于是，一个庞大而激动人心的"阳光行动 B 计划"出笼了。

"阳光行动 B 计划"是随着爱多的超常规成长，为巩固已有的市场份额，寻找新的增长空间而提出来的。主要手段是使消费者购买爱多产品的一次性消费支出转化为消费投资。经过爱多策划人和上百家传媒的竭力渲染，曾经轰动一时。然而，仅仅在南昌等个别城市开出"爱多增值连锁店"后，它便无疾而终。

作为一家销售额超过 10 亿元、员工多达 3000 余人的大型企业如何进行中长远的战略规划，却始终没有被胡志标提到议事日程上。直到企业覆灭，爱多甚至连一个切合实际的两年规划都没有制订过。

不久，中国 VCD 行业又开始新一轮惨烈的降价大战。一股令人战栗的寒流已经在悄悄地逼近"爱多"了。

1999 年 1 月，全国各地的爱多经销大户和各传媒的知名经济记者都接到了一份发自广东中山的喜帖。

那是一场轰动的婚礼：138 万响鞭炮，18 辆车牌号码连在一起的白色奔驰花车，1000 多位身份显赫的贵宾。胡志标和他的秘书、总裁助理林莹相亲相爱地依偎在一起。

两个月后，爱多危机总爆发。造成这一局面的竟是当年出资 2000 万元与胡志标同占爱多 45% 股份（另外 10% 股份为爱多工厂所在地的东升镇益隆村所有），却始终没有参与爱多任何经营行为的儿时玩伴陈天南。

"律师声明"无疑是在中国企业界上空发射了一颗醒目的信号弹：爱多出事了。胡志标一向以爱多创始人和当家人自居，事实上以他对爱多的贡献确实也不应做第二人选。可是放到资本结构上来考量却不是这么回事了，他只占有爱多 45% 的股份，当陈天南与益隆村联合起来的时候，他除了愤怒便别无良策。艰苦谈判 20 天，胡志标被迫让出董事长和总经理的位子。

更令人伤心的是，一向以传媒策划自豪的胡志标突然发现，爱多以数亿元血汗钱堆起来的"品牌丰碑"居然是用沙子做的，让人一脚就能踹塌了。那些原本被捂在抽屉里的官司也纷纷冒出了水面，一些讨债企业所在的地方法院纷纷赶来中山东升镇强制执行，珠海法院还一度把爱多的办公楼给查封了。

在此起彼伏的爆炸声中最为彷徨的，是那些追随胡志标多年东征西讨的战将们。这群以"中国第一代职业经理人"自诩的青年精英似乎没有与"主公"签过生死盟约。很快，营销副总走了，电器销售部部长走了，售后服务部部长走了……曾经让同业闻之肃然的爱多青年精英团队转眼间烟消云散。

让我们在创业管理视角下对爱多VCD的成功因素与失败原因进行分析。

1. 成功因素

（1）胡志标具有创业家对机会的敏锐度和冒险精神，拥有敢于创新、果敢实践的特质，能识别和捕捉到在当时极具潜力的VCD商机。

（2）运用强势品牌策略，抓住消费者心理和需要，通过广告宣传，如选择成龙作为代言人，配上"爱多VCD，好功夫！"的广告语和中央电视台强势媒体，树立起"超强纠错"一流品质的品牌形象，几乎开拓了一个VCD时代。

（3）利用品牌和规模优势进行模仿竞争阻击，进一步确立行业领袖地位。

2. 失败原因

（1）追逐机会的冲动与资源的知识不匹配和失衡，在VCD产品的技术含量并不高、进入门槛较低的背景下，一再非理性争夺中央电视台的标王，加之实施不切实际的"阳光行动B计划"，导致财务状况恶化，商业信誉尽失，资金链断裂。

（2）事业发展超速、超前，管理滞后，如供应链管理、财务管理和战略规划等与业务发展脱节，造成管理失衡。

（3）创业者团队出现冲突和分裂，引爆危机。

第一节　新创企业的管理特点、策略及模式

一、新创企业的管理特点

企业创办初期，往往以生存管理为基础，以销售目标为导向，以经营积累为主要资金来源，以群体管理为基本特征，以"人治"为典型的管理模式。

（一）以生存管理为基础

企业创办是一个从无到有的过程，在这个过程中，一切都具有很大的不确定性，企业随时会面临破产清算的风险。因此，如何生存下来是每一个创业者每天要思考的问题。企业的一切会围绕生存运作，任何危及生存的做法都应该避免。为此，企业应以产品或服务销售取得的现金抵补日常的经营支出，并且及时偿还到期债务，尽量做到以收抵支、及时偿债。

（二）以销售目标为导向

新创企业要在市场上立足，就需要尽快得到客户的认可，将提供的产品或服务销售出去。因此，创业初期，企业经常以销售为导向，将产品销售作为企业的首要目标，以扩大市场占有率为核心。为此，包括所有者在内的多数人都要出去销售产品或服务，通

过各种人际关系及宣传来争取客户，以取得第一桶金，为未来的发展打基础。

(三)以经营积累为主要资金来源

创业初期较高的不确定性带来的高风险，和企业缺乏相应可抵押资产的状况，使得创业企业从外界取得债权资金比较困难；另外，初创企业的估值与既有企业相比难度较大，缺乏可资参考的经营信息和投资报酬率的参考估计，外部的股权融资也难以取得。创业企业只能依靠企业自身创造现金流，靠产品或服务的销售产生现金流入；有获利的企业，也往往不会立马进行利润分配，而是将大部分资金留存下来作为经营的补充。

(四)以群体管理为基本特征

创业初期，创业团队虽然会有内部分工，但由于人少事多，往往会使得企业的工作开展难以严格按照分工执行，往往是一人身兼数职，哪里有需要就在哪里填空缺。大家在分工的基础上更强调合作，更多是依靠员工的热情和团队精神完成任务。为此，创业者应充分认识员工之间在知识、信息、资源和能力等方面的互补性，结合其各自最擅长的领域进行相应分工，同时应充分发挥每一位员工的优势，强化员工之间的合作。

(五)以"人治"为典型的管理模式

创业初期，创业者会深入企业的每个角落，参与企业运行的每个环节。例如，创业者常常亲自与供应商谈判，亲自到车间里追踪客户的紧急订单，亲自向消费者推销产品或服务，亲自装车、送货、亲自跑银行、办理税务事宜，亲自制订工作计划和激励方案，亲自策划新产品销售策略，甚至亲自面对经销商的欺骗和消费者的当面训斥。但也正因为如此，创业者会对企业的经营状态和经营过程有全方位的了解，在业务上也能越来越精通。此时，创业者的个人能力和人格魅力是激发员工主动性和创造性的利器，企业的运行和秩序维护主要靠创业者自身的特质，企业管理呈现出典型的"人治"模式。因此，创业者应不断强化其自身的业务能力、领导能力和管理能力，尽早构建创业团队的目标共识，建立顺畅的内部沟通机制和协调机制，为企业可持续发展打好制度基础。

二、新创企业成长的驱动因素

创业企业要在日后实现快速成长，就需要在初创期充分了解影响企业快速成长的因素，事先做好准备。一般来说，影响新创企业成长的因素既有内部因素，也有外部因素。

(一)影响新创企业成长的内部因素

影响新创企业成长的内部因素包括创业者的特质和能力、创业团队的愿景和股权设置、创业资源的配置与积累。

1. 创业者的特质和能力

创业者的高成长欲望、永不服输的工作激情和勇于挑战的特质等都会驱动企业快速成长。高成长的欲望会使创业者在企业有盈利时将大部分的利润留存，为企业发展提供持续的资金支持；永不服输的工作激情会使创业者在遇到困难时想方设法去解决，从而不至于半途而废，使企业不断前进；勇于挑战的特质则会使创业者在企业面临的外部环境发生变化时，积极主动地应对，从关注机会的角度采取行动，使企业走向正确轨道。

创业者识别和把握机会的能力、管理能力和配置资源的能力，会帮助其更好地辨别发展的方向，更好地管理发展过程中出现的新情况，更好地将资源从效率低的领域转到效率高的领域之中，产生更多的经济效益，让企业具有创新优势，赢得快速成长的机会。

幸运的是，创业者特质可以通过自我管理和训练获得。所以，有志于成为创业者的人可以尽早参加训练，进行自我管理，培养自己的企业家特质；同时通过学习和实践，掌握和提高创业能力。

2. 创业团队的愿景和股权设置

愿景是对企业前景和发展方向的一种高度概括，反映了企业的价值观和渴望。当一个团队拥有共同的愿景时，团队内部的所有人才能得到有效的培育与鼓舞，团队成员的个人潜能才会被彻底激发，企业才能够在日后得以快速成长。因此，创业者应调动团队的每位成员参与构思制定愿景，并通过制定愿景的过程，使愿景更有价值，从而激发组织的活力，使企业更有竞争力。

合理的股权设置对于一个企业的健康成长和快速发展具有非常重要的地位。合理的股权结构可以充分调动团队成员的积极性和创造性，使其将企业发展和个人发展同等看待，并在两者矛盾时能够以团队的利益为重，在利润分配时更加考虑企业长远发展的资金需求，为企业快速成长提供内部资源支持。因此，创业者应设置合理的股权结构和利益分配机制，为企业的快速成长打下制度基础。

此外，创业团队的专业水平和组织方式也会对企业成长有很大的影响。团队成员应努力提高在营销、管理、技术等方面的专业素质和能力水平，建立合适的运作机制和治理结构，提高新创企业成长的实践能力，激发团队成员的工作热情。

2014 年，芬尼克兹创始人宗毅首创的"裂变式创业"模式引发关注，他在公司内部搞创业大赛，有野心、有能力的员工都可参赛，让高管用钱投票，让获胜员工做新公司股东、做总经理带团队。通过裂变式创业，芬尼克兹在短时间内便孵化出了七家新公司，并且每家都盈利。宗毅这种通过合理的股权设计将员工和高管变成合伙人的裂变式创业方式，不但使企业快速成长，而且也广为商界人士称道。

3. 创业资源的配置与积累

科学的资源配置方式能够使资源不断从效益低的领域转到效益高的领域，提升企业的经济效益。企业创办起来以后，就应该适时地从资源获取向资源利用过渡，更好地将筹办期间筹集到的各种资源进行充分合理的利用，通过调整资源的配置方式，使其发挥更好的效益。为此，创业者要具备较强的创新能力，能够以创新的眼光，从不同角度分析资源，按照最有利于企业成长的方式配置资源。

适当的资源积累，则有利于企业从内部筹集发展所需的资源支持。尤其是人力资源和技术资源的积累，一方面会有利于提振团队成员的士气，使其看到未来发展的希望；另一方面则有利于提升企业的核心竞争力，开发出外界难以模仿的专业技术。所以，创业者应结合企业的股权设计，制定合理的利润分配机制，在满足团队成员现实利益诉求的同时，适当积累资源。

（二）影响新创企业成长的外部因素

影响新创企业成长的外部因素主要是产业和技术发展及细分市场的变化。

1. 产业和技术发展

产业发展周期会在一定程度上影响创业项目的增长速度。处于成长期的产业会有一个增长红利，使得处于其中的企业可以坐享行业成长的成果，再加上企业自身的增长速度，企业的快速发展自然不出所料；如果项目不幸地选在了一个处于成熟期或者导入期的产业，或者国家不支持甚至调整结构的产业，要获得高速成长就得要求创业者或团队具有非凡的能力。比如这几年的白酒行业和高档餐饮行业就面临很大的发展瓶颈，而文化艺术产业和智能制造领域则是国家未来经济发展的支撑产业。因此，创业之前，一定要研究国家的产业政策，尽量在国家重点支持的行业中选择创业项目，不但可以得到相应的税费减免，还会得到更多关键资源，比如资金支持、科研项目支持、基础设施的配套支持等。

技术的发展对于创业企业的成长也非常关键，当创业企业需要的配套技术能够得以快速完善和成熟时，企业的产品或服务的质量就会持续提高，也会较容易升级换代，进一步满足消费者需求。相反，如果外部的技术发展缓慢，则可能会使得企业原本优秀的产品的推广受到很大局限。

2. 细分市场的变化

当细分市场向着有利于企业的方向发展时，企业就可以借助外力取得成长。市场的发展速度越快，越有利于企业的高速成长。如 20 世纪 90 年代末，中国茶饮料市场井喷式发展，旭日升集团茶饮料的销量从 1995 年的 5000 万元快速上升到 1996 年的 5 亿元，进而上升到 1998 年的 30 亿元。当然，市场快速发展也会带来强大竞争对手的进入，随着康师傅、统一等国际品牌大举进入茶饮料市场，旭日升集团未能避免被并购的命运。因此，即便是市场快速发展的时候，创业者也要做好充分的应对竞争的准备，否则可能会和 21 世纪初的旭日升集团一样，面临被并购的命运。

产业、技术的发展以及细分市场的变化等外部影响因素，创业者是无法进行控制的，但却可以进行预测，并且按照未来估计的变化方向做出相应的应对策略，一方面享受外部环境带来的有利变化，另一方面尽力克服不利的外部环境带给企业的冲击。

三、新创企业管理的技巧和策略

了解新创企业管理的技巧和策略，有利于新创企业在激烈竞争的环境中生存，并且快速成长。一般来说，新创企业的管理技巧和策略有：注重整合外部资源追求外部成长；管理好保持企业持续成长的人力资本；及时实现从筹集资源到管好、用好资源的转变；形成比较固定的企业价值观和文化氛围；注重用成长的方式解决成长过程中出现的问题；从过分追求速度转到突出企业的价值增加等。

（一）注重整合外部资源追求外部成长

企业成长需要依靠资源的支持，资源的来源渠道可以分为内部和外部。对于新创企业来说，由于内部能够产生的资源有限，如果单纯依靠内部的资源积累来发展，往往会对企业的发展起到抑制的作用，影响企业的成长速度，在竞争对手发展较快的情况下，使企业处于不利地位。充分利用外部资源，则可以使企业将内外部资源进行很好地整合和匹配，能够为企业快速发展筹集到相应资源，保障企业的增长速度和竞争优势。

按照企业之间整合资源的方式不同，可以把资源整合分为三种形式：纵向整合、横向整合和平台式整合。

1. 纵向整合

纵向整合是处于一条价值链上的两个或者多个厂商联合在一起结成利益共同体，致力于整合产业价值链资源，创造更大的价值。如大学生创办的高科技企业，一开始可能会采用 OEM 的模式，通过代工方式完成相应产品的生产过程，创业团队只负责研发、销售和售后服务。但是，随着企业规模的扩大，创业者管理能力的提高，为了更好地满足消费者需求，了解消费者的体验，就可以纵向整合原来的代工企业，使研发和生产更好地对接，不断提高产品质量。比如，在当时重型卡车柴油发动机市场已做到国内第一的潍柴动力通过兼并收购，向上游整合了变速箱、车桥业务，向下游整合了重型卡车、装载机、大客车整车制造业务，成为一家业务遍布整个重型车辆产业链的公司，形成强大的竞争力。

2. 横向整合

横向整合是把目光集中在价值链中的某一个环节，探讨利用哪些资源，怎样组合这些资源，才能最有效地组成这个环节，提高该环节的效用和价值。横向整合是一种快速扩张、扩大市场占有率的较好方法。如北大硕士毕业生王令凯于 2015 年初在上海创办"米有沙拉"之后，不但第一个提出了"主食沙拉"这一概念，弥补了中国市场的空白，还成功地受到了市场的认可。截至 2015 年年底，米有沙拉在上海已经拥有 10 家店，全国拥有近 20 家，而在计划中将要开启的新店还有 10 余家。米有沙拉就是通过横向整合的方式迅速扩大了市场份额。2005 年 2—9 月，框架传媒通过横向并购的方式，兼并了国内电梯平面广告市场的 8 家主要竞争对手，将市场占有率迅速提高到 90%。

3. 平台式整合

平台式整合是将企业作为一个平台，在此基础上整合供应方、需求方甚至第三方的资源，同时增加双方的收益或者降低双方的交易成本，自身也因此获利。如女性化妆品正品折扣网店聚美优品，作为首家化妆品电商一直坚持以用户体验为核心，开创官方旗舰店入驻的形式，先后吸引了欧莱雅、高丝、资生堂、谜尚等国际知名美妆大牌的抢先入驻，通过平台式整合，迎来了新一轮的急速扩张。聚美优品于 2014 年 5 月 16 日晚在纽交所正式挂牌上市，成为中国首个赴美上市的化妆品电商。

因此，创业者应采用最有利于企业发展的方式，通过整合获取到的外部资源，帮助企业快速健康发展。

(二)管理好保持企业持续成长的人力资本

知识经济的背景下，人力资本在企业中的重要性日益突出，现代企业之间的竞争就是人才的竞争。初创期的企业如此，成长期的企业更是如此。不论是团队的完善，还是员工的招聘，乃至企业的人力资本积累在企业发展中都有着非常重要的意义。由此，创业者一方面应通过合理的股权设置和股权激励来维系创业团队，另一方面应设计合理的业绩考核机制调动员工的积极性，建立合理的上升通道，使员工可以在工作和职位上与企业一起成长，保持企业人力资本的稳定性；同时，企业经营者最好能够通过创新的方式，激励企业所有成员根据企业愿景和发展规划，确定自己的奋斗目标，和企业共进退。

(三)及时实现从筹集资源到管好、用好资源的转变

创业初期，企业资源非常紧缺，需要筹集大量资源。但企业经过一段时间的经营活动稳定下来之后，初期发展所需要的资源基本到位，这时候企业管理的重心就需要及时从筹集资源向使用资源转变。创业者应通过各种渠道创新性地开发和利用资源，在经营中树立筹集资源、管理资源和利用资源并重的管理理念和经营思想，建立企业的资源管理制度和资源利用监督机制，加强对企业各种资源的利用和管理。总之，企业应充分发挥各种资源的价值，将有限资源的效用发挥到极致。

(四)形成比较固定的企业价值观和文化氛围

企业价值观是企业文化的核心，是企业决策者对企业性质、目标、经营方式的取向所做出的选择，是为员工所接受的共同观念。企业价值观会对企业及员工的行为起到导向和规范作用，能产生凝聚力，激励员工释放潜能，是企业精神的灵魂，代表着企业存在的理由。创业者应以企业领导人的身份身体力行地树立统一的价值观，同时通过健全配套机制来塑造企业精神，有意识地培育积极向上的价值观。

企业文化氛围是笼罩在企业整体环境中，体现了企业所推崇的特定传统、习惯及行为方式的精神格调。企业文化氛围是无形的，以其潜在运动形态使企业全体成员受到感染，体验到企业的整体精神追求，从而产生思想升华和自觉意愿。创业者应在积极创造物质氛围和制度氛围的基础上，把创造良好的企业文化氛围作为重点，创造良好的学习环境，鼓励企业成员求知上进，使企业内部形成浓厚的学习气氛，建立学习型组织。

随着企业的快速成长，企业的组织结构和员工构成等会发生较大变化，日常管理会变得日益复杂，创业者需要及时采取措施培育有利于形成企业凝聚力的价值观，打造良好的文化氛围。

(五)注重用成长的方式解决成长过程中出现的问题

企业在成长过程中会出现很多初创时无法预料的问题，这正是创业最吸引人的地方，也是企业面临的最大风险。当新的问题出现时，创业者应积极应对，注重变革和创新，运用发展的眼光来处理问题，用成长的方式解决问题。由此，新创企业需要做到以下几点：

1. 善于把握变革的切入点主动变革

企业变革不能一下子全面推开，必须科学地把握切入点，由点带面，层层深入，这不仅可以在短期内取得较好的效果，也能够增强对变革的可控性。

2. 重视人力资源开发

人力资源管理是任何一个初创企业都要高度重视的发展策略(详见本章第二节内容)。

3. 注重系统建设

科学的管理系统有利于日常工作有条不紊地开展，使各个部门按照日常分工高效开展工作，是企业未来高速增长的保证。创业者应在企业基本工作安排好之后，尽早开始系统建设工作，使企业早日步入快速发展的轨道。

(六)从过分追求速度转到突出企业的价值增长

创业初期，企业的重点往往放在快速扩大市场份额、增加销售收入上。但是，随着企业的各项工作慢慢步入正轨，创业者应将关注的重点转移到客户价值上。通过不断创新，持续满足消费者的多元化需求，为客户创造更多价值，在客户价值提升的基础上，企业价值得以增加。

四、新创企业的管理模式

(一)公司治理结构的含义与功能特点

1. 公司治理结构

公司治理结构指公司的领导体制、组织结构和管理制度，其一般形式由股东大会、董事会、监事会和高层管理人员组成，通过分工协作，共同支撑公司，保证公司的有效运转。为防止机构分立后各部门管理人员滥用职权，公司必须建立必要的制度和规则，以建立四部分各自独立、相互制约、权责分明的正确运行关系。其中，股东大会是公司的权力机构；董事会是股东大会的执行机构；监事会是公司的监督机构，对董事会、经理的活动和公司的经营情况进行监督；经理负责公司的经营管理。股东大会(出资者所有权)、董事会(决策权)、监事会(监督权)和经理层(执行权)之间存在一种委托—代理、集权—分权、偷懒—激励、越轨—监督等一系列关系，里面包含着权力的运用和制衡机制。这种体制的优点如下：①经营决策更加科学化、民主化；②监督机制更加健全、强化；③公司经营人才聘用市场化。

2. 治理结构的控制机制

股东大会与董事会之间是信任托管关系。董事会由股东大会选举产生，对股东大会负责；董事会与经理人员之间是委托代理关系，经理人员由董事会聘任管理公司事务，对董事会负责；监事会受股东大会之托对董事会和经理实行监管。

3. 公司治理结构的职权范围

公司治理结构的职权范围如表13-1所示。

表 13-1　公司治理结构的职权范围

职权内容	股东大会	董事会	经理	监事会
经营方针	√	—	—	—
生产计划	—	√	—	—
生产经营管理	—	—	√	—
投资计划	√	—	—	—
投资方案	—	√（决定）	√（实施）	—
年度预、决算	√（审批）	√（订方案）	—	—
利润分配、亏损弥补	√（审批）	√（订方案）	—	—
注册资本增删	√（决议）	√（订方案）	—	—
公司合并、分立、变更、解散、清算	√（决议）	√（订方案）	—	—
公司章程修改	√	—	—	—
内部管理机构制度	—	√（决定）	√（拟订）	—
基本管理制度	—	√（制定）	√（拟订）	—
具体规章	—	—	√	—
人员任免及报酬	√（董事、监事）	√（经理）	√（其他负责人）	—
财务检查	—	—	—	√
执行规章监督	—	—	—	√
对董事、经理违法行为的监督与纠正	—	—	—	√（董事、经理）

(二)股东与股东大会

1. 股东是公司的出资人，对公司享有权利、承担义务

（1）股东均应记于股东名册上，股东名册记载下列事项：股东的姓名或名称及住所；股东的出资额；出资证明书编号。

（2）股东的权利：股东作为出资者按投入公司的资本额享有所有者的资产收益、重大决策和选择管理者的权利，依法转让出资和优先购买其他股东转让的出资的权利及共同制定公司章程的权利。股东行使权利不得违反法律、法规和公司章程的规定。

（3）股东同时负有四项义务：一是足额缴纳所认缴的出资，包括补缴出资差额；二是依其所缴的出资额承担公司债务；三是公司办理工商登记手续后，不得抽回出资；四是公司章程规定的其他义务。

2. 股东大会的性质、种类及职权

股东大会的形式分为创立大会、年会和临时会三种。创立大会只在公司成立时召开

一次。年会每年召开一次。临时会在下列五种情况下召开：①董事人数不足法定或章程规定的 2/3 时；②公司未弥补的亏损达到股本总额的 1/3 时；③持有公司股份 10% 以上的股东请求时；④董事会认为必要时；⑤监事会提议召开时。上述情况只要有一种出现，应在 2 个月内召开临时股东大会。股东大会会议由董事会召集，董事长主持，董事长因特殊原因不能履行职务时，由董事长指定副董事长或其他董事主持。

3. 股东大会的召开、决议及表决方式

股东大会的召开由董事会召集，在召开 30 日前，应将会议即将审议的事项通知各董事。股东大会的决议分为特别决议和一般决议。实行一股一权制。表决方式包括直接投票、累计投票、分类投票和不按比例投票。

4. 出席股东大会的股东应当在会议记录上签名

会议记录应当与出席会议的股东的签名册及代理出席的委托书一并保存。

(三)董事会和监事会

1. 董事会的性质、构成和职权

董事会是公司股东会的执行机构。有限责任公司的董事会由 3~13 人组成，股份有限公司的董事会由 5~19 人组成。董事会设董事长 1 人，副董事长 1~2 人。董事长为公司的法定代表人。股东人数较少的有限责任公司可设 1 名执行董事，不设董事会。董事会享有下列职权。

(1)负责召开股东会，并向股东会报告工作。

(2)执行股东会的决议。

(3)决定公司的经营计划和投资方案。

(4)制定公司的年度财务预算方案、决算方案。

(5)制定公司的利润方案。

(6)制定公司增加或者减少注册资本的方案。

(7)有限责任公司的董事会可拟订公司合并、分立、变更公司形式、解散的方案。

(8)决定公司内部管理机构的设置。

(9)聘任或者解聘公司经理；根据经理提名，聘任或者解聘公司的副经理、财务负责人，决定其报酬等事项。

(10)制定公司的基本管理制度。

(11)股份有限公司董事会可制定发行公司债券方案。

2. 董事会的召集和决议方法

(1)会议的召集日期。

召集日期因董事会的种类不同而不同。定期会议由公司章程规定。通常，每半年至少召开一次。临时会议由 1/3 董事提议则可召开，或由公司章程规定。

(2)会议由董事长召集和主持。

董事长因故不能履行职责时，由董事长指定副董事长或其他董事召集和主持。若有 1/3 以上的董事提议也可以召开董事会会议。董事会的议事方式和表决程序，除遵照

《公司法》规定外,还应符合公司章程规定。

(3)会议的决议分为普通决议和特别决议

按照惯例,普通决议须 1/2 以上董事同意通过;特别决议须 2/3 以上董事同意。

3. 董事的资格和义务

(1)董事的资格。

下列 6 种人不能担任董事职务:①无民事行为能力或者限制民事行为能力者;②犯有贪污、贿赂、侵占财产、挪用财产罪或者破坏社会经济秩序罪,被判处刑罚,执行期满未逾 5 年,或者因犯罪被剥夺政治权利,执行期满未逾 5 年者;③担任因经营管理不善而破产清算的公司、企业的董事或者经理、厂长,并对该公司、企业的破产负有个人责任的,自该公司、企业破产清算完结之日起,未逾 3 年者;④担任因违法被吊销营业执照的公司、企业的法定代表人,并负有个人责任的,自该公司、企业被吊销营业执照之日起,未逾 3 年者;⑤未清偿到期个人所负数额较大的债务者;⑥国家公务员。

(2)董事的义务。

包括:①遵守公司章程,忠实履行职务,维护公司利益,不得利用在公司的地位和职权为自己牟取私利;②不得利用职权收受贿赂或者其他非法收入,不得侵占公司财产;③不得挪用公司资金或者将公司资金借贷给他人,不得将公司资产以其个人名义或者其他个人名义开立账户存储,不得以公司资产为本公司的股东或其他个人的债务提供担保;④不得自营或者为他人经营与其所任公司同类的业务或者从事损害本公司的活动;⑤除公司章程规定或者股东会同意外,不得同本公司订立合同或者进行交易;⑥不得泄露公司秘密,但法律有规定或者经股东会同意的除外;⑦不得违反法律、行政法规和公司章程的规定。

不履行上述职责的,将分不同情况,承担相应的民事责任、行政责任和刑事责任。董事任期每届不得超过 3 年,任期届满,可连选连任。

4. 董事长及其职责

董事长是公司的法定代表人,其职权为:①主持股东大会和召集、主持董事会会议;②检查董事会决议的实施情况;③签署公司股票、公司债券;④受董事会的委托,在董事会闭会期间,行使董事会的部分职权。

5. 监事会的性质、地位和职责

(1)监事不能由本公司的董事、经理、财务负责人和国家公务员担任。

(2)监事的权利:①出席监事会,行使表决权;②检查公司财务。监事任期每届 3 年,可连选连任。

(3)监事会是公司内部监督机构:规模较大的公司,设立监事会;规模较小的公司,可只设 1~2 名监事。监事会成员不得少于 3 人,由股东代表和适当比例的公司职工代表组成。

(4)监事会有 5 项职权:①检查公司财务;②对董事、经理执行公司职务时违反法律、法规或者公司章程的行为进行监督;③当董事和经理的行为损害公司的利益时,要求董事和经理予以纠正；④提议召开临时股东会；⑤公司章程规定的其他职权。

（5）监事列席董事会会议。

（四）公司经理

1. 经理的职责

（1）遵守公司章程，忠实履行职务，维护公司利益，不得利用在公司的地位和职权为自己牟取私利。

（2）不得利用职权收受贿赂或者其他非法收入，不得侵占公司的财产。

（3）不得挪用公司资金或者将公司资金借贷给他人，不得将公司资产以其个人名义或者其他个人名义开立账户存储，不得以公司资产为本公司的股东或其他个人的债务提供担保。

（4）不得自营或者为他人经营与其所任公司同类的业务或者从事损害本公司的活动。

（5）除公司章程规定或者股东会同意外，不得同本公司订立合同或者进行交易。

（6）不得泄露公司秘密，但法律有规定或者经股东会同意的除外。

（7）不得违反法律、行政法规和公司章程的规定。

2. 经理的资格

下列6种人不能担任经理职务：①无民事行为能力或者限制民事行为能力者；②犯有贪污、贿赂、侵占财产、挪用财产罪或者破坏社会经济秩序罪，被判处刑罚，执行期满未逾5年者；或者因犯罪被剥夺政治权利，执行期满未逾5年者；③担任因经营管理不善而破产清算的公司、企业的董事或者经理、厂长，并对该公司、企业的破产负有个人责任的，自该公司、企业破产清算完结之日起，未逾3年者；④担任因违法被吊销营业执照的公司、企业的法定代表人，并负有个人责任的，自该公司、企业被吊销营业执照之日起，未逾3年者；⑤未清偿到期个人所负数额较大的债务者；⑥国家公务员。

第二节　新创企业的人力资源管理

人力资源管理就是人力资源的获取、整合、激励、控制调整及开发的过程。主要包括求才、用才、激才、留才等内容和工作任务。在创业过程中，人力资源是最活跃、最重要的创业资源。为了保障新创企业按照既定的战略目标有序运行，必须有效管理企业的人力资源。新创企业人力资源管理的主要内容有制订人力资源计划、设计组织结构、明确岗位职责、招聘合适员工、管理员工、寻找企业顾问等。

一、制订人力资源计划

（一）什么是人力资源计划

人力资源计划是指为了达到企业的战略目标与战术目标，满足未来一段时间内企业的人力资源质量和数量方面的需要，根据企业目前的人力资源状况，对人力资源运用的预测和规划安排。根据企业的发展战略和经营计划，评估企业的人力资源现状及发展趋势，收集和分析人力资源供给与需求方面的资料和信息，预测本企业人力资源供给和需求的发展趋势，制定人才招聘、调配、培训、开发及发展计划等政策和措施。一个完整的人力资源计划包括人力资源开发与管理的所有内容。

(二)人力资源计划的主要内容

企业人力资源计划有两个层次。

(1)总体人力资源计划，即组织人力资源计划的干系统。内容包括：计划期内人力资源开发和利用的总的战略目标、总的政策措施、总的筹划安排和总的实施步骤以及总的预算。

(2)人力资源计划子系统，是总体人力资源计划的有机组成部分，即组织内具体的人力资源管理计划。主要内容如表13-2所示。

表13-2　人力资源计划子系统

序号	子系统	目标	相关政策与措施
①	人力资源补充更新计划	优化人力资源结构，满足组织对人力资源数量和质量的要求	退休政策、冗员解聘、工作分析与新员工的招聘
②	人力资源使用和调整计划	提高人力使用效率，适人适位	岗位轮换制度、岗位责任制度与资格制度、企业内部员工流动制度
③	人力资源发展计划	选拔后备人才，形成人才群体，规划员工职业生涯	管理者与技术工作者的岗位选拔制度、提升职位的确定、未提升资深人员的安排与员工职业生涯计划
④	评估计划	提升员工参与感，增进绩效，增强组织凝聚力，改善企业文化	绩效评估计划奖罚制度、沟通机制
⑤	员工薪酬计划	内外部员工薪酬调查，形成有效的薪酬管理，为员工谋求最大利益	薪酬制度、奖励制度、福利制度
⑥	员工培训计划	拟定培训项目，确定培训系统，评估培训效果	有关普通员工、管理人员、专业技术人员的培训制度
⑦	员工关系计划	协调员工关系，增进员工沟通，完善组织文化，增进员工满意度	员工参与管理制度、合理化建议制度、员工沟通制度
⑧	员工退休解聘计划	做好职工退休工作、解聘工作，职工离岗正常化、规范化	退休政策规定、解聘制度和程序、退休与解聘人选确定与工作实施
⑨	人力费用与控制计划	控制人力资源成本，提高组织效益	包括招聘费用预算、培训费用、员工工资预算和员工福利预算等

二、设计组织结构

组织设计是企业人力资源管理的前提和基础。企业作为社会性的经济组织，组织设计首先是各类人力资源的结构设计。

组织设计的任务是设计清晰的组织结构，规划和设计组织中各部门的职能和职权，确定组织中职能职权、参谋职权、直线职权的活动范围并编制职务说明书。

（一）组织结构

所谓组织结构是指组织的框架体系，是对完成组织目标的人员、工作、技术和信息所作的制度性安排。就像人类由骨骼确定体型一样，组织也是由结构来决定其形状。组织结构可以用复杂性、规范性和集权性三种特性来描述。

（二）内容

尽管组织结构日益复杂、类型演化越来越多，但任何一个组织结构都存在三个相互联系的问题：职权如何划分；部门如何确立；管理层次如何划分。组织内外环境的变化影响着这三个相互关联的问题，使得组织结构的形式始终围绕这三个问题发展变化。因此，要进行组织结构的设计，首先要正确处理这三个问题。

（三）成果

组织结构设计的成果表现为组织结构图、职位说明书和组织手册。

三、明确岗位职责

岗位分析是对企业各类岗位的性质、任务、职责、劳动条件和环境及员工承担本岗位任务应具备的资格条件所进行的系统分析与研究，并由此制定岗位规范、工作说明书等人力资源管理文件的过程。其中，岗位规范、岗位说明书都是企业进行规范化管理的基础性文件。在企业中，每一个劳动岗位都有它的名称、工作地点、劳动对象和劳动资料。

人力资源的常规工作就是把岗位的工作职责制成岗位说明书。岗位说明书的一般作用是：①使员工明确了解企业需要他们做什么工作；②企业可用它来评价员工的工作绩效。

岗位说明书的基本内容有：岗位的名称、该岗位的工作说明（即这个岗位所从事的具体工作、该岗位的上下级关系）以及该岗位员工所应具备的素质和技能等。

案·例

某创业企业的岗位职责[①]

张华、王剑和孙梅一同创业,他们经过研究讨论,确定了如下岗位分工(表13-3):

表13-3 某创业企业岗位职责及人员分工

岗位	工作说明	所需素质和技能	任务负责人	
			第一阶段	第二阶段
经理	做计划、定目标、监督实施、协调内部关系、与工商税务打交道	有主见、认真、果断、善于沟通与应酬、容易交往	张华	张华
财务	出纳、收款、记账、管理现金	认真踏实、有条理、诚实	王剑	招聘人员
销售管理	市场调研、与客户建立和保持良好的关系、接订单、销售预测、制定价格、提出促销方案	认真、思路敏捷、有激情、善于与人交往、有谈判能力、守信用	张华	招聘人员
生产管理	制订生产计划、组织设计、控制质量,管理工具设备和技术资料	了解产品,懂技术,能动手操作,善于协调关系、处理矛盾	王剑	王剑
设计开发	准确把握客户需求、收集客户素材、设计产品	有美术设计的素养、懂得设计工具的使用、具有创造性	孙梅	孙梅
网络管理	及时更新公司网站和网店、与网络合作商打交道、接待网络客户	熟悉网络业务、熟悉相关软件的使用、善于沟通、有谈判能力	孙梅	孙梅
生产工人	剪裁原料、操作机器、印制图案、包装	有责任心、懂机器操作、勤快、能吃苦	王剑	招聘人员
送货员	为客户配送产品	负责任、能吃苦、勤劳	张华	招聘人员

四、招聘合适员工

(一)什么是员工招聘

员工招聘在人力资源管理工作中具有重要的意义。招聘工作直接关系到企业人力资源的形成,有效的招聘工作不仅可以提高员工素质、改善人员结构,也可以为组织注入新的管理思想,为组织增添新的活力,甚至可能给企业带来技术、管理上的重大革新。

[①] 资料来源:湖南省大中专学校学生信息咨询与就业指导中心. 大学生职业发展与就业指导[M]. 北京:新世界出版社,2008.

招聘是企业整个人力资源管理活动的基础，有效的招聘工作能为以后的培训、考评、工资福利、劳动关系等管理活动打好基础。因此，员工招聘是人力资源管理的基础性工作。

(二)员工招聘目标

1. 获得企业需要的人员

新补充进来的员工的素质高低对企业今后的生产经营活动会有很大的影响。如果不能招聘到适合的员工，企业在时间和资金等方面的投入都会有很大的浪费，并且可能会影响到企业员工的士气。因而以获得企业需要的人员为招聘目标，有利于保障企业人员的素质，提高人员的工作效率，同时为增加企业员工满意度和凝聚力创造条件。

2. 减少不必要的人员流失

企业不仅要招聘到人更要留住人。能否留住有用的员工，招聘工作的好坏是一个重要的因素。应该肯定的是，那些认可公司的价值观，在企业中能找到适合自己兴趣、发挥自己能力的岗位的人，在短期内离开公司的可能性就比较小一些。而这就有赖于招聘过程中双方信息的有效传递和企业对应聘者的准确评价。

3. 树立企业形象

招聘过程是企业代表与应聘者直接接触的过程。负责招聘的人员的工作能力、招聘过程中对企业的介绍、面试的程序以及招聘或拒绝什么样的人等都会成为应聘者评价企业的依据。招聘过程既可以帮企业树立良好的形象、吸引更多的应聘者，也可能损害企业形象，使应聘者失望。

(三)员工招聘技巧

企业招聘员工，主要需要考虑以下几点。

(1)哪些岗位需要招聘员工。

(2)这些需要被招聘的员工应具备什么样的技能和其他要求。

(3)需要招聘的具体人数。

(4)要向这些招聘的员工支付多少工资。

企业需要参照岗位职责的要求来聘用人员，不但需要考虑到员工的专业技能，还要把握员工的素质与品行。企业招聘员工一般要进行面试，甚至书面的测试，而不仅凭个人简历就做出招聘决定。通过一些技巧性的问题，可以掌握应聘人员的基本情况，例如：请介绍你原来的工作经历，谈谈你有什么样的知识技能？你为什么想来本企业工作，你希望得到什么职位？为什么要离开原来的单位？如何评价你原来的工作？请提供原单位同事、你的主管和你属下的联系方式(可以听听他们的评价)。你以前的工作经历中最满意的成就是什么？最不满意的地方是什么？你认为你有哪些优点和弱点？如果有人对你态度不友好，你会做出怎样的反应？你怎样支配业余时间？有什么兴趣爱好？

除了一般的提问之外，招聘者还可以利用专业的职业测评技术，评价应聘人员的各种素质和应聘岗位的匹配程度，这能更加科学地帮助我们判断应聘者是否适合岗位的需要，是否有意愿来本企业工作。

（四）员工招聘流程

1. 人力资源管理部门招聘人员的基本流程

确定人员需求—制订招聘计划阶段—人员甄选阶段—招聘评估阶段。

2. 基本的工作流程

针对上述的基本流程，我们可以确定最基本的工作流程。

（1）用人部门提出申请，部门经理向人力资源部门提出所需人数、岗位、要求并解释理由。

（2）人力资源部门复核，由最高管理层审核招聘计划。

（3）人力资源部门根据用人部门递交的需求人员申请单，确定招聘的职位和所需的名额。

（4）对应聘人员制定基本要求及资格和条件限制，比如该职位所需的学历、要求的年龄、所需能力和经验等。

（5）核定所有招聘职位的基本工资和预算工资。

（6）制定及发布资料，准备通知单或公司宣传资料，申请办理日期。

（7）联系人才市场或张贴招聘通知；安排面试时间及场地和面试方式。

（8）最终确定人员，办理试用期入职手续，合格录用转正及手续。

（9）签订合同并存档。

一次成功的招聘，大致包括的步骤如图 13-1 所示。

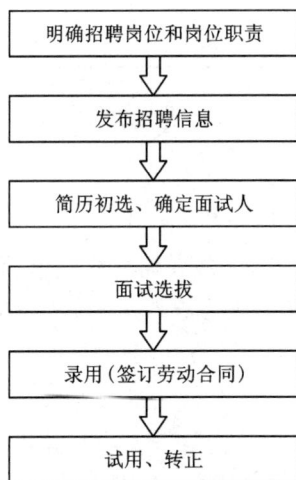

```
┌─────────────────────────┐
│   明确招聘岗位和岗位职责   │
└─────────────────────────┘
              ↓
┌─────────────────────────┐
│       发布招聘信息        │
└─────────────────────────┘
              ↓
┌─────────────────────────┐
│   简历初选、确定面试人    │
└─────────────────────────┘
              ↓
┌─────────────────────────┐
│        面试选拔          │
└─────────────────────────┘
              ↓
┌─────────────────────────┐
│    录用（签订劳动合同）   │
└─────────────────────────┘
              ↓
┌─────────────────────────┐
│        试用、转正        │
└─────────────────────────┘
```

图 13-1　招聘流程

五、管理员工

良好的员工管理，可以提升企业的效益，使事业更容易成功。管理好员工，可从以下几个方面着手。

（1）向企业的每一名员工说明企业的详细情况，明确他们的工作任务。

（2）给企业的员工提供与其工作相应的工资和奖金。

（3）尽可能让员工的工作稳定，并给他们提供良好的工作条件。

（4）让员工融入企业的团队之中，让他们对企业和团队有归属感。

（5）对企业的员工进行必要的绩效考评，并根据考评结果实施奖惩。

（6）尽可能为员工提供培训和学习的机会，为他们在企业中的升职和发展提供机会。

同时，企业还要正确面对有问题的员工，积极应对各类问题，切忌简单草率。每一个创业者都需要明白，在一定时期内，员工出现问题并影响到工作是管理中是常见的现象，发现问题、共同解决问题，帮助他们成为合格的员工，将降低企业用人成本。

企业平时应采取一些预防措施，注意调动员工的工作积极性，如培训、定期体检、举办员工活动等都有积极的意义。管理员工不但需要制度保障，特别是在创业型企业，创业带头人的个人魅力对员工的影响更加直接和有效。

需要注意的是，适合别人的方法，对你和你的企业不一定适合。在企业经营的实践过程中需要不断探索和积累经验，经过长时间的沉淀，企业会慢慢形成稳定、独特的企业文化。

六、寻找企业顾问

大学生在创业时，有很多外部资源可以挖掘和利用。你可以考虑从一些企业、公益组织、中介和教育机构，乃至政府部门那里获取物质帮助、信息、咨询意见和培训机会。为谨慎起见，在聘请顾问之前，企业一定要注意了解顾问的资历背景，以免上当受骗。

案·例

从"海底捞"看人力资源管理①

餐饮业作为劳动密集型、低技术含量的产业，内部的竞争异常激烈，而火锅业更是餐饮业中的竞争热点，能够在这一领域占有一席之地的难度不言而喻。成立于1994年的海底捞餐饮股份有限公司不仅依靠火锅站稳脚跟，而且还在不断做大做强，其管理理念更是受到了各方关注，甚至成为哈佛商学院经典案例。2006年，百胜公司将其中国区域经理的年会聚餐地点选在了海底捞北京牡丹园店，目的就是"参观和学习，提升管理水平"；北大光华管理学院黄铁鹰教授对海底捞进行了两年多的研究，总结海底捞的管理经验……

为什么海底捞能够取得如此的成绩，能吸引各个领域、各个行业的管理人士去学习？这与其成功的人力资源管理密不可分。海底捞的管理能够从员工的角度出发，倡导双手改变命运的价值观，为员工创建公平公正的工作环境，实施人性化和亲情化的管理模式，提升员工的价值感，使员工有强烈的主人公意识，将企业作为自己的家一样对待。

① 资料来源：朱海. 从"海底捞"看人力资源管理[J]. 人力资源管理，2011(11)：107.

海底捞的成功引发了人们对管理新的思考。通过分析海底捞的成功经验，结合自身工作所得，笔者总结了4点管理方法：制度管理、信任管理、亲情管理、希望管理，其中制度管理是根本，信任管理是动力，亲情管理是保障，希望管理是活力。

制度管理是根本。任何一个企业必须要有完善的管理措施，只有制定好了管理制度，员工才能够有章可循，知道什么可以做，什么不能做，能够约束自己的行为，告诫自己不干对企业不利的事；管理制度也是保证公平的前提，根据制度对员工进行奖励和惩罚，避免了管理者的随意性，减少了任人唯亲的情况，保证了公平。制度既是束缚，也是保证，束缚了员工的行为，保证了员工的权益，是企业能够正常运转的保障。

对于一个企业来说仅仅有制度只是满足了基本条件，难以保证企业的发展和壮大，企业如果想成功就必须要有其他的管理措施。这些管理措施一定要突出人的主体地位，充分调动员工的积极性，提升员工对企业的归属感。

信任管理保证了企业发展的动力。信任管理是指管理者要相信员工，敢于放权。一个好汉三个帮，一个篱笆三个桩，作为企业的管理者要想企业能够蓬勃发展，仅仅靠自己是远远不够的，必须依靠企业各方面人员的支持。管理者不能迷信自己的能力，更不能不相信自己的员工，认为别人都不可靠，自己一个人就可以保证企业的发展。仅仅靠管理者自己，这样既劳累，效果也不好。作为一个管理者，要相信自己的员工，敢于放权，给员工展示自我的平台；员工为了报答领导的知遇之恩，不仅会加倍努力，完成好自己的工作，而且会开动自己的脑筋，想出更多好的思路，不断为企业注入新的活力，保证企业的发展。

亲情管理是保障，指管理者不能将员工看作赚钱的机器，而要将员工当作一家人来看待，至少要当作一个"人"来看待。中国是一个注重亲情的社会，人与人之间的感受是相互的，你对我好，我就会为你考虑；中国人多数是懂得感恩的，会投桃报李。严格的制度可以保证企业正常的运转，但它是冰冷的，我们需要温暖的亲情管理来保障企业更好更快地发展。一个企业将员工看作是自己的亲人，并让员工感受到这份温暖，那么员工也会设身处地为企业着想，会自觉维护企业的利益，与有损企业的行为进行斗争，亲情是企业健康发展的保障。

希望管理就是让员工能够看到希望，是关于激励的管理。一个人只有看得到希望，才会为之不懈努力，如果没有了希望，就会不思进取，消极懈怠。如果一个企业的员工都没有了希望，那么这个企业也就不会再有进步的可能。一定要使企业的员工能够看到自己的希望，相信通过不断努力，为企业创造利益就会受到奖励，提升职位，实现自己的目标，这样每个有追求的员工就会不断努力，为企业多做贡献。正如海底捞，几乎所有的高管都是从底层干出来的，没有空降的，这极大地提高了所有员工的积极性，使他们为了自己的理想而不懈奋斗。

第三节 新创企业的营销管理

视野拓展

一、新创企业营销特点

(一)创业初期以企业生存为主要目的

创业初期是以生存为首要目标的行动阶段。为了生存,企业要在很短的时间内让顾客了解企业的产品和服务。企业要充分利用现有销售的一切手段,在线上或线下开展一些有针对性的销售活动,哪怕是亏钱也要让企业的产品或服务被消费者所使用,促使消费者在使用过程中了解企业的产品或服务。但只有质量好的产品或服务,才能真正打动消费者,在企业与顾客之间建立起良好的信任关系。

(二)创业初期以创造客户为主要目标

初创企业的优质产品或服务只有被消费者接受,有了良好的信任关系才能创造真正的客户。企业没有客户,也就不会有企业的存在,企业是依赖顾客而存在的。创业初期的企业要以创造客户为主要目标,有了客户,才有可能为企业带来销售额,从而产生利润。

(三)企业逐渐成熟并不断规范销售行为

创业初期的企业为了销售企业产品或服务,容易采用一些过激的行为,如免费使用、打折促销、低于成本价销售等低价方式来获得客户,但此阶段随着销售额的提升企业的利润并没有提升,有时反而会下降,因此不能长期坚持。企业逐渐成熟,客户积累到一定量时,就要规范企业的销售行为,对不能为企业带来利润的一些销售方式要及时调整,否则,卖得越多亏得越多。

(四)企业从销售到营销的转变

规范企业的销售行为的同时,也要对各种资源和客户进行管理。这时企业行为应从销售向营销开始转变。销售是以销售现有产品为中心,更注重如何利用广告、公关、实物展示等手段吸引客户,进而增加销售量。营销是以满足目标顾客的需求为中心,所以更加注重整体形象的推广以及对市场的研究。营销主要是价格、产品、促进销售、营销渠道、公共形象、公共关系和公共权力等营销组合策略的整体运用,通过满足客户的需求来获取利润。

二、新创企业的市场细分与定位

(一)市场细分

1. 何谓市场细分

市场细分是指企业根据顾客在需求特点、购买心理、购买行为等方面的明显差距把整个市场划分为若干个相似需要和欲望的消费者群的市场分类过程。

市场细分和目标营销是第二次世界大战后市场营销思想和战略的新发展,是 20 世纪 50 年代由美国市场营销学家首先提出的一个新概念，此后受到广泛重视和普遍应用，现在已成为企业市场营销战略的一个核心内容，是决定企业营销成败的一个关键性问题。

在商品日趋同质化、市场竞争越来越激烈的情况下，有效地进行市场细分是必然的。创业企业资源的有限性决定了企业或产品只能锁定特定市场。细分市场对经营者的经营、管理水平的要求不如大市场高，比较适合创业者。创业者要解决的问题，只是如何先于竞争者发现合适的细分市场。

2. 市场细分的步骤

市场细分可以根据地理环境、人口特点、顾客心理和行为等标准来进行，具体的市场细分步骤有：

(1)依据需求选定产品市场范围。

(2)列举潜在顾客的需求。

(3)分析潜在顾客的不同需求。

(4)细分市场。

(5)进一步认识细分市场特点。

(6)测量各细分市场的大小。

(二)形成企业的市场定位

1. 市场定位的含义

市场定位是在 20 世纪 70 年代由美国营销学家艾·里斯和杰克·特劳特提出的，其含义是指企业根据竞争者现有产品在市场上所处的位置，针对顾客对该类产品某些特征或属性的重视程度，为本企业产品塑造与众不同的、给人印象鲜明的形象，并将这种形象生动地传递给顾客，从而使该产品在市场上占据适当的位置。

2. 市场定位的基本内容

(1)整体市场分析。

(2)竞争对手分析。

(3)市场细分。

(4)目标市场选择。

(5)目标市场区域规划。

(6)经典目标市场和经典目标消费者市场特征描述。

(7)进入目标市场的时间和基本营销策略。

3. 新创企业市场定位的三个步骤

(1)调查研究影响定位的因素。适当的市场定位必须建立在市场营销调研的基础上，必须先了解有关影响市场定位的各种因素。这主要包括：

①竞争者的定位状况。

②目标顾客对产品的评价标准。

③目标市场潜在的竞争优势。

（2）选择竞争优势和定位战略。企业通过与竞争者在产品、促销、成本、服务等方面的对比分析，了解自己的长处和短处，从而找准自己的竞争优势，进行恰当的市场定位。市场定位的方法很多，且还在不断地开发当中，一般包括七个方面。

①特色定位。即从企业和产品的特色上加以定位。

②功效定位。即从产品的功效上加以定位。

③质量定位。即从产品的质量上加以定位。

④利益定位。即从顾客获得的主要利益上加以定位。

⑤使用者定位。即根据使用者的不同加以定位。

⑥竞争定位。即根据各个企业所处的竞争位置和竞争态势加以定位。

⑦价格定位。即从产品的价格上加以定位。

（3）精确地传播企业的定位观念。企业在做出市场定位决策后，还必须大力开展广告宣传，把企业的定位观念准确地传播给潜在购买者。

4. 可供新创企业选择的市场定位战略

（1）"针锋相对式"定位。把产品定在与竞争者相似的位置上，同竞争者争夺同一细分市场。实行这种定位战略的企业，必须具备以下条件。

①能比竞争者生产出更好的产品。

②该市场容量足够吸纳这两个竞争者的产品。

③比竞争者有更多的资源和实力。

（2）"填空补缺式"定位。寻找新的尚未被占领但为许多消费者所重视的位置，即填补市场上的空位。这种定位战略上有两种情况：一是这部分潜在的市场及营销机会没有被发现，在这种情况下，企业容易取得成功；二是许多企业发现了这部分潜在市场，但无力去占领，这就需要有足够的实力才能取得成功。

（3）"另辟蹊径式"定位。当企业意识到自己无力与同行业强大的竞争者相抗衡从而获得绝对优势地位时，可根据自身条件取得相对优势，即突出宣传自己与众不同的特色，在某些有价值的产品属性上取得领先地位。

三、新创企业的营销策略

新创企业资源缺乏，之所以能启动往往是因为已有固定的客户，产品可能并没有优势，在开发新客户时会遇到困难。如果这些启动客户迅速成长，企业可依靠这些客户完成原始积累。但大多数企业是因为具有某项新技术或某种有特色的产品而起步，这类企业生存的基础是产品对客户的吸引力。采取何种策略将技术或创意变为客户愿意购买的产品，如何将产品实现大规模生产和销售，是新创企业面临的首要问题。

1. 注重创新，精准定位

市场定位是新创企业营销管理的核心。如何扬己之长、避己之短是企业创业期制胜的关键。企业创立之初就要认真研究市场机会，拓展产品和市场的边界，从广阔的行业市场中寻找最适合的消费者群体，引领市场需求，从满足需求的角度去认识产品，创新产品价值，建立自身特色和优势，如采用利基市场战术（Niche Market）。产品大众化以及生产技术容易被仿造的产品不是小企业的优势，小企业应选择开发满足客户独特需求、效果立竿见影的产品或服务。同时，新创企业必须清醒地认识到，有些产品可能有高额回报，真正赚钱，有些产品虽不赚钱，但可以赚名声；对于这两种产品都不能有所偏废。

2. 精选客户，稳扎稳打

新创企业不要试图一开始就建立全国性的营销网络，一般要优先选择若干价值高、有实力、成长性好、行业影响大、地理位置优，或者原已建立关系的客户。要根据客户特征对每一个客户制定专门的销售策略，要发挥集体的力量来制定策略，特别要借鉴有销售经验的业务员的经验。要树立以整个公司的力量和经验为客户服务，而不是某一个销售员自己为客户服务的销售观念。

3. 复制扩张，超前行动

新创企业的市场扩张既受经验和资源约束，又面临不得不超前行动、快速抢占市场的压力，因此要以理性冒险的原则稳步推进。可以通过先建立样板市场获取经验，再成功复制到其他区域市场的方式来开拓。在建立样板市场获得成功经验后，企业可以首先考虑复制到其他具备相似特征的区域市场，然后才逐步考虑进入异质市场。

4. 有效宣传，资源撬动

新创企业绝大部分都会面临产品不为消费者认知、企业不被社会了解的情况。如何利用现有资源使有限的广告费用每一分都花在刀刃上是企业经营者面临的共同问题。这就需要营销者在有效使用广告费用的同时，能灵活运用各种广告宣传工具进行企业宣传，如开展事件营销，选择有实效的赞助方式，撰写软文，选择合适的媒体投放，充分发挥关系网络、互联网等各种资源的作用。

5. 简化渠道，控制风险

新创企业应选择合适的渠道策略，建立科学的渠道政策。新创企业渠道的功能诉求有别于相对成熟的企业，应更关注信息传递、信息收集、形象树立、客户服务的作用；渠道结构应尽可能扁平化，以减少产品流通环节，让利给消费者，提高产品价格竞争力；对于经销商的选择和管理应做到公平、公正，追求双赢，建立有效的考核体系和风险控制体系。

6. 内外营销，精炼队伍

无论是营销任务的推进还是渠道的构建，创业团队的现有能力是影响和制约其实施效果的重要因素。因此，必须开展有效的内部营销，凝聚队伍，寻求志同道合、能力互补的团队成员；外部营销上要注意培养企业良好的形象，获得广泛的社会认同。在搭建营销队伍的时候，不仅需要吸引有行业经验的专业人士，同时也需要拥有良好社会关系的市场开拓人才。人才引进要重"质"不重"量"。

金龙鱼的营销创新

"金龙鱼"是丰益贸易(中国)私人有限公司所拥有的食用油品牌。1974年，郭氏兄弟集团在中国投资了嘉里粮油(中国)有限公司，从此开辟了中国市场。益海嘉里是丰益国际在华投资的全资子公司，是世界最大的小包装油生产商之一。在中国境内35个城市设有企业110多家，在最大的货运枢纽附近建立了58个生产基地，现在益海嘉里规模宏大的生产、销售和物流网络总共覆盖了2839个县市，拥有近350个销售处，1585个经销商5000多家分销商，超过100万个终端保证供应。

2019年12月，金龙鱼入选2019中国品牌强国盛典榜样100品牌。

金龙鱼的广告词"1∶1∶1"，曾经被一些浅薄的广告人认为是本年度最失败的广告词之一。但如同"今年过节不收礼，收礼只收脑白金"一样，这是成功的营销案例。

金龙鱼第二代调和油主要是为了应对鲁花花生油的进攻。它把鲁花主打的健康概念向前推进了一大步。金龙鱼认为人体饮食中饱和脂肪酸、单不饱和脂肪酸和多不饱和脂肪酸达到1∶1∶1的比例时，最有益于健康。尽管有广告人认为这个概念普通消费者很难看懂，其科学性值得怀疑，但通过推广"1∶1∶1"，金龙鱼大大减轻了来自鲁花的压力。

金龙鱼的成功反映了在消费推广中，健康牌越来越重要。同时也表明，在同质化的激烈竞争中，中国市场仍然存在大量机会，只是需要企业提供更好的概念和升级产品推广技巧。

金龙鱼面对市场挑战具有快速的反应能力，同时，在食品油市场中是第一个和消费者讲道理，深度传播自己产品有益于"健康"的创新企业——从此以后，再不是只有保健品才和消费者讲道理了。

金龙鱼的营销创新给了我们启迪：金龙鱼推广自己健康概念的方法在普通食品中非常新鲜，但在保健品中却是老生常谈。保健品行业几乎试遍了各种说服消费者的方法，以致现在几乎不能说服消费者了。但保健品行业的推广方法在食品、饮料、服装等众多传统行业，仍有巨大的适应空间。健康食用油、新鲜果汁、高钙牛奶、含铁酱油、营养强化面粉……健康概念在快速消费品中越来越重要，这将为很多传统产品提供创新的机会。上海已经出现了大豆蛋白内衣，将来也许我们还要穿上不含甲醛、不染色的天然彩棉内衣呢。

第四节　新创企业的财务管理

企业在刚刚成立时的财务制度会直接关系企业的正常发展。企业的发展具有不同的阶段，每个发展阶段实际情况的不同，因此每个阶段的特征不同。新创企业面临的财务问题与其他阶段有所不同。创业初期管理者面临的问题，涉及财务、营销和人力资源等多个方面，财务问题是创业者不得不关注和解决的问题，但是许多新创企业不重视财务管理，忽视财务管理在企业健康发展中的地位和作用，没有充分发挥企业财务管理以及风险控制在企业中的作用。

一、新创企业财务管理特点

与传统的财务管理相比，新创企业的财务管理是伴随着企业的成长而不断完善的，最终建设动态平衡的成长型财务。不同于传统企业的维持型财务，新创企业财务管理的特点主要有五方面。

（一）为企业实施成长战略提供支持

新创企业的财务管理是为了支持企业的成长战略而开展的，新创企业在成长过程中，为了提高企业的核心竞争力，需要不断进行技术开发、市场营销等活动，不断进行融资以满足企业发展的需要，这就要求企业的财务部门不断地拓宽融资渠道来满足企业发展过程中资金方面的需要。

（二）财务管理的目标定位于可持续的价值创造

创业者创建和管理企业的目标不是追求企业的短期利润最大化，而是追求企业能够顺利地生存下来，并实现快速的成长，在成长过程中持续地为企业创造价值。因此，新创企业的财务目标一般都设定为可持续的价值创造。以创业板市场上市企业为例，股东投资这些企业时，看中的不是他们的短期盈利性，而是这些企业的高成长性及由此带来的企业价值的不断增值。

（三）财务管理的阶段性

企业的财务生命周期可分为研发期、创立成长早期、快速成长期和成熟期。在不同的阶段，新创企业财务管理的内容不尽相同。以筹资为例，创业企业在创立初期因其产品没有被市场广泛认知接受、可抵押资产少、管理团队的管理水平不高等多种因素，很难从银行获得贷款。进入创立期和成长早期，创业企业需要更多的资金，但其融资渠道依然较窄，而且要得到风险投资家的青睐也并非易事。因此，创业企业早期更多的是通过自筹解决资金问题。从创立期到快速成长期，创业企业的产品逐渐被市场了解并接受，企业快速发展，有的企业甚至成功上市，可以筹集到更多的发展资金。

（四）财务管理的激励性

创业者拥有的核心技术人员和核心管理人员是创业企业生存和高成长的决定性力

量。创业企业高成长性的特点，使得多数创业企业都会选择用期权计划激励和留住核心员工；创业企业还会利用高成长期的可转换债券，引导和激励投资者行权成为股东。创业企业一方面利用期权激励员工和投资者，另一方面也通过这种激励方式支持企业的高速成长。财务管理的职责就是要为创业企业的期股期权激励计划进行财务制度和财务方案的设计，实现激励职能。

(五)财务管理结构的不断完善性

新创企业在创立初期，财务治理结构并不完善，财务管理工作主要是管理者依靠其经验来开展，在企业引入风险投资的时候，风险投资者为了维护自身的利益，会帮助企业建立并完善其财务管理机构和制度，且随着企业的成长，风险投资者会加强对企业财务管理的监督和指导。但企业准备上市时，企业必须依照国家对上市公司治理机构的严格要求，完善企业的财务管理结构和制度。可以看出，创业企业的成长过程，就是其财务管理结构不断完善的过程。

二、企业财务管理的观念

新创企业进行财务管理时，应具备资金时间价值观念、风险价值观念、现金流量观念和效益观念。

(一)资金时间价值观念

从经济学的观点来看，即使不考虑风险和通货膨胀，等量资金在不同时间点上的价值量也不相同。资金时间价值，是指资金随着时间的推移而发生的增值，也称货币时间价值。资金时间价值在量上表现为同一资金量在不同时间的价值量的差额。

创业者必须明白，货币是有时间价值的，必须重视资金时间价值在财务决策中的作用，一个看似有利可图的项目，如果考虑货币的时间价值，可能会变成一个得不偿失的项目，尤其在通货膨胀的时期。

(二)风险价值观念

新创企业刚刚走向市场，创业者自身所拥有的管理经验和技能相对不足，面对政治环境、市场环境、法律环境的变化，无法及时做出应对；同时，财务人员对财务的控制能力相对较弱，对财务风险缺乏一定的警惕性，使得风险性成为创业企业财务管理的一个重要特征。在创业企业财务管理的每一个环节都不可避免地存在风险。

新创企业的决策者要有风险意识，在做财务决策时，如果风险已定，则应尽可能选择收益高的方案，如果收益已定，则要尽可能选择风险小的方案，使可能造成的损失达到最低。

(三)现金流量观念

现金流量是衡量企业经营质量的重要标准，在很多情况下，现金流量指标比利润指标更加重要。一个企业即使有良好的经营业绩，但由于现金流量不足，造成财务状况恶化，照样会破产。

新创企业决策者要树立现金流比利润重要的观念。在衡量财富或价值时，应该使用现金流作为衡量工具，公司得到的现金可用于再投资，而公司获得的会计利润则只是账面上的反映，没有变现为手中的货币，公司的现金流和会计利润可以不同时发生，所以新创企业应从可持续发展的角度出发，从关注利润转而关注现金流。

（四）效益观念

取得并不断提高经济效益，是市场经济对现代企业的最基本要求。所以，新创企业在财务管理方面必须牢固确立效益观念，筹资时，要考虑资金成本；投资时，要考虑投资收益率；在资产管理上，要用活资金、用足资金，要保值增值，既要"开源"，也要"节流"。可以说，企业财务制胜的时代已经来临。

三、新创企业财务管理存在的问题

（一）财务管理目标过于片面

企业经营的基本目标是实现产值最大化，实现利润最大化，更深层次的目标为在此基础上实现企业的社会价值。但由于新创企业初期的规模较小，绝大多数的企业都未发行股票，都是以利润为最终目的而组织生产的，通过提供产品或服务来获取利润以维持自身的生存与发展。企业在生产经营过程中保持对利润的追求是正确的，但如果过度重视利润的获取，忽视企业自身价值与经营过程中产生的社会价值，企业在决策过程中就会过度强调对短期利益的追求与获取，忽视长期利益。这种短浅的眼光可能会导致企业采取激进措施，以期获得高额利润。这种未从全局考虑的激进措施在一定时期内可能会导致企业经营不善，以致在市场竞争的大浪中被淘汰。

（二）财务管理规章制度不健全

首先，企业在初创时期，大部分精力都投入在经营生产这一环节，忽视了自身的财务控制管理，若多次更改财务管理规章，会导致相关人员在财务管理方面过于随意，甚至根据个人的喜好来管理财务。其次，由于初创企业的规模较小，部分的企业所有者可能会兼任财务管理员，没有形成完善的成本核算和收支审批清查等规章制度，这种不规范的职责分配极易导致企业在财务方面出现管理混乱、收支不清、资金使用不透明等情况。同时，部分企业执行财务审批清查制度时过于流于形式，并未执行实际工作，员工报送的报销审批金额等可能也存在虚假不真实的现象，无法充分进行对账计算，使得企业的资金流动出现问题。

（三）缺乏具有专业素质的财务人员

新创企业往往在自身经营规模与投入成本等多方面的因素制约下难以聘请专业的财务管理人员。部分财务管理人员甚至不具备从业资格证书，他们在担当这一职位时，无法根据企业的实际情况制定一套科学有效的财务管理规章制度；不能运用专业的知识，解读和掌握国家最新出台的财经税收制度，无法向企业提供有效的财经信息。只在账面上看到资金的变动，是无法根据行情的发展规律及企业的经营状况对企业进行全局的未来发展规划的。部分条件较好的初创企业向专业的经济机构提出申请，要求其公司相关专业人员代理记账，在企业内部只设出纳的职位负责项目日常的收支，而收支的审核、资金结算、纳税等环节都交由经济机构的专业人员处理。这种财务处理方式看似公正便捷，但实质上财务管理人员只是管理金钱，对企业的经营与发展情况无法进行整体的认识，更不能根据财务状况在企业决策等环节发挥作用。

（四）银行贷款面临困难

由于新创企业的财务管理制度不完善，无法形成正确的财务报告，因此向审计部门报送的财务报表资料不完整、数据不准确。如若企业向银行申请借贷，银行很难收集到借款企业完整而准确的财务信息，要花费很大的成本去对借贷企业进行调查与评估；银行因借贷风险极大，易在此基础上提高初创企业的借贷利率，企业贷款的成本增加。另外，绝大多数的企业在初创时期，都要与成熟企业进行激烈的市场竞争，被市场淘汰的风险也比较高，银行在借贷环节也面临着无法回收资金与利息的巨大风险。在缺乏足够的资信去证明新创企业能够成功生存发展下去的时候，银行往往不愿意为初创企业提供贷款服务，这就导致新创企业在财务融资方面面临困难。

（五）财务风险管理缺乏

由于发展前景不明朗、财务管理制度不稳定、管理人员缺乏经验等一系列因素，初创企业面临着各种金融风险。其中财务风险是最大的风险。新创企业的管理者缺乏决策前进行科学评估和分析的意识，片面认为企业能否发展下去的关键在于经营规模的扩大，不科学不成熟地开展投融资的决策；片面认为如果企业经营规模宏大，就能在激烈的市场竞争中站稳脚跟，健康成功地发展下去。但事实是如果企业无法进行理性且有效的财务风险规避措施，其会因为过度进行规模开发而导致资金短缺，从而面临巨大的财务风险，甚至最终倒闭。初创企业大多不具备发行股票的条件和资格，无法利用股票和基金来进行融资分担风险。初创企业在资金管理、资源控制分配、收支审核等方面都存在着漏洞和缺陷，缺乏成功抵御风险的经验，无法成功规避风险，最终因经营不善而倒闭。

（六）资金使用不充足且不合理

企业的健康长久发展必须要有充足的流动资金，资金问题是制约企业发展的最大因素。企业在创立早期的场地费用、人员薪酬、开发成本、市场推广等都需要花费很多资金，而初创企业相较成熟企业融资途径窄，大多是向银行进行高利率的借贷，资金储备不充足。部分初创企业早期规划不合理，如为扩大生产盲目进行扩张或者决策过于保守，导致资金利用不合理。资金不足会导致企业无法偿还贷款，资不抵债会严重影响企业的运转情况，资金无法周转进而影响企业在市场中的信誉。新创企业的服务或产品在未进入市场受到受众认可之前，对资金的依赖程度极大，而在资金配置方面管理人员又极易忽略资产与负债是否平衡这一情况，贷款到期需要支付本金和利息时，企业债务压力极大，生存经营面临困境。

四、解决新创企业财务问题的应对方法

(一)树立正确的企业财务管理目标

财务管理是企业经营的重要部分,财务管理的目标在一定程度对企业的未来发展方向与道路规划起着决定性作用。新创企业在早期以追求利润最大化为目标进行经营管理,但从长远来看,如果执意将利润作为企业发展的最终目标,就会导致企业只顾眼前的小利,目光短浅,做出的决策不利于企业的长期健康发展。因此树立正确的目标在财务管理中极为重要。对于新创企业来说,寻求价值最大化应该在研究社会经济发展方向的基础上,既考虑企业定位及发展情况,又要培养员工相关的职业素养,兼顾相应的社会责任,全面考虑自身的状况实施战略布局,促进自身健康、有效、可持续地发展。

(二)优化财务管理机制

优化财务管理机制,提高财务管理水平是新创企业生存和经营的基本。如果没有科学有效的财务管理作为支撑,企业在面临突发经济状况时只能通过直观感受判断,这样会致使其在决策方面发生严重失误。对此,新创企业要结合自身的实际发展状况设置相应的财务部门,规范财务部门的主要职责。一是建立科学的记账体系,使收支平衡透明。企业在创业初期进行场地租用与产品生产等经营活动时,不仅要重视已有资产,还要重视对原材料等半成品的管理,将所有资产与财务活动及时入账,做到有迹可循。二是企业要对财产的使用方式、使用对象及使用金额进行严格的监督,形成良好的内部管控,保障决策的科学合理实施。三是新创企业进行融资时,要有完整明确的资本运行结构分析,表明自身具备偿债能力,在决策时要根据自身企业的财务资金状况,视市场行情需求及投资回报情况做决定。四是建立行之有效的财务清查系统,定期全面盘查资金使用情况、分析企业的经营利润率与资产负债率等,并进行风险评估,将分析报告存档,作为日后经营发展的参考依据。建立成熟的财务制度,确保财务工作有章可循,行之有效。

(三)加强财务人员队伍建设

由于新创企业规模较小,在招聘时所聘用的财务人员往往没有经过系统的学习,缺乏专业的知识背景,职业素养普遍不高。处在发展初期的企业通常希望降低成本开支以求获取利润,但缺乏专业知识的财务人员在管理运用资金时,往往造成资金利用率低下,为企业带来经济压力,同时,无法根据国家发行的政策预测市场行情发展的趋势,为企业发展提供必要的信息服务。因此,企业在建立初期要注重财务管理人员的选取,录用具有合格职业技能的人员,在工作的进程中,还要加强财务管理人员的学习培训,增强其法律意识与金融意识,促进其形成企业大局观和整体观。

(四)建立财务风险预警机制

企业出现财务方面的问题时,财务人员要及时发出预警信号,警示决策团队在企业经营方面面临的经济危险,并积极采取措施调整资本结构,化解企业经营危机。新创企业要在内部形成良好的管控,确保财务监督和风险预控行动的有效开展。这就要求企业

进行实时全面监控，在规定的时间监督统计财务报表、经营计划等相关资料，对运行情况、盈利能力、偿债能力等关乎企业生存发展的指标进行全面正确的评估，准确预测出企业的潜在危机。

(五)强化资金使用管理

资金使用情况是评判企业经营管理好坏的核心因素，新创企业要坚持记录资金的使用额度与使用情况，做到资金的流入流出在时间、数额上的匹配，防止资金链断裂。同时新创企业应该对资金的使用效益进行科学有效的评估，作为企业发展方向的重要判断标准。在制定资金使用方案时，要从长远出发；制订合理的计划时，要结合社会经济状况及时进行调整。同时，新创企业要注意贷款的数额与使用时限，切勿将大量短期债务用于大规模扩建，应尽量降低借贷风险，在合法的前提下拓宽除银行外的融资渠道，认真严谨地利用每一笔资金。

拓-展-训-练

创业者应具备的基本财务管理能力

1. 参与过较大投资项目的分析、论证与决策。

2. 能够利用财务核算与会计管理原理制定财务规划进行预、决算。

3. 能够建立科学系统的财务核算体系和财务监控体系并进行有效的内部控制。

4. 科学地运用资金，有效地监督、管理资金。

5. 对公司投资活动所需要的资金筹措方式进行成本测算。

6. 能够确定最为经济的投资方式。

7. 能够为公司筹集营运资金并跟踪控制重大资金流向。

8. 主持投资项目和经营活动的风险评估、控制财务风险。

9. 熟悉税法政策、营运分析成本控制及成本核算。

10. 善于协调同银行、工商、税务等政府部门的关系。

11. 接受过管理学、人力资源管理、公司产品的基本知识等方面的培训。

12. 具有较全面的财会专业理论知识、现代化企业管理知识，熟悉财经法律法规和制度以及投资、进出口贸易、企业财务制度和流程。

13. 具有丰富的财务管理、资金筹划、融资及资本运作经验，特别是跨国企业和大型企业集团财务管理工作经验。

14. 具有较强的判断和决策能力、人际沟通和协调能力、计划与执行能力。

本章小结

在管理上，新创企业与非新创企业有共同点，也具有其自身的特点。企业创办初期，往往以生存管理为基础，以销售目标为导向，以经营积累为主要资金来源，以群体管理为基本特征，以"人治"为典型的管理模式。所以，应该具备其不同的管理技巧与策略。

管理的内容有很多，本章主要介绍了人力资源管理、营销管理和财务管理等方面的内容。人力资源管理就是人力资源的获取、整合、激励、控制调整及开发的过程。新创企业人力资源管理的主要内容有制订人力资源计划、设计组织结构、明确岗位职责、招聘合适员工、管理员工、寻找企业顾问等。

新创企业的营销管理主要是以企业生存、创造更多的客户为目的，通过逐渐成熟并不断规范销售行为，将企业由销售逐步向营销转变的过程。营销管理必须要进行市场细分与定位，并由此采取相应的策略。

新创企业的财务管理具有其自身的特点，即财务管理的阶段性、激励性、结构的不断完善性、为企业实施成长战略提供支持、财务管理的目标定位于可持续的价值创造等，必须依据其特点进行管理。在进行财务管理时，要树立资金时间价值观念、风险价值观念、现金流量观念和效益观念。在遇到问题时必须积极采取应对策略，树立正确的企业财务管理目标、优化财务管理机制、加强财务人员队伍建设、建立财务风险预警机制、强化资金使用管理等。

思考题

1. 新创企业有哪些特点？如何进行管理？
2. 企业成长驱动因素有哪些？
3. 什么是新创企业人力资源管理？如何进行人力资源计划与设计？
4. 新创企业营销管理特点及策略是什么？
5. 新创企业财务管理的特点有哪些？
6. 新创企业究竟应该具备哪些观念？

讨论题

1. 你的公司刚刚成立，你准备如何招聘公司所需要的员工？
2. 你认为新创企业的管理与其他非新创企业的管理有什么不同？
3. 讨论一下，当你新开了一家教育类的网络公司，将如何去面对市场？

实训项目与练习

1.调查一下某些新创企业的财务管理现状，分析新创企业财务管理会遇到一些什么问题？你将如何去化解？

2.假如你是一家新创企业的老板，请根据你所学的知识规划、设计一下企业的人力资源计划。

参考文献

[1]程智开，唐立，李家华.大学生创新创业指导[M].成都：电子科技大学出版社，2017.

[2]程智开.大学生创新创业基础与指导[M].延吉：延边大学出版社，2019.

[3]李家华.创业基础[M].2版.北京：清华大学出版社，2015.

[4]张成，吴小林，何文国.创业管理[M].长沙：中南大学出版社，2012.

[5]高文兵.创业基础教程[M].北京：高等教育出版社，2015.

[6]葛孟尧.创业基础理论与实践[M].广州：中山大学出版社，2018.

大学生创新创业实践平台

本章知识结构图

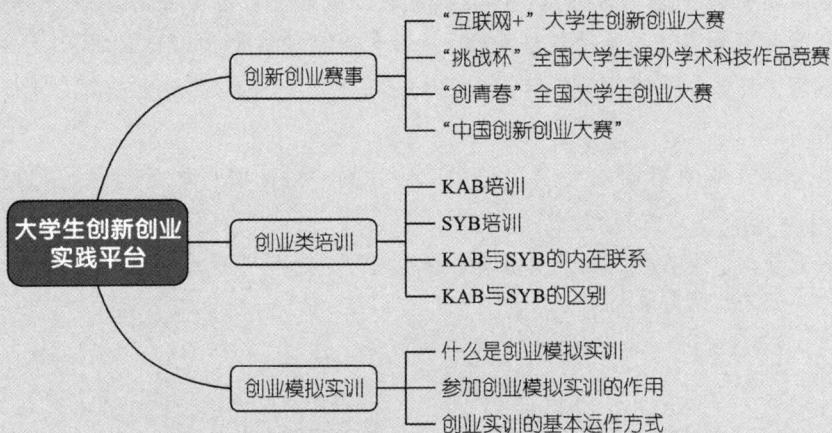

大学生创新创业实践平台

- 创新创业赛事
  - "互联网+"大学生创新创业大赛
  - "挑战杯"全国大学生课外学术科技作品竞赛
  - "创青春"全国大学生创业大赛
  - "中国创新创业大赛"
- 创业类培训
  - KAB培训
  - SYB培训
  - KAB与SYB的内在联系
  - KAB与SYB的区别
- 创业模拟实训
  - 什么是创业模拟实训
  - 参加创业模拟实训的作用
  - 创业实训的基本运作方式

归根到底，管理是一种实践，其本质不在于"知"而在于"行"；其验证不在于逻辑，而在于成果；其唯一的权威就是成就。

——彼得·德鲁克

知识目标 ▶▶

1. 了解创新创业赛事的基本情况及各类大赛的背景、流程、参赛对象、注意事项以及侧重点的不同。

2. 了解 KAB 和 SYB 创业培训的起源与推广、培训内容、培训对象、培训师资、培训效果以及两者的相同点之处和不同之处。

3. 创业模拟实训的概念、作用和运作模式。

能力目标 ▶▶

1. 掌握各类创新创业比赛的特点、内容和流程，并结合自身专业与实践进行分析，能够选择适合的赛事和赛道；通过参与大赛，提升创新创业能力和综合素质。

2. 结合案例，根据自身创业项目特点以及发展阶段，充分利用创业资源，选择适合自己的创业培训。

3. 参加各种各样的创新创业大赛，完善项目计划，检验项目的可行性，对接项目资源。

4. 掌握企业注册、税务登记、人员管理、资金管理、市场营销等创业技能。

案例导入 ▶▶

"从赛道到商道的转换"——李国琛创业故事

李国琛，2017 届毕业生于湖南科技学院，现任山东旭兴网络科技有限公司董事长，曾获团中央 2018 年"大学生创业英雄"全国 10 强，2019 年新时代山东向上向善好青年，2020 年"全国优秀共青团员"等多项荣誉。2017 年李国琛创办山东旭兴网络科技有限公司，经过两年多的发展，旭兴科技旗下已有五家分公司，公司致力于以数字孪生为主的前沿技术的研究和开发，研究成果已应用于教育信息化、乡村振兴和城市治理。公司现负责临沂朱家林国家级田园综合体数字化建设工作，山东省省长在考察其创业项目时提出"要复制、要推广"。

来自山东沂南的李国琛，在进入大学前便有了自己长远的规划。大学期间在完成专业学习的基础上，他创办了永州校亿乐网络科技有限公司，入驻了学校大学生创新创业实践基地，积极参与各项创新创业大赛和实践实训活动。在 2015 年湖南省首届"互联网+"大学生创新创业大赛中，李国琛团队的"校亿乐大学生第二生活空间"获省赛三等奖。在第二届、第三届"互联网+"创新创业大赛中，他所负责的项目分别获省赛二等奖和国赛铜奖。2017 年李国琛获得湖南省科技厅"大学生科技创新创业菁英培育计划"资助，赴美交流学习。2018 年在教育部举办的第四届中国"互联网+"大学生创新创业大赛和在团中央举办的"创青春"青年创新创业大赛中,他负责的"数字孪生校园"项目均斩获全国铜奖。在第五届中国"互联网+"大学生创新创业大赛中,"伴农行者:数字孪生共享助农车间,中国数字乡村引领者"项目从上百万个创业项目中脱颖而出获红旅赛道全国金奖。

李国琛个人的成长和公司的快速发展与其参与的各类创新创业实践实训活动密不可分。通过入驻基地、参与赛事、赴美学习,他结识了一大批创客、创业导师、行业精英,毕业后成功实现了从赛道到商道的完美蜕变。其创业项目基于自己所学的专业,从初期的校园周边服务的提供者,到教育行业的数字孪生技术应用的先导者,再到乡村振兴的数字乡村建设引领者,他的眼界和格局更宽,也更能抓住时代潮流,更好地服务于国家发展战略,从而获得国家与地方政策资源资助。

第一节 创新创业赛事

"大众创业、万众创新"已经成为我国经济社会发展的一种常态。高等教育,更要义不容辞地承担起我国大学生创业教育的责任。当前,我国创新创业比赛类型和种类繁多,各级政府和社会组织根据其运营内容进行相应的创新创业比赛设计与运行。其中主要包括教育部牵头举办的中国"互联网+"大学生创新创业大赛,鼓励大学生(含毕业五年内)投身创新创业实践,发展至今已成为高校科技成果转化、推动教育改革、对外国际合作交流等方面的重要平台;团中央牵头举办的"创青春""挑战杯"比赛面向社会青年群体(14~35周岁),鼓励青年人投身创新创业实践;科技部牵头举办的中国创新创业大赛,主要向高新技术研发企业(团队)提供资源对接与投融资平台,使中国向世界科技强国迈进。本节将根据主办单位、举办次数以及当前社会影响力等要素重点罗列高校大学生参加的四类创新创业比赛,并进行解读和分析。每类比赛解读后都会选取相应比赛中具有一定代表性的项目进行案例解读,以期呈现给大家一个立体性的赛事图景。

视野拓展

一、"互联网+"大学生创新创业大赛

(一)赛事简介

中国"互联网+"大学生创新创业大赛是由教育部发起,面向全国大学生的创新创业竞赛,每年都会举办一次。由教育部、中央网络安全和信息化领导小组办公室、国家发展和改革委员会、工业和信息化部、人力资源和社会保障部、环境保护部、农业部国家知识产权局、国务院侨务办公室、中国科学院、中国工程院、国务院扶贫开发领导小组办公室等共同主办。

该赛事旨在深化高等教育综合改革,激发大学生的创造力,培养造就"大众创业、万众创新"生力军;鼓励广大青年扎根中国大地了解国情民情,在创新创业中增长智慧才干,在艰苦奋斗中锤炼意志品质,把激昂的青春梦融入伟大的中国梦。

"互联网+"赛事旨在把大赛作为深化创新创业教育改革的重要抓手，引导各地各高校主动服务国家战略和区域发展，积极开展教育教学改革探索，切实提高高校学生的创新精神、创业意识和创新创业能力。推动创新创业教育与思想政治教育紧密结合、与专业教育深度融合，促进学生全面发展，努力成为德才兼备的有为人才。同时，赛事还推动创新成果转化和产学研用紧密结合，促进"互联网+"新业态形成，服务经济高质量发展，以创新引领创业、以创业带动就业，努力形成高校毕业生更高质量创业就业的新局面。

(二)项目要求

大赛需要能够将移动互联网、云计算、大数据、人工智能、物联网等新一代信息技术与经济社会各领域紧密结合，培育新产品、新服务、新业态、新模式；发挥互联网在促进产业升级以及信息化和工业化深度融合中的作用，促进制造业、农业、能源、环保等产业转型升级；发挥互联网在社会服务中的作用，创新网络化服务模式，促进互联网与教育、医疗、交通、金融、消费生活等深度融合的参赛项目。参赛项目主要包括以下类型：

(1)"互联网+"现代农业，包括农林牧渔等。

(2)"互联网+"制造业，包括智能硬件、先进制造、工业自动化、生物医药、节能环保、新材料、军工等。

(3)"互联网+"信息技术服务，包括人工智能技术、物联网技术、网络空间安全技术、大数据、云计算、工具软件、社交网络、媒体门户、企业服务等。

(4)"互联网+"文化创意服务，包括广播影视、设计服务、文化艺术、旅游休闲、艺术品交易、广告会展、动漫娱乐、体育竞技等。

(5)"互联网+"社会服务，包括电子商务、消费生活、金融、房产家居、高效物流、教育培训、医疗健康、交通、人力资源服务等。

(6)"互联网+"公益创业，以社会价值为导向的非营利性创业。

各类创新创业项目参赛应根据行业背景选择相应类型。以上各类项目可自主选择参加"青年红色筑梦之旅"活动。

参赛项目须真实、健康、合法，无任何不良信息，项目立意应弘扬正能量，践行社会主义核心价值观。参赛项目不得侵犯他人知识产权；所涉及的发明、创造、专利技术、资源等必须拥有清晰合法的知识产权或物权；抄袭、盗用、提供虚假材料或者违反相关法律法规的一经发现即刻丧失参赛相关权利并自负一切法律责任。

参赛项目涉及他人知识产权的，报名时须提交具有法律效力的所有人书面授权许可书、专利证书等；已完成工商登记注册的创业项目，报名时须提交单位概况、法定代表人情况、股权结构、组织机构代码复印件等；参赛项目可提供当前财务数据、已获投资情况、带动就业情况等相关证明材料。

(三)比赛流程

(1)参赛报名(3—5月)：各学校在前期项目准备阶段开始组织报名，需要在官方系统中进行报备录入，具体事宜由各学校自行组织。

（2）初赛复赛（6—9月）：初赛复赛的比赛环节、评审方式等由各高校、各省（区、市）自行决定。各省（区、市）在9月15日前完成省级复赛，遴选参加全国总决赛的候选项目（推荐项目应有名次排序，供全国总决赛参考）。

（3）全国总决赛（10月中下旬）：大赛评审委员会对入围全国总决赛的项目进行网上评审，择优选拔项目进行现场比赛，决出金、银、铜奖。

（以上内容仅供参考，具体时间安排每年都会有所变动。）

（四）注意事项

根据参赛项目所处的创业阶段、已获投资情况和项目特点，大赛分为创意组、初创组、成长组、就业型创业组。具体参赛条件如下：

（1）创意组：参赛项目具有较好的创意和较为成型的产品原型或服务模式，参赛申报人须为团队负责人，须为普通高等学校在校生（可为本专科生、研究生，不含在职生）。

（2）初创组：参赛项目工商登记注册未满3年，且获机构或个人股权投资不超过1轮次。参赛申报人须为初创企业法人代表，须为普通高等学校在校生（可为本专科生、研究生，不含在职生），或毕业5年以内的毕业生（可为本专科生、研究生，不含在职生）。企业法人在大赛通知发布之日后进行变更的不予认可。

（3）成长组：参赛项目工商登记注册3年以上；或工商登记注册未满3年，且获机构或个人股权投资2轮次以上（含2轮次）。参赛申报人须为企业法人代表，须为普通高等学校在校生（可为本专科生、研究生，不含在职生），或毕业5年以内的毕业生（可为本专科生、研究生，不含在职生）。企业法人在大赛通知发布之日后进行变更的不予认可。

（4）就业型创业组：参赛项目能有效提升大学生就业数量与就业质量，主要面向高职高专院校的创新创业项目（高职高专院校也可申报其他符合条件的组别，其他高校也可申报本组）。若参赛项目在当年组委会指定时间前尚未完成工商登记注册，参赛申报人须为团队负责人，须为普通高等学校在校生（可为本专科生、研究生，不含在职生）。若参赛项目在当年组委会指定时间前已完成工商登记注册，参赛申报人须为企业法人代表，须为普通高等学校在校生（可为本专科生、研究生，不含在职生），或毕业5年以内的毕业生（可为本专科生、研究生，不含在职生）。企业法人在大赛通知发布之日后进行变更的不予认可。以团队为单位报名参赛，允许跨校组建团队，每个团队的参赛成员不少于3人，须为项目的实际成员。参赛团队所报参赛创业项目，须为本团队策划或经营的项目，不可借用他人项目参赛。已获往届中国"互联网+"大学生创新创业大赛全国总决赛金奖和银奖的项目，不再报名参赛。

初创组、成长组、就业型创业组中已完成工商登记注册的参赛项目的股权结构中，参赛成员合计不得少于1/3。高校教师科技成果转化的师生共创项目不能参加创意组，允许将拥有科研成果的教师的股权合并计算，合并计算的股权不得少于50%（其中参赛成员合计不得少于15%）。各省、自治区、直辖市教育厅（教委），新疆生产建设兵团教育局，各高等学校负责审核参赛对象资格。

（五）赛事案例分析

1. 项目名称与竞赛获奖

项目名称：南京维果网络科技有限公司。

竞赛获奖：首届"互联网+"全国大学生创业大赛金奖。

视野拓展

2. 故事分享

恰同学少年，千里始足下

九月凌霄花盛放，迎接着莘莘学子踏入象牙塔，平凡和不平凡的大学生活都在蝉鸣中揭开篇章。或许这时很多人还在迷茫，但总有人早早地探明了心中热爱所在，并勇往直前。譬如宁梓傲。

刚入南京信息工程大学，宁梓傲就开始积极尝试各种兼职，无论是摆地摊还是售卖打折卡，他沉浸其中，自得其乐。不知不觉，他竟尝试了40多种不同兼职，在每个兼职的背后，都有他专注的探索和认真的沉淀。与此同时，宁梓傲也开始带领团队做盈利项目。大二时宁梓傲和朋友注册公司，成功为公司带来30万元的风险投资，并成为第17届义乌国际小商品博览会采购商代表。之后，他又加入学校赛扶创行团队，其"微金融·微动力"小微企业助力计划战略合作项目，通过调研一百多家小微企业，与国内经济学教授一起编写出7本帮扶企业管理的小册子，在全国范围内免费推广发放。

少年锋芒，初露端倪

"唯果驿站"这个创业项目脱胎于宁梓傲参加的公益项目菌原液改进计划，这多少让人感到惊讶，但也正印证了那句话"机会是留给有准备的人"。宁梓傲当时参与的公益项目——菌原液改进计划，主要是将一些廉价原材料做成有机肥，免费提供给南京市浦口区盘城镇葡萄园的农户使用。在菌原液项目的实施过程中，一次次和葡萄园农民的交流沟通让宁梓傲对水果产业产生了浓厚的兴趣。菌原液项目进展良好，施上了有机肥的葡萄长势喜人，不出意料地获得了丰收，本应画上一个圆满句号的公益项目，因为这个年轻人的强烈责任心而转成令人咂舌的感叹号。事情是这样的，尽管葡萄获得了丰收，但由于当年水热条件较有利于葡萄生长，市场上葡萄供给量相较往年大大增加，果农的葡萄滞销了。葡萄滞销，这样的情况落在了一般实践团队上可能也就只是扼腕叹息，与果农闲聊中道几声安慰，然后在繁忙的学业中淡忘这与自己并不相干的事情。但此时的宁梓傲已经是一个有着丰富的商业知识和实战经验的创业者了，葡萄滞销正是一个良好的契机，宁梓傲在几经研究中构思出了"唯果"，将水果与牛奶相结合，可为用户提供送货上门的服务，进一步帮助农民建立产品销售渠道。于是，"唯果"以水果酸奶、水果拼盘、水果套餐为主打产品，采用"O2O"的模式，提供送货上门服务的基本方案就敲定下来。

借东风，鹏可直起九万里

一个好的项目，需要平台的推广，一个团队，也需要共同的目标加以激励。在"唯果"刚刚起步时，遇到了首届中国"互联网+"大学生创新创业大赛，这是"唯果"项目的一个重要转折点。

宁梓傲回忆道："从学校初赛一直到省赛，我们都在不断努力，不敢有一丝松懈，包括文案、PPT前前后后都修改了几十遍，没有一个人想过要放弃。每一次的修改都是一次创新，但是创新点很难找，突破固有思维是个艰难而又痛苦的过程。在国赛答辩之前，我们团队针对项目准备了300多个问题，几乎囊括了项目中所有评委可能问到的问题。"

在团队精心准备下，答辩队显得信心十足。好的项目，优秀的团队，高效的执行力，遇到了合适的机会，自然迸发出强大的力量，这股力量将"唯果"推出南京，推到了全国人民的面前，甚至使宁梓傲得到了副总理的接见。

宁梓傲与他的"唯果"项目不仅参加了南京市的优秀创业项目，获得了唯一一个特等奖，而且在中国首届"互联网+"创业大赛的57320个团队中脱颖而出获得了全国金奖。一次又一次地突出重围，一次又一次地绽放光芒，这中间不仅浸润着宁梓傲与他的团队的辛勤汗水，更是这些年他的坚持与拼搏，他们怀揣着最初的梦想，带着曾经一起许过的诺言，永不言弃。

少年一入江湖，排万难勇往征途

学生时代的结束意味着变动的开端，对个人如此，对团体亦然，在参加各类比赛与"唯果"实际运营的基础上，临毕业的时候，宁梓傲的这支团队已经有二三十个人了。毕业之后，取舍为何？宁梓傲凭借着他强大的个人魅力给了团队信心，大多数人毫不犹豫地选择了一路同行。毕业即是一场无声的蜕变与成长，团队成员们更加努力，全身心投入到"唯果驿站"的建设中去，不让之前做的努力付诸东流，也不让自己后悔，整个团队士气高涨，大家选择蒙着头继续做下去。

然而从学校到社会的这个过程就像蜕皮一样痛苦，"唯果"项目在毕业后运行的一年多里，团队成员们面对着、克服着一个又一个问题。初入社会，创业这条路荆棘丛生，面对未知和风险，团队之间慢慢开始有摩擦，原先的默契似乎也在慢慢消逝，渐渐地开始有团队成员退了出来，到最后就只剩下宁梓傲和另一个合伙人在继续奋斗。

面对初始团队成员的一一离开，宁梓傲更多的还是几分坦然。他回忆起这段时间，说道："在企业后期的分家这件事情上是很痛苦的经历，我一直觉得在创业这条路上，不是所有人都能够坚持下来的。当初在学校选择的合伙人，只是大家理念相同，做了一些一样的事，但是没有经历从学校到社会的这一过程。所以在分家之后，我和徐康（另一位合伙人）又去做了对应的战略调整。将'唯果'项目由C端转到了B端，做渠道供应这一块。"

创业这件事，不就是痛过、哭过、迷茫过仍咬牙坚持吗？宁梓傲和他的"唯果"不知走过多少风雨，也依旧在前行，面对市场、顾客、竞争者，没有永远的胜者，我们且看"唯果"，未来如何硕果！

3. 要点解析

"互联网+"全国大学生创业大赛是由教育部主办的目前国内最高规格的双创比赛之一。"互联网+"比赛强调将互联网技术和思维运用到传统行业中,加速传统行业革新与发展,以实现我国经济发展模式的变革和创新。"互联网+"比赛并不是要求所有参赛项目都要紧密结合互联网,而是要求参赛项目能够基于信息技术发展的优势创新产品和服务模式。"互联网+"比赛已经举办了五届,越来越多的项目在舞台上展示和推广。"唯果"项目虽然技术创新程度有限,但是其模式创新得到了评委的一致认可。在模式创新背后,还有着这个案例传递的以下几点启示:

(1)实践是积累双创经验的最好方式。很多双创竞赛评委在评价参赛大学生时,喜欢用"天真""瞎想"以及"缺乏经验"等关键词,这一定程度上折射了当前我国大学生双创比赛的基本情况。双创比赛与其他学科竞赛或考试不太一样,它是具有实践性、社会性和经验性的比赛,需要大学生具备较强的实践能力。我们在参加双创比赛之前需要通过一系列有意识的实践活动来增加自己的双创经验。案例中的宁梓傲在参加双创竞赛之前一直从事各种兼职活动,不同领域的兼职活动对他来说都是相关领域经验积累的过程。也正是基于这样的经验积累,才保证了他后期双创比赛和实践的成功。大学生可以利用每年暑期的社会实践机会去有针对性地参与创新创业相关领域的工作,也可以利用第一课堂之外的时间开展相关实践活动。高校各类实践活动不是"应试项目",也不是"走过场",而是学生将专业知识融入社会发展的重要举措。大学生可以在实践中发现问题、思考问题和总结问题,很多双创项目创意都是在实践中迸发出来并开花结果的。实践,永远是积累双创经验的最好方式。

(2)创新是双创参赛项目的秘密武器。就案例来看,很多学生可能觉得水果加牛奶的产品模式很普通。我们在看待相关产品或服务时,要用历史视角来分析。2011年初,水果和牛奶相结合的产品还相对较少,当宁梓傲推出这款产品时,立马得到了在校学生的热烈欢迎。市场往往就是因为一个创新而改变。对于双创比赛来说,创新是主要话题和永恒旋律;对于大学生来说,创新并不是天翻地覆的变革,它有时候只是简单的一个小改动。我们大学生在进行创新训练时,往往眼中只有前人伟大的创新实践,而忽视了细微的创新变动。对于产品或服务创新来说,基于现有产品和服务功能基础上的一个功能添加或改变都是创新范畴,都能够满足市场需求,实现双创的成功。各类双创比赛对于创新都是特别注重和欢迎的,不管是体量大的创新还是微不足道的细微创新。在参加双创比赛时,我们需要把产品和服务的创新作为项目的核心武器,敢于亮相,勇于实践。

(3)答辩是双创团队战斗力的直接体现。所有双创竞赛基本都包含两个过程,首先是项目材料的审核,然后是答辩展示环节。项目材料审核即创业计划书的评审是双创竞赛第一环节,审核专家主要是通过文字、图表等来评审项目的逻辑关系、项目内容、创新性和商业性等。在创意、创新以及文本撰写方面比较突出的项目将入选下一轮,即现场答辩展示环节。答辩展示环节是需要团队成员利用路演形式向评委或观众介绍项目特点以及研究成果等。这个环节是需要通过语言、肢体动作配以PPT或海报形式呈现的。

由于答辩环节要考验团队成员对项目的熟悉度，对相关领域的研究以及语言表达能力、临场反应能力等，因此答辩环节更加锻炼人。从评委角度看，他们更加欣赏熟练、自然、自信以及流畅的答辩团队或个人。为了更好地进行项目展示和答辩，团队不仅需要准备PPT等辅助材料，更需要换位思考，以评委的视角准备在答辩时可能出现的各种情况并提出解决方案。此外，答辩环节还强调团队成员的协同合作能力，考察团队成员是否能够在答辩环节相互配合，有序且准确地回答评委针对项目的提问。

二、"挑战杯"全国大学生课外学术科技作品竞赛

（一）赛事简介

"挑战杯"全国大学生系列科技学术竞赛，是大学生课外学术科技活动中一项具有导向性、示范性和群众性的竞赛活动，每两年举办一届，被誉为中国大学生科技竞赛中的"奥林匹克"，由共青团中央、中国科协、教育部和全国学联、地方省级人民政府共同主办。竞赛的宗旨是崇尚科学、追求真知、勤奋学习、锐意创新、迎接挑战。竞赛的目的在于引导和激励高校学生实事求是、刻苦钻研、勇于创新、多出成果、提高素质，培养学生创新精神和实践能力，并在此基础上促进高校学生课外学术科技活动的蓬勃开展，发现和培养一批在学术科技上有作为、有潜力的优秀人才。

（二）作品要求

申报参赛的作品分为自然科学类学术论文、哲学社会科学类社会调查报告和学术论文、科技发明制作三类。自然科学类学术论文作者限本专科生。哲学社会科学类社会调查报告和学术论文限定在哲学、经济、社会、法律、教育、管理这6个学科内。科技发明制作类分为A、B两类：A类指科技含量较高、制作投入较大的作品；B类指投入较少，且为生产技术或社会生活带来便利的小发明、小制作等。

（1）自然科学类学术论文：包括学术论文、科技建议。要求论证严密、文字简洁、有说服力，经得起理论推敲和实践检验。大赛评委将根据作品的科学性、创新性和应用性进行综合评定。

（2）哲学社会科学类社会调查报告和学术论文：包括学术论文、调查报告、咨询报告。主要从成果的思想性、理论性、学术性、规范性、应用性、研究方法、语言逻辑以及社会反响等方面进行综合考评。

（3）科技发明制作类：分为A、B两类，A类指科技含量较高、制作投入较大的作品；B类指制作投入较小，且为生产技术或社会生活带来便利的小发明、小制作。大赛评委根据其新颖性、创造性、先进性、实用性等方面进行综合评定。

参赛作品涉及下列内容时，必须由申报者提供有关部门的证明材料，否则不予评审。

（1）动植物新品种的发现或培育，须有由省级以上农科部门或科研院所开具的证明。

（2）对国家保护动植物的研究，须有省级以上林业部门开具的证明，证明该项研究的过程中对所研究的动植物繁衍、生长未产生不利的影响。

（3）新药物的研究须有卫生行政部门权威机构的鉴定证明。

（4）医疗卫生研究须通过专家鉴定，并最好有在公开发行的专业杂志上发表过的文章。

（5）涉及燃气用具等与人民生命财产安全有关用具的研究，须有国家相应行政部门授权机构的认定证明。

（6）参赛作品必须由两名具有高级专业技术职称的指导教师（或教研组）推荐，经本校学籍管理、教务、科研管理部门审核确认。

凡在举办竞赛终审决赛的当年7月1日以前正式注册的全日制非成人教育的各类高等院校在校专科生、本科生、硕士研究生和博士研究生（均不含在职研究生）都可申报作品参赛。

申报参赛的作品必须是距竞赛终审决赛当年7月1日前两年内完成的学生课外学术科技或社会实践活动成果，可分为个人作品和集体作品。申报个人作品的，申报者必须承担申报作品60%以上的研究工作，在作品鉴定证书、专利证书及发表的有关作品上的署名均应为第一作者，合作者必须是学生且不得超过2人；凡作者超过3人的项目或者不超过3人但无法区分第一作者的项目，均须申报集体作品。集体作品的作者必须均为学生。凡有合作者的个人作品或集体作品，均按学历最高的作者划分至本专科生、硕士研究生或博士研究生类进行评审。作品申报增加自查环节，需学校签订承诺书，承诺作品符合"挑战杯"竞赛申报作品的要求，接受竞赛组委会抽查。一旦发现不符合申报要求的作品，将取消其参赛资格，该学校不得补报作品。经核实有舞弊、抄袭、作假等的作品，从该参赛学校总分中扣除相当于三等奖分值的双倍分数，同时取消该学校参评集体奖项的资格。

（三）比赛流程

（1）省级初评和组织申报阶段（3—6月）：3月，开展报名工作；4月，各校按"挑战杯"章程有关规定举办本校的竞赛活动，并择优推出代表本校的参赛作品参加竞赛；5月底前，各省（区、市）组织协调委员会完成对本地申报作品的初评。

（2）全国复赛和参赛准备阶段（7—10月）：9月上旬至10月做好参评参展的各项物资技术准备和组团组队准备。

（3）全国决赛和表彰阶段（10月）：各校参赛队到主办高校报到、布展。

全国评审委员会对参赛作品进行终审，对参展作品作者进行问辩。公布获奖情况，并向获奖单位及个人颁发奖杯证书，举行承办高校交接仪式。

（以上内容仅供参考，具体时间安排每年都会有所变动。）

（四）注意事项

本校硕博连读生（直博生）若在决赛当年7月1日以前未通过博士资格考试的，按硕士生学历申报作品；若通过，则按博士生学历申报作品。没有实行资格考试制度的学校，按照前两年为硕士、后续为博士学位申报作品。医学等本硕博连读生，按照前四年、第五与第六年及后续分别对应本、硕、博申报。

毕业设计和课程设计(论文)、学年论文和学位论文、国际竞赛中获奖的作品、获国家级奖励成果(含本竞赛主办单位参与举办的其他全国性竞赛的获奖作品)等均不在申报范围之列。

每个学校选送参加竞赛的作品总数不得超过6件,每人限报1件,作品中研究生的作品不得超过作品总数的1/2,其中博士研究生的作品不得超过1件。参赛作品须经过本省(自治区、直辖市)组织协调委员会进行资格及形式审查和本省(自治区、直辖市)评审委员会初步评定,方可上报全国组委会办公室。各省(自治区、直辖市)选送全国竞赛的作品数额由主办单位统一确定。每所发起学校可直接报送3件作品(含在6件作品之中)参加全国竞赛,竞赛结束后,对获奖作品保留一个月的质疑投诉期。若收到投诉,竞赛领导小组将委托主办单位有关部门进行调查。经调查,如确认该作品资格不符者,取消该作品获得的奖励,重新计算作者所在学校团体总分及名次,取消该校、该省所获的优秀组织奖,通报全国组织委员会成员单位;并视情节轻重,分别给予取消所在学校下届联合发起单位资格或参赛资格的处罚。

(五)赛事案例分析

1. 作品名称与竞赛获奖

作品名称:《中心城市大气污染治理体制改革与创新——基于南京市的纵向案例调研》。

竞赛获奖:第十五届"挑战杯"中国银行全国大学生课外学术科技作品竞赛全国特等奖。

2. 故事分享

选题"百转千回",终满意

选题是一个艰巨的任务,经历过"百转千回",导师与学生最终确定主题《中心城市大气污染治理体制改革与创新》。光是这个题目,就已经足够"重磅"了。指导老师曾维和副教告诉记者,选定这个题目可谓"百转千回"。

"挑战杯"国赛每两年举办一次,早在2015年,团队就瞄准了特等奖。寻觅合适的选题是当务之急,第一个选题"气象灾害群体脆弱性研究",虽然学术性较强,但具体操作起来有难度,与社会热点关联度也不高;第二个选题"大气污染防治能力研究"已经完成了5万字的指标设计,但继续深入由于需要很强的理工科基础,一群文科生只能无奈放弃。

几经辗转,目标选题的"模样"越来越清晰,"与特色学科结合,与社会热点结合、充分体现技术含金量"。去年9月,中办、国办印发了《关于省以下环保机构监测监察执法垂直管理制度改革试点工作的指导意见》。该文件一出,队员们惊呼"题目有了"!选题确定后,队员们咨询了大量专家,有中国人民大学长江学者张康之教授、南京审计大学长江学者金太军教授、中国气象局发展研究中心常务副主任张洪广研究员……不胜枚举。

然而学生历经两年跟踪调研发现,2016年9月前,南京等城市大气污染出现了"治理失灵"的困境，究其原因与环保部门属于地方政府管理有关，地方政府为了经济利益，对于环保部门的环保举措"不当回事"。2016年9月，江苏等12个省份试点环保部门由省环保厅垂直管理，"改革后，环保部门不管是在监管方面还是治理方面，都取得了不错的效果"，曾维和老师说。学生们调研认为，这一模式值得向全国推广。

调研"多方解锁"，打基础

严谨的课题研究与论证总是基于海量的调研数据。定下这个选题后，每隔1~2周，队员们就走出校门实地走访，与政府领导、社会组织、高校专家和普通市民等开展探讨，虽然时常会吃闭门羹，不过所有困难最后都被一一攻克了。队员们走出校门之初，没经验、脸皮又薄，没有与曾老师一起采访的时候，遇到政府领导、专家等"大人物"都不敢上前采访。有一次，到了与某环保部门约好的访谈时间，本由曾维和老师带队，但曾老师因临时有会议不能来，队员们只能硬着头皮"冲锋陷阵"。会议室里，曾老师接二连三收到十几条短信，"曾老师，门卫不让进""曾老师，要怎么跟局长说啊""曾老师，如果领导对我们的作品不认可怎么办"，这让曾维和哭笑不得。刚刚研究生毕业的咸鸣霞老师被迫临时担纲，给队员们救了急。有趣的是，自此咸鸣霞也被挑战杯"圈了粉"，主动当起"第二导师"，成了队里的大管家和知心姐姐。走访中有"闭门羹"，也有意料之外的惊喜。去年的省气象局开放日，团队全体出动，来到省局开展随机抽样社会调查。没想到，选题被参与调研的环保部门一眼"相中"，对方赞不绝口，不仅积极提供数据资料，还希望有机会也能参与该研究，后来还和队员们成了"网友"。可以说两年的调研结果显著：南京与气象、环境相关的政府部门和机构组织大都被他们一一解锁，"遇到实在进不了门的就在门口守株待兔，逮到一个问一个"，调查范围几乎达到了全覆盖。团队成员在调研过程中锻炼了素质能力和品格，很多成员感慨，经过这段时间的磨炼，让自己从一个单纯的学生变成了成熟的"工作者"，从一开始访谈政府工作人员、专家和公众时的害羞到现在已经可以从容地面对工作人员的疑问，收获的是成长；从一开始各做各的到现在队员的一个眼神就能体会的默契，收获的是友谊；从一开始对南京大气污染治理体制理解的一片空白到现在已经可以津津乐道地谈论解决措施，收获的是知识……如今大三、大四的他们老练了许多，起草问卷逻辑清晰，调查对象一抓一个准。报告完成后，得到了六位厅局级专家领导的签字认可。

作品"千锤百炼"，获好评

在校赛第一阶段，这个选题曾排在倒数第二名，评委认为从题目到逻辑、框架都有问题，而且"太深奥了，没人能看懂"。一个队员说："当时作品已经完成了20万字，基本上成稿了，大家都把它当成心肝宝贝，是奔着国赛去的，没想到在校赛中就被批得一无是处。"当晚，曾维和连夜召集队员，"如果想继续走下去，就翻盘修改；如果觉得太累了，现在就放弃"。止步校赛？这是大家从来没想过的事。咬咬牙，继续改！15个日夜，团队与指导老师一起奋斗，连外卖小哥都熟悉了团队的菜谱。团队按照评委提的一箩筐意见，一条一条全部修改完成。在校赛最后阶段的答辩中，一位评委的点评让全体队员泪如雨下，"我认为这是现场所有作品里最好的一个！请为他们点赞，让他们走下去！"

作品成稿45万字，但废掉的稿子远远超过了45万字。团队每周少则一次、多则三次的组会风雨无阻，大量的积累之后，队员们从不会写到每周能写出三四千字高质量的研究报告，让曾老师感慨这是"看得见的成长"。有时候，几万字甚至十几万字的内容写完，最终发现与主题不贴合，只能忍痛废掉。有时某个队员负责的部分写得不好，为了课题进展只好换人重新写。曾维和跟他们说："虽然残酷，但团队的木桶效应必须克服，每个人都必须补足短板，绝不能拖后腿。"国赛决赛布展时，项目主持人孙诗雅用衣角轻拭展板的细微动作被同行的队友抓拍下来，被誉为"挑战杯最美的背影"。她告诉记者："我希望我们的展板不仅看上去一目了然，摸上去也是舒服的，一尘不染的。""追求极致，让优秀成为一种习惯"是曾维和老师的口头禅，也是团队的共同追求。

在此基础上"千锤百炼"完成的作品得到诸多好评。在省赛阶段，省社科院社会学研究所张教授在阅读初稿后评价说，"作品已经超过了985高校硕士毕业论文的水平"。"作品咬准了社会热点，创新度、社会价值、写作水平都达到了较高水平"，决赛评委如是评价。

3. 要点解析

"挑战杯"大学生课外学术科技作品竞赛是中国大学生创新创业的"奥林匹克"赛事。该项作品能够在竞争激烈的"挑战杯"赛事中获得全国特等奖，足以说明作品质量之高。优秀的项目背后是优秀的团队以及这个团队坚毅的创新过程。创新创业是一项系统性很强的实践活动。从作品形成到作品打磨，从提交评审到答辩展示，各个环节都需要我们团队认真对待与严格训练。针对此项"挑战杯"特等奖案例，以下几个要点需要我们关注。

（1）选题：契合社会热点问题。目前我国各类双创比赛和"挑战杯"大学生课外学术科技作品竞赛一样，都高度重视参赛项目的社会应用价值。所谓社会应用价值，即作品能够关注到社会发展的需求，能够基于社会需求开展针对性的问题分析和方案解决的整体设计。这就突出了双创比赛的一个核心点，即选题。选题的重要性源于两个层面：首先是大学生的双创实践活动必须要站在社会发展的角度去进行，须具有社会意义和实践意义；其次是各类双创比赛的竞赛规则和评审标准中都明确了选题前沿性和代表性的要求。结合本案例来看，大气污染是当前世界发展的热点问题，也是我国经济飞速发展所面临的棘手问题。该团队不仅抓住了大气污染的选题方向，更是将其与南京信息工程大学"一流学科"的科学专业结合起来，使得这个选题不仅具有选题意义上的先进性，更具有产生实际成果的可能性与可操作性。我们在进行双创选题时需要结合两个要素来进行。第一，我们要充分了解社会热点或痛点问题，这是需求导向；第二，我们要充分了解自身所掌握的资源和优势，这是基础导向。需求导向和基础导向是选题的两条腿，缺一不可。

（2）团队：打造协同创新团体。一个优秀的双创项目，与其说是作品质量好，不如说是其团队战斗力强。马克思主义哲学强调人才是核心。传统企业管理理论向现代企业管理理论转变的主要标志就是确定了人的中心价值作用。对于双创竞赛或双创实践来说，组建科学合理的团队是这个项目能否坚持并取得成功最关键的要素之一。很多风投在遴选项目时，不是投资项目，而是投资团队。作为高校大学生，在参加双创竞赛时不要孤军奋战，一定要"抱团取暖"，这是市场经济发展的内在要求，也是规避市场风险、提高项目竞争力的必然要求。大学生在组建团队时，要避免"叠加"理念，要充分重视"协同创新"机制。所谓"叠加"就是不加选择的人员组合；所谓"协同创新"是指团队成员的技术能力要形成互补，彼此之间要分工明确且具有共同的价值目标。优秀团队的形成也不是一蹴而就的，其核心是共同的价值观，在共同目标基础上通过协同创新实践来逐步形成具有稳定战斗力的团队。案例中的团队就是具有战斗力的团队。这个团队的形成非一蹴而就，团队成员在共同发展的目标导向下一起奋斗，在艰苦实践中形成了默契的配合和真挚的情感。

（3）作品：好作品总是经历千锤百炼才完成的。从事物发展的规律来看，一个好作品需要不断打磨才能成型；从双创竞赛的基本流程来看，基于校赛、省赛、国赛流程要求，作品需要根据每个阶段的专家意见和实践情况进行完善。因此，一个好项目必须要经历千锤百炼的打磨才能最终呈现相对比较完善的状态。从案例中可以看到，全国特等奖的成稿有45万字，这是项目团队进行不断调研、思考而撰写的成果。在比赛的各个阶段，项目作品仍然处于不断完善的状态。我们一些大学生在双创竞赛中容易产生两个不好的倾向：一是得过且过、一劳永逸的心理状态，对于作品深加工的概念不强；二是一些大学生心气高，听不进去批评和建议，对于评委的意见容易产生逆反心理。案例中的项目在校赛初赛时被批得一文不值，团队虽然感觉气馁，但尊重评委意见，立马组织修改。也正是在各专家和评委的共同指导下，作品才越来越优秀。优秀的作品是持之以恒打磨出来的。

视野拓展

三、"创青春"全国大学生创业大赛

（一）赛事解读

"创青春"全国大学生创业大赛是由共青团中央、教育部、人力资源和社会保障部、中国科协、全国学联和地方省级人民政府主办，工业和信息化部、国务院国有资产监督管理委员会、中华全国工商业联合会支持的一项具有导向性、示范性和群众性的创业竞赛活动，每两年举办一届（双数年），旨在培养创新意识、启迪创意思维、提升创造能力、造就创业人才。

"创青春"全国大学生创业大赛设有大学生创业计划竞赛（即"挑战杯"中国大学生创业计划竞赛）、创业实践挑战赛、公益创业赛三项主体赛事，同时也设立了 MBA 专项赛和网络信息经济专项赛。

（二）项目要求

1. 主体赛事材料要求

大学生创业计划竞赛项目材料包括公司/项目创业计划书。创业计划一般包括执行总结、产业背景、市场调查和分析、公司战略、营销策略、经营管理、管理团队、融资与资金运营计划、财务分析与预测、关键的风险和问题这十项内容。创业实践挑战赛项目材料包括：项目运营报告、项目展示介绍视频、项目注册运营证明材料(含单位概况、法定代表人或经营者情况、营业执照复印件、税务登记证复印件、组织机构代码复印件、开户许可证、财务报表等)等。公益创业赛项目申报材料包括项目计划书、项目展示介绍视频等。

2. 赛事主体条件要求

"大学生创业计划竞赛"参加竞赛项目分为已创业与未创业两类；分有农林、畜牧、食品及相关产业，生物医药，化工技术和环境科学，信息技术和电子商务，材料，机械能源，文化创意和服务咨询七个组别。竞赛实行分类、分组申报。拥有或授权拥有产品或服务，并已在工商、民政等政府部门注册登记为企业、个体工商户、民办非企业单位等组织形式，且法人代表或经营者为在校学生、运营时间在3个月以上(以预赛网络报备时间为截止日期)的项目，可申报已创业类。拥有或授权拥有产品或服务，具有核心团队，具备实施创业的基本条件，但尚未在工商、民政等政府部门注册登记或注册登记时间在3个月以下的项目，可申报未创业类。

拥有或授权拥有产品或服务，并已在工商、民政等政府部门注册登记为企业、个体工商户、民办非企业单位等组织形式，且法人代表或经营者运营时间在3个月以上(以预赛网络报备时间为截止日期)的项目，可申报该赛事。申报不区分具体类别、组别。

"公益创业赛"旨在邀请拥有较强的公益特征(有效解决社会问题，项目收益主要用于进一步扩大项目的范围、规模或水平)、创业特征(通过商业运作的方式，运用前期的少量资源撬动外界更广大的资源来解决社会问题，形成可自身维持的商业模式)和实践特征(团队须实践其公益创业计划，形成可衡量的项目成果，部分或完全实现其计划的目标成果)的项目参赛，申报不区分具体类别、组别。

3. 专项赛

"MBA专项赛"设有MBA专业的学校以创业团队的形式参赛，每所学校只能组成1支团队参赛，原则上每个团队人数不超过10人。项目进入终审决赛后，参加终审决赛答辩的人员不超过3人，且均须为团队核心成员。参赛团队第一负责人必须为当年7月1日以前正式注册且就读MBA专业的在校学生，团队其他成员必须为在当年7月1日以前正式注册的全日制非成人教育的高等学校在校学生或毕业未满3年的高校毕业生，学历、专业可不作限制。对于跨校组队参赛的项目，各成员须事先协商明确一所学校作为唯一的项目申报单位。

"网络信息专项赛"项目的选题须在网络信息经济的范围之内，包括但不限于以下主题：智能硬件、智能制造、移动互联、云计算、大数据运用、电子商务(含跨境电子商务)、其他类网络信息经济等。竞赛分实践类、创意类两类，分别进行比赛。实践类为已经投入实际运营的项目，创意类为还没投入实际运营的项目，同一个项目只能参与其中一类比赛。以创业团队的形式参赛，每所学校两类项目最多共可申报3项，原则上每个团队人数不超过10人。项目进入终审决赛后，参加终审决赛答辩的人员不超过3人，且均须为团队核心成员。

（三）比赛流程

（1）校赛阶段。为保证参赛项目数量和质量，同时根据赛事组织要求，校赛过程中项目征集阶段和材料撰写阶段于"创青春"国赛前一年开展，复赛于国赛当年举办，具体情况如下。

①项目征集阶段（6—9 月）：各高校在校内进行宣传、组织与推荐，选拔优秀项目或创意进行备赛准备，以创意或技术为主要标准。

②材料撰写阶段（9—12 月）：在确定创意或技术优势的前提下开始撰写项目计划书、答辩 PPT 等材料，项目计划书是比赛初审阶段主要的评分材料。

②复赛阶段（一般在开学一个月内）：次年 3 月份举行校内决赛，主要考察项目计划书以及团队答辩展示环节，立项省赛项目并进行持续修改和打磨。

（2）省赛阶段（次年 5—6 月）：各省时间不同。

省赛分为初审和终审决赛。初审主要是对项目创业计划书进行评审，按照比例选出一定数量的优秀项目参加终审决赛。终审决赛分为项目展示和答辩环节，考察参赛学生对于项目熟悉程度以及团队展示能力等。

（3）国赛阶段（次年 9—10 月）：国赛阶段的流程与省赛流程基本一致。

（四）注意事项

（1）"创青春"大赛校赛项目征集与撰写时间跨度大，团队在完成征集工作后，应集中精力对项目进行打磨，并与指导老师密切交流，打造出高水平、有特色的创新创业项目，积极备战校赛。

（2）参赛团队应熟读《关于组织开展"创青春"全国大学生创业大赛（中国青年创新创业大赛大学生组）的通知》，做好项目准备、申报等工作。

（3）"创青春"大赛已经举办过很多届，随着社会发展的不断深入，比赛侧重点也在不断变化和更新。目前"创青春"大赛对于产品或服务的技术要求较高，强调技术创新或模式创新，旨在通过比赛选拔优秀项目进行孵化，进而落地产生实际社会价值。项目计划书撰写规范以及团队协调配合是当前"创青春"大赛比较关注的内容。优秀的项目计划书是比赛的开始，也是最终落地的关键。评委重视项目计划书的内容和规范性，同时也强调项目团队的整体协调性。

（五）赛事案例分析

1. 项目名称与竞赛获奖

项目名称：掌上茶梦——江小梦和江师傅生态茶业有限公司。

竞赛获奖：2016 年"创青春"湖南省大学生创业大赛金奖。

2. 故事分享

江小梦，2015 年毕业于湖南科技学院。江小梦家世代种茶，她的父亲江秋桂 17 岁就出师制茶，是家族里第三代手工制茶传人。2012 年 6 月，玲珑茶传统手工制作技艺被列入省非物质文化遗产保护名录，江秋桂茶厂也成了传承基地。2014 年，江小梦注册成立了江师傅生态茶业有限公司。2014 年，江小梦的创业项目荣获全国大学生创业基金总评审大赛二等奖。2015年，江小梦团队的项目"掌上茶梦"在首届中国"互联网+"大学生创新创业大赛总决赛荣获铜奖。《南国郴州》《湖南日报》《湖南卫视》等媒体对江小梦和她的创业产品进行了推介。

梦想之花初绽放

江小梦的家乡坐落于罗霄山脉，以"茶马古道"著称，空气中富含负氧离子，盛产优质天然清新玲珑茶。江小梦记忆中最清晰的是那缕茶香，清泉镇随处可见茶农采摘茶的忙碌身影，俨然已经成了一道独特的风景线。当地政府对茶种植业甚是重视，制定了"贫困户种植补贴""高效率种植奖励"等一系列扶持政策。每年的茶收时节，政府都会"与茶农同庆"，对他们的劳动给予肯定。江小梦家世代种茶，家中约有250亩茶园，承包大面积的玲珑茶种植。成长在沁人心脾的茶香中，江小梦从小就有"推广玲珑茶文化，带领家乡走向富裕"的梦想。

2011年，江小梦考取了湖南科技学院，成了村里为数不多的大学生，她背负着家族所有的期望——学有所成，跳出"农门"。大学入学，江小梦的父母都忙于收割稻谷，她便独自踏上了求学的火车。次日，看着别的新生全都是由父母陪着去报到和整理床铺，她想起了还在地里顶着烈日劳作的父母，泪流满面。

进入大学给江小梦带来了更多的机遇和知识，学校开设的"大学生职业发展与就业指导"课程让江小梦第一次接触到创业与就业知识，不仅激发了她的创业兴趣，同时开阔了她的创业思维。不过，在掌握到更多的创业相关的知识后，江小梦发出了"创业之路任重而道远"的感叹。作为一个来自普通农村家庭的女孩，她犹豫了、迷茫了，在心中打起了退堂鼓，怀疑自己是否真的有能力握住梦想。

在学校领导与老师的鼓励和支持下，江小梦开始了自己的创业考察和能力提升之路。在学校的"二手交易节"上，她和几个女生摆了一个摊位，虽然辛苦却收获了第一次创业的经历。2012年暑假，江小梦想到家里窘迫的经济，她和几个老乡去了深圳打暑假工，居然挣到了一个学期的生活费。后来，江小梦当过网管，做过文员，推销过手机卡，也做过服务生，一边减轻父母的负担，一边获取更多的创业经验。她还拜访茶学专家、营销大咖、管理大师等，向学识和经验丰富的他们取经；参加学校统一组织的高校、企业走访活动，利用假期"南下""北上"考察茶叶市场，积极参加校内外各项活动，扩大人际交流圈，锻炼沟通表达能力；利用网络，在线学习策划写作、组织管理、市场营销等一系列课程。在她的努力下，一群一样有创业梦想的同学加入她的创业团队。"小梦是一个有梦想而且敢于实践的人，即使前方困难重重，她仍旧会奋力拼搏，她相信有梦的人生注定精彩，'山重水复疑无路'后必是'柳暗花明又一村'，拥抱生活的人，生活也会拥抱她。"谈及江小梦，她的队友兼好友李莉园说。

薪火相传

2013年，"黑心油"等食品安全事件频发，江小梦想起了家乡的生态茶叶，她顿时心里一动：何不以此走出创业之路呢？当时，湖南省教育厅和长沙市政府正组织"校园'我的创业梦'电视大赛"，江小梦得知，心情格外激动，兴高采烈地到学校就业创业指导中心，向老师介绍了她的创业计划，并表明了她想参加比赛的想法。

在小组赛中，江小梦以小组第一的成绩入围半决赛。但是，在决赛中，只得了优胜奖，她很失落、很沮丧。回忆起这段经历，江小梦说："随着生活阅历的增加，我越来越认可当初老师辅导时所说的话——他说，创业除了需要练就较高的 EQ（情商）和能分辨是非的 IQ（智商），更为重要的是要打磨卓越的 AQ（逆商）。一次比赛的失利在短时间里看是坏事，但是对创业者成长来说，却是很好的事情，非常感谢老师点醒了我。"

2014 年 3 月，江小梦注册并成立了江师傅生态茶业有限公司。该公司以传承湖南省非物质文化遗产"玲珑茶手工技艺"为目标，以发展立体茶园农业与生态茶园观光，带领一方百姓致富为宗旨，以线上线下整合营销为手段，在倡导绿色环保的同时，降低生产成本、提高经济效益。

2014 年 12 月，江小梦创业团队参加"全国大学生创业基金总评审"。在历经网络海选、华中分赛区评审以及总评审角逐后，从 31 个省区市 951 所高校申报的 2251 个大学生创业项目中脱颖而出，荣获二等奖，成为湖南省在本届评审中唯一受资助的项目。

"其实，于我而言，最欣慰的不是小梦的创业团队在全国赛事取得优异成绩，也不是省级主流媒体对她们的宣传报道。我很清楚，创业，一直是在路上。我感到骄傲的是，经过近两年的锤炼和提升，原本在人群中不太起眼的她自信了起来，闪亮了起来！这也许正是教育的本质——激发潜力，使人生具备更多的可能性。"谈及江小梦，就业创业指导中心赵荣生老师评价道。

"江小梦是一个有始有终，坚持以内涵与本质为重点，任何时候对于茶都有自己的一套高标准的人，她一直都铭记茶的本心，每当我们提出将茶进行机械化生产，她总会耐心跟我们讲解，做任何事，我们都不能失去本心，玲珑茶里玲珑心，是我们的传承之至。"江小梦的创业队友宋海林说。不忘初心，方得始终。不管一路披荆斩棘，斩获多少荣誉，江小梦始终牢记初衷。

2015 年 4 月 19 日，《湖南新闻联播》以《玲珑茶"梦"》为题报道了江小梦和她的创业项目。

风雨兼程

江师傅生态茶业有限公司的宗旨是结合大学所学专业，传承父辈优秀文化，沿着时代脉搏前进，即"志存高远的农村大学生，立足农业农民，做农村合作社领头人；省级非物质文化遗产传承人，放眼世界，当自立自强创业者"。在荣誉面前，旁人看到的是风光得意，只有她自己才知道自己付出了多少汗水。江小梦在校期间就开始创业，作为一名学生创业者，创业经常会跟学习有冲突。譬如比赛与考试的冲突，如带着整理商业计划书彻夜未眠的困意去听课、注册公司与申报税务带来的繁杂事务、为创建厂房以及整修茶园而面临的资金压力等。每每此刻，江小梦都告诉自己，"作为一名创业者，就要学会适应艰难困苦，自己选择的路，哪怕再难也走下去"。

"从采鲜叶后摊青，经过杀青、清风、揉捻、杀二青、做条、初干、整形、提毫、摊凉到最后足干与包装共需要12道工序，手工制茶最重要的是要用心去体验、感受，方能全面到位。"提及制茶，日语专业的江小梦如数家珍。

2015年9月29日晚，江小梦睡梦中接到客户临时订货的电话，要求早上送到县城，当天晚上，江小梦23点从床上起来打包，连夜完成任务，清晨将货送到顾客手上。对江小梦来说，克服困难、满足客户的需求，不单纯是为了赚钱，而是为了让客户安心、放心、舒心！

2016年"五一"假期前夕，江小梦的新茶叶基地建成了。"五一"假期，四面八方的游客来到江师傅茶叶基地体验采茶并购买春茶，现场十分热闹。望着茶园吐绿的新芽，闻着茶叶的清香，江小梦说："每天清晨醒来，知道自己的梦想是什么并为之努力，是一件幸福的事，即使走得慢，但从没想过放弃。"

3. 要点解析

能把互联网和农业这两者结合得好的人才稀缺，同时，组织起一个团队，愿意扎根农村，也不是一件容易的工作。从趋势来看，农业规模经济、农民合作社、有机农业、农业移动互联网、农产品品牌、全产业链资源、食品安全和品牌形象等都是发展方向。在现实生活中，像江小梦这样的"带领家乡走向富裕"的农村大学生其实很多，他们有情怀、有文化，有火一样的创业热情。

(1)善于观察，用"互联网+"思维来寻找创业项目。

近年来，农业领域越来越受创业者关注，也有越来越多的基金开始非常主动、大规模地在这个领域进行研究和工作。无论是从业态的分布，还是从国家政策、产业动向来讲，农业都是一片蓝海。目前来看，农业领域创业者既要有传统行业的经验(最好出身农村)，又不完全依赖传统背景(至少对互联网思维、先进的技术、运作方法有了解)，要善于观察，更需要思考。例如，我们看到一个产品或服务非常受欢迎，那么我们要思考它为什么受欢迎，在现有的产品和服务功能上是否还有欠缺，是否还有功能增加的可能性。在具备创新创业意识和基本知识的前提下，带着思考去观察项目，这是寻找创业项目的一个可行路径。随着社会发展的不断深入，国家和政府倡导我们要用"互联网+"思维去进行创新创业实践，在观察思考创业项目时要用互联网思维去定位和整合。互联网创业思维即用信息技术来融入或创新传统产业，以提高其科技性和创新性完成传统产业的转换升级。

(2)创新模式，用灵活多变的商业模式创造效益。

创新是驱动经济发展的重要动力，创新是发展的生命力。市场经济发展本质上是创新力量的发展，大学生在创新创业过程中需要高度重视创新。大学生创新实践包括两个层面：一是技术创新，技术创新的最典型表现就是发明创造；二是模式创新。技术创新可能与理工科学生联系比较紧密，但模式创新适合所有专业的学生群体。在技术创新已经形成相对比较成熟机制的情况下，模式创新显得更加珍贵。大学生在创新创业过程中要重视模式创新，尤其是商业模式创新。案例中的项目从祖辈单纯的种茶卖茶到以传承湖南省非物质文化遗产"玲珑茶手工技艺"为目标，以发展立体茶园农业与生态茶园观光，带领一方百姓致富为宗旨，以线上线下整合营销为手段，在倡导绿色环保的同时，降低生产成本、提高经济效益。

（3）精要提炼，用完善的创业计划书打动评委。

现在大学生在参加创新创业大赛撰写项目计划书时存在一个误区，把创业计划书当成一个给评委看的作业来完成。产生这种误区的原因是他们不知道创业计划书的真正内涵。创业计划书，顾名思义就是你创业的整个计划呈现，是给投资者看的文字材料。投资者在挑选投资项目时需要看哪些内容，重点关注哪些内容，就是我们大学生在撰写创业计划书时需要重视的内容。因此，一个优秀的创业计划书必须是精要提炼的计划书。我们要避免创业计划书过于冗长，因为评委或投资者不会花大量的时间在冗长文字中寻找创新点。当然，一个优秀创业计划书的撰写也并不是一蹴而就的。很多优秀创业计划书都是在千百次的修改与打磨中成型的。案例中团队虽然已经开始创业实践活动了，但面对比赛需要的创业计划书，仍然是熬夜加班进行修改完善。撰写创业计划书需要逻辑清晰，文字干练，图表并茂，要突出重点，例如市场、竞争态势、创业团队等。创业计划书的最终价值是打动评委或投资者。

四、"中国创新创业大赛"

（一）赛事解读

中国创新创业大赛（以下简称大赛）是由科技部、财政部、教育部、国家网信办和中华全国工商业联合会共同指导举办的一项以"科技创新，成就大业"为主题的全国性创业比赛，大赛强调科技成果转化。2012年首届大赛在北京正式启动，至今已成功举办多届。大赛秉承"政府主导、公益支持、市场机制"的模式，既有效发挥了政府的统筹引导能力，又最大化聚合激发了市场活力。

（二）作品要求

大赛分为初创企业组、成长企业组和创业团队组，分新材料、新能源及节能环保、生物医药、电子信息、先进制造、互联网六个行业比赛。中国创新创业大赛官方网站为www.cxcyds.com，参加湖南省赛需要登录湖南省科技管理信息系统公共服务平台（http://61.187.87.55）注册报名。注册成功后提交完整的报名材料，并承诺对填报信息的真实性和合规性负责。

（三）比赛流程

大赛分宣传动员、组织报名、市州赛、行业半决赛、尽职调查和全国总决赛等几个环节。报名启动于6月，延续时间为半个月左右，全国总决赛一般在每年9月。赛事流程分为市州赛、行业半决赛、尽职调查和全国总决赛四个阶段。尽职调查由大赛组委会办公室负责组织，采取专家实地核验参赛单位相关原件、听取PPT汇报、考察研发和生产场地、查阅财务原始凭证和纳税申报表、召开座谈会等方式进行。尽职调查结论分合格和不合格两种。合格项目经公示无异议后授予大赛优秀奖；不合格项目不公示，所缺名额不予替补。

（四）注意事项

大赛对获奖项目的扶持措施。

（1）项目支持和经费资助。如湖南省大赛获奖项目可以纳入省科技计划项目库，申报各类科技计划时，在同等条件下优先支持；大赛一、二、三等奖获奖单位技术负责人纳入省科技人才储备库，申报各类科技人才计划时，在同等条件下优先支持。对所有获奖企业，其参赛项目未获往届省创新创业大赛财政支持且符合省科技计划立项管理有关规定的，给予省科技计划立项支持，根据年度科技创新计划统筹给予适当补助。

（2）投资和贷款推荐。将参赛单位择优推荐给大赛合作创投机构和金融机构，符合条件的项目可获得创投资金或贷款支持。

（3）宣传推介等赛事服务。参赛单位可获得大赛合作媒体的专题报道和推介，特别优秀的单位可获得定制的全方位宣传套餐。

（五）赛事案例解读

1. 作品名称与竞赛获奖

作品名称：玩转烟秆生物质。

竞赛获奖：第五届中国创新创业大赛（湖南赛区）二等奖，并晋级全国行业总决赛；第二届中国"互联网+"大学生创新创业大赛总决赛铜奖。

2. 故事分享

教师牵头

覃佐东博士2013年毕业于南京工业大学生物化工专业，2014年到湖南科技学院任教，主持2016年度国家自然科学基金项目《抗菌肽Temporin-PTa的改造及其抑菌机理的研究》。覃佐东博士在专业教育中融合创新创业教育，促进专业教育与创业教育有机融合。他指导的学生现已参与发表国内外核心学术论文10余篇，申请发明专利3项。其中他和学生共同申请的《一种利用烟秆生产可降解育苗盘的办法》（专利号CN201510606895.8）已经获得专利权。该项目以废弃烟秆（烟秆生物质富含60.0%的综纤维素，纤维扁而宽、弹性好，有很好的可塑性，尤其是含有0.8%烟碱成分，是天然的杀虫剂，可以减少幼苗培育时受幼虫侵害）为原料，高效转化出育苗盘、生物炭、环保花盆等产品。

学生组团

在覃佐东博士带动下，他指导的学生积极利用科技节、科创节、大学生创新创业项目立项与竞赛等平台，将创新创业活动与所学专业知识结合起来——学与思相结合，学与问相结合，学与行相结合，深刻地理解专业内涵，组成团队在学科专业基础上开展创新创业实践。他们与永州异蛇科技有限公司签订横向协议，长期开展"柳宗元牌异蛇制品创新创制"合作（第二届"中国创翼"青年创业创新大赛综合类"金翼"奖）；与永州市烟草公司烟叶生产技术中心签订合作意向书，团队的"玩转烟秆生物质"项目获得第五届中国创新创业大赛(湖南赛区)二等奖,并晋级全国行业总决赛;赴永州市新田县开展"送科技"下乡活动,烟秆种植及烟秆转化创新服务社会实践团,被评为2016年全国大中专学生志愿者暑期"三下乡"社会实践活动优秀团队。另外,还有刘俊等获得第十一届"挑战杯"湖南省大学生课外学术科技作品竞赛二等奖;谢吉勇等获得湖南省大学生创新型实验计划项目立项;易林林等获得湖南省首届"互联网+"大学生创新创业大赛创意组三等奖;等等。

成长与收获

"玩转烟秆生物质"项目团队是跨专业跨学院组成的。项目负责人王司齐说:"身边的同学们起早贪黑地写着研究论文,写着实验报告,能看到的只是一个个数据,一个个结论,学到的东西好像只有存在于实验室里才有意义。程智开、覃佐东等指导老师为我们打开了一扇明亮的'窗'——学以致用才是当代大学生完善自我的终极目标和必须肩负起的责任。在老师的指导下,我们将烟秆生物质转化技术应用到农业上。在成功解决了烟农的烟秆处理问题以后,我们才真正领悟到专业学习的作用和感受到科学技术的力量。"团队成员潘仁博说:"我们的团队来自化学与生物工程学院、经济与管理学院、人文与社会科学学院、美术与设计艺术学院等不同的学院,家乡分别在湖南、内蒙古、山西、福建。如果不是项目,我们在不同轨道上学习生活,没有交集,因为项目,我们聚集在一起。一群来自天南地北、不同学习背景的人坐在一起讨论同一件事,这个过程非常奇妙。"团队成员李静说:"很多时候,我们并不是没有能力,也不是没有机会,我们缺的只是向前迈出一步的勇气而已。"她还说,这次"组团"她学到了很多——从指导老师身上,她学到了做事要尽力追求完美和高标准要求自己;从潘仁博同学身上学会了淡定和认真;从黄鹏同学身上学习到了坦诚和乐观;从王司齐同学身上学到了责任感和追求;从苏艳同学身上学习到了善良和温婉……

3. 要点解析

(1)"烟秆生物质高效开发利用"是科技成果转移转化的一个范例。2016年8月,教育部、科技部联合发文《关于加强高等学校科技成果转移转化工作的若干意见》(教技〔2016〕3号)指出:深入贯彻落实《中共中央国务院关于深化体制机制改革加快实施创新驱动发展战略的若干意见》《中共中央关于深化人才发展体制机制改革的意见》和《中共中央办公厅关于印发深化科技体制改革实施方案的通知》精神,依据《中华人民共和国促进科技成果转化法》、国务院《实施〈中华人民共和国促进科技成果转化法〉若干规定》和国务院办公厅《促进科技成果转移转化行动方案》,推动高校加快科技成果转移转化。该文件第七条提出:支持学生创新创业。鼓励高校通过无偿许可专利的方式,向学生授权使用科技成果,引导学生参与科技成果转移转化。

(2)科技成果转移转化有多种形式,"大众创新,万众创业"的时代已经到来,"双创"是成果转移转化的重要形式和重要途径。高校作为人才培养的主阵地,要引导、激励教师教书育人,注重知识传播,及时将科研成果转化为教育教学、学科专业发展资源,提高人才培养质量。覃佐东博士带领学生团队在学术科研上求优秀,在工作学习中求创新,取得了优异成绩。

第二节 创业类培训

创业类培训主要有 KAB、SYB 等。

一、KAB 培训

KAB(know about business)创业教育是国际劳工组织创设的一个世界范围内的公益性项目,旨在对发展中国家的广大求职者进行创业内涵、方法和技能的基础训练,是一种创业启蒙教育,多采用以学员为中心的参与式教学方法,学员通过老师对基础知识点的全面讲授,了解创业基础知识,进行自我认知和职业规划,了解创业内涵,亲身体验创业过程。

2005 年 8 月,共青团中央、中国青年联合会和国际劳工组织合作正式开启了中国的 KAB 创业教育培训项目。随着影响力的逐渐加强,到 2016 年 2 月,KAB 创业教育(中国)项目已经训练了源自美国 305 所高校的 1424 所大学的 7942 名老师,设立了 KAB 大学创业俱乐部。在清华大学、中国青年政治学院、浙江大学等六百多所高校设立了"学院 KAB 创业基金会"课程,并出版了教科书。

以中国青年政治学院为例,中国青年政治学院是 KAB 创业基础教育项目的全面参与院校,KAB 课程受到学生的热烈追捧,选修比(确定选修人数/参与选修人数)一直维持 1∶10,有很好的教学成果。

以下 3 个教学方向是中国青年政治学院大学生 KAB 基金会的内容。

(1)培养和提升创业精神。鉴于学生创业精神薄弱,缺乏创业动力,有必要把培养学生创业的精神作为本课程的首要目标。设计了三个模块:企业是什么,为什么要弘扬创业精神,什么样的人才能成为企业家。

(2)培养和提升创业技能。只有具备一定的创业技能才能在企业中取得成功,因此 KAB 课程针对设计了四个模块:如何成为企业家,如何找到一个好的企业家创意,如何建立企业以及如何经营企业。

(3)培养写作和完善商业计划书的能力。这是创业技能不可或缺的一部分,有利于创业投资的筹集,创业投资的筹集是创业活动的关键环节。

中国青年政治学院为实现课程的教学目标,特地组织了由多位经济学或管理学的博士组成的专业教学团队,团队成员都接受了 KAB 项目师资训练,取得训练师资格。在实际教学中充分运用各种先进方法,始终贯彻"以学生为中心"的教学理念,学生领先,教师只是"导演",提升学生创业技能,培养创新能力。

在教学效果评估方面,学校采取学生学习效果、老师教学效果双向评价体系,强化

KAB 教学监管，学生反响良好，对 KAB 创业教育老师的授课情况满意度较高。

二、SYB 培训

SYB(start your business) 是 SIYB 系列培训课程的重要组成部分。国际劳工组织 (LO)制定了 SIYB 系列培训资料，其中包括四个培训模块：帮助潜在企业家创造可行的创业想法(GYB)，逐步引导学生创办小企业(SYB)，提供企业成长战略(EYB)，帮助企业家建立基本的企业管理体系(IYB)；目的是加强就业，培训小微企业的经营者，创造就业机会，促进经济增长，发展中小企业。

SYB 培训课程使用的教材包括三书，即"创业培训书""商业计划培训书"和"商业计划书"。有两个主要部分和十个步骤，内容简洁明了，简单易懂，实用便捷。SYB 是"教科书实用而独特的教学方法，教学效果和社会实用价值强"的培训课程，教师灵活运用小组讨论、角色扮演、案例分析、游戏等多种教学方法，重视创造性思维，促进学生创新能力的培养，学生参与程度和学习积极性高。其中，"创业培训书"的第一步和第二步是引导学生评估自己是否适合创业，衡量自己是否具备基本的创业素质。第三到第十步，主要是帮助学生总结他们的经验和考虑创业要涉及的主要方面，并确定项目是否能够生存。SYB 培训课程有完善的质量控制和评估体系以及大量的后续服务。教师可以通过日常的教学反馈来了解学生对课堂和知识水平的满意度。"商业计划书"是学生参与培训的结果，学生可以根据创业计划及时进行创业实践。2004 年全国 37 所高校开展 SYB 教师培训试点，逐步开展大学生创业培训和教育。随着大学创新创业教育改革的深入，SYB 成为高校创业教育的新模式。KAB 和 SYB 创业教育项目在中国创业实践的发展中取得了一定的成绩，为经济发展和社会稳定提供了持续有力的支持，两者相辅相成，促进了我国高校创业教育的发展，丰富了创业教育的内容。

三、KAB 与 SYB 的内在联系

1. 项目背景相似

倡导创业与就业并驱的理念，由于两者都是在经济全球化背景下应运而生，服务于创新型国家建设，有利于学生培养创新精神和实践能力，因此通过创业带动就业，实现社会充分就业。

2. 项目目标相似

二者都是对学生创业内涵的指导、创业能力的培养和创业精神的培养。KAB 和 SYB 创业教育项目着眼于培养社会主体具备成功的企业家内涵和创业能力。高校无论是开展 KAB 创业教育还是 SYB 创业教育，都有利于提升学生创业素质，增强学生综合素质。

3. 项目的系统和模型是相似的

两者都有自己完整的课程体系、教材、培训方法和标准硬件要求，特别注重模拟实际业务的培训和学习，通过互动课堂教学和课堂游戏来实践和深化理论学习的效果。

4. 培训导师的标准和选择是相似的

为取得更好的效果，进行更深入和有效的创业指导，KAB 和 SYB 创业教育计划对培训导师有严格的标准，他们非常重视培训导师的质量和选拔工作。

四、KAB 与 SYB 的区别

1. 后续服务存在差异

SYB 创业教育对象主要是失业的工人，这是 SYB 帮助他们实现再就业或成功经营的主要价值目标。因此，SYB 培训课程提供了从学员培训到企业创立、再到企业运营的一体化服务。相比之下，KAB 更倾向于大学生的培训，缺乏对其业务后续服务的具体指导。

2. 实践程度存在差异

KAB 和 SYB 项目既是培养学生创业精神、创业内涵和创业能力的教学培训方式，也重视理论与实践相结合。但是，从课程和后续服务角度来看，SYB 项目更注重实用性。KAB 项目对大学生了解创业精神和参与创业活动具有很强的指导作用，但总体做法有限。

3. 领导机构存在差异

KAB 和 SYB 创业项目都由国际劳工组织开发和推广，相关政府机构负责具体推广和实施。但 KAB 主要由共青团中央推动，由试点学校实施，最后在所有大学选修课程中实施，以促进大学生创业教育的发展。SYB 项目主要由各级政府劳动和职业保障部门推动和发展。

4. 培训对象不同

KAB 创业教育主要面向大学生，主要以大学课程或选修课程的形式培养大学生的创业素养、创业精神和创业能力。SYB 创业项目培训对象较为广泛，主要针对下岗再就业人员和农民工培训，后来逐步进入大学课堂。因此，培训内容与培训方式之间的差异自然是由成立之初不同培训对象造成的。

第三节　创业模拟实训

一、什么是创业模拟实训

创业模拟实训是国际上通行的"以创业带动就业"的实岗培训体系，适用于包括大学生在内的各类群体，目前已发展成为一种成熟的培训模式，并在世界上超过四十个国家和地区开展。创业模拟实训是指学员在讲师的指导和帮助下，在虚拟商业环境中，进行企业创建和企业经营管理等创业活动的学习与演练的过程。它对积累实践经验、增强创业能力、降低创业风险、提高创业成功率和企业存活率具有重要意义。

参加创业模拟实训，不仅可以帮助创业者树立稳固的市场意识、竞争意识、创新意识，还可以培养学员的自我意识和社会意识。学员通过企业生产、交易、宣传、管理、财务等业务操作的实训，可有效地提高自己的创业能力和企业经营能力，还能掌握企业注册、税务登记、人员管理、资金管理、市场营销等创业技能。

二、参加创业模拟实训的作用

许多人创业，尤其是初次创业，大都是一时的冲动，没有经过深思熟虑，更没有经过大量的市场和社会环境的调查分析。同时，初次创业人员缺乏创业必备的综合素质，没有专业的技能，对市场动向把握不准，过于追逐创新而偏离实际，资金匮乏，因此很多初次创业人员创业的激情在刚开始就被种种挫折与困难浇灭，以失败而告终。创业需要勇气和毅力，但这样的勇气和毅力都必须建立在个人较高的创业素质和能力之上，否则也只能算是蛮干。

创业模拟实训针对创业者的上述问题，提供了系统的解决方案，帮助学员针对特定的经营环境，分析经营准备、渠道建立、业务洽谈、合同签订、产品销售等环节，学习创办企业的基本知识，了解创业的基本过程，努力达到熟悉创业流程、掌握创业技巧、积累创业经验、提高创业能力、最终实现创业的目的，进而带动就业。

三、创业实训的基本运作方式

创业实训的基本运作方式是在工作岗位上学习。按照实际企业的组织结构和商业操作的程序来经营虚拟企业，从形式到经营都与传统企业一致，只有产品和货币是数字化的。学员通过组建企业、确定企业架构、分析经营环境、尝试经营业务和完成各项岗位工作任务等来提升自身的社会能力、管理能力和业务能力，体验真实商业环境和商业行为，从而增强其参与市场竞争和驾驭市场的应变能力，降低创业风险，提高开业成功率和提升经营稳定率。

创业模拟实训教学采取"上课""上班""上网"三结合的实岗实训方式，虚拟企业之间通过多种方式建立联系，通过在线银行进行支付，通过互动产生业务。

随着"大众创业、万众创新"的理念逐渐深入人心，创业创新已经成为时代的潮流。通过举办各种创新创业比赛和培训，搭建创新创业实践实训平台，完善相关硬件和软件条件，注重培养大学生的企业家精神，构建全社会浓郁的创新创业氛围，满足学生实践实训需求，加强后续服务工作，进行跟踪研究与帮扶工作，最大限度地激发学生的创新创业积极性，提升创新创业能力，进而形成一整套具有价值情怀的创业教育体系。

本章小结

本章首先介绍了当前我国高校大学生创新创业四大主体赛事，对相关赛事进行解读并配以相关案例，以便帮助大学生理解和掌握创新创业比赛的要点、内容、流程等。接着介绍了当前流行的几种创新创业培训，如 KAB 培训、SYB 培训以及创业模拟实训。创新创业赛事和创新创业培训都是培养大学生创新创业意识、提高创新创业能力的重要途径。在正式创业以前，大学生通过参与多次赛事和接受创新创业培训，可以极大提升创业成功率。

思考题

认真阅读各赛事案例和要点解析，思考：一个成功的创业者应该具备哪些素质和能力？一个创业项目从创意到成功运行需要经历哪些过程，需要注意哪些事项？

讨论题

1.以小组为单位，挖掘身边潜在的商机或市场需求，围绕该项需求寻求解决方案，讨论如何通过以上的赛事、培训等实现从赛道到商道的转变。

2.结合自我理解，讨论参加创赛创培对个人、团队及创业项目有哪些帮助，参加创赛创培应注意哪些。

实训项目与练习

以所学专业为基础，通过调研发现某个行业痛点，设计一个创业项目，参与一次创新创业大赛。

◇ 参考文献

[1]程智开,唐立,李家华.大学生创新创业指导[M].成都：电子科技大学出版社,2017.

[2]程武,赵荣生,邹少军.大学生创业指导教程[M].北京：中国传媒大学出版社,2015.

[3]屈家安,郭照冰.大学生创新创业理论与实务教程[M].北京：气象出版社,2018.

创新创业政策汇集

栏目介绍：我国下发了许多政策支持与扶持大学生创新创业，此栏目收录了 2014 年起至今国家创新创业相关文件，包括《国务院关于扶持小型微型企业健康发展的意见》《国务院办公厅关于深化高等学校创新创业教育改革的实施意见》《国务院办公厅关于推广第三批支持创新相关改革举措的通知》等十二个文件。本栏目将跟进行业资讯，实时更新国家创新创业相关文件，供读者参考。